Nelles Verlag

Foto: Archiv Gunda Amberg

Ausgabe 2015

Kroatische Adriaküste

Küste von Slowenien

Montenegro

Autor:
Alexander Sabo

Kroatische Adriaküste . . . 3
Slowenien (Küste und Karst) . . . 47
Istrien . . . 60
Umag . . . 62
Poreč . . . 66
Rovinj . . . 70
Pula . . . 77
Opatija . . . 89
Kvarner-Bucht . . . 99
Rijeka . . . 101
Vinodol, Velebit, Rab, Pag . . . 123
Norddalmatinische Inseln . . . 138
Zadar . . . 142/143
Šibenik . . . 157
Šibenik – Trogir – Kaštelanska Riviera . . . 158/159
Trogir . . . 162
Makarska-Riviera . . . 172/173
Split / Diokletianspalast . . . 174
Split . . . 176
Mitteldalmatinische Inseln . . . 188/189
Süddalmatien . . . 204/205
Dubrovnik . . . 210/211
Montenegro (Küste) . . . 226

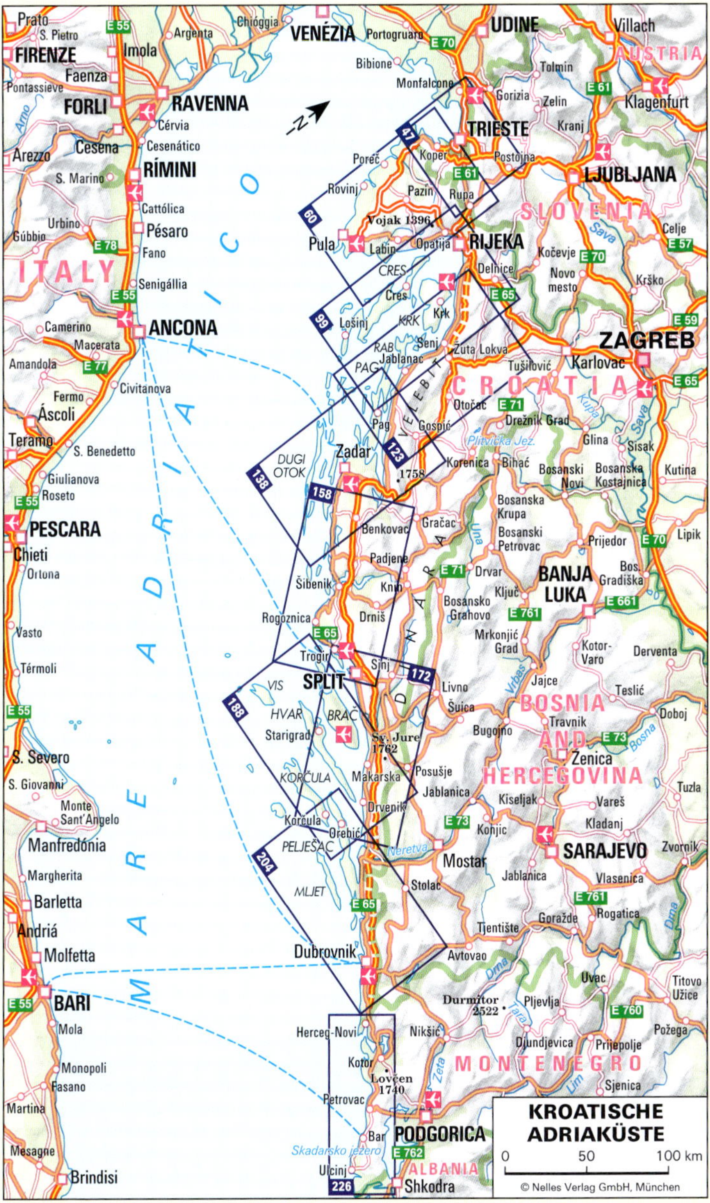
KROATISCHE ADRIAKÜSTE
0 50 100 km
© Nelles Verlag GmbH, München
ITALY
SLOVENIA
CROATIA
AUSTRIA
BOSNIA AND HERCEGOVINA
MONTENEGRO
ALBANIA
MARE ADRIATICO
N
Prato
S. Pietro
FIRENZE
Imola
Argenta
Chióggia
VENÉZIA
Portogruaro
UDINE
Villach
Faenza
Pontassieve
FORLI
RAVENNA
Cérvia
Cesenático
Cesena
Arezzo
S. Marino
RÍMINI
Cattólica
Urbino
Gúbbio
Pésaro
Fano
Senigállia
Camerino
ANCONA
Macerata
Amandola
Civitanova
Fermo
Áscoli
Teramo
S. Benedetto
Giulianova
Roseto
PESCARA
Chieti
Ortona
Vasto
Térmoli
S. Severo
S. Giovanni
Monte Sant'Angelo
Manfredónia
Margherita
Barletta
Andriá
Molfetta
BARI
Mola
Monopoli
Fasano
Martina
Mesagne
Brindisi
Arno
Bibione
Monfalcone
Gorizia
Tolmin
Zelin
Klagenfurt
Kranj
TRIESTE
Koper
Postojna
LJUBLJANA
Poreč
Rovinj
Pazin
Rupa
Vojak 1396
Pula
Labin
Opatija
RIJEKA
Kočevje
Celje
Sava
CRES
Cres
Delnice
Novo mesto
Krško
Lošinj
KRK
Krk
RAB
Senj
Jablanac
PAG
Žuta Lokva
Tušilović
Karlovac
ZAGREB
Otočac
Drežnik Grad
Kupa
Pag
VELEBIT
Gospić
Plitvička Jez.
Glina
Sisak
DUGI OTOK
Zadar
Korenica
Bihać
Bosanski Novi
Bosanska Kostajnica
Kutina
1758
Bosanska Krupa
Gračac
Benkovac
Una
Bosanski Petrovac
Prijedor
Lipik
Padjene
Drvar
BANJA LUKA
Bos. Gradiška
Šibenik
Knin
Ključ
Bosansko Grahovo
Rogoznica
Drniš
Mrkonjić Grad
Kotor-Varo
Derventa
Trogir
Sinj
SPLIT
VIS
Livno
Šuica
Vrbas
Jajce
Teslić
Doboj
HVAR
BRAČ
Starigrad
Sv. Jure 1762
Bugojno
Travnik
Ženica
Bosna
KORČULA
Makarska
Posušje
Jablanica
Tuzla
Drvenik
Kiseljak
Vareš
Korčula
Orebić
Konjic
Kladanj
PELJEŠAC
Neretva
Mostar
SARAJEVO
Zvornik
MLJET
Stolac
Jablanica
Vlasenica
Goražde
Rogatica
Drina
Tjentište
Dubrovnik
Avtovao
Uvac
Titovo Užice
Durmitor 2522
Pljevlja
Tara
Herceg-Novi
Nikšić
Djundjevica
Prijepolje
Požega
Kotor
Lovćen 1740
Zeta
Lim
Sjenica
Petrovac
Bar
PODGORICA
Skadarsko jezero
Ulcinj
Shkodra
E 55
E 70
E 61
E 78
E 77
E 57
E 65
E 59
E 71
E 661
E 761
E 73
E 762
E 760
47
60
99
123
138
158
172
188
204
226

IMPRESSUM / KARTENLEGENDE

Liebe Leserin, lieber Leser,

AKTUALITÄT wird in der Nelles-Reihe groß geschrieben. Unsere Korrespondenten dokumentieren laufend die Veränderungen der weltweiten Reiseszene, und unsere Kartografen berichtigen ständig die auf den Text abgestimmten Karten.
Wir freuen uns über jeden Korrekturhinweis! Unsere Adresse: Nelles Verlag, Machtlfinger Str. 11, D-81379 München, Tel. +49 (0)89 3571940, Fax +49 (0)89 35719430, E-Mail: Info@Nelles.com, Internet: www.Nelles.com
Haftungsbeschränkung: Trotz sorgfältiger Bearbeitung können fehlerhafte Angaben nicht ausgeschlossen werden, der Verlag lehnt jegliche Produkthaftung ab. Alle Angaben ohne Gewähr. Firmen, Produkte und Objekte sind subjektiv ausgewählt und bewertet.

LEGENDE

★★ / ★★	Top-Attraktion *(in Karte)* *(in Text)*	(Ort) Dubrovnik Kaštel Gomilica (Sehenswürdigkeit)	in Karte gelb Unterlegtes wird im Text erwähnt		Staatsgrenze mit Grenzübergang
★ / ★	sehr sehenswert *(in Karte)* *(in Text)*		internationaler Flughafen, nationaler Flughafen		Autobahn
8	Orientierungsnummer in Text und Karte		UNESCO Welterbe		Schnellstraße
8 8	Orientierungsnummer in Text und Stadtplan	Sv. Jure 1762	Berggipfel (Höhe in Meter)		Fernverkehrsstraße
8	Orientierungsnummer in Text und Detailplan		Nationalpark, Naturschutzgebiet		Hauptstraße
	Öffentliches bzw. bedeutendes Gebäude	13	Entfernung in Kilometer		Landstraße
	Hotel, Restaurant		Strand		Nebenstraße
	Markt, Denkmal		Leuchtturm, Höhle		Eisenbahn
	Hospital, Postamt		Touristeninformation		Fußgängerzone
	Kirche, Friedhof		Parkplatz, Busstation		Fähre
				E 94 1 7	Straßennummern

IMPRESSUM

KROATISCHE ADRIAKÜSTE
Küste von Slowenien, Montenegro
© Nelles® Verlag GmbH
81379 München
All rights reserved

Ausgabe 2015
Druck: Bayerlein, Germany
Einband durch DBGM geschützt

- P20 -

Kartenverzeichnis 2
Impressum / Kartenlegende / Haftungsbeschränkung 4

1 GESCHICHTE UND KULTUR

Höhepunkte / Einstimmung 12
Geschichte im Überblick. 14
Geschichte Istriens 17
Geschichte Dalmatiens 26
Kroatien im 19. und 20. Jahrhundert 37

2 SLOWENIEN

Koper 45
Hrastovlje 48
Škocjanske jame (St. Kanzian-Höhlen) 49
Lipica 49
Postojnska jama (Adelsberger Grotte) 51
Slowenische Riviera. 51
INFO: Restaurants, Sehenswürdigkeiten 54-55

3 ISTRIEN

Die Westküste 59
Ausflüge ins Binnenland. 79
Die Ostküste. 86
INFO: Restaurants, Sehenswürdigkeiten 90-93

4 RIJEKA UND DIE KVARNER-BUCHT

Kvarner-Bucht 97
Rijeka 98
Insel Krk 104
Insel Cres 110
Insel Lošinj. 113
INFO: Restaurants, Sehenswürdigkeiten 115-117

5 AM VELEBIT-KANAL

Vinodol. 121
Senj 125
Nationalpark Plitwitzer Seen. 127
Velebit 128
Insel Rab 129
Insel Pag. 132
INFO: Restaurants, Sehenswürdigkeiten 134-135

6 ZADAR UND NORDDALMATIEN

Von Starigrad nach Zadar 139
Zadar 141
Norddalmatinische Inseln 146
Biograd 150
INFO: Restaurants, Sehenswürdigkeiten 150-151

7 RUND UM ŠIBENIK UND TROGIR

Šibenik. 155
Šibeniker Inseln 158
Trogir 161
Die Straße der Kastelle 165
INFO: Restaurants, Sehenswürdigkeiten 166-167

8 SPLIT UND DIE MAKARSKA-RIVIERA

Split 171
Kaštel Klis 177
Sinj. 177
Omiš. 178
Makarska-Riviera 179
INFO: Restaurants, Sehenswürdigkeiten 182-183

9 MITTELDALMATINISCHE INSELN

Insel Brač 187
Insel Šolta 191
Insel Vis 191
Insel Hvar 192
Insel Korčula. 195
INFO: Restaurants, Sehenswürdigkeiten 198-199

10 DUBROVNIK UND SÜDDALMATIEN

Neretva-Delta 203
Halbinsel Pelješac. 203
Dubrovnik 207
Insel Mljet 219
Elaphitische Inseln. 220
Cavtat 221
INFO: Restaurants, Sehenswürdigkeiten 222-223

11 MONTENEGRO

Montenegro 225
INFO: Restaurants, Sehenswürdigkeiten 229

12 FEATURES

Der Karst . . . 232
Wassersport an der kroatischen Küste . . . 234
Aus Küche und Keller . . . 236

13 REISE-INFORMATIONEN

SLOWENIEN

Reisevorbereitungen . . . 240
Information . . . 240
Einreise / Zoll . . . 240
Praktische Tipps . . . 240
Autofahren / Autovermietung . . . 240
Diplomatische Vertretungen . . . 241
Essen und Trinken . . . 241
Geldwechsel / Währung . . . 241
Gesundheit . . . 241
Post / Telefon . . . 241
Haustiere . . . 241

KROATIEN

Reisevorbereitungen . . . 242
Information . . . 242
Einreise . . . 242
Klima / Reisezeit . . . 242
Zoll . . . 243
Reisen nach und in Kroatien . . . 243
Mit dem Flugzeug . . . 243
Mit der Bahn . . . 243
Mit dem Schiff / der Fähre . . . 243
Mit dem Bus . . . 244
Mit dem Auto / Motorrad . . . 244
Praktische Tipps . . . 245
Autovermietung . . . 245
Diplomatische Vertretungen . . . 245
Feiertage / Fotografieren . . . 246
Geldwechsel / Währung . . . 246
Gesundheit . . . 246
Notruf-Nummern / Post . . . 246
Rauchen / Sicherheit / Sport . . . 247
Strom . . . 248
Telefonieren / Trinkgeld . . . 248
Sprachführer . . . 248

Autoren . . . 251
Register . . . 252

Thomas Stankiewicz

SCS MA
VRVS

HÖHEPUNKTE

★★Altstadt von Koper (S. 46): Venezianisches Architekturerbe, Prätorenpalast aus dem 15. Jh.

★★Sveta Trojica, Hrastovlje (S. 48): Wehrkirche mit Totentanzfresko von 1490.

★★Škocjanske jame (Höhlen von St. Kanzian; S. 49): Unterirdische Karstschlucht mit fantastischen Tropfsteingebilden.

★★Lipica (S. 49): Traditionsreiches Gestüt, Heimat der Lipizzaner.

★★Adelsberger Grotte (S. 51): Spektakuläres Karsthöhlensystem mit eindrucksvollen Stalaktiten und Kalksinter-„Vorhängen".

★★Piran (S. 52): Das hübscheste Städtchen an der Riviera von Slowenien.

★★Poreč (S. 64): Lebhafte Altstadt mit römischem Grundriss und byzantinischer **★★Euphrasius-Basilika**, umgeben von Pinienhainen, Lagunen, Fels- und Kiesstränden.

★★Rovinj (S. 69): Besonders fotogene historische Adriastadt, italienisch geprägt, mit vorgelagerten grünen Inselchen.

★★Motovun (S. 81): Idealtypischer, befestigter istrischer Ort in Schutzlage; mit Trüffelrestaurants, Künstlerateliers und eindrucksvoller 360°-Panorama-Aussicht.

★★Opatija (S. 88): Noble Villen mit altösterreichischem Flair, gesunde Salzluft und eine 12 km-Uferpromenade an der felsigen Küste für lange Spaziergänge.

★★Nationalpark Plitvička jezera (Plitwitzer Seen, S. 127): Bei einer Fahrt durch Dalmatien sollte man einen Abstecher zu diesem Naturwunder einplanen: 16 grünblaue Karstseen, verbunden durch 92 Wasserfälle, liegen inmitten ausgedehnter Wälder.

Vorhergehende Seiten: Sehen und Gesehen werden – nachmittags auf der Pjaca der Stadt Hvar. Ein Mosaik von byzantinischer Pracht – Euphrasius-Basilika, Poreč. Rechts: Stadtstrand und alter Hafen von Dubrovnik.

★★Zadar (S. 141): In der bedeutendsten Stadt Norddalmatiens stößt man auf Schritt und Tritt auf Zeugen der reichen Geschichte.

★★Šibenik (S. 155): In der ältesten slawischen Stadt an der Adria lässt es sich wunderbar durch die malerischen Gassen schlendern. Höhepunkt der Stadtbesichtigung ist der Dom **★★Sveti Jakov**, das bedeutendste Renaissancebauwerk in Kroatien.

★★Krka-Nationalpark (S. 157): Im karstigen Hinterland von Šibenik schlängelt und windet sich der Fluss Krka mit zahlreichen Stromschnellen und Wasserfällen.

★★Trogir (S. 161): Die mittelalterliche Altstadt auf einer kleinen Insel ist einen ausgiebigen Bummel wert, die Kathedrale **★★Svetog Lovre** birgt zahlreiche bedeutende Kunstschätze.

★★Split (S. 171): Hinter den die Altstadt umgebenden römischen Mauern verbirgt sich der **★★Diokletianspalast**. Der imposante Alterssitz des römischen Kaisers ist hervorragend erhalten.

★★Zlatni rat (S. 189): Das „Goldene Horn" westlich des Hafens von Bol (Insel Brač) ist ein traumhafter Feinkies-Strand.

★★Insel Hvar (S. 192): Baden und Wandern, reizende Orte und herrliche Natur – die lang gestreckte Insel ist ein wahres Urlaubsparadies.

★★Korčula (S. 196): „Klein-Dubrovnik" – diesen Spitznamen verdankt der Hauptort der Insel Korčula seiner schönen Lage und der hübschen Altstadt.

★★Dubrovnik (S. 207): Die wunderschöne Altstadt der süddalmatinischen Metropole ist weltberühmt. Eine hervorragend erhaltene, imposante **★★Stadtmauer** umgibt eine eindrucksvolle Ansammlung historischer Bauwerke, darunter der **★★Knežev dvor** (Rektorenpalast) im Renaissance- und Barockstil.

Foto: Volkmar E. Janicke

EINSTIMMUNG

Was sich landschaftlich in Slowenien andeutet – fruchtbare Täler und von malerischen kleinen Dörfern gekrönte Hügelkuppen –, das setzt sich im kroatischen Istrien fort, wird dort angereichert durch zauberhafte Städtchen, und ein Hauch Toskana durchweht das istrische Hinterland.

An den Toren der Altstädte prangt der steinerne Löwe Venedigs. Beim Bummeln durch die Gassen erblickt man – etwa in Poreč oder Pula – Relikte aus der Römerzeit; in malerischen, Küstenstädten wie Rovinj wird teils noch Italienisch gesprochen. Prachtvolle k.u.k. Villen verströmen entlang der Adriaküste Opatijas altösterreichischen Charme, in den Terrassencafés der Uferpromenade nippt man am Cappuccino und bestellt dazu eine Wiener Kremschnitte.

An Istriens Stränden sucht man zwar vergeblich nach Sand, findet dafür aber kleine Kiesbuchten und idyllische Plätzchen an felsigen Gestaden mit glasklarem Wasser.

Kiefern und Zypressen, Karstgebirge, Fels- und Kiesstrände säumen auf 330 km Länge die Adriaküste Dalmatiens. Tiefblau schimmert das saubere Wasser, sattgrüne Kiefernhaine beschirmen idyllische Badebuchten.

Auf kleinen Inseln harren seit Jahrhunderten Fischer, Schafhirten und Bauern aus, die versuchen, den steinigen, verkarsteten Böden Gemüse, Oliven und süße Weintrauben abzuringen. Badeurlauber ebenso wie Segler schätzen die vielfältige Welt des dalmatinischen Karstinsel-Archipels, wo man noch unbewohnte Robinson-Eilande findet. Einsamkeit erwartet auch Wanderer im über 1700 Meter hohen Biokovo-Gebirge, das die Küste flankiert.

Auf eine große Tradition blicken die altehrwürdigen Hafenstädte Dalmatiens zurück. Manche waren wie Split schon in der Römerzeit blühende Gemeinwesen. Aufwändig restauriert, stellen sie heute Besuchermagneten an der Adria dar, einige genießen sogar UNESCO-Welterbestatus – allein schon das geschichtsträchtige Dubrovnik wäre eine Reise wert.

Bronzezeit

Um 1800-1200 v. Chr. Ansiedlung von Illyrern auf dem Balkan. Die Stämme der Histrer und Liburner bevölkern die Istrische Halbinsel und die Kvarner-Bucht. Die Siedlungen der Histrer befinden sich auf Hügelkuppen.

Frühgeschichte und Antike

Ab **1200 v. Chr.**, in der Bronzezeit, wandern illyrische Stämme in das Gebiet von Dalmatien und Istrien ein. Von ihnen sind die Delmaten die bedeutendsten.

Ab dem **4. Jh. v. Chr.** siedeln sich griechische Stämme an und gründen bedeutende Siedlungen wie Tragurion (Trogir), Epidauros (Cavtat, südlich von Dubrovnik) oder Pharos (Hvar).

Die Römer dringen ab dem **3. Jh. v. Chr.** südwärts an der Adriaküste vor. Dalmatien wird zur Illyrischen Provinz mit Salona (Split) als Hauptstadt, die unter Diokletian sogar Machtzentrum des Römischen Reiches ist.

177 v. Chr. Istrien wird römische Provinz.

395 Istrien fällt dem Weströmischen Reich zu.

425 Das Christentum wird Staatsreligion.

Völkerwanderungszeit

493-536 Um den Einfluss germanischer Stämme zu unterbinden, sendet Byzanz die Ostgoten unter Theoderich. Sie erobern Istrien und Oberitalien und sagen sich von Byzanz los.

535-54 Byzantinisch-gotischer Krieg. Byzanz gewinnt die Herrschaft über Oberitalien und Istrien zurück. Ab 500 dringen Slawen (darunter die Kroaten und Slowenen) in den Balkan ein.

Ab 600 Kroatische Volksgruppen besiedeln Nordistrien und die Kvarner-Bucht.

Mittelalter und Neuzeit

Um 800 Langobarden erobern das byzantinische Istrien und Oberitalien. Die Franken unter Karl d. Gr. unterwerfen jedoch die Langobarden und übernehmen die Herrschaft über die nördliche Adria. Fränkische Missionare bekehren die slawischen Stämme.

879 Die Kroaten erkennen nach der Kirchenspaltung den Papst als Kirchenoberhaupt an.

925 Tomislav wird durch einen Gesandten des Papstes zum katholischen König Kroatiens gekrönt. Ostistrien und die Kvarner-Bucht fallen an das neue Königreich.

1102 Die Kroaten erkennen die ungarische Vorherrschaft an, die 800 Jahre andauern wird.

13. Jh. Für Venedig wird der Orienthandel und die Kontrolle über die Häfen entlang der dalmatinischen Küste immer wichtiger.

1409 Nachdem Ungarn Dalmatien an Venedig verkauft hat, erhalten die Städte an der Adriaküste venezianische Statthalter.

14./15. Jh. Machtkämpfe zwischen den das slawische Hinterland beherrschenden Habsburgern und der Seerepublik Venedig.

Foto: Thomas Stankiewicz

Das Amphitheater in Pula, imposantes Relikt der römischen Provinz Histra.

1420 Venedig gewinnt auch das Landesinnere Westistriens für sich. Für Istrien beginnt eine neue kulturelle und wirtschaftliche Blüte.

16. Jh. Türkeneinfälle in Istrien und Piraterie in der Kvarner-Bucht.

1571 Die venezianisch-spanische Flotte besiegt die türkische am Golf von Korinth.

Napoleonische und Habsburgische Zeit

1797 Napoleon besiegelt das Ende der venezianischen Herrschaft, Istrien und die Kvarner-Bucht fallen an Österreich.

1805 Im Frieden von Pressburg zwischen Napoleon und Österreich werden Istrien und Dalmatien Italien zugesprochen.
1809-13 Napoleon vereint Istrien und Dalmatien, Slowenien, Osttirol und Westkärnten zu den Illyrischen Provinzen.
1815 Auf dem Wiener Kongress fällt Dalmatien an Österreich-Ungarn. Die neue Großmacht forciert den Ausbau von Wirtschaft und Verkehr. Dank Bahn- und Dampfschiffverbindungen setzt der Wiener k.u.k-Tourismus ein.

Foto: Andrea Sabo-Russ

Jahrhunderte venezianischer Herrschaft prägten die Architektur der Küstenstädte.

20./ 21. Jahrhundert

1918 Gründung des SHS-Staats (des Königreichs der Serben, Kroaten und Slowenen), da Österreich zu den Verlierern des I. Weltkriegs gehört. Nur Istrien bleibt bei Österreich.
1919 Putsch Gabriele D'Annunzios in Fiume (Rijeka). Istrien, Lošinj, Cres und Triest gehen an Italien.
Nach 1945 Mit der Gründung Jugoslawiens fällt Istrien an die Teilrepublik Kroatien. Marschall Tito gestaltet den jungen Staat mit seinen unterschiedlichen Volksgruppen und Religionen als föderative Republik nach sozialistischen Prinzipien. Dem kommunistischen System der UdSSR erteilt er 1948 eine Absage, in den 1950er Jahren entsteht ein eigener Weg des Jugoslawischen Sozialismus. Volksgruppen aus anderen Landesteilen (Serbien, Slowenien, Bosnien) wandern in die Region Istrien zu, wo neben der Industrie (Rijeka, Pula) auch der Tourismus entwickelt wird.
In den **1960er/1970er Jahren** entsteht an der Adriaküste eine moderne touristische Infrastruktur, die Jugoslawien Devisen bringt.
1980 Nach Titos Tod destabilisieren Regierungswechsel und Finanzskandale den Vielvölkerstaat, Separatismus macht sich breit.
1991 führen soziale und v. a. wirtschaftliche Gegensätze zu einer Abspaltung erst Sloweniens und dann Kroatiens; Dalmatien wird eine der fünf Teilrepubliken des neuen Staates Kroatien. Im November massakrieren die Serben 264 Kroaten in Vukovar. Im Dezember 1991 beschießen serbisch-montenegrinische Einheiten das zum Weltkulturerbe zählende Dubrovnik, in Norddalmatien feuern Krajina-Serben auf die historischen Städte Zadar und Šibenik; das serbisch dominierte Restjugoslawien will sich den Zugang zur Adria sichern.
1991-95 Wegen des Kriegs im Hinterland Dalmatiens und in Bosnien nimmt v. a. Istrien viele Flüchtlinge auf. Die Tourismusbranche muss schwere Einbußen hinnehmen.
Ab dem Jahr **2000** setzt, nach dem Tod Tudjmans am 12.12.1999, unter Präsident Stipe Mesič die Demokratisierung in Kroatien ein.
2005 Kroatien ermöglicht die Verhaftung des als Kriegsverbrecher gesuchten Generals Ante Gotovina. Damit ist der Weg für die Aufnahme der Beitrittsverhandlungen zur EU frei.
2007 Parlamentswahlen; Patt zwischen HDZ und der Sozialdemokratischen Partei.
2008 Koalitionsregierung, geführt von Ivo Sanader von der konservativen HDZ.
2010 Neuer Präsident wird der Sozialdemokrat Ivo Josipović, der für Europafreundlichkeit und den Kampf gegen Korruption steht.
2012 Der korrupte Ex-Ministerpräsident Ivo Sanader wird zu zehn Jahren Haft verurteilt.
2013 Kroatien tritt der EU bei.
2014 Der Kampf gegen Korruption geht weiter. Der sozialdemokratische Präsident Ivo Josipović stellt sich erneut zur Wahl.

Foto: Berthold Schwarz

GESCHICHTE UND KULTUR

GESCHICHTE ISTRIENS

Istrien ist heute eines der beliebtesten Ziele des internationalen Badetourismus an der Adriaküste. Schon früh waren auf dieser Halbinsel verschiedene Völker aufeinander getroffen, so dass ein reger kultureller Austausch stattfand. Trotz dieser vielfältigen ethnischen Einflüsse hat speziell eine Kultur Istrien ihren Stempel aufgeprägt: die städtische Zivilisation Venedigs, das mehr als 500 Jahre über dieses Gebiet herrschte.

Frühgeschichte und Antike

Die Halbinsel kann sich rühmen, eines der ältesten Siedlungsgebiete Europas zu sein. Funde in der Höhle von Šandalja in Südistrien belegen, dass hier bereits vor 800 000 Jahren, im Paläolithikum, Urmenschen lebten.

In der späten Bronzezeit wanderte der indogermanische Stamm der Histrer-Illyrer aus Mitteleuropa ein; nach ihm ist die Halbinsel benannt. Die Histrer lebten von Jagd und Fischerei und kannten bereits Feldbau und Viehzucht. Geschützte, aber gut zugängliche Buchten begünstigten Fischerei, Schifffahrt und den regen Handelsaustausch mit Dalmatinern, Griechen und Etruskern.

Das Kernland der Halbinsel bot mit seinen zahlreichen isolierten Hügeln und Bergkuppen die besten Voraussetzungen, ummauerte Orte in Schutzlage zu gründen. Die spezielle Art und Weise, in der die Illyrer ihre Siedlungen anlegten, wird als *Gradina-Kultur* bezeichnet. Auf dem Gipfel eines Hügels oder Bergs wurden heilige Bezirke und Herrschaftssitze angelegt, die Behausungen der Bevölkerung entstanden ringförmig um die zentralen Herrschaftsgebäude. Das gesamte Areal wurde durch massive Umwallungen – ähnlich einer Burganlage – geschützt. Dieses Siedlungsprinzip hat die städtebauliche Struktur vieler Ortschaften bis in unsere Zeit geprägt. Auch die Römer erkannten die Vorteile der illyrischen Stadtanlagen.

Links: Glagolithische Inschrift in Valun auf der Insel Cres.

Durch ihren hohen Zivilisationsvorsprung gelang es den Illyrern, die ganze westliche Balkanhalbinsel zu unterwerfen und sogar auf italischem Boden, in Apulien, Fuß zu fassen. Handelsbeziehungen entstanden vor allem mit der hellenistischen Welt, sie reichten aber auch weit nach Nordosten: Über die Bernsteinstraße, eine der ältesten großen Handelsrouten, fanden Produkte aus dem Baltikum ihren Weg ans Mittelmeer. Die antiken griechischen Chronisten erwähnen Istrien und die Region Kvarner seit dem 6. Jh. v. Chr. Die als *Gnatya*-Ware bezeichnete örtliche Keramik, die nördlich der Alpen und in Griechenland ausgegraben wurde, sowie griechische Münzen und Skulpturen, die man auch in Istrien fand, bezeugen die weit reichenden Handelskontakte in der Antike.

Istrien unter römischer Herrschaft

Große Veränderungen kamen mit den Römern. Nachdem sie sich die Apenninhalbinsel untertan gemacht hatten, gedachten sie nun auch den adriatischen Raum zu erobern. Einen Anlass dazu boten ihnen die „Hilferufe" griechischer Gemeinden in Mitteldalmatien. Bereits im 3. Jh. v. Chr. beendeten die Römer das Piratenunwesen des illyrischen Stamms der Delmaten erfolgreich und kontrollierten schnell auch weitere Gebiete des adriatischen Raums. Und das kam so:

Nach dem Bau des befestigten Aquileia am Golf von Triest um 182 v. Chr. stießen die Römer nach Istrien vor. Histrer zogen sich unter dem Kommando ihres Anführers Epulon

Foto: Archiv für Kunst und Geschichte, Berlin

ins stark befestigte Nesactium an der Südspitze der Halbinsel zurück. Nach langer Belagerung durch die Römer fiel jedoch auch diese letzte Festung und ganz Istrien wurde römisch. Dann begannen die Römer planmäßig ein Verkehrsnetz aufzubauen, das ihre neuen Stützpunkte miteinander verbinden sollte. Auf ursprünglich histrischen Siedlungen ließen sie stark befestigte Stadtstützpunkte errichten, von denen Pola (Pula) und Parentium (Poreč) zu den bedeutendsten zählten. Beide Städte wuchsen zu Verwaltungszentren heran, die sich wegen ihrer geschützten maritimen Lage auch zu bedeutenden Handelszentren entwickelten.

Unter der Knute Roms verloren die Illyrer ihr Land an römische Veteranen und Großgrundbesitzer, wurden zu Leibeigenen oder sogar als Sklaven verkauft. Mit dem Amtsantritt von Augustus (31 v. Chr.-14 v. Chr.) erhielten alle Bewohner Istriens das Bürgerrecht.

Oben: Die Illyrer verfügten über große Kunstfertigkeit in der Metallverarbeitung (Gürtelblech aus Bronze, 5. Jh. v. Chr.).

Die istrischen Städte erlangten den Status von Municipien im Rahmen der römischen Provinz Histria.

Die Stadt Aquileia bildete wegen ihrer geografischen Lage an der Spitze des nördlichen Adriabassins, ihrer geopolitischen Lage und ihrer guten Verbindung nach Italien den bedeutendsten Kreuzungspunkt aller wichtigen Land- und Wasserwege. Von Aquileia aus ging die *Via Postumia* nach Emona (Ljubljana) und Pannonien. Eine andere Römerstraße führte über Tergeste (Triest) nach Tarsatica (Rijeka); von dort erstreckten sich weitere Straßen nach Siscia (Sisak) und entlang der Küste zur Provinz Dalmatien.

Von Tergeste aus zog sich die *Via Flavia* an der istrischen Küste entlang. Sie sorgte für einen florierenden Handel, vor allem mit Italien. Große Städte wie Pola und Parentium waren auch bedeutende Häfen, über sie erreichten Oliven, Öl, Wein und andere istrische Produkte die Märkte. So manche Amphore mit der Herkunftsbezeichnung Istrien fanden Archäologen in Rom. Auf istrischem Boden – besonders im

Raum um Pula – trifft man auf bedeutende Beispiele römischer Architektur: z. B. das Amphitheater und den Augustustempel oder die kaiserliche Villa Rustica auf den Brijuni-Inseln.

Im 2. Jh. n. Chr. war die römische Tradition diesseits der Adria so tief verwurzelt, dass sogar einige Kaiser illyrischer Abstammung über das Großreich herrschen durften. Gegen Ende des 3. Jh. bestieg Diokletian aus Salona, der Hauptstadt von Dalmatia (Roms illyrischer Provinz), den römischen Kaiserthron. Da auf sein Betreiben hin auch der Palast von Split errichtet wurde, galt Illyrien für eine kurze Phase als Dreh- und Angelpunkt des Imperiums (s. a. Geschichte Dalmatiens).

Als 313 n. Chr. das Toleranzedikt von Mailand erlassen wurde, das die Religionsfreiheit im Reich garantierte, entstanden in Poreč, Pula, Novigrad und Koper die ersten christlichen Diözesen. Die Bistümer traten an die Stelle der alten Municipien und übernahmen deren politische, gesellschaftliche und wirtschaftliche Funktionen. Die alten Oratorien wurden in frühchristliche Basiliken umgewandelt, und im Lauf der Jahrhunderte entstanden so großartige Meisterwerke wie z. B. der Dom von Pula oder die Euphrasius-Basilika in Poreč.

395 n. Chr. wurde das Römische Reich durch Theodosius' Söhne in ein ost- und ein weströmisches Reich geteilt. Istrien blieb beim Westreich mit dem Kaisersitz Ravenna.

Istrien zur Zeit der Völkerwanderung

Gegen Ende des 4. Jh. veränderte die Völkerwanderung die Strukturen ganz Europas. Im Jahr 399 marschierten die Westgoten unter Alarich durch istrisches Gebiet nach Italien. 452 folgten ihnen die Hunnen aus der Pannonischen Ebene. Unter Führung von Attila zerstörten sie auf ihrem Weg nach Rom das großartige Aquilea und stießen vor allem die Binnengebiete der Halbinsel in eine wirtschaftliche Krise. Nur die großen Küstenstädte blieben verschont.

Nachdem der germanische Heermeister Odoaker den letzten Kaiser

Foto: Gerhard Bersick

Romulus Augustus abgesetzt und 476 selbst die Macht in Italien übernommen hatte, verhinderte Ostrom – das war Byzanz – eine Ausweitung seiner Herrschaft in die Ostadria: es schickte die Ostgoten unter Theoderich (auch als Dietrich von Bern bekannt) nach Italien. Odoakers Schicksal war besiegelt, als er die Entscheidungsschlacht am heutigen slowenischitalienischen Grenzfluss Soča nördlich von Tergeste (Triest) verlor. Es dauerte nicht lange und die Ostgoten etablierten sich als neue Machthaber über Italien und somit auch über Istrien.

Gleich nach dem Tod von Theoderich zerfiel das Gotenreich. Das nutzte Byzanz unter Kaiser Justinian, um das Territorium nach Westen auszudehnen – mit dem Ziel, das gesamte Mittelmeer unter seine Herrschaft zu bringen. Istrien und Dalmatien wurden byzantinisch

Oben: Der Augustustempel in Pula, Zeugnis römischer Baukunst. Rechts: Ein Erbe byzantinischer Herrschaft in Istrien – die Euphrasius-Basilika in Poreč.

(555). Byzanz gründete das Exarchat Ravenna als Verwaltungszentrale und baute auch Aquileia wieder auf. Damit begann in Istrien eine neue kulturelle Blüte, die zwar nur kurz währte, aber ihre Spuren hinterließ: Die Euphrasius-Basilika von Poreč mit ihrem üppigen Mosaikschmuck zeigt deutliche Verwandtschaft mit den Mosaiken Ravennas; möglicherweise waren sogar dieselben Steinsetzer am Werk.

Bevor sich statt der römischen nun griechisch-byzantinische Kultur in Istrien und Dalmatien ausbreiten konnte, setzte eine weitere Völkerwanderung in diese Region ein. Um das Jahr 500 fielen große Verbände von Slawen aus ihren Heimatgebieten in den Ostkarpaten, an Dnjestr und Donau über Pannonien in die Region zwischen Drau und Save ein. Von dort zogen vor allem Kroaten bis zur adriatischen Küste nach Istrien und Dalmatien weiter, wo sie sich von 600 an im Hinterland des Küstensaumes niederließen. Da das Binnenland der Halbinsel durch die Völkerwanderung weitgehend verwüstet war und Byzanz seine Verwaltung noch nicht vollständig aufgebaut hatte, konnten die slawischen Stämme ungestört weite Gebiete besiedeln.

Die gut befestigten und straff organisierten romanisierten Küstenstädte sahen sich gezwungen, ihre Kräfte zusammenzuschließen, wollten sie nicht der slawischen Übermacht über kurz oder lang unterliegen. Das weit entfernte Byzanz war nicht in der Lage, die Landnahme der Slawen zu unterbinden oder gar rückgängig zu machen.

Das frühe Mittelalter: Langobarden und Franken

Als die germanischen Langobarden im 8. Jh. in Istrien einfielen, gab es niemanden, der stark genug gewesen wäre, sie aufzuhalten. Auch wenn es ihnen nicht gelang, die gesamte Halbinsel zu beherrschen, waren sie doch zum bestimmenden Faktor geworden.

Foto: Hrvatska Turisticka Zajednica

Novigrad, in dem sie ein Bistum errichteten, bauten die Langobarden zu ihrem Zentrum aus. Istrien blieb auch dann noch langobardisch, als sie ihr Eroberungsdrang nach Oberitalien führte – über Cividale in Friaul nach Pavia südlich von Mailand.

Der Hilferuf des Papstes an Karl den Großen, ihm gegen langobardische Übergriffe auf Gebiete Roms Beistand zu leisten, führte zu einem Machtwechsel auf der Apenninenhalbinsel. Die Franken schluckten das Reich der Langobarden und damit 788 auch das bis dahin nominell byzantinische Istrien.

Um ihre Herrschaft zu sichern, vereinten die Franken die Gebiete mit überwiegend südslawischer Bevölkerung unter einer starken Zentralgewalt und bestallten einzelne Fürsten als Markgrafen in ihren Diensten. Herzog Johann, der die neuen Gebiete als Lehen von der fränkischen Krone erhielt, führte nun seinerseits das Feudalwesen in Istrien ein. Ebenfalls der neuen Machtstruktur angepasst wurden die noch in den Städten vorherrschenden antiken Rechtsnormen; das hieß, dass die weitgehende Autonomie der Küstenstädte ein Ende fand. Altes Recht wurde nur übernommen, wenn es die Macht der neuen Herren nicht einschränkte.

Die wirtschaftlichen und politischen Ziele der neuen Herren waren ganz besonders auf eins ausgerichtet: die Schwächung der Städte. Denn von denen hatten sie nur geringe Unterstützung zu erwarten. Neu eingeführte Steuern und Abgaben wie der Kirchenzehnte und Zölle, bestraften vor allem die autonomen Städte und Bistümer.

Ebenfalls zur Schwächung der Küstenstädte diente der Aufbau neuer Zentren im Landesinneren, in denen die Slawen bald zu einem ernst zu nehmenden Machtfaktor wurden. Dabei erweiterte man alte illyrische Siedlungen wie z. B. Buzet kräftig. Die Stadtstruktur orientierte sich an der Berg- und Hügellage: Konzentrische Ringe von Straßen und Gassen, begrenzt von der Stadtmauer, breiteten sich wie Wellen um einen zentralen Marktplatz aus. Dieses System prägt die inneristrischen Ortschaften bis heute.

Foto: János Kalmár

Mittelalter und Neuzeit

Bis zum 11. Jahrhundert wuchs der Einfluss der Kroaten, die von Dalmatien nach Norden drängten, so stark, dass ein Teil Ostistriens und die Kvarner-Gebiete ans kroatische Königreich fielen. Nachdem die Erbfolgekriege im Heiligen Römischen Reich beendet waren, konsolidierten sich die Verhältnisse auch in Istrien. Der Investiturstreit von 1074 spielte insofern eine Rolle für die Halbinsel, als der Papst Istrien dem Patriarchen von Aquileia zusprach. Das führte zu Kompetenzstreitigkeiten zwischen der kirchlichen und der weltlichen Macht. Als diese Istrien zu Beginn des 13. Jahrhunderts an Ludwig von Bayern übergeben wollte, rief das den Protest des Patriarchen hervor. Das starke Bayern umklammerte nämlich das Gebiet von Aquileia, was der Kirche überhaupt nicht behagte. Istrien wurde daraufhin in zwei Teile geteilt: Die bergigen Gebiete, vorwiegend im Nordosten, wurden an die Grafen Devina vergeben, die Ebenen gingen an die Grafen von Görz; die Küste blieb bei Aquileia. Als die Machtansprüche und Übergriffe Aquileias – später auch Venedigs – auf das Binnenland zu massiv wurden, unterstellten sich beide Grafengeschlechter den Habsburgern, die den Schutz dieser Gebiete zu garantieren versprachen.

Oben: Die Slawen übernahmen die illyrische Siedlungsform auf der Kuppe eines Hügels, geschützt durch einen Mauerring (Završje). Rechts: Ein Markuslöwe in Novigrad.

Im 13. Jh. stürzte das Reich, dieses Mal unter den Staufern, in die nächste Krise. Istrien erlitt ständige Machtkämpfe zwischen den Grafen von Devina und Görz sowie Venedig und Aquileia. Im Jahr 1420 gelang es der Seerepublik Venedig endgültig, sich den wegen der reichen Städte und der Salinen so begehrten Küstensaum wie auch einige bedeutende Städte im Landesinneren (Motovun, Buje) einzuverleiben. Durch Erbverträge verloren die Grafengeschlechter den Rest der Halbinsel an die Habsburger, die ihn bis 1797 beherrschten.

Foto: Kai-Ulrich Müller

Die Jahre im Zeichen des Markuslöwen waren der kulturelle und der wirtschaftliche Höhepunkt West-Istriens. Durch die nun klaren und weitgehend friedlichen Verhältnisse florierte der Handel. Aus dieser Situation hätten großartige kulturelle Leistungen entstehen können, aber die Türkenkriege und häufige Seuchen verhinderten die erfolgreiche Verbreitung der Renaissance und später des Barocks in Istrien.

Im 16. Jh. waren Österreich und Venedig in Kämpfe mit dem Osmanischen Reich verwickelt. Als die Türken die Uskoken aus dem heimatlichen Klis (bei Split) vertrieben, siedelten sich diese bei Senj an. Von dort aus machten sie die Gewässer der Kvarner-Bucht unsicher und eroberten 1597 sogar Rovinj. Im Uskokenkrieg (1615-1617) gelang es den gefürchteten Uskoken-Piraten mit Hilfe der Österreicher, Venedig ganz aus Istrien zu vertreiben. Das Glück war jedoch mit den Venezianern: Die Uskoken verloren ihre Schutzmacht Österreich und ihren Stammsitz Senj, so dass die Küste wieder an die Seerepublik fiel.

Bis zum Jahr 1797 blieb alles beim Alten. Erst Napoleon brachte wieder eine Veränderung. Im Frieden von Campo Formio trat Österreich Belgien an Frankreich ab und erhielt im Tausch Venetien und damit auch die Halbinsel samt Dalmatien. Nach der Niederlage Österreichs in der Schlacht von Austerlitz (1805) gelangten diese Gebiete wieder an Frankreich, das nun alle ehemaligen Seehäfen des Gegners kontrollierte. Nach dem politischen Wechsel wurde auch das Feudalsystem abgeschafft. Doch glückte die Gleichstellung aller Bürger nur selten, zu tief verankert war die feudale Tradition gerade in den reicheren Küstenkommunen. Andererseits sahen die Nationalparteien der Kroaten, Slowenen und Dalmatiner (ebenso der Serben) im Gleichheitsprinzip der französischen Revolution eine Chance zumindest ökonomisch selbstständiger zu werden, um später eventuell auch die politische Selbstbestimmung zu erreichen. Istrien und Dalmatien wurden mit Osttirol, Westkärnten und Slowenien zu den Illyrischen Provinzen vereint. Sie fielen im Wiener Kongress von 1814/15 – nach Napoleons Niedergang – wieder an Österreich.

Betrachtet man die Baugeschichte, wird bald offensichtlich, dass nur bis zum 15. Jh. neue kulturelle Einflüsse nach Istrien eindrangen; Venedig beeinflusste ab 1420 mit seiner eigenwilligen Interpretation der Gotik die Architektur am nachhaltigsten. Überall entstanden Stadtloggias, die schönsten sind die von Koper und Pula. Die venezianisch-gotischen Stadtpaläste der reichen Kaufmannsschicht zeigen, welchen Aufschwung und welche Bedeutung der Handel bekam. Die in der Romanik errichteten Campanile wurden unter Venedigs Herrschaft gotisch umgestaltet; auch die Kircheninnenräume erhielten neuen Glanz.

Im 15. Jahrhundert bildete sich eine Malerschule, die unter Fremdeinflüssen einen eigenen rustikalen, typisch istrischen Stil entwickelte. In Hrastovlje (östl. von Koper) und in Beram (bei Pazin) kann man beeindruckende Beispiele dieses Stils sehen. Dort wirkten die Meister Ivan und Vincent aus Kastav (Rijeka).

Die Renaissance fand in Istrien so wenig Anklang wie in Venedig selbst. Lediglich in Svetvinčenat entstand im 16. Jh. ein repräsentativer Platz mit Kirche, Kurie und Stadtloggia, der als Beispiel einer urbanen Renaissance-Komposition herhalten kann. Ähnlich verhielt es sich mit dem Barock, der Istrien recht spät um 1700 erreichte. Für die reichen dekorativen Formen des Barock waren weder das Geld noch der notwendige Platz vorhanden.

Die Glagolica-Schrift

Obwohl Istrien in der ersten Hälfte des 2. Jahrtausends kulturell ganz zur römischen Ökumene gehörte und die Kirche durch ihre Orden als Kulturträger fungierte, waren vor allem die Slawen – und hier speziell die Kroaten – um eine eigene Sprache und Schrift bemüht. Die im 9. Jahrhundert von den slawischen Aposteln Kyrill und Method entwickelte glagolitische Schrift war die erste slawische Schrift überhaupt. Die Kroaten formten später die ursprünglich runden Buchstaben zu eckigen um.

Die in ihrer archaischen Fassung 38 Buchstaben umfassende Glagolica entsprach zum einen optimal dem Lautsystem und diente zum anderen als Zahlschrift. Diese geniale Schöpfung der beiden von Byzanz geschickten Missionare erschien der römischen Kirche nicht nur als Teufelswerk verdächtig, sondern sogar gefährlich. Also wurde das Glagolitische kurzerhand von Rom verboten und verfolgt. In vielen Kirchen und Dorfpfarreien sind allerdings glagolitische Inschriften zu sehen, die belegen, wie lange diese Schrift in Gebrauch war, trotz aller Verbote. Es sollte auch lange dauern, bis sich das Lateinische in Istrien endgültig durchsetzte.

Der größte Teil der mittelalterlichen kroatischen Literatur wurde in Glagolitisch gedruckt. Die wichtigsten Druckereien befanden sich nicht von ungefähr in Istrien, denn die Druckkunst war hier schneller aufgegriffen worden als im südlichen Dalmatien. Doch schon vor Erfindung des Drucks gab es zahlreiche Skriptorien – in Beram, Roč, Hum oder Draguć –, die wunderschön illustrierte lithurgische Kodexe erstellten.

Auch die Geisteswissenschaft kam nicht zu kurz. Der Pope (Priester) Mikula aus Gologica schrieb im 14. Jh. die ersten aus dem slawischen Gewohnheitsrecht abgeleiteten Rechtsnormen nieder. Zwar gab es auch später das Brauchtum, die Tradition und die davon beeinflusste Volkskunst, doch die großen, sichtbaren kulturellen Schöpfungen Istriens gehen auf die Fremdherrschaft zurück.

Rechts: Gegen den Willen der italienischen Regierung annektierte Gabriele d'Annunzio 1919 Rijeka (Fiume) für Italien.

Foto: Archiv für Kunst und Geschichte, Berlin

Istrien vom 19. Jh. bis heute

Als Istrien 1814 ganz an die Habsburger fiel, wurden Deutsch und Italienisch die Hauptsprachen. Ihr Gebrauch war Pflicht. Während der 100 Jahre andauernden Herrschaft der k.u.k.-Monarchie musste die slawische Bevölkerung um ihr kulturelles Überleben kämpfen. Vor allem der Landbevölkerung gelang es, ihre eigene Sprache, das „Tschakawische", vor der Ausrottung zu bewahren. Große Bedeutung kam dabei den Priestern zu, die die alten Traditionen aufrechterhielten.

Als Folge der habsburgischen Sprachregelung gab es ein weit verbreitetes Analphabetentum unter den Slawen. In keiner Schule wurde ihre Sprache gelehrt. Mangels guter Ausbildung blieben den Slawen die lukrativen Arbeitsplätze in der von den Österreichern aufgebauten Industrie unerreichbar. Kroaten und Slowenen durften nur Handlangerdienste leisten, die auch noch schlecht bezahlt waren. Doch bevor die nationale Bewegung etwas erreichen konnte, brach der 1. Weltkrieg aus und machte alle nationalen Pläne zunichte.

Der Londoner Geheimvertrag der Italiener mit den Alliierten von 1915 ermöglichte es dem noch jungen Italien, nach dem Zusammenbruch Österreich-Ungarns seinen Anspruch nicht nur auf Südtirol, sondern auch auf Istrien anzumelden. Um die bedeutenden Hafenstädte Triest, Pula und Rijeka wurde heftig gestritten – Österreich-Ungarns bis 1918 kriegswichtige Häfen.

Der präfaschistische Annexionsversuch des italienischen Dichters Gabriele d'Annunzios 1919 in Fiume (Rijeka) unterstrich den Anspruch auch auf diese Hafenstadt, die allerdings nicht Bestandteil des Londoner Vertrags gewesen war.

Durch Italien als neue „Schutzmacht" verbreitete sich auch in Istrien der Faschismus. Er führte zu weiteren Repressalien gegenüber den Slawen. Der bewaffnete Widerstand der antifaschistischen Kräfte Istriens während des 2. Weltkriegs führte zur Befreiung der Halbinsel: 1943 wurde sie in Pazin als freies Territorium ausgerufen.

Foto: Thomas Stankiewicz

Mit der Gründung des jugoslawischen Staates 1945 gliederte man das Istrien südlich der Mirna der Teilrepublik Kroatien und somit der „Sozialistischen Föderativen Republik Jugoslawien“ an, unter Führung der Kommunistischen Partei Titos. Nach dem Zweiten Weltkrieg spielten vor allem die Häfen eine bedeutende Rolle: Hier wurde auch die Schwerindustrie angesiedelt.

Ab den 1950er Jahren förderte man den Tourismus als lukratives zweites Standbein. Die bis heute wichtigen Fremdenverkehrszentren an der Küste wurden damals ausgebaut. Nach dem Einbruch im Bürgerkrieg in den 90ern floriert der Tourismus nun wieder. In die Ferienzentren und Hotels wurde investiert, um gehobeneren Urlaubsansprüchen gerecht zu werden. Neue Lokale, Bars und Pensionen bringen frischen Wind in die früher von Staatsbetrieben geprägte Touristikszene.

Oben: Der Tourismus ist heute Istriens wichtigster Wirtschaftszweig (Rovinj). Rechts: Illyrische Bronze-Skulptur, 3. Jh. v. Chr.

GESCHICHTE DALMATIENS

Zum heutigen Dalmatien zählen die stark zerklüftete Adriaküste von der Insel Pag bis zur Bucht von Kotor, die ihr vorgelagerten Inselgruppen und der Westrand des hinter dem Küstensaum verlaufenden Dinarischen Gebirges. Es erreicht eine durchschnittliche Höhe von 1500 m, ganz im Südosten der Küste eine Breite bis zu 300 km; es ist stark durch Längstäler gegliedert. Seine im dalmatinischen Teil vorwiegend verkarsteten Landschaften und die steile Abdachung zur Adriaseite hin machten schon immer eine wirksame Verbindung von den Küstenstädten hinauf ins Hinterland schwierig.

So lässt sich erklären, dass sich an der Küste die westlich bestimmte romanische Kultur fast unbeeinflusst erhalten hat, während das slawische Hinterland zuerst von Byzanz und später türkisch dominiert wurde.

Die Küste ist in kulturgeschichtlicher Hinsicht weniger vom slawischen Balkan geprägt, sondern von der mediterranen Kultur. Dies belegen Städte wie Zadar, Trogir, Split, Korčula und Dubrovnik.

Sprach man früher vom Kontrast zwischen Küste und Hinterland, meinte man den Naturraum; heute basieren die Gegensätze größtenteils auf neu geschürtem Nationalismus. Die Küste gehört überwiegend zu Kroatien, nur im südlichen Teil zu Montenegro. Das größere Territorium des Hinterlandes besitzt Bosnien. Ein Blick auf die Karte bestätigt es: Die lange Geschichte dieser Landschaften hat sich in den heutigen Staatsgrenzen niedergeschlagen.

Foto: Archiv für Kunst und Geschichte, Berlin

Von den Illyrern zu den Römern

Wie nach Istrien wanderten illyrische Volksgruppen um 1200-800 v. Chr. auch in das Küstengebiet und den Balkan bis zum Ohrider See ein. Im Norden der Adriaküste waren es die Histrer (Istrien) und Liburner, im Süden die *Delmaten*. Von ihnen leitet sich der Name Dalmatien ab.

Ähnlich wie in Istrien siedelten die illyrischen Stämme auch in Dalmatien zunächst im unzugänglichen, geschützten Bergland. Ab dem 6. Jh. v. Chr. ließen sich die Delmaten und Liburner auch auf den Halbinseln und Inseln nieder und gründeten erste Städte. Damit legten sie die Basis für den später florierenden Handel. Ebenso wie die Histrer in Istrien wussten auch die Delmaten um die Herstellung von Bronze; das bezeugen zahlreiche Funde von Grabbeigaben (Helme und Gefäße). Das Wissen wie auch die Rohstoffe mögen durch den Handel mit dem Norden (mit den Kelten?) über die Bernsteinroute bis nach Dalmatien gekommen sein.

Im 5. Jh. v. Chr. trafen die ersten griechischen Händler ein. Sie waren auf der Suche nach neuen Märkten und Waren. Mit ihnen kam frischer Wind in den adriatischen Handel, aber auch in die Freibeuterei entlang der Küste.

Die Griechen begnügten sich jedoch nicht mit dem Handel, sie gründeten auch Kolonien. Die bedeutendste von ihnen war Vis, das auf Dionysios von Syrakus (4. Jh. v. Chr.) zurückgeht. Den ersten Gründungen auf den Inseln folgten Filialen auf dem Festland wie zum Beispiel Trogir, Aspalathos (Split) oder Epidauros (Cavtat).

Fest steht, dass die Illyrer viele Aspekte hellenischer Kultur übernahmen, so z. B. in den Bereichen Recht, Religion oder Technik. Ferner gründeten sie erfolgreich Stadtstaaten nach griechischem Vorbild und Reiche, die für die griechischen Kolonien zu einer ernst zu nehmenden Konkurrenz heranwuchsen. Und schließlich führte die zunehmende Machtausweitung der Illyrer zum bewaffneten Kampf um die Vorherrschaft an der Küste. Nach 200 Jahren Zusammenleben hatten die Illyrer soviel von der überlegenen Kultur der Hellenen aufgesogen, dass sie mit einem Sieg über ihre Lehrmeister rechnen durften. Da die griechischen Kolonisten im 3. Jh. v. Chr. weitgehend auf sich selbst gestellt waren, weil die Mutterstädte ihrerseits genug eigene Probleme bewältigen mussten, riefen sie die Römer zu Hilfe.

Foto: Archiv für Kunst und Geschichte, Berlin

Dalmatien unter römischer Herrschaft

Rom, gerade zur neuen Weltmacht aufstrebend, hatte ein starkes Interesse daran, das adriatische Meer zu kontrollieren. So nutzte es die Gelegenheit, mit Hilfe der sonst gegenüber Rom eher reservierten Griechen illyrische Städte zu erobern und zugleich die Piraterie zu beenden. Das zunehmende militärische Engagement machte Rom bald zum Herrn über die gesamte adriatische Küste und die ihr vorgelagerten Inseln. Die endgültige Unterwerfung der Illyrer zog sich allerdings bis 33 v. Chr. hin. Für Dalmatien bedeutete die römische Herrschaft eine Blütezeit.

Die Römer übernahmen fast alle griechischen Siedlungen und bauten sie zu Municipien aus, die von Militärbeamten verwaltet wurden. Orte mit günstiger strategischer Lage erhielten Befestigungen und ihre weitere städtebauliche Entwicklung ging nach römischem Muster vonstatten. Parallel zum Aufbau der straffen Verwaltung unternahm Rom auch große Anstrengungen, eine gut funktionierende Infrastruktur zu entwickeln. Als Grundlage dafür dienten jene Verkehrswege, auf denen die Römer von Istrien her das Gebiet militärisch erschlossen hatten und über Salona, Hauptstadt der illyrischen Provinz in Mitteldalmatien, ins Landesinnere und nach Süden vorgestoßen waren. Sowohl die *pax romana*, das Römische Recht, als auch die Einführung römischer Maße und Gewichte, die überall im Reich gültig waren, begünstigten die Entwicklung in Dalmatien. Die Romanisierung hatte ferner zur Folge, dass die Bevölkerung das römische Bürgerrecht zugesprochen erhielt. Es befreite sie von Tributzahlungen an Rom und bot jedem Bürger die Möglichkeit, in höchste Positionen der Verwaltung oder des Militärs aufzusteigen. Das eindrücklichste Beispiel einer römischen Karriere liefert der aus

Oben: Dionysius von Syrakus gründete griechische Niederlassungen entlang der Küste Dalmatiens (Holzstich, 19. Jh.). Rechts: Kaiser Diokletian, berühmtester Römer Dalmatiens.

Salona stammende Illyrer und spätere römische Kaiser Diokletian.

Das 3. Jh. n. Chr. war für das römische Reich eine Bewährungsprobe. In fast allen Randgebieten kam es zu Aufständen. Dadurch rückte das Militär erneut stärker in den Vordergrund; nur dessen Siege konnten das Reich zusammenhalten. Die Soldaten akzeptierten daher nur Cäsaren, die sie aus ihren Reihen gewählt hatten. Gajus Aurelius Valerius Diokletian war am 17. November 284 von der Garde in Nikomedia (Izmir) zum Kaiser proklamiert worden und hatte sich sogleich seines Widersachers und Vorgängers Carinus entledigt. Nachdem sich Diokletian im ganzen Reich die Anerkennung als Kaiser gesichert hatte, ließ er die Grenzen des Reiches festigen und Maßnahmen zur inneren Stabilisierung (zu denen auch die größten Christenverfolgungen zu zählen sind) einführen.

Diokletians wohl spektakulärste Maßnahme war die Ernennung des Mitkaisers Maximian im Jahr 285. Das Reich wurde verwaltungstechnisch in zwei Hälften geteilt, der jeweils ein Kaiser vorstand. 293 führte Diokletian das Tetrarchensystem ein. Jedem Kaiser wurde ein Stellvertreter zur Seite gegeben und die Regierungszeit auf 20 Jahre begrenzt. Diokletian dankte auch tatsächlich im Jahr 305 n. Chr. zu Gunsten seines Stellvertreters ab. Mit Diokletian endete die Blütezeit Dalmatiens; das einstige Machtzentrum Spalato (Split) spielte nun keine Rolle mehr und kein Kaiser sollte jemals wieder Diokletians großartigen Palast dort nutzen.

Aus den Machtkämpfen nach Diokletians Tod ging Konstantin 324 n. Chr. als Sieger hervor. Das Toleranzedikt von Mailand (313) und das Konzil von Nicäa (325) gestatteten Christen die Ausübung ihres Glaubens und den Wiederaufbau der Kirchen. So konnte sich das Christentum in Dalmatien ausbreiten, vor allem in den Küstenstädten. Dort wurde nun die römische

Foto: Archiv für Kunst und Geschichte, Berlin

Kultur unter christlichem Vorzeichen weiterentwickelt.

Die Völkerwanderung

Nach dem Tod von Kaiser Theodosius teilten dessen zwei Söhne im Jahr 395 das Römische Reich in ein ost- und ein weströmisches Reich; Dalmatien fiel dabei zunächst zum weströmischen Reich. Wie Istrien wurde auch die Provinz Dalmatien mit Ausnahme des Küstenstreifens von der Völkerwanderung heimgesucht. Die marodierenden Goten vermochten allerdings nicht, die gut befestigten Hafenstädte zu plündern.

Ostrom (Byzanz) gelang es, West- wie Ostgoten an seinen Grenzen und im dalmatinischen Hinterland vorübergehend zu Verbündeten zu machen und so den Raum zu befrieden.

In der Mitte des 5. Jahrhunderts kam Dalmatien als Provinz zum oströmischen Reich. Die Küste mit ihren noch immer glanzvollen Städten wurde vom Hinterland getrennt. Das bekamen die Ostgoten für ihre Staatsgründung zuge-

Foto: Gerhard Bersick

sprochen. Im Gegenzug mussten sie die Herrschaft von Byzanz anerkennen.

Zu ihnen gehörte auch Theoderich, der nach seiner Ernennung zum *magister militum* vom oströmischen Kaiser Zenon den Auftrag erhielt, Ravenna und Rom vom germanischen König Odoaker zu befreien. Also zog er nach Italien, um seinen Befehl – wenn auch nicht ohne Hintergedanken – zu erfüllen: Im Jahr 489 wurde Odoaker von Theoderich vernichtend geschlagen, 493 erweiterte Theoderich das Ostgotenreich um Italien und gab sich den Titel König. Dies wurde von Byzanz offiziell anerkannt, baute man doch darauf, dass Theoderich sich dem Kaiser und der Oberhoheit Ostroms weiter unterstellen würde. Nach dem Tod Theoderichs eroberte Byzanz Dalmatien in heftigen Kämpfen zurück.

Oben: Dekorative römische Gebäudereste auf dem Forum in Zadar. Rechts: Kyrill und Method, die „Slawenapostel" (Holzstich, 1863).

Frühes Mittelalter

Im Jahr 527, als Justinian den Thron bestieg, gelangten im Gefolge der Hunnen erstmals Slawenstämme ins byzantinische Reich. In ungeordneten Horden unternahmen sie zunächst an der Nordgrenze Raubzüge, ohne sich jedoch fest anzusiedeln. 547/48 überquerten sie den Karst, fielen über Dalmatien her und erreichten Durazzo (Albanien).

Im Lauf des 7. Jh. breiteten sich die Slawen über den ganzen Balkan bis zum Peloponnes aus. Das byzantinische Reich stand dem nahezu machtlos gegenüber, da es mit zwei anderen Problemen zu kämpfen hatte: einerseits mit dem sich ausbreitenden Islam und andererseits mit dem zu Beginn des 8. Jh. aufflackernden Bilderstreit (Ikonoklasmus).

Katholisch oder Orthodox? Die Spaltung der Kirchen

Im ausgehenden 7. Jahrhundert drangen die Kroaten in die Region zwi-

Foto: Archiv für Kunst und Geschichte, Berlin

schen den Flüssen Sutla, Mura, Donau und Drina ein, ohne zunächst die Küstenstädte zu behelligen. Diese standen zumindest formell noch unter byzantinischer Herrschaft. Im Unterschied zur istrischen Halbinsel verzögerte sich aber die kroatische Besiedlung des dalmatinischen Küstensaumes bis ins 8. Jh., denn der war durch das Dinarische Gebirge nach Osten gut geschützt. Da der Siedlungsraum der Kroaten an den Machtbereich der Franken grenzte, war fränkische Einflussnahme unvermeidlich. Um 800 schickte Karl der Große Missionare, um die nördliche und mittlere Adria zu christianisieren. Das Museum der kroatischen archäologischen Denkmäler in Split zeigt einen Taufstein aus Nin (um 800), der den Namen des ersten kroatischen Fürsten Višeslav trägt. Byzanz blieb in dieser Hinsicht aber auch nicht untätig. Um ca. 860 erreichten die Slawenapostel Kyrill und Method auf ihrem Weg zu den mährischen Slawen Dalmatien und Istrien. In ihrem Handgepäck führten sie ihre eigens für die slawischen Laute entwickelte Kirchenschrift, die Glagolica, mit, die den Grundstein für die Entwicklung weiterer slawischer Schriften legte.

Da das Evangelium und die wichtigsten Gottesdienstordnungen bereits in dieser Schrift und damit ins Slawische übersetzt waren, hatte Konstantinopel einen großen Vorsprung vor Rom, das die Kroaten ebenfalls für die christliche Gemeinschaft gewinnen wollte.

Der Gegensatz zwischen dem römischen Papst und der byzantinischen Kirche um die religiöse Führung erreichte einen Höhepunkt, als Papst Johannes VIII. im Jahr 847 den Gebrauch des Slawischen in der Liturgie verbot. Mit Unterstützung durch die Franken, von denen die Kroaten abhängig waren, gelang es dem Vatikan, die römisch-katholische Kirche in Istrien und Dalmatien zu verankern. Es gab zwar noch vereinzelte Regionen, in denen die Glagolica in Gebrauch war, doch übernahm man allerorts die römische Liturgie. Auch als gegen Ende des 9. Jh. nach Kämpfen gegen die Franken, Ungarn und Bulgaren ein unabhängiger kroatischer Staat unter Fürst Branimir

Foto: Gerhard Bersick

entstand – für das heutige Nationalbewusstsein der Kroaten von größter Bedeutung –, hatte dieser die Anerkennung des Papstes gleichsam als Belohnung für treue Gefolgschaft.

Die Kirchenspaltung führte auch zur ethnischen und sprachlichen Trennung der Südslawen. Die Kroaten und die Slowenen folgten dem römischen Katholizismus mit lateinischem Alphabet und okzidentaler Kultur, während die Serben und Bulgaren den orthodoxen Glauben, das kyrillische Alphabet und die byzantinische Kultur übernahmen. Der kulturelle Graben wurde durch spätere politische Ereignisse noch vertieft.

Die Kirchenbaukunst des frühen Mittelalters

Das frühe Mittelalter brachte in Dalmatien eine bedeutende vorromanische Kirchenbaukunst hervor, von der noch heute die Donatskirche in Zadar und die Hl.-Kreuz-Kirche in Nin Zeugnis geben. Diese Baudenkmäler aus der Karolingerzeit sind zugleich die ältesten Dalmatiens, da aus der byzantinischen Epoche nichts erhalten blieb. Die Kirchen zeichnen sich durch eine Vielfalt an Grundrissen aus: Kleeblatt, Griechisches Kreuz, Rotunde und Basilika waren in Dalmatien wohl bekannt und auch verbreitet.

Zudem brachten die altkroatischen Baumeister eigene Ideen in die Vielfalt der Formen mit ein. Die Hl.-Kreuz-Kirche zu Nin liefert dafür ein schönes Beispiel: sie stellt Gotteshaus, Uhr und Kalender zugleich dar!

Neben der Architektur entwickelte sich in Dalmatien zu dieser Zeit auch die Plastik. Sie erreichte im 12. Jh. ihren Höhepunkt. Eine Malerschule ist jedoch noch nicht nachweisbar.

Dalmatien im hohen Mittelalter bis zur Renaissance

Zu Beginn des 10. Jh. hatten die Kroaten – trotz mancher Einfälle der Ungarn – ihre Herrschaftsgebiete

Oben: Die Hl. Kreuz-Kirche in Nin, Beispiel altkroatischer Baukunst, 9. Jh.

gefestigt. Unter Tomislav (910-28) entstand im Jahr 925 ein kroatisches Königreich, das von der istrischen Ostküste über das Kvarner-Küstenland bis zum (vormals byzantinischen) Küstenstreifen *Thema Dalmatia* reichte. Norddalmatien mit dem Bistum Nin, an dessen Spitze der glagolitische Bischof Grgur stand, gilt als Wiege dieses altkroatischen Staates.

926 und 928 fanden in Split Kirchensynoden statt. In ihrem Verlauf konnte sich der lateinisch-römische Klerus endgültig gegen die Vertreter einer kroatischen Volkskirche mit der Glagolica als eigener Schrift durchsetzen. Neben dem Aufbau einer starken Armee und einer schlagkräftigen Flotte bemühte sich Kroatiens erster König auch darum, den durch die Synode hervorgerufenen Gegensatz zwischen den Lateinern an der Küste und den Slawen im Landesinneren zu mildern.

Mit dem Tod Tomislavs waren die guten Zeiten vorbei. Kroatien wurde sofort von dynastischen Streitigkeiten wie auch durch Übergriffe der Magyaren und der Venezianer erschüttert. Schon früher hatte die Serenissima ihr Augenmerk auf Dalmatien geworfen, das als Schlüssel zur Adria galt. Im Jahr 1000 ordnete der berühmte Doge Pietro Orseolo einen Feldzug gegen die Küste an; genau am Himmelfahrtstag unterwarfen seine Truppen sie vollständig. Sehr lange konnten sie diese Eroberungen aber nicht halten.

Die Seeherrschaft über den Golf, so nannten die Venezianer die Adria, lag nun zwar allein in den Händen der Serenissima. Da aber Venedig seine übergeordneten Handelsinteressen mit Byzanz, das ihm 992 erstmals das Privileg der Zollfreiheit innerhalb der Hauptstadt zugestanden hatte, nicht beeinträchtigen wollte, beschränkte man sich auf den Titel „Protektor der dalmatinisch-byzantinischen Küste“. Das galt allerdings nur nominell. Für Venedig stand fest, dass Byzanz Dalmatien nie mehr mit Truppeneinsatz zurückgewinnen konnte, wollte es nicht seine Ostgrenzen gegenüber dem Islam schwächen und damit seinen Untergang riskieren. So war das Protektorat nur ein diplomatischer Schachzug.

Als dann Ungarn die ehemals kroatischen Besitzungen an der Adria annektierte, witterte Venedig zu Recht einen gefährlichen Gegner. Zadar stellte sich sogleich unter den Schutz der ungarischen Stefanskrone und lehnte sich gegen Venedig auf. Das tat es insgesamt siebenmal und zeigte sich als wahres Musterbeispiel an Widerspenstigkeit. Die Dogenrepublik antwortete mit besonderer Härte; es kam sogar zur Massendeportation des lokalen Adels, den man für hauptverantwortlich hielt.

Im 11. Jh. gründete der kroatische König Krešimir die Hafenstadt Šibenik, um den Verlust von Zadar auszugleichen und Kroatiens Interessen an der Adria zu wahren. Doch dem Druck des benachbarten Ungarn und Venedigs konnte Kroatien bald nicht mehr widerstehen; den Nachfolgern auf dem kroatischen Thron war wenig Glück beschieden beim Versuch den jungen Staat zusammenzuhalten. Auch eine kurze Allianz des Königs Zvonimir (1075-89) mit den Normannen unter Robert Guiscard, die gegen Byzanz und Venedig gerichtet war, konnte das Königreich nicht vor dem Zerfall retten. 1097 starb der letzte König – Petar Svačić – in der Schlacht am Berg Petrova gora gegen die Ungarn.

Nach fast zwei Jahrhunderten staatlicher Autonomie verständigte sich der kroatische Adel 1102 mit den Ungarn auf eine Doppelmonarchie unter Koloman. Im ausgehenden 12. Jh. schwand der Einfluss des ungarischen Königreiches auf Dalmatien zusehends. 1202 eroberte Venedig mit Hilfe der Teilnehmer des 4. Kreuzzugs die Stadt Zadar.

Vom 13. Jh. an unterstanden Dalmatien und die Adria dem Markuslöwen, wobei die ungarische Krone immer noch Ansprüche anmeldete. Erbfolgestreitigkeiten und finanzielle Probleme

Foto: Gerhard Bersick

im ungarischen Königshaus führten 1409 dazu, dass König Ladislaus von Anjou-Durazzo seinen umstrittenen „Anspruch" auf Dalmatien an Venedig für 100 000 Dukaten verkaufte. Von diesem Zeitpunkt an richtete die Serenissima in all ihren Gebieten eine neue Kolonialverwaltung ein. Alle wichtigen Posten, wie die des Rektors oder des Bischofs, wurden mit venezianischen Adeligen besetzt, die gewährleisteten, dass die neuen Verordnungen und Gesetze auch eingehalten wurden. Handel und Wirtschaft belegte man mit neuen Steuern und Abgaben; der Großteil davon floss direkt nach Venedig.

In den wichtigen Städten entstanden neue Gebäude, Regierungspaläste, Loggien und Kontore sowie Werften und Werkstätten. Gefährdete Städte erhielten neue Befestigungsanlagen und gut ausgerüstete Garnisonen.

Oben: Ein Meisterwerk dalmatinischer Romanik – die Chrysogonuskirche in Zadar. Rechts: „Markuslöwe", Ausschnitt aus einem Gemälde von Vittore Carpaccio, um 1500.

Für Venedig wurden die *Schiavoni* (Slawen) bald zu treuen Bundesgenossen und die Regimenter mit den slawischen Soldaten galten als besonders wertvoll im Kampf gegen die auf dem Balkan und in Richtung Mittelmeer vordringenden Osmanen.

Kunst und Kultur in Mittelalter und Renaissance

Trotz aller Kriege und Herrschaftswechsel erreichten Kunst und Kultur Dalmatiens ihren Höhepunkt gerade im Mittelalter und in der beginnenden Renaissance. Für die künstlerische und kulturelle Entwicklung spielte die Orientierung nach Italien eine ebenso entscheidende Rolle wie die Akkulturation der kroatisch-slawischen und der romanischen Bevölkerung. Venedig begünstigte diese Entwicklung, indem es – nur von seinen wirtschaftlichen Interessen geleitet – keinen Unterschied zwischen romanischer und kroatisch-dalmatinischer Bevölkerung machte.

Der profitable Adria- und Orienthandel erzeugte einen Aufschwung, der auch den bildenden Künsten zugute kam. In den Städten entstanden lokale Werkstätten, die die lebhafte Nachfrage von Seiten der reichen Kaufleute und der Kirchenorden befriedigten.

Im 12. und 13. Jh. erlebte die Baukunst eine Blüte. Hervorragende Beispiele für die Romanik sind der Dom von Trogir und seine Portalplastik sowie der Campanile von Rab. Das Franziskaner- und Dominikanerkloster wie der Rektorenpalast in Ragusa (Dubrovnik), der Dom von Zadar und insbesondere der von Šibenik zählen zu Dalmatiens gotischen Meisterwerken des 14./15. Jh. Der besondere Einfluss der venezianischen Gotik zeigt sich vor allem an den liebevoll gestalteten Fenstern und Hauseingängen der Profanbauten in den großen Städten.

Zu Beginn des 15. Jh. stagnierten sowohl die Wirtschaft als auch die künstlerische Entwicklung. In der Re-

Foto: Archiv für Kunst und Geschichte, Berlin

naissance wanderten viele Schiavoni mangels heimischer Aufträge ins nahe Italien ab, um dort ihre berühmte Kunstfertigkeit auszuüben.

Bildhauer wie Ivan Dukovnić alias Giovanni Dalmata und Franjo Vranjanin, besser bekannt unter dem Namen Francesco Laurana, konnten sich ohne weiteres mit den besten ihres Faches in Italien messen. Auch unter den Malern gab es berühmte Emigranten, deren bekanntester Vertreter Vittore Carpaccio ist. Es gab jedoch auch viele italienische Künstler, nicht nur aus Venedig, die nach Dalmatien kamen. Niccolò Fiorentino, der den Dombau von Šibenik vollendete, ist einer davon. Dennoch konnte die Lücke, die durch die Abwanderung dalmatinischer Künstler und Handwerker entstand, nicht mehr geschlossen werden.

Dalmatien als venezianische Provinz

Nachdem Dalmatien 1409 auf legitime Art an Venedig gefallen war, hatte die Seerepublik ständig damit zu tun, Kleinkriege, die bis ins 18. Jh. andauern sollten, unter Kontrolle zu halten. Von Norden drängten die Habsburger mit Nachdruck an die Adria. Von Süden und Osten wie auch von der See aus versuchte das osmanische Reich, mehr und mehr an Boden (und natürlich auch an Beute) zu gewinnen. Hinzu kamen noch die häufigen lokalen Aufstände der Bevölkerung.

Der Großteil Dalmatiens war jedoch friedlich, und viele *Schiavoni* (Slawen) dienten Venedig als Elitesoldaten. Casanova, der die Schiavoni-Soldaten in der Zitadelle von Lido gesehen hatte, in der er zeitweilig einsaß, beschrieb sie als eine Horde von Wilden, die den ganzen Tag über Knoblauchzehen kauten, als wären sie Bonbons. Am Kai *Riva degli Schiavoni* am Markusplatz verkauften slawische Fischer regelmäßig ihren Fang.

Da die militärische Lage in Dalmatien von Anfang an Venedigs größte Aufmerksamkeit erforderte, vernachlässigte die Serenissima viel zu lange die öffentliche Verwaltung. Die Gouverneure (*rettori*, Rektoren), meist dem niederen und armen Adel Venedigs

Foto: Dirk Schröder

entstammend, sahen ihre Posten und Ämter als willkommene Gelegenheit, Ruhm und Reichtum zu sammeln. Die Bevölkerung Dalmatiens war vor den Willkürakten der Rettori und der örtlichen Privilegierten nicht mehr sicher.

Eigentlich hätte Venedig regelmäßig *sindici inquisitori* (Inspektoren) in die Provinzen schicken müssen, um seine Vertreter vor Ort zu kontrollieren. Der seine Pfründe gefährdet sehende niedere Adel konnte die Entsendung der Inspektoren 130 Jahre lang hinauszögern.

Nachdem die Türken 1459 Serbien, 1463 das nicht einmal 100 Jahre alte Königreich Bosnien, 1493 Teile Kroatiens und 1499 die Zeta (Montenegro) unterworfen hatten, waren sie die größte Bedrohung für die dalmatinischen Städte. 1537 eroberten die Türken die kroatische Festung Klis, 8 km von Split entfernt, die sie bis 1648 hielten. In diesem Jahrhundert gehörten Raubzüge und Brandstiftung zum Alltag. Da auch die zahlreichen Rückeroberungsversuche erfolglos blieben, verfielen Split und sein Hinterland in Apathie. Selbst der Sieg in der Seeschlacht von Lepanto gegen die osmanische Flotte brachte nur eine kurze Erholung im Dauerkonflikt mit dem Sultan.

Im 16. Jh. begannen die in Senj beheimateten Uskoken die Kvarner-Bucht zu verunsichern, wobei sie vom Haus Habsburg unterstützt wurden. Die Uskoken bildeten auch einen wichtigen Pfeiler an der Grenze zum Osmanischen Reich, was ihnen aber noch genug Raum für eigene Unternehmungen ließ. In Ragusa (Dubrovnik) hatte Venedig einen unliebsamen Konkurrenten in Süddalmatien, dessen mächtige Mauern nicht zu überwinden waren. Mit geschickter Diplomatie konnte Ragusa seine Freiheit gegenüber dem Markuslöwen sichern. Gerade die Beharrlichkeit Ragusas war für Venedig viel schmerzlicher als die für Geldgeschenke sehr empfänglichen türkischen Beys und Paschas, da es der Stadt weder militärisch noch durch Bestechung beikommen konnte.

Oben: Diplomatie und mächtige Befestigungsanlagen bewahrten Ragusa (Dubrovnik) vor venezianischer Vorherrschaft.

Als der Mittelmeerhandel durch die Entdeckung der Neuen Welt und des Seewegs nach Asien an Bedeutung verlor, begann Venedigs wirtschaftlicher Niedergang. Venedig überlebte nur wegen seiner Festlandsbesitzungen und Kolonien. Doch die ständig größer werdenden Lücken im Staatshaushalt ließen den Besitz schrumpfen. Der dem Velebitmassiv vorgelagerte ostkvarnerische Küstensaum ging an Österreich-Ungarn, die Neretvamündung und das Hinterland von Split fielen an das Osmanische Reich.

Die kulturelle Entwicklung während der venezianischen Herrschaft

Die zahlreichen Kriege hemmten die kulturelle Entwicklung Dalmatiens stark. Solange die Aristokratie und die Kirche Aufträge erteilen konnten, blühten Geist und Kunst. Obwohl noch im 16. Jh. die Literatur durch Petar Hektorovič, Ivan Gundulič und Marko Maruli̇č und das Theater mit Stücken von Marin Držič beachtliches Niveau erreichten, stagnierten die anderen Kunstgattungen mehr und mehr und Dalmatien versank zusehends in tiefer Provinzialität.

Die Städte verharrten hinter ihren massiven Mauern im Mittelalter; lediglich einige Paläste, Kirchen und Klöster wurden jeweils dem Stil der Zeit angepasst. Oft fügte man in die massiven Stadthäuser nur ein Renaissance- oder Barockfenster ein. Den Gesamteindruck veränderte das jedoch nur geringfügig.

Eine Sonderstellung nimmt in diesem Zusammenhang Dubrovnik ein, es erlebte friedvolle Zeiten, in denen sich ein reiches kulturelles Leben entfalten konnte. Schriftsteller, Philosophen, Künstler, Wissenschaftler und Architekten schufen ein Flair, das Dubrovnik den Ruf eines „Athen des Balkan" eingebracht hat. Und für viele Besucher ist Dubrovnik nach Venedig die zweite Perle der Adria.

KROATIEN SEIT DEM 19. JAHRHUNDERT

Napoleon bescherte der Seerepublik 1797 ein unrühmliches Ende. Er gab die ostadriatischen Besitzungen Veneziens an Österreich, band sie allerdings 1805 an Italien. 1809 gründete Napoleon an der Nordostadria bis zum Fluss Sava die Illyrischen Provinzen, zu denen auch Istrien, Kvarner, Dalmatien und die Bucht von Kotor zählten. Bis Istrien und Dalmatien 1815 auf dem Wiener Kongress für ein Jahrhundert an Österreich abgetreten wurden, änderte sich herzlich wenig für die Bevölkerung des Landstriches. Fürsprachen der kroatischen Vertreter, den Küstenstreifen mit den Binnengebieten (den schmalen, als „Militärgrenze gegen das Osmanische Reich" bezeichneten Korridor zwischen der heutigen slowenischen und bosnisch-herzegowinischen Grenze und dem pannonischen Slawonien) unter einem kroatischen Ban (Gouverneur) zu vereinigen, wurden am Wiener Hof nicht erhört.

Im durch den Wiener Kongress neu geordneten Europa, durch die dazugewonnene ostadriatische Küste und die ausgebauten Freihäfen Triest und Rijeka, stieg Österreich im 19. Jh. rasch zu einer wichtigen Weltseemacht auf.

Ab Mitte des 19. Jh. wurde Pula zum k.u.k.-Zentralkriegshafen ausgebaut. In den wichtigsten Küsten- und Inselstädten modernisierte man die Hafenanlagen und baute Werften für die Wartung der großen österreichischen Kriegsmarine. Neben modernsten Industrieanlagen wuchsen Wohngebiete aus dem Boden, Arbeiter und Soldaten aus dem Hinterland und anderen Regionen der Monarchie zogen massenweise nach.

Man baute Küsten- und Inselstraßen sowie Passstraßen, die die Küstenstädte mit Budapest und Wien, später auch mit Bosnien, verbanden. Mit den Eisenbahnstrecken und Schiffsrouten des österreichischen Triestener Lloyd und der kroatisch-ungarischen

Foto: A.R.T. Austria Redaktionsteam

Dampfschiffsgesellschaft, Vorgängerin der Reederei Jadrolinija, fasste auch der k.u.k.-Tourismus an der herrlichen ostadriatischen Küste allmählich Fuß. Man schickte Beamte ins Land, besonders in die meist italienisch-sprachigen Küstenstädte, und errichtete Schulen und andere Bildungsanstalten. Kroaten bekamen erste Gymnasien und gründeten eigene Lese- und Kulturvereine.

Angesichts des wirtschaftlichen Aufschwungs unter der österreichisch-ungarischen Vorherrschaft und als Folge der Politik, deren Ziel es war, den Küstenstreifen zu italienisieren sowie die Binnengebiete der Monarchie zu germanisieren und magyarisieren, erwachte der Widerstand der slawischen Bevölkerung. Eine nationale Bewegung entstand, die tief in den osmanischen Balkan hineinreichte und nicht nur Kroatien und Dalmatien, sondern auch das größer werdende Fürstentum Serbien umfasste.

Oben: Der k.u.k. Kurort Abbazia (Opatija) mit Franz-Josef-Promenade um 1890, im Hintergrund die Villa Neptun von 1876.

Den Traum von einem gemeinsamen „Staat der Südslawen“ – *Jugoslawien* – träumten zuerst die Intellektuellen. Der Kroate Ljudevit Gaj, der Gründer der „Kroatischen nationalen Wiedergeburt“ (1830), die auch als die „Illyrische Bewegung“ bekannt wurde, arbeitete an einer Vereinheitlichung der kroatischen und serbischen Schriftsprache. 1842 wurde *Matica hrvatska*, eine Institution zur Förderung der kroatischen Kultur und Wissenschaft gegründet. Zugleich wurde Zagreb zum kulturellen und politischen Zentrum der Kroaten.

Der Ban Josip Jelačić verabschiedete auf der großen Nationalversammlung in Zagreb 1848 das erste kroatische politische Programm, in dem man u.a. nach 700 Jahren Personalunion mit Ungarn die staatsrechtliche Unabhängigkeit Kroatiens von der Stephanskrone und die Vereinigung aller altkroatischen Landstriche, von der Drau und Donau bis hin zur Adria verlangte. 1849 wurde Kroatien zum selbstständigen Kronland.

Zwischen der proungarischen und der nationalen panslawisch orientierten

Partei kam es zu ernsten Konflikten. 1867 wurden Rijeka und das Kroatische Küstenland (Ostküste Kvarners) wieder mit Ungarn verbunden, Istrien und Dalmatien hingegen direkt Österreich unterstellt.

Montenegro gelang es 1878, selbstständig zu werden, seine Grenzen wurden auf dem Berliner Kongress 1878 international anerkannt. 1881 wurde die Militärgrenze, der schmale Landkorridor im Hinterland Kvarners, direkt Kroatien unterstellt. Bosnien und Herzegowina, einst Bestandteile des altkroatischen Staates, wurden nun gegen den Willen der Kroaten direkt der Monarchie unterstellt.

Kaiser Franz Joseph I. war zwar noch immer gern gesehener Feriengast in dem k.u.k-Modebad Abbazia (Opatija), die Unzufriedenheit mit der k.u.k.-Monarchie, ihrer Politik und Verwaltung wuchs jedoch. Die Resolution von Rijeka 1905 verlangte den sofortigen Bruch mit dem Haus Habsburg und die Errichtung eines Südslawen-Staates.

Nach dem Ende des ersten Balkankriegs 1913 gegen das zerfallende osmanische Reich stieg das Königreich Serbien zu einer ernst zu nehmenden Großmacht auf dem Balkan auf. Mit dem spektakulären Attentat auf Franz Ferdinand, den Thronfolger von Österreich-Ungarn, begann am Westrand des Balkans das erste traurige Kapitel der europäischen Geschichte des 20. Jahrhunderts: der Erste Weltkrieg. Österreich gehörte zu den Verlierern, und als Folge der kroatisch-serbischen Koalition entstand im Jahr 1918 das Königreich der Serben, Kroaten und Slowenen (SHS-Staat), später Königreich Jugoslawien genannt, dem auch das Kroatische Küstenland mit der Insel Krk, Dalmatien, Montenegro und die meisten dalmatinischen Inseln angehörten. Die italienischen Nationalisten hingegen wurden in der Zwischenkriegszeit mit Triest und ganz Istrien, Rijeka und Zadar sowie einigen Inseln zufrieden gestellt.

Das Königreich Jugoslawien wurde streng zentralistisch vom Belgrader Hof regiert und war von Anfang an ein sehr instabiler, durch zahlreiche innere Konflikte zerrissener Staat. In dieser für die Kroaten düsteren Periode (nationale und kulturelle Identität wurde ihnen wider Erwarten verwehrt, nationale Symbole verboten) entwickelte sich das bis zum heutigen Tag gespannte Verhältnis zu Serben und Serbien. 1929 gründete Ante Pavelić die illegale kroatische „Ustascha", die 1934 zusammen mit makedonischen Nationalisten den König Alexander I. aus der serbischen Dynastie Karadjordjevic in Marseille ermordete.

Das zerrüttete und abgewirtschaftete Alt-Jugoslawien kapitulierte im Zweiten Weltkrieg gleich nach den ersten militärischen Übergriffen Hitlerdeutschlands 1941. Zwischen dem „Unabhängigen Staat Kroatien" (der außer Istrien, Backa und der Kotor-Bucht alle ethnisch-kroatischen Gebiete umfasste) des mit den italienischen Faschisten und den deutschen Nationalsozialisten kollaborierenden Pavelić auf der einen Seite und den altjugoslawischen Offizieren, serbischen Četniks (Freischärlern) und Partisanen auf der anderen Seite fand anschließend in dem von Kroaten, Serben und bosnischen Muslimen bewohnten Teil ein barbarischer Bürgerkrieg statt, der 50 Jahre später, 1991, eine ebenso grausame Wiederholung fand.

Nach Titos erfolgreichem Partisanenkampf, dem sich auch gleichgesinnte Kroaten anschlossen, entstand 1945 der jugoslawische Vielvölkerstaat, die Sozialistische Föderative Republik Jugoslawien (SFRJ). Istrien und Dalmatien wurden Kroatien angeschlossen, Montenegro wurde eine Teilrepublik. Titos internationaler Erfolgskurs als großer Staatsmann, der 1961 die Liga der Blockfreien Staaten ins Leben rief, und die Idee der Arbeiter-Selbstverwaltung hielten bis zu seinem Tod 1980 die sechs ethnisch unterschiedlichen

Teilrepubliken zusammen. Bald nach Titos Ableben wurde das bislang unterdrückte Bedürfnis nach einem Nationalstaat Kroatien wieder wach. Bis dieser dann 1991 realisiert werden konnte, hatte sich die landschaftlich überaus reizvolle kroatische Küste zu einer der meistbesuchten touristischen Regionen Europas entwickelt.

Kroatien: Ein neuer Staat entsteht

Titos Tod 1980 führte in vielen Teilen Jugoslawiens zu Trauer: Josip Broz Tito war im sozialistischen Jugoslawien der Inbegriff des Befreiungskämpfers und eine große Identitäts- und Integrationsfigur gewesen. Doch es hatte immer wieder Kroaten gegeben, die von nationaler Selbstbestimmung träumten. 1971 ließ Tito den „Kroatischen Frühling“, die erstarkte antijugoslawische Unabhängigkeitsbewegung, niederschlagen und zwang den prokroatischen Teil der Kommunistischen Partei Kroatiens (KPH) zum Rücktritt; politische Dissidenten wurden verfolgt und bestraft. Auch der spätere Staatspräsident Dr. Franjo Tudjman, einst Partisanengeneral und ein angesehener Militärhistoriker, erhielt 1981 eine Haftstrafe von 3 Jahren und 5 Jahre Redeverbot. Es wurde ihm angelastet, die Schrecken und Gräueltaten des während des II. Weltkriegs herrschenden kroatischen Ustascharegimes verharmlosen zu wollen. In den 1980er Jahren, nach Titos Tod, stellten das Missfallen an dem dauernden Wechsel an der Spitze des Staatspräsidiums und wirtschaftliche Skandale die ersten Weichen für die Spaltung Jugoslawiens.

1989 führte Kroatien das Mehrparteiensystem ein. Die ersten demokratischen Wahlen 1990 gewann Tudjmans Partei der Kroatischen Demokratischen Union (HDZ); er selbst wurde Präsident Kroatiens. Darauf riefen die Serben in Knin, in der Krajina (Hinterland Dalmatiens), wo sie die stärkste Volksgruppe bildeten, wegen der „Entstaatlichung im eigenen Land“ eine autonome Serbische Republik aus.

Rechts: Eine exzellente Küche und freundlicher Service locken immer mehr Urlauber in die Restaurants an Kroatiens Küste.

Nach Volksabstimmungen erklärten sich Slowenien und Kroatien 1991 mit Unterstützung der Deutschen Bundesregierung zu souveränen Staaten. Slowenien gelang es nach dem 10-Tage-Krieg im Juni 1991, mit Belgrad doch noch eine „gemeinsame Sprache“ zu finden. Am 8. Juli 1991 verhandelten auf Brijuni EU-Vermittler mit Vertretern der Teilrepubliken über Chancen zum Erhalt Jugoslawiens. Der letzte Versuch scheiterte aber – Slowenien und Kroatien wurden 1992 international als Staaten anerkannt.

Die nur noch unter serbisch-montenegrinischer Führung agierende Jugoslawische Armee (JLA) schlüpfte nun aus ihrer Volksverteidigungsrolle in die Rolle des „Retters des jugoslawischen Staates“. Der Krieg um die territorialen Ansprüche am Westrand des Balkans eskalierte; erst zwischen Serben und Kroaten in Kroatien, in offenen Kämpfen um die Krajina und um Vukovar; und dann, ab 1992, auch in den Kämpfen zwischen orthodoxen Serben, katholischen Kroaten und muslimischen Bosniern in Bosnien und Herzegowina. Tausende Tote sowie Hunderttausende Flüchtlinge und Vertriebene auf allen gegnerischen Seiten waren die schreckliche Bilanz des Krieges 1991-1995.

Istrien und Kvarner, die westlichen Teile Kroatiens, wurden in diesen Krieg nicht einbezogen, litten aber wegen der nahen Kampfherde in diesen Jahren sehr unter dem Tourismusschwund. In Dalmatien dagegen nahm das jugoslawische Militär skrupellos die historischen Küstenstädte Zadar, Šibenik und Dubrovnik unter andauernden Granatwerferbeschuss.

Im Sommer 1995 eroberte die kroatische Armee den größten Teil der zuvor serbisch besetzten Gebiete in Kroati-

Foto: Thomas Stankiewicz

en, darunter auch die Krajina, die ein Drittel des kroatischen Staatsgebiets umfasst, und vertrieb die dort lebenden Serben. Das im November 1995 von Kroaten, Serben und Bosniern unterzeichnete Dayton-Friedensabkommen und die in der Region stationierten SFOR-Einheiten sicherten fortan den Frieden in Bosnien und Herzegowina.

Der Tourismus in Istrien und dem Kvarner erholte sich ab 1996; Hotels und Campingplätze waren endlich wieder ausgebucht. Auch Dalmatien und dessen UNESCO-Welterbe wie Dubrovnik oder die Plitwitzer Seen wurden immer mehr besucht. Viele Hotels in den wichtigsten Badeorten wurden privatisiert und modernisiert.

Nachdem Franjo Tudjman, der wegen seiner autokratischen Regierungsweise und seines Wirtschafts-Nepotismus vom Westen nicht mehr hofiert wurde, Ende 1999 starb, wurde Anfang 2000 Stipe Mesič Staatspräsident Kroatiens. 2001 kam es zu einer Regierungskrise, als Mesič eine Zusammenarbeit mit dem Kriegsverbrechertribunal in Den Haag ankündigte.

Was bringt die Zukunft?

Viele Kroaten sehen in den militärischen Führern des Unabhängigkeitskrieges Helden, auch wenn sie Kriegsverbrechen begangen haben, und zeigen wenig Verständnis dafür, dass diese Männer bestraft werden sollen. Dies und die zu engen Verflechtungen zwischen Wirtschaft und Politik sowie ein Grenzstreit mit dem EU-Mitglied Slowenien behinderten lange den Fortgang der EU-Beitrittsverhandlungen, die 2005 aufgenommen worden waren. Unter Federführung des sozialdemokratischen Ministerpräsidenten Zoran Milanović konnte dann 2013 endlich der EU-Beitritt vollzogen werden.

Ungeachtet aller politischen Querelen hat sich an der Adriaküste inzwischen viel getan: Neue und renovierte Hotels, Freizeitparks, verschönerte Promenaden, glasklares Wasser, ein großes Sport- und Wellnessangebot sowie eine Vielzahl von Feinschmeckerrestaurants mit exzellenter Küche locken jedes Jahr mehr Feriengäste nach Kroatien.

Rainer Hackenberg

Foto: Kai-Ulrich Müller

SLOWENIEN: KÜSTE UND KARST

KOPER
HRASTOVLJE
ŠKOCJAN
LIPICA
POSTOJNA
SLOWENISCHE RIVIERA

SLOWENIEN

*KOPER

Slowenien besitzt nur einen kleinen Anteil an der Küste Istriens. Hauptort ist hier das rd. 50 000 Einwohner zählende ***Koper** ❶ mit seiner venezianisch geprägten Altstadt und dem einzigen Wirtschaftshafen Sloweniens, der die florierende Handelsstadt zum wichtigen Warenumschlagsplatz macht.

Kopers Schicksal war lange fremdbestimmt. Zwar hatte sich ab dem 11. Jh. v. Chr. der illyrische Stamm der Histrer hier angesiedelt, doch waren es Griechen, die auf einer vorgelagerten Insel einen ersten Ort, *Aegida,* gründeten. Als Istrien im 2. Jh. v. Chr. dem Römischen Reich einverleibt wurde, verharrte Aegida im Schatten des mächtigeren Nachbarn Tergeste (Triest). Während der byzantinischen Herrschaft ließen sich im Hinterland des nun *Justinianopolis* genannten Ortes Slowenen nieder. Sie vermischten sich nach und nach mit der römischen Bevölkerung, wurden selbst aber im 8. Jh. von den Franken unterworfen, die dem Ort einen neuen Namen gaben: *Caput Istriae* („Kopf Istriens“).

Vorherige Seiten: Postojnska jama, Europas größte Tropfsteinhöhle. Links: Sloweniens Stolz – die Lipizzaner.

Im 13. Jh. fiel Koper an Venedig und wuchs zu einem bedeutenden Umschlagplatz für Getreide, Holz, Eisen und Salz heran. Letzteres wurde überwiegend in den nahen Salinen von Sečovlje (Portorož) gewonnen. Mit Triest, das bis zum Ersten Weltkrieg habsburgisch war, entwickelte sich eine starke Rivalität, die das venezianische Koper aber auch kraftvoll und reich werden ließ. Als Triest im Jahr 1719 den Status eines österreichischen Freihafens erhielt, verlor Koper an Bedeutung. Weder die Habsburger, die von 1797 bis 1918 die Region beherrschten, noch Italien, das Österreich 1922 als Schutzmacht ablöste, konnten Koper aus dem Schatten Triests herausholen. Einzige Errungenschaft: Die Stadt wurde 1825 durch eine Erdaufschüttung mit dem Festland verbunden.

1945 befreiten zwar jugoslawische Partisanen Koper und Triest, die Alliierten erkannten aber den Anspruch Jugoslawiens auf diesen Küstenabschnitt nicht an. 1947 unterzeichneten Jugoslawien und Italien einen Friedensvertrag, Triest wurde zum freien Gebiet erklärt. Die Alliierten verwalteten Triest, Slowenien Koper. Die durch diese Teilung entstandene Grenze wurde 1954 im italienisch-jugoslawischen Vertrag von London als offizielle Staatsgrenze zwischen dem damaligen Jugoslawien und Italien anerkannt. In den 1970er Jahren

» Karte S. 47, Info S. 54-55

Foto: Rainer Hackenberg

wurde die Aufschüttung des Meeresarms zwischen Festland und Altstadt fortgesetzt und so neues Land für die Industrie gewonnen. Seit 1991 gehört Koper zum souveränen Staat Slowenien. Der **Hafen** entwickelte sich seither zu einem wichtigen Wirtschaftsfaktor, belastet aber auch die Wasserqualität der **Strandbäder** Ankaran und Žusterna.

**Altstadt von Koper

Eine Besichtigung von Koper beginnt man am besten am **Brolo-Platz**, dem Zentrum der Altstadt, mit den wichtigsten Sehenswürdigkeiten: Das Wahrzeichen von Koper ist die ***Katedrala Marijinega vnebovzetja** (Maria Himmelfahrt) mit ihrem markanten **Glockenturm** im venezianischen Stil. Sie stammt aus dem 13. Jh. und wurde mehrmals in verschiedenen Stilen umgebaut. Das kommt an ihrer Fassade zum Ausdruck: Der untere Teil ist spätgotisch, der obere dagegen im Renaissance-Stil gestaltet. Der dreischiffige Dom birgt als besondere Kostbarkeit den prächtigen gotischen Sarkophag des Stadtpatrons St. Nazarius (14. Jh.). Er ist von einem barocken schmiedeeisernen Gitter umgeben. An diesen Heiligen, der der Legende nach Koper zum Bistum erhoben hat, erinnert auch ein gotisches Relief in der Apsis. Zwei der Gemälde der Kirche stammen von Vittore Carpaccio, eins davon ist die *Madonna auf dem Thron*.

Im Osten der Kathedrale steht das älteste Gebäude des Platzes, der **Fontik**. Er war 1392 als Getreidespeicher für Notzeiten errichtet worden. Das ganz der venezianischen Gotik verpflichtete Anwesen wurde im 16. Jh. umgebaut. Seine Fassade ist mit den Wappen mehrerer *Podestas* (Bürgermeister) geschmückt. Noch ein Stück weiter im Osten trifft man auf das **Frančiškanski samostan** (Franziskanerkloster) mit einem schönen Kreuzgang.

Folgt man der Cankarjeva ulica nach Osten und biegt in die Bazoviška Bur-

Oben: Koper – venezianisch geprägte Altstadt und moderner Wirtschaftshafen.

» Karte S. 47, Info S. 54-55

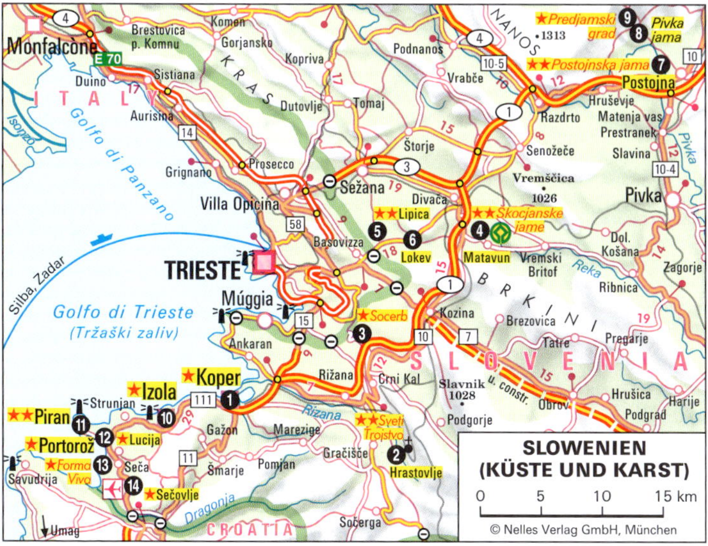

linova ein, stößt man direkt auf das Kirchlein **Sv. Ana**, das mehrere wertvolle Gemälde besitzt. Das Hauptaltarbild *Heilige und Engel* stammt von Benedetto Carpaccio, einem Verwandten, vielleicht sogar dem Sohn des berühmten Vittore Carpaccio (1455-1526). Von Vittore Carpaccio heißt es, dass er in Koper geboren wurde und slawischer Abstammung ist (slow. *Krpač*). Sein Geburtshaus befindet sich am Hafen, gleich neben der ältesten Taverne der Stadt, die seit 1619 auf etlichen Gemälden verewigt ist. Benedetto Carpaccio lebte von 1538 bis 1545 in Koper.

Am **Titov trg**, vor dem Dom, befindet sich eine bemerkenswerte ★**Loggia** in venezianischer Gotik. Sie wurde 1462 errichtet und dient heute als Café und Kunstgalerie. Die andere Seite des Platzes flankiert die ★★**Pretorska palača**, der alte Prätorenpalast. Er hat eine prunkvolle Fassade und besteht aus zwei Gebäuden, die im späten 15. Jh. verbunden wurden. Im linken Haus befanden sich die Amtsräume des Hafenkapitäns und des Prätors, das rechte beherbergte die Kommunalverwaltung.

Geht man die Kidričeva ulica entlang in Richtung Fischerei- oder Bootshafen, sieht man bald links den **Palazzo Belgramoni-Tacco** aus dem 16. Jh., der heute das **Stadtmuseum** beherbergt. Es zeigt eine Sammlung, die über die Geschichte Kopers und Istriens von der illyrischen Zeit bis zur Slawenbesiedelung informiert. Ferner sind Wandmalereien, Porzellan, Waffen, schmiedeeiserne Gegenstände und Urkunden ausgestellt.

Kurz bevor man den Hafen erreicht, trifft man auf die so genannte **Justinian-Säule**, die 1571 zur Erinnerung an die Seeschlacht von Lepanto errichtet wurde. Venedig hatte einen bedeutenden Anteil an Schiffen zu dieser Schlacht gestellt, die unter Führung des Don Juan de Austria, eines Sohns von Karl V., dem Osmanischen Reich eine entscheidende Niederlage beibrachte.

Vom Hafen führt die Vojkovo nabrežje nach Osten zum **Muda-Tor**, dem 1516 erbauten und einzig erhaltenen von ehemals zwölf Stadttoren. In der Župančičeva ulica befindet sich nahe dem Prešernov-Platz Kopers wohl

Foto: Kai-Ulrich Müller

schönstes Haus in venezianischer Gotik, der **Almarigogna-Palast**, dessen Wandmalereien auf die Renaissance zurückgehen.

**HRASTOVLJE

Von Koper geht es ein Stück auf der Autobahn in Richtung Ljubljana/ Trst, dann ab der Ausfahrt Črni kal/ Buzet weiter auf der Landstraße nach **Hrastovlje** ❷. In diesem kleinen Dorf steht auf einem Hügel eine interessante Wehrkirche aus dem 12./13. Jh. Der ursprünglich romanische Bau wurde im 16. Jh. wegen der Bedrohung durch die Türken stark befestigt.

Die Einwohner des Dorfes waren Wehrbauern im Dienst des Hauses Habsburg, das den Bauern Land zur freien Nutzung überließ und darüber hinaus auf alle Steuern verzichtete. Zum Ausgleich mussten die Bauern im Fall des Falles die Verteidigung übernehmen. Die Kirche diente ihnen zugleich als Gotteshaus und Festung.

Oben und rechts: Die Wehrkirche von Hrastovlje mit ihrem Totentanz-Fresko.

Trotz aller Wehrhaftigkeit herrscht im Inneren der Kirche **Sveta Trojica** (Hl. Dreifaltigkeit) eine spirituelle Stimmung (in der Saison tagsüber geöffnet, sonst Adressaushang für Kirchenzugang): Der Raum ist von oben bis unten mit **Fresken** geschmückt, die biblische Szenen und Motive aus dem mittelalterlichen Alltag zeigen. Das wohl interessanteste Fresko befindet sich auf der Südwand und zeigt einen **Totentanz**. Seine Aussage: Vor dem Tod sind alle Menschen gleich, ob Papst, Kaiser oder Bettelmann – wie wahr, in Anbetracht der verheerenden Seuchen, die das Mittelalter begleiteten. Im Tonnengewölbe der Seitenschiffe zeigen mehrere kleine Medaillons Szenen aus dem Leben der Bauern, darunter eine Weinlese. Diese Fresken stammen aus dem Jahr 1490 und wurden von Ivan aus Kastav gemalt. Er gehörte zu einem Kreis einheimischer Künstler, der auch anderenorts in Istrien gewirkt hat, wie etwa in der Pfarrkirche im heute kroatischen Beram (s. S. 80).

» Karte S. 47, Info S. 54-55

*SOCERB

Im Hinterland von Koper lohnt ein Abstecher zur ***Felsenburg Socerb** ❸: Die Ruinen der einst mächtigen Ritterburg stehen dominierend auf einer Felsspitze der Karstplateaus direkt an der italienischen Grenze. Die einzigartige Lage gewährt ein großartiges **Panorama** über Istrien und die Bucht von Triest; an klaren Tagen reicht die Sicht bis Venedig. Allerdings ist die Innenbesichtigung den Gästen des **Restaurants** vorbehalten. Da es über eine sehr gute Küche verfügt – bekannt für exzellente Fischmenüs –, ist es besonders für Feinschmecker ein lohnender Abstecher (Montag Ruhetag).

**ŠKOCJANSKE JAME (ST. KANZIAN-HÖHLEN)

35 Autobahnkilometer von Koper befinden sich die ****Škocjanske jame** ❹ (Höhlen von St. Kanzian; Eingang im Dorf Matavun), die zum UNESCO-Welterbe zählen. Als unterirdisches Flussbett mit spektakulären Tropfsteinbildungen ist dieses weltbekannte Höhlensystem eine faszinierende Karsterscheinung. Fachkundig geleitete, einstündige Besichtigungen gibt es zur Hochsaison von Mai bis September in verschiedenen Fremdsprachen (im Winter weniger Termine). Das neu erschlossene System der **Mahorčič- und Marinič-Höhle** kann seit 2011 bei einem separaten Rundgang besichtigt werden.

Die **Reka** hat hier ein Höhlensystem von etwa 2300 Metern Länge geschaffen. Dabei versickerte der Fluss bis in eine Tiefe von mehr als 300 Metern. Nach einigen Kilometern verschwindet er vollends, fließt 35 km unterirdisch und erscheint erst wieder kurz vor seiner Mündung in die Adria als Timavo bei Duino westlich von Triest. Dass es sich um denselben Fluss handelt, wurde dadurch bewiesen, dass man Farbstoff in die Reka goss. Sowohl die

Foto: Kai-Ulrich Müller

Grotte selbst wie auch das Quellgebiet des Timavo reizten in der Antike Griechen und Römer zu Mythenbildung; Dante siedelte den Eingang zur Hölle in den Škocjanske jame an.

Interessant ist die kurze Wanderung auf dem **Lehrpfad** vom Höhleneingang um den Einsturztrichter zu dem Karstdorf **Matavun** mit seiner im 13. Jh erbauten Kirche.

**LIPICA

Bei Divača zweigt eine kleine Straße nach Südwesten ab zu den grünen Wiesen von ****Lipica** ❺, dem Heimatort der Lipizzaner-Pferde.

1580 hatte der österreichische Erzherzog Karl, Sohn des Kaisers Ferdinand, vom Triester Erzbischof 300 ha Land bei **Lipica** erworben. Karl wollte hier ein Gestüt aufbauen, obwohl die Voraussetzungen zur Pferdehaltung mehr als dürftig waren. Die karstige Landschaft bot nur wenig Wasser, der Boden war schroff und gefährlich und als Geläuf denkbar ungeeignet. Also ließ der Habsburger die Landschaft

Foto: Rainer Hackenberg

den Bedürfnissen der Pferde anpassen: Mit roter Erde aus der Umgebung ebnete man den Boden und forstete stellenweise wieder auf, um die Pferde vor der stürmischen Bora zu schützen. Nachdem auch noch Zisternen angelegt waren, konnte man mit der Pferdezucht beginnen.

Die neue Spezies der Lipizzaner – noch heute der Stolz der Spanischen Hofreitschule in Wien – entstand durch Kreuzung der genügsamen und ausdauernden einheimischen Stuten mit wesentlich feurigeren andalusischen Rassehengsten, die von Arabern abstammten. Bei ihrer Geburt sind Lipizzaner fast schwarz; mit vier Jahren entscheidet sich, ob ein Junghengst für die hohe Schule der Dressur geeignet ist – Stuten werden nicht ausgebildet, da sie kein Imponiergehabe zeigen. Ihr weißes Fell bekommen die Pferde erst im Alter von acht Jahren.

Die idyllische Ruhe Lipicas wurde im Lauf seiner Geschichte häufig gestört. So musste das Gestüt z. B. zur Zeit der napoleonischen Kriege mehrmals umziehen. Nach dem Ersten Weltkrieg wurde das k.u.k.-Gestüt geschlossen, die 300 Pferde verteilte man auf Italien, Österreich, Südafrika und die Tschechoslowakei. Nach dem Zweiten Weltkrieg war Jugoslawien anfangs unschlüssig, ob es die Tradition weiterführen solle; für den kommunistischen Staat hieß das ja, ein habsburgisches Erbe, das zudem noch kostspielig war, fortzusetzen. Tito soll damals ein Machtwort zur Erhaltung gesprochen haben. Wissenswertes rund um die edlen Pferde vermittelt das **Museum Lipikum**. Weiterhin gibt es **Führungen** durch das Gestüt und auch **Dressurvorführungen**. Wer möchte, kann im *Hotel Maestoso* einen Reiturlaub verbringen, Kutschenfahren oder Golf spielen auf einem 9-Loch-Platz.

Südöstlich von Lipica lohnt ein Stopp in der Schinkenfabrik **Pršutarna** im Karstdorf **Lokev** ❻, wo leckerer luftgetrockneter **Schweineschinken** (*pršut*) heranreift (Mo-Sa Führung mit Verkostung möglich).

Oben: Für Segler eine Anlaufstelle – der Jachthafen von Izola.

» Karte S. 47, Info S. 54-55

**POSTOJNSKA JAMA (ADELSBERGER GROTTE)

Auf der Autobahn nach Ljubljana (A 1) gelangt man rasch nach **Postojna** (Adelsberg) mit der berühmten ****Postojnska jama** ❼ (Adelsberger Grotte). Eine Grottenbahn fährt Besucher in 10 Minuten zum Ausgangspunkt des Rundgangs, auch für die Rückkehr benützt man die Bahn. Bei der Führung passiert man in einem zweistündigen Rundgang die interessantesten Kalksinterablagerungen: bizarre Stalaktiten und Stalagmiten in reizvollen Beleuchtungen.

In einem eigens für sie geschaffenen Becken tummeln sich blinde, hell fleischfarbene Grottenolme. Da in der Höhle konstant 8,6 °C herrschen, sollte man warme Kleidung und wegen der Nässe festes Schuhwerk dabeihaben.

Die seit dem 13. Jh. bekannte Adelsberger Grotte wurde vor Jahrmillionen von dem Fluss Pivka und seinen Nebenflüssen aus dem weichen Kreide- und Kalkstein herausgewaschen. Bei der Besichtigung sieht man nur den östlichen Arm des über 20 km langen unterirdischen Verlaufs. Die Galerien, die man begeht, waren vor mehreren tausend Jahren noch vom Fluss umspült. Besonders eindrucksvoll präsentiert sich die 500 m lange Paradiesgrotte mit ihrem Kalksinter-„Vorhang" und den idealtypischen „Brillant"-Stalagmiten. Neben der Kanzians-Grotte zählt die Adelsberger Grotte zu den absoluten Höhepunkten der Karstlandschaft Sloweniens. Neben dem Höhleneingang widmet sich eine Ausstellung im **Vivarium Proteus** dem Grottenolm und anderen Höhlenbewohnern.

Eine weitere Grotte ist 3,5 km nordwestlich zu besichtigen: **Pivka jama** ❽, Teil eines 6,5 km langen Karsthöhlensystems im Kalkgestein, durch das der Pivka-Fluss rauscht.

6 km weiter nordwestlich ließ um 1480 der Raubritter Erasmus von Luegg eine alte, in eine Grotte hineingebaute **Höhlenburg** noch raffinierter befestigen – ***Predjamski grad** ❾ stellt eine der originellsten „Räuberhöhlen" des Mittelalters dar und war im 15. Jh. schier uneinnehmbar. Zur Raubritterburg gehört der Geheimgang **„Erasmus-Gang"**. Durch den konnte sich die Besatzung im Falle einer Belagerung versorgen – er führt ins dahinter liegende **Höhlensystem** und schließlich ins Freie. Eine genauere Erkundung des Erasmus-Ganges und der teilweise erschlossenen Höhle ist nach Voranmeldung möglich (s. S. 55).

– SLOWENISCHE RIVIERA –

*IZOLA

***Izola** ❿ war wie Koper ursprünglich eine Insel, die später durch Erdaufschüttung mit dem Festland verbunden wurde (daher auch der Name *Isola*, ital.: Insel). Der Ort mit seinen 14 000 Einwohnern hat sich vom früheren Bauern- und Fischerstädtchen in ein bevorzugtes Feriendomizil der Slowenen verwandelt.

Sehenswert sind die **Basilika Sveti Mauro** und das **Rathaus**, beide aus dem 16. Jh.; zudem besitzt das Städtchen einige prächtige Stadtpaläste, darunter der restaurierte ***Besenghi-Palast**, sowie eine neue **Marina**. Ein kleines **Museum** stellt die k+k-Dampfeisenbahn Parenzana von Triest nach Poreč mit historischen Aufnahmen und Modellen vor. Die ehemalige Trasse der Bahn ist heute als schöner **Fahrradweg** bis zur kroatischen Grenze ausgebaut. Abends bummelt man am alten Fischerhafen an einladenden Cafés und Fischrestaurants entlang.

Izola besitzt einen hübschen **Kiesstrand** westlich des Jachthafens. Bei Ebbe kann man im Meer **Fundamente römischer Hafenbefestigungen** erkennen. Eine Bucht weiter lockt das Freibad **Simonov Zaliv** mit Wasserrutschen und einem aufgeschütteten **Sandstrand**.

Foto: Kai-Ulrich Müller

Die Agrarerzeugnisse aus der Region Izola – besonders der **Wein** – sind im ganzen Land gefragt. Die Hälfte aller slowenischen Weine stammt aus dem Küstenland (*Primorska*) und dem benachbarten Karst (*Kras*). Hauptanbaugebiete sind die Lagen um Koper, Sežana und Vipava. Auf der für die Gegend charakteristischen *Terra rossa* (eisenhaltiger Kalksteinrotlehm), einem bei ausreichender Wasserversorgung recht fruchtbaren Boden, gedeihen die an der Küste bevorzugten Weinsorten **Teran**, **Merlot** und **Refošk**. Aus dem slowenischen Istrien kommt auch hervorragendes **Olivenöl**, das man in der Umgebung von Izola direkt beim Erzeuger kaufen kann.

Zwischen Izola und Piran bilden die zum größten Teil aufgelassenen **Salinen von Strunjan** den malerischen Hintergrund für das beliebte **Strandbad Strunjan**, in dem man mit Blick auf die Landzunge und den Kirchturm von Piran ins Meer springt.

Oben: Fischer in Izola. Rechts: Venezianische Gotik am Palazzo Benečanka (Piran).

**PIRAN

Auf einer schmalen Felsenhalbinsel liegt der malerische Ort ****Piran** ⓫ (16 000 Einwohner); dank seiner günstigen Lage wurde er schon früh zu einer Seefahrerhochburg. Der Name Piran soll seinen Ursprung im griechischen Wort *pyros* (Feuer) haben, denn früher diente die Landnase als „Leuchtturm", wo man ein Feuer entzündete, um die Schiffe an der Küste entlangzulotsen.

Illyrer, Griechen und Römer besiedelten die Halbinsel bis zur Völkerwanderung, in deren Verlauf sich dann vor allem Slowenen hier niederließen. Der Seehandel florierte, doch zunehmender Wohlstand ließ Piran mit dem aufstrebenden Venedig in Konflikt geraten. Trotz ihrer Schutzlage konnte die Stadt von den Venezianern erobert werden; ihre Eigenständigkeit war damit zu Ende, nicht aber der Handel. Fischfang und Meersalzgewinnung waren die Pfeiler der Wirtschaft, aber auch vom Schmuggel lebten die Einwohner gut.

Piran gilt als die Perle der slowenischen Riviera. Der Gesamteindruck wirkt überaus harmonisch. Die verkehrsberuhigte Altstadt lädt geradezu zum Verweilen ein. An der Nordseite der Landzunge führen Leitern und Treppen über die Felsen ins Meer: Das kostenlose Freibad wird besonders von der Jugend genutzt.

Den Mittelpunkt Pirans markiert der ***Tartinijev trg** (Tartini-Platz). Der berühmteste Sohn der Stadt, Giuseppe Tartini, war im Jahr 1692 als Sohn einer Slowenin und eines Italieners geboren worden; sein Werk umfasst Symphonien, Violinkonzerte und Sonaten. Am 200. Geburtstag Tartinis wurde der Platz nach dem weltberühmten „Teufelsgeiger" und Komponisten benannt. Hier befindet sich auch das **Tartini-Geburtshaus**, in dem ein Gedenkzimmer eingerichtet ist. Im **Pomorski muzej** (Meeresmuseum), direkt am Fischer- und Jachthafen, werden nicht nur Exponate zur Seetradition

» Karte S. 47, Info S. 54-55

Foto: Andrea Sabo-Russ

der Stadt, sondern auch Dokumente zu den Salzgärten des nahen Sečovlje aufbewahrt.

Am Tartini-Platz erhebt sich auch der ***Benečanka**, der Venezianische Palast, das bedeutendste Beispiel venezianisch-gotischer Architektur der adriatischen Ostküste. Die rotverputzte Fassade ist durch Spitzbogenfenster mit Skulpturen aus Marmor gegliedert. Ein Löwe hält zwischen seinen Pranken ein Band mit der Inschrift *Lassa pur dir* (Lass sie nur reden) – angeblich die Antwort eines reichen venezianischen Kaufmanns an seine Neider.

Ebenfalls am Tartini-Platz steht seit 1878 das neue **Rathaus**, in dessen Eingangstor man einen polygonalen Stein sieht, der die damals gültigen Maßeinheiten anzeigt. Neben dem Rathaus in Richtung Dom lockt mit Capuccino und Cremeschnitte das Stadtcafé, in dem man abends Klaviermusik lauschen kann.

Die Stadt wird überragt von der auf dem Domhügel erbauten ***Barockkirche Sv. Jurij** (St. Georg). Bereits 1317 war hier ein Dom geweiht worden. 1607 entstand der freistehende Campanile – als Kopie des venezianischen. 1637 wurde dann der barocke Dom begonnen, den man nie vollendet hat.

*PORTOROŽ

***Portorož** ⓬ ist ein moderner Ferienort mit elegantem Riviera-Flair; eine 4 km lange Promenade verbindet ihn mit Piran. Die geschützte Bucht, die heute den beliebtesten **Jachthafen** Sloweniens mit einem aufgeschütteten Sandstrand aufweist, war in der Geschichte immer von größerer Bedeutung als der Ort selbst. Erstmals wurde er im 12. Jh als „St. Lorenz" in Verbindung mit dem gleichnamigen Benediktinerkloster erwähnt. Später erhielt er den Namen „Mariae Rosenkranz" oder „Rosenhafen". Fest eingebürgert hat sich der Name Portorož (Portorose) erst 1894.

Im Jahr 1202 kam der venezianische Doge Dandolo, der einen Kriegszug gegen Triest und die dalmatinischen Städte führte und Schutz vor einem Sturm suchte, mit seinen Schiffen in diese

Bucht. Bei dieser Gelegenheit besuchte er auch Piran, wo ihm Abgesandte aus Triest freiwillig die Stadt übergaben. Venedigs Flotten liefen die schützende Bucht häufiger an, um ihre Schiffe zu reparieren oder eine Rast einzulegen.

Im **Palace Hotel** wurde der Kurbetrieb aufgenommen, nachdem der Piraner Arzt Lugnana 1879 einen Weg zur Behandlung rheumatischer Leiden gefunden hatte. Zum Experimentieren war er in die nahe gelegenen, aus dem 13. Jh. stammenden ***Salzgärten von Sečovlje und Lucija** gegangen, wo er die Heilwirkung der Salzschlammbäder entdeckte. Man gründete die erste Heilanstalt, baute Hotels, und das Geschäft mit der Gesundheit florierte. In jugoslawischer Zeit verlor Portorož seinen exklusiven Charakter, knüpft seit 2009 aber mit der Neueröffnung des altehrwürdigen Palace-Hotels als **Kempinski Palace** an die Tradition an. Hier und in den Thermen des **Grand Hotel Portorož** konzentriert sich der Kurbetrieb. Die Anwendungen sind um Fango, Massage, Akupunktur, Thalasso und asiatische Wellness-Angebote erweitert worden, weshalb der Ort nun auch im Winter Gäste anzieht. Die **Wellness-Center** der beiden Hotels zählen europaweit zu den modernsten Anlagen. Im Sommer quillt Portorož über von einheimischen Tagesausflüglern und ausländischen Badeurlaubern.

Auf dem Kap südlich des Jachthafens von Portorož, in Lucija, sind im ***Skulpturenpark Forma Viva** ⓭ Arbeiten internationaler und einheimischer Künstler ausgestellt.

Eine Bucht weiter stehen die ***Salinengärten von Sečovlje** ⓮ unter strengem Naturschutz, denn sie sind ein wichtiges Brutgebiet. Im kleinen **Salinenmuseum** können sich Besucher über Arbeitstechniken in den Salinen informieren, die bis heute bewirtschaftet werden. Im Souvenirladen gibt es Salz, daraus hergestellte Kosmetikprodukte und die kostbare Salzblüte **Fiore di Sale** zu kaufen.

KOPER (☎ 05)

TIC Koper, im Prätorenpalast, Titov trg 3, Tel. 6646403, www.koper.si

Istrska Klet Slavcek, beliebte Altstadt-Konoba, gute Weine, Župančičeva 39, Tel. 6276729. **Al Mulin Norbedo,** das etwas außerhalb gelegene Lokal gilt als guter Tipp für Fischgerichte. Sermin 19, Tel. 6549444. **Grad Socerb**, köstliche mediterrane Küche, Panoramablick, Socerb 7, Tel. 6592303.

Wehrkirche Hrastvolje, Schlüssel meist im Haus Nr. 30, Tel. 031-432231. **Pokrajinski muzej**, Sept.-Mai Di-Fr 9-17, Juni/Aug. bis 19, Sa/So 9-13 Uhr, Kidričeva ul. 19, www.pmk-kp.si.

ŠKOCJAN (☎ 05)

Gostilna Mahnič, guter Gasthof am Höhleneingang, selbstgebrautes helles und dunkles Bier, Matavun 12, Tel. 7632961.

St.-Kanzian-Höhlen (Škocjanske jame), Juni-Sept. Führungen um 10-17 Uhr stündlich; April, Mai, Okt 10, 13, 15.30 Uhr, Nov-März 10, 13 Uhr, Erwachsene 15 €, Kinder 7 €, **Mahorčič- und Marinič-Höhle**, April, Mai, Okt. Führung tgl. 11 u. 14 Uhr, Juni-Sept. ohne Führung 10-15 Uhr zugänglich, Erw. 10 €, Kind 10 €, www.park-skocjanske-jame.si, Tel. 7082110.

LIPICA (☎ 05)

KTC Lipica, Sežana, Lipica 5, Tel. 7391580, Internet: www.lipica.org.

Muha, gute Karstküche, Weine, Kuchen; Do, Fr Ruhetag; im benachbarten Lokev, Nr. 138.

Kobilarna Lipica (Gestüt Lipica), Besichtigung im Rahmen von **Führungen** April-Okt. tgl. 9-18, Nov.-März 11-15 Uhr stündl., Erw. 12, Kinder 6 €, **Vorführungen**, Mai-Sept., Di, Fr, So 15 Uhr, April/Okt. So 15 Uhr, Erw 17, Kinder 8,50 €. **Museum Lipikum**, tgl. 9-18 Uhr.

» Karte S. 47

9-Loch-Golfplatz, tgl. 10-16 Uhr.

POSTOJNA (☎ 05)

Gostilna Požar, Gasthaus bei der Höhlenburg Predjama, bekannt für gute Küche (Fisch u. Fleisch), Predjama 2.

Postojnska jama (Adelsberger Grotte), Mai-Sept. tägl. 9-17 Uhr stdl. Führungen, Mai bis 17 Uhr, April u. Okt. 4 Führg. 10-16 Uhr, Nov.-März tägl. 3 Führ. 10-15 Uhr, Erw. 22,90 €, Kinder (6-14 J.) 14,70 €, Tel. 7000100, www.postojnska-jama.eu.
Vivarium Proteus, Mai, Juni, Sept. 8.30-17.30, Juli, Aug. bis 18.30, April, Okt. 9.30-16.30, Nov.-März bis 15.30 Uhr.
Burg von Predjama (Predjamski grad), Juli/Aug. 9-19, Mai, Juni, Sept. bis 18, April, Okt. bis 17, Nov.-März 10-16 Uhr, Erw. 9 €, Kinder 5,40 €; **Höhle** Predjama unter der Burg Mai-Sept. 11, 13, 15, 17 Uhr, Erwachsene 8, Kinder 4,80 €.

IZOLA (☎ 05)

Ribič, Fisch, Veliki trg 3, Tel. 6418313.
Bujol, einfaches Lokal an einem hübschen Platz und mit frischer, schnörkelloser Fischküche, Verdijeva 10, Tel. 041 799490.
Primorka, delikate Nudel-, Fisch-und Fleischgerichte, gute Weine, gemütliche Gartenterrasse, in Strunjan, Tel. 6780000.
Hiša Torkla, das exzellente Feinschmeckerlokal mit Spezialitäten von Küste und Karst liegt oberhalb von Izola, Korte 44b, Tel. 6209657, www.hisa-torkla.si.

Museum Parenzana, Mo-Fr 9-15 Uhr, Ul. Alme Vivode 3, www.parenzana.net.

Der **Radweg** auf der Trasse der Parenzanabahn verläuft auf dem Teilstück von Izola nach Sečovlje landschaftlich besonders schön entlang der Küste und der Salinen.

PIRAN (☎ 05)

TIC, Tartinijev trg 2, Tel. 6734440, www.portoroz.si.

Gostišče Verdi, v. a. Fisch-, Hummergerichte, Verdijeva 20, Tel. 6732737.
Pavel I, sehr gute Fischküche, Restaurant in schöner Lage am Meer, Gregorčičeva ul. 3, Tel. 6747101.
Pri Mari, leider kann man bei Mari nicht draußen sitzen, aber die Küche ist unübertroffen und tadellos frisch, Dantejeva 17, Tel. 6734735.

Pomorski muzej „Sergej Mašera“ (Seefahrtsmuseum), Schiffsmodelle, Gemälde, Di-So, Juli/Aug. 9-12, 17-21, sonst 9-17 Uhr, Cankarjevo nabrežje 3, Tel. 6710040.
Tartini-Gedenkzimmer, nach Voranmeldung, Tartinijev trg, Tel. 6633570.

PORTOROŽ (☎ 05)

Turistične informacije, Obala 16 (an der Meerespromenade), Tel. 6748260, Fax 6748261, www.portoroz.si.

Marina, Skipper-Lokal am Jachthafen, Tel. 6761317.
Ribič, Ausflugslokal bei den Salzgärten, italien.-slowen. Küche, Seča 143, Tel. 6770790.**Edvina**, gutes Fisch- und Muschellokal, Gästezimmer, in Seča, Tel. 6772270.

News Café, das beliebte Café veranstaltet gelegentlich Abende mit Live-Musik, Obala 4.
Cacao, der modern gestylte Eis-Tempel serviert angeblich das beste Eis an der slowenischen Küste, abends viele junge Leute und Lounge-Musik, Obala 14.

SEČOVLJE (☎ 05)

Krajinski park Sečovelje (Salinen und Museum), Juni-Sept. 8-20, sonst 9-17 Uhr, Museum Juni/Aug. 9-20 Uhr, sonst kürzer, 2 Zugangstore: Lera nördlich der Salinen und Fontanigge, Zufahrt zwischen slowenischer und kroatischer Grenzstation nach rechts. **Lepa Vida Spa**, im Herzen der Salinen, puristisch und modern, Behandlungen mit Salz und Heilschlamm, Mai-Sept., Tel. 6721360, www.thalasso-lepavida.si.

Milan Babić (Croatian National Tourist Board)

Foto: Peter Hinze

ISTRIEN

DIE WESTKÜSTE
AUSFLÜGE INS BINNENLAND
DIE OSTKÜSTE

3 Istrien

DAS KROATISCHE ISTRIEN

Was sich landschaftlich in Slowenien andeutet – fruchtbare Täler, mediterrane Szenerie, von malerischen Städtchen gekrönte Hügelkuppen –, setzt sich im kroatischen Istrien fort, angereichert durch viel Sehenswertes in den zauberhaften Küstenstädten. Das reizvoll-ruhige Landesinnere bietet einen angenehmen Kontrast zum Hauptsaisontrubel an der Küste (Juni-September): In der „kroatischen Toskana“ findet man verschlafene mittelalterliche Orte wie Motovun, Grožnjan, Roč und Hum, die über die Jahrhunderte ihren Charme bewahrt haben.

Die Nähe zu Süddeutschland, Österreich und Italien bescherte der Region schon ab Mitte des 20. Jh. viele Urlauber. Früh erkannte man die großen Chancen Istriens, ein Touristenmagnet zu werden – mit Pula als wirtschaftlichem, touristischem und kulturellem Zentrum. Heute besitzt die Halbinsel Istrien die größte Bettenkapazität der gesamten kroatischen Adriaküste.

Durch Förderung der inneristrischen Infrastruktur versucht die öffentliche Hand, den Touristenstrom von der Küste ins Binnenland zu lenken. Weinstraßen von Winzer zu Winzer, ein immer größer werdendes Angebot an Agroturismusbetrieben, Ferienhäusern und Villen sowie der Ausbau von Wander- und Fahrradwegen tragen dazu bei. Auch Gourmets kommen abseits der Küste auf ihre Kosten: Rund um Motovun spüren Hunde kostbare Trüffel auf, die die feine istrische Küche bereichern.

Vorherige Seiten: Altstadt von Rovinj mit Hafen. Links: Blick auf das Atrium der Euphrasius-Basilika, Poreč.

Istrien gehört nicht zu den Urlaubsgebieten am Mittelmeer, die das ganze Jahr über Besucher verzeichnen. Trotz des mediterranen Klimas kann der Winter bei länger anhaltendem Regen recht trist sein. Die Temperaturen können dann im Landesinneren und auf dem Učka-Massiv unter 0 °C fallen und auch an der Süd- und Westküste kann es ziemlich kalt werden. Im Frühling, bei Temperaturen zwischen 15 und 22 °C, verwandelt sich die Halbinsel in ein farbenprächtiges Blumenmeer. Das saftige Grün der Wiesen und Felder lässt nicht ahnen, dass man sich auf kargem, karstigen Boden befindet. Alles, was die Erde hier dem Menschen scheinbar schenkt, haben Bauern ihr mühsam abgetrotzt. Im Gegensatz zu der dalmatinischen Region im Süden sind die Sommer in Istrien nicht sehr heiß. Bei durchschnittlich 26 °C und einer frischen Brise ist ein Aufenthalt in einer der hübschen Badebuchten oder auf den Inseln ausgesprochen ange-

» Karte S. 60, Info S. 90-93

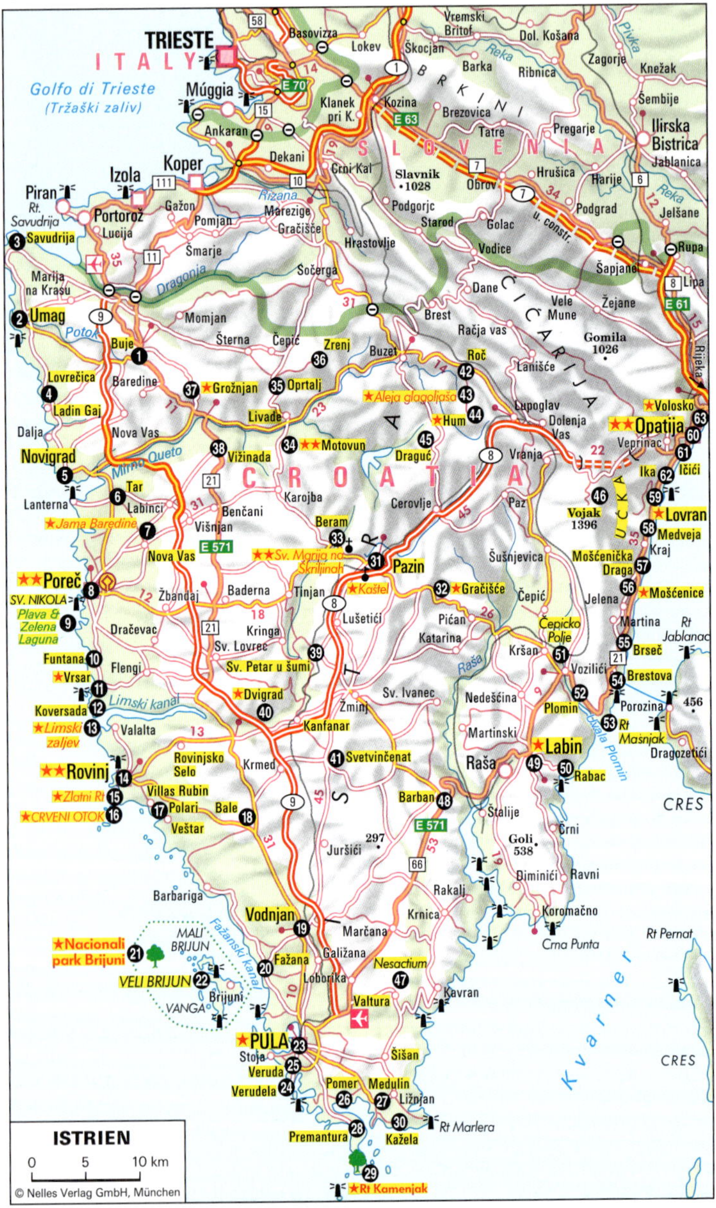

TRIESTE
ITALY
Golfo di Trieste
(Tržaški zaliv)
Múggia
Basovizza
Lokev
Škocjan
Vremski Britof
Dol. Košana
Pivka
Reka
Barka
Ribnica
Zagorje
Knežak
Šembije
BRKINI
Kozina
Klanek pri K.
Brezovica
Tatre
Pregarje
Ilirska Bistrica
Jablanica
SLOVENIA
Ankaran
Dekani
Koper
Izola
Piran
Portorož
Lucija
Rt. Savudrija
Savudrija
Gažon
Pomjan
Marezige
Gračišče
Rižana
Črni Kal
Slavnik 1028
Obrov
Hrušica
Harije
Podgorje
Starod
Golac
u. constr.
Podgrad
Jelšane
Hrastovlje
Šmarje
Vodice
Rupa
Šapjane
Lipa
Marija na Krasu
Dragonja
Sočerga
Dane
ĆIĆARIJA
Vele Mune
Žejane
Umag
Momjan
Brest
Račja vas
Gomila 1026
Rijeka
Potok
Buje
Šterna
Čepić
Zrenj
Buzet
Roč
Lanišće
Lovrečica
Baredine
Grožnjan
Oprtalj
Aleja glagoljaša
Lupoglav
Volosko
Ladin Gaj
Livade
Hum
Dolenja Vas
Opatija
Dalja
Nova Vas
Višnjan
Motovun
Draguć
Vranja
Veprinac
Novigrad
Mirna Quieto
Vižinada
CROATIA
Ika
Ičići
Tar
Lanterna
Labinci
Bencani
Karojba
Cerovlje
Paz
Vojak 1396
UČKA
Lovran
Jama Baredine
Beram
Medveja
Kraj
Nova Vas
Sv. Marija na Škriljinah
Pazin
Šušnjevica
Mošćenička Draga
Poreč
SV. NIKOLA
Žbandaj
Baderna
Tinjan
Kaštel
Gračišće
Čepić
Mošćenice
Plava & Zelena Laguna
Dračevac
Kringa
Lušetići
Pićan
Katarina
Čepicko Polje
Jelena
Martina
Rt Jablanac
Funtana
Flengi
Sv. Lovreč
Sv. Petar u šumi
Kršan
Vozilići
Brseč
Vrsar
Raša
Brestova
Limski kanal
Dvigrad
Sv. Ivanec
Nedešćina
Porozina
456
Koversada
Žminj
Plomin
Limski zaljev
Valalta
Kanfanar
Martinski
Rt Mašnjak
Dragozetići
Rovinjsko Selo
Krmed
Svetvinčenat
Labin
Rovinj
Raša
Rabac
Vala Plomin
Zlatni Rt
Villas Rubin
Istarska
CRES
CRVENI OTOK
Polari
Bale
Barban
Štalije
Veštar
Črni
297
Jursici
Goli 538
Rakalj
Diminići
Ravni
Barbariga
Krnica
Koromačno
Vodnjan
Marčana
Crna Punta
Rt Pernat
Nacionalni park Brijuni
MALI BRIJUN
Fažanski kanal
Galižana
Fažana
Nesactium
VELI BRIJUN
Loborika
Brijuni
Kvarner
Kavran
VANGA
Valtura
PULA
Stoja
Šišan
CRES
Veruda
Verudela
Pomer
Medulin
Ližnjan
Rt Marlera
Premantura
Kažela
Rt Kamenjak
ISTRIEN
0 5 10 km
© Nelles Verlag GmbH, München

nehm. Im Herbst kehrt langsam Ruhe ein, dann gehört die Region wieder allein den Einheimischen – ideal für jene, die einen Urlaub fern der Massen verbringen möchten.

Zu empfehlen ist es, im September und Oktober zur Weinlese direkt bei einem Winzer eine Probe des kräftigen Teran oder Merlot zu verkosten und dazu den hervorragenden istrischen Schinken (*pršut*) und frische Oliven zu probieren.

– ISTRIENS WESTKÜSTE –

BUJE

Die kurvenreiche Straße von Portorož nach Pula schwingt sich durch sanftes Hügelland nach **Buje ❶**. Der historische Ort liegt 220 Meter über NN, sein alles überragender Kirchturm weist dem Besucher den Weg. Schon in prähistorischer Zeit war diese Anhöhe besiedelt. In der Antike nannten die Römer den Ort *Bullea*. Im Mittelalter gehörte Buje zur Markgrafschaft Istrien und bis heute blieb die mittelalterliche Struktur der Stadt erhalten: der zentrale Platz, an dem sich die Kirche befindet, die kreisförmige Anordnung der Häuser um diesen Platz sowie die Stadtmauer mit Wehrtürmen. Der vorherrschende Baustil ist venezianisch, jedoch in einer provinziell-bescheidenen Variante. Viele der historischen Gebäude lassen erkennen, dass sich im Erdgeschoss ehemals die Stallungen und Vorratsräume und im Obergeschoss die Wohnräume befanden. Am Hauptplatz stehen ein schönes gotisches **Palais** mit Wandfresken aus dem 15. Jh. Die Fassade der barocken ***Pfarrkirche Sveti Servul** blieb unvollendet. Im Kircheninneren überrascht die noch originale Orgel von 1791. Die **Ethnografische Sammlung** zeigt volkskundliches Material der Region. Der **Glockenturm** der **Sveta Marija** (Marienkirche) ist mit Wappen venezianischer Rektoren und einem Markuslöwen geschmückt.

Foto: Jo Scholten

Oben: Langustinen, eine kulinarische Spezialität der Küste Istriens.

Verlässt man die Altstadt, lohnen sich ein Kaffee oder ein Snack in der Wirtschaft *Pod Voltom*, deren Terrasse mit einer schönen Aussicht aufwartet.

UMAG

Umag ❷ ist das Zentrum eines 20 km langen, touristisch voll erschlossenen Küstenstreifens. Schon in der Antike befand sich hier auf der flachen Halbinsel das römische *Umacus*. Da Umags Altstadt mit schmalen Gässchen und Häusern aus verschiedenen Epochen lockt und die felsige Küste vom Kap Savudrija bis nach Dajla mit hübschen Badebuchten gespickt ist, war Umags Entwicklung zur Touristenhochburg mit einer Kapazität von heute über 50 000 Betten vorgezeichnet. Feriensiedlungen und Autocamps erstrecken sich am nördlichen Küstenstreifen bis nach Savudrija.

Die **Hafenbucht**, die sich nördlich an die **Altstadt** ① von Umag anschließt,

» Karte S. 60, Info S. 90-93

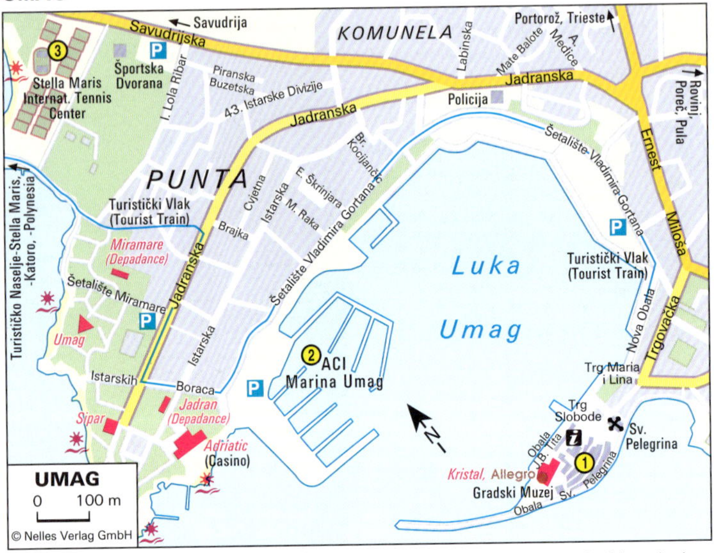

beherbergt eine große **Marina** ② des ACI, des Adriatic Croatia International Club. Umag wartet ferner mit einem internationalen **Tenniszentrum** auf, das sich innerhalb der Feriensiedlung **Stella Maris** ③ befindet. Es stehen 18 Plätze und ein Center-Court zur Verfügung. Abgesehen von dieser Anlage gibt es noch weitere 80 Sandplätze in der Umgebung. Im Juli / August jeden Jahres findet hier das **Croatia Open** statt. Davor erstreckt sich eine Lagune: ein kinderfreundliches **Meerwasserschwimmbad** mit Rutsche und aufgeschüttetem Kieselstrand, der gegen Gebühr auch für Nicht-Hotelgäste zugänglich ist.

Umags Küste ist im August kein Platz für einen beschaulichen Urlaub; man muss den Rummel mögen. Täglich klappert eine Minieisenbahn auf Gummirädern die Küstenlinie ab und bringt Badeurlauber zum Bummel in die Altstadt. Dort verspeist man in Fischrestaurants – meist in historischen Gemäuern am Wasser angesiedelt – Goldbrasse oder *Spaghetti vongole* und schlürft dann auf der Piazza, neben dem venezianischen Campanile, einen Espresso.

Wem Umag zu wenig Abwechslung bietet, der kann in der Hauptsaison Ausflüge nach Venedig, Triest, Grado, Brijuni, Postojna etc. buchen. Dazu wird man direkt vom Hotel abgeholt.

Am **Kap** von **Savudrija** ❸, an dem die Venezianer im Jahr 1117 einen Sieg gegen die Flotte von Friedrich Barbarossa und Papst Alexander III. errangen, denkt wohl kein Sonnenanbeter an die Historie – im Schatten der Kiefernwälder, die zum Teil bis an die Küste reichen, ist Erholung angesagt. Das ehemalige Fischerdorf lebt heute vom hochpreisigen Tourismus. Gleich zwei Luxusresorts besetzen den früher wilden und naturbelassenen Strandabschnitt. Beliebt ist das Kap – vor allem die Spitze mit ihrem **Leuchtturm** – bei guten **Windsurfern**, die hier bei stark wehendem Jugo hohe Wellen vorfinden.

Rechts: Am Hafen von Umag – auf geht's zur „Piratenfahrt"!

» Stadtplan S. 62, Karte S. 60, Info S. 90-93

Foto: Berthold Schwarz

NOVIGRAD

Folgt man der Küstenstraße in Richtung Süden, passiert man **Lovrečica** ❹, eine seichte Badebucht, und den modernen Campingplatz **Park Umag**. Nach ca. 16 km erreicht man das pittoreske und traditionsreiche Städtchen **Novigrad** ❺.

Das Städtchen ist voll von Eisdielen, Restaurants und Cafés, die mit Boutiquen und Souvenirläden um die Gunst der Gäste buhlen. Auf keinen Fall darf man versäumen, ein Glas des örtlich angebauten *Malvazija* zu trinken. Die ***Altstadt** ist in den Monaten Juli und August für Autos gesperrt. An der West- und Nordseite der Altstadt bieten sich gute Bademöglichkeiten an den oft mit Beton planierten Stränden.

Der von den Römern gegründete Ort wurde *Aemona* genannt und erstmals im 5. und 6. Jh. als *Neapolis* („Neue Stadt") schriftlich erwähnt. Im Mittelalter erhob man das nun slawisch bezeichnete Novigrad (Neustadt) zum Bistum. Das blieb es bis 1828. Von 1270 an unterstand es venezianischer Herrschaft. Wohl deshalb wurde es 1687 durch einen Türkeneinfall schwer zerstört. Bis ins 18. Jh. hinein war Novigrad eine Inselstadt, durch einen schmalen Priel vom Festland getrennt.

Trotz der Zerstörungen durch die Türken konnte die Stadt viel von ihrem mittelalterlichen Charakter bewahren. Teile der Festungsmauer sind gut erhalten. Die Gebäude innerhalb des früheren Mauerrings wurden nach und nach im venezianischen Stil umgestaltet. Im gotischen **Palazzo Rigo** befindet sich eine *Ars Galerie* samt winzigem **Lapidarium** mit einer Sammlung von Überresten antiker Grabdenkmäler, byzantinischer und mittelalterlicher Fragmente von Flechtornamentik.

Die romanische Pfarrkirche **Sv. Pelagij** (St. Pelagius) mit ihrem typisch venezianischen Campanile besitzt unter ihrem Presbyterium eine ***spätromanische Krypta**; in der Sakristei werden verzierte Gesangbücher des 15. Jh. aufbewahrt.

Die Küstenstraße von Novigrad in Richtung Poreč verläuft an den Hotels Maestral und Laguna sowie einem

Campingplatz vorbei und überquert dann die Küstenstraße den Fluss **Mirna**, der früher von Holzflößern befahren wurde. Vom alten Bauerndorf **Tar** ❻ führt ein Sträßchen zur **Bucht** von Tar (*Tarski zaljev*); auch dort gibt es einen großen Campingplatz und Fischrestaurants. Auf der Weiterfahrt nach Poreč zweigt kurz vor dem Ziel die Straße nach Vižinada (㊳) ab. Nahe dem Dorf Nova Vas wurde 1995 die farbenprächtige, 140 m tiefe Karsthöhle ***Jama Baredine** ❼ für Besucher erschlossen.

**POREČ

Im über 2000 Jahre alten, an Kulturdenkmälern reichen ****Poreč** ❽ schlägt der Puls der Westküste Istriens und des **Poreština** genannten Hinterlandes. In diesem Landstrich leben etwa 22 000 Einwohner, in der Hauptsaison jedoch beherbergen Poreč und die Region Hunderttausende von Urlaubern. Die anmutige, leicht hügelige Landschaft mit Weinbergen, Olivenhainen und fruchtbaren Feldern, durchsetzt von kleinen Eichen- und Kiefernwäldern, trägt ihren Teil zur Attraktivität der „Riviera von Poreč" bei.

Heute besitzt Poreč die am weitesten entwickelte touristische Infrastruktur von ganz Kroatien. Hier stehen 120 000 Betten zur Verfügung. In den „**Lagunas**" ❾ genannten Buchten südlich der Stadt – der „Blauen" (**Plava**) und der „Grünen" (**Zelena**) – wurden große Ferienresorts eröffnet. In den komfortablen Hotels, Campingplätzen, Marinas und Einkaufszentren finden Feriengäste alles, was sie zum Urlaub brauchen. Zusätzlich sorgen Tauch- und Windsurfschulen für sportliche Herausforderung und ein Adrenalin-Park für den ultimativen Thrill. Die Strände sind zumeist felsig, doch erleichtern Stege und betonierte Treppen den Einstieg ins Wasser. In den Monaten Juli bis September gleicht Poreč einem Bienenstock. Klassische Konzerte in der Basilika, ein Fischerfest, Folkloreshows und Sportwettkämpfe bieten ein breites Spektrum an Unterhaltung.

Rechts: Am Felsstrand von Poreč.

Der Küste sind nach Süden hin viele Inselchen vorgelagert. Die Landschaft sowie das sehr saubere Wasser machen – neben den klimatischen Vorzügen – diesen Teil der Adria besonders beliebt.

Etwa um 800 v. Chr. siedelten sich Illyrer-Histrer an dieser Stelle an und bauten einen Hafen. Funde von unteritalischer und etruskischer Keramik zeugen von einem lebhaften Handel im 6. und 5. Jahrhundert v. Chr. Im Jahr 177 v. Chr. eroberte Rom die Hauptstadt der Histrer, *Nesactium* (Pula), und unterwarf in der Folge die gesamte Halbinsel. Durch den Ausbau der Verbindungsstraßen in der neuen Kolonie gewann *Parentium* (Poreč) immer mehr an Bedeutung. Unter der Herrschaft des Tiberius (14-37 n. Chr.) erhielt nun auch Parentium den Status einer römischen Kolonie – *Colonia Julia Parentium*. Bis ins 3. Jahrhundert n. Chr. fand das Christentum zunehmend Anhänger in der Stadt.

Im 6. Jh. ließen sich hier slawische Stämme zusammen mit Awaren nieder. Als das römische Imperium unterging, übernahm das oströmische Reich das Erbe und baute Parentium zu einem wichtigen Stützpunkt aus. In dieser Zeit entstand die Euphrasius-Basilika.

1267 nahm die Serenissima (Venedig) von der Stadt Besitz. Poreč wurde anschließend mehrmals von Genuesen, Türken und Uskoken gebrandschatzt. Auch Pestepidemien, die auf Handelsschiffen aus dem Orient eingeschleppt wurden, dezimierten die Bevölkerung. Im 17. Jh. zählte Poreč nur noch 100 Seelen. Venedig kolonisierte die entvölkerte Stadt mit Zuwanderern aus Dalmatien, Bosnien, Montenegro und Albanien. Nach dem Fall Venedigs (1797) kam die Stadt dann an Österreich. Während des 19. Jahrhunderts stieg der Anteil der italienischen Bevöl-

» Karte S. 60, Info S. 90-93

Foto: Thomas Stankiewicz

kerung stark an, und nach 1918 wurde die Stadt mit ganz Istrien Italien zugesprochen.

Im 2. Weltkrieg beschädigten alliierte Luftangriffe Poreč schwer; 75 % der Bauten und Denkmäler waren betroffen. Doch sofort nach 1945 begann der Wiederaufbau auf dem alten Grundriss. Und heute feiert in dem weltoffenen Badeort die Jugend in Riesen-Open-Air-Diskotheken wie dem **Byblos** oder dem schicken **Saint & Sinner** eine immerwährende Sommerparty.

★★Euphrasius-Basilika

Porečs bedeutendstes Kulturdenkmal stammt aus der byzantinischen Epoche und zählt als eines der wichtigen Zeugnisse spätantiker und frühbyzantinischer Kunst im Adriaraum zum UNESCO-Weltkulturerbe. Für die ★★**Bazilika Eufrazijana** ① mit ihren herrlichen byzantinischen Mosaiken beauftragte Bischof Euphrasius 539 n. Chr. auch Meister aus Konstantinopel und dem nahen Ravenna. Diese schufen ein Gesamtkunstwerk aus oktogonalem Baptisterium, quadratischem Atrium, Vorhalle, dreischiffiger Basilika und Gedächtniskapelle auf dreiblättrigem Grundriss. Im Kircheninneren hat man das Bodenmosaik stellenweise aufgebrochen, um die Fundamente frühchristlicher Vorgängerbauten zu zeigen.

Häufige Zerstörungen haben einen großen Teil der Innendekoration vernichtet. Auch an der Westfassade ging viel vom Wandschmuck verloren. Allerdings sind dort über dem Portikus zwischen den Rundbogenfenstern originale Mosaiken aus Edelsteinen, Perlmutt, Emaille, Marmor und Alabaster erhalten, die Heilige darstellen.

Hinter der dreibogigen Vorhalle öffnet sich eine schlichte Tür zu der dreischiffigen **Basilika**. Die Längsschiffe werden durch zwei Reihen Marmorsäulen getrennt. Bemerkenswert ist die Vielfalt der korinthischen und byzantinischen Kapitelle.

Das Beeindruckendste sind jedoch die ★★**Mosaiken** in der Apsis. Der Chorraum ist durch eine **Schranke** aus behauenen Marmorplatten vom Längs-

» Stadtplan S. 66, Info S. 90-93

schiff getrennt. Den Altar überdacht ein reich mit Inkrustationen geschmücktes *****Ziborium** aus dem 13. Jh.. An der Stirnseite sieht man die **Verkündigungsszene**, über dem Triumphbogen den thronenden **Christus**. Er ist umgeben von den zwölf in lange, weiße Gewänder gehüllten Aposteln. Den Rundbogen direkt darunter schmücken auf jeder Seite sechs Medaillons mit Heiligen, die Mitte akzentuiert das Lamm Gottes. Die Mosaiken in den Apsiden der Euphrasius-Basilika zeichnen sich durch die Vielfalt der Farben und durch die Detailfreude in den Darstellungen aus. Am späteren Nachmittag lässt die weiche Abendsonne die Goldgrundierung nahezu überirdisch erstrahlen.

Den Blick des Betrachters zieht die thronende **Maria** in der Wölbung, der Apsiskonche, auf sich: Sie hält das Christuskind auf ihrem Schoß und ist von Heiligen und Engeln umgeben. Von links nach rechts: der Archidiakon Claudius, Bruder des Euphrasius, der das Evangelienbuch hält; Bischof Euphrasius, der Stifter, erkenntlich am Modell der Kirche; und St. Maurus, der Stadtheilige. Den zwei Engeln folgen drei Märtyrer. Im mittleren Teil der Apsis sind Szenen aus dem Leben der Maria zu sehen: die Verkündigung und die Heimsuchung. Ein nettes Detail: Bei der Heimsuchung hebt eine Dienerin schüchtern den Vorhang zur Seite, um die Szene zu beobachten. Der untere Teil der Apsis ist mit geometrischen Mustern aus Marmor geschmückt.

Das **Baptisterium** geht auf das 5. Jh. und auf einen Vorgängerbau der Basilika zurück, erfuhr aber im 6. Jh. einige Veränderungen und Erweiterungen. Das achteckige Gebäude schließt sich um das in seiner Mitte befindliche **Taufbecken**. Das Becken hat eine ebenfalls achteckige Vertiefung, in die die Täuflinge – bis ins frühe Mittelalter nur Erwachsene – gänzlich eingetaucht wurden. Die oktogonale Form erklärt sich aus der symbolischen Bedeutung der Zahl Acht; sie steht für die Wiedergeburt, den Neubeginn.

Rechts: Bummel auf dem Decumanus in der Altstadt von Poreč.

Ein besonderes Erlebnis sind die **Klassikkonzerte** in der Basilika, die im Sommer dargeboten werden.

Neben der Basilika, durch einen Gang erreichbar, steht das **Bischofspalais** aus dem 6. Jh., welches das ***Museum** mit weiteren frühchristlichen Mosaiken – darunter das berühmte **Fischmosaik** – beherbergt.

Versäumen Sie nicht, den ***Glockenturm** hinter dem Baptisterium zu besteigen: Der Ausblick lohnt die Mühe!

Altstadtbummel in Poreč

Foto: Peter Hinze

Nach der Besichtigung der Basilika empfiehlt sich eine Erfrischung: Die Eisdielen entlang dem ***Decumanus** ②, der Hauptstraße, haben einen besonderen Ruf. Der bezieht sich jedoch weniger auf die Qualität des Eises – die ist gut –, sondern vielmehr auf die Kunststücke der Barkeeper und Kellner. Da fliegen Eiskugeln quer durch den Raum und werden von einem Kellner mit dem Mund gefangen, ein anderer jongliert mit Eistüten; riesige Eisbecher werden kunstvoll ausgeschmückt. Besonders lebhaft wird Porečs Altstadt im August, wenn zum **Street Art Festival** Straßentheater-Gruppen, Graffiti-Künstler und Musiker ihre Kunst auf den Straßen und Plätzen präsentieren.

Direkt gegenüber der Gasse, die von der Euphrasiana zum Decumanus führt, liegt das ehemalige **Palais Sinčić** aus dem 17. Jh. Heute beherbergt es das **Zavičojni muzej** ③ (Regionalmuseum) der Poreština mit einem Lapidarium, in dem antike Skulpturen und Kapitelle ausgestellt sind; sehenswert sind das Hermes-Denkmal mit Weinlese und Olivenernte, eine prähistorische und eine mittelalterliche Sammlung sowie eine kleine Gemäldegalerie. Im hübschen **Café Lapidarium** im Innenhof kann man eine Ruhepause einlegen.

Etwas weiter am Decumanus, nahe dem Marafor-Platz, sieht man das freistehende **Romanička kuča** ④ (Romanisches Bürgerhaus), mit hölzernem Balkon und gotischen Fenstern. Entlang der Hauptachse der Altstadt stehen noch viele aus der Romanik stammende Gebäude, die später mit gotischen Elementen „modernisiert“ wurden.

Der Decumanus mündet in einen quadratischen Platz, dem **Trg Marafor** ⑤ (Marafor-Platz). An seiner Stelle befand sich ursprünglich das römische Forum, das exakt 45 x 45 Meter maß; so groß war eine *Insula* (Insel), wie man zur römischen Zeit einen Wohnblock bezeichnete. An einigen Stellen ist das römische Pflaster noch erhalten.

In den vielen Gassen rund um den Trg Marafor trifft man auf versteckte, kleinere Restaurants, die sich auf Fisch und Grillgerichte spezialisiert haben. Auch an der Uferpromenade **Obala Maršala Tita** ⑥, reiht sich ein Lokal ans andere.

Auf dem Platz **Trg J. Rakovča** findet jeden Vormittag ein bunter **Markt** für Obst-, Gemüse- und Fisch statt.

Vom Altstadthafen verkehren Linienboote in wenigen Minuten zu dem von Pinien und Steineichen bestandenen Badeinselchen **Sveti Nikola**.

» Stadtplan S. 66, Info S. 90-93

Foto: Jo Scholten

*VRSAR UND *LIM-FJORD

Von Poreč verläuft die Küstenstraße weiter südöstlich durch das mit unzähligen Restaurants gesegnete Fischerdorf **Funtana** ❿ und erreicht den Ferienort ***Vrsar** ⓫, ein malerisches altes Städtchen mit einer romanischen Marienkirche aus dem 12. Jh. Vrsars Hafen liegt an einer weiten Bucht, die von grünen Inselchen übersät ist.

Im nahen **Koversada** ⓬ zählen nur nackte Tatsachen: Hier erstreckt sich Kroatiens größtes **Nudistencamp** mit Bungalows und Camping.

Koversada liegt nahe der Mündung des ***Limski zaljev** ⓭. Dieser 10 km lange Meeresarm wird auch Lim-„Fjord" oder Limski-Kanal genannt. Mitten in dem vom Meer überfluteten, einst vom Fluss Pazinčica geschaffenen Canyon gibt es **Muschel-, Fisch und Austernfarmen**. Je weiter man in den fjordartigen Einschnitt per Ausflugsboot vordringt, desto höher werden die Hügel, bis die grün überwucherten Canyonwände 100 m erreichen. Am Südufer wachsen Eichen und Eschen, am sonnigeren Nordufer immergrüne Gewächse. Der Limski-Kanal ist fischreich; wegen des niederen Salz- und hohen Sauerstoffgehalts sind Meeresflora und -fauna besonders üppig. Zahlreiche Fischarten kommen jedes Jahr zum Laichen in die Bucht, manchmal tummeln sich hier auch Delfine.

Oben: Der Lim-Fjord ist reich an Fischen und Muscheln – ein Ziel für Feinschmecker. Rechts: Venezianisch geprägter Küstenort in malerischer Lage – Rovinj (im Vordergrund: die Katarineninsel).

Von Koversada führt die Straße nicht weiter in die Bucht. Am inneren Buchtende jedoch zweigt von der Hauptstraße Nr. 21 (Buje – Pula) eine kurze Stichstraße westwärts ab; sie endet bald darauf an drei **Restaurants**, die frische Muscheln und Fisch servieren. Baden ist im Limski zaljev verboten.

An einem hellen Felsstrand nahe der südwestlichen Fjordmündung, an der **Punta Kriša** (westlich des Resorts Amarin), treffen sich die freizügigsten FKK-Freunde. Schilder warnen hier vor „unzüchtigen Handlungen".

» Stadtplan S. 66, Karte S. 60, Info S. 90-93

Foto: Sochor (A.R.T. Austria Redaktionsteam)

**ROVINJ

**Rovinj ⓮ (sprich: „Rowin“) ist eines der Juwele der istrischen Küste und war einst eine Insel. Der Ort, schon in frühgeschichtlicher Zeit von den Histrern besiedelt, wurde 129 v. Chr. römisch und erhielt den Namen *Ruginum*. Rovinj erkannte als eine der ersten Städte die venezianische Oberhoheit an. In seiner langen Geschichte wurde Rovinj dennoch mehrmals von Genuesern, Piraten und Seuchen heimgesucht. Als endlich friedlichere Zeiten anbrachen, konnte sich das Stadtgebiet auf den nahen Hügel des Festlands ausdehnen. Im Jahr 1763 schüttete man den Meereskanal zu. Heute zählt die Stadt rund 13 000 Einwohner.

Die Silhouette von Rovinj, von der Adria her gesehen, ist *das* Aushängeschild der istrischen Küste: Harmonischer kann ein Stadtbild kaum sein. Die schmalen Häuser drängen sich auf dem Rücken eines ovalen Kalkfelsens dicht an dicht. Überragt wird das ganze von der weithin sichtbaren Kirche der hl. Eufemia mit ihrem Glockenturm. Im Mittelalter umgab eine Mauer, von deren sieben Toren nur drei erhalten sind, den Stadtkern. Malerische Gassen und reich geschmückte Portale der Palazzi erinnern auf Schritt und Tritt an die bewegte Vergangenheit der Stadt.

Die Lage von Rovinj zwischen zwei Buchten – Valdibora im Norden und Katarina im Süden – ließ zwei unterschiedliche Stadtgesichter entstehen: Die Nordseite wirkt zum Meer hin eher abweisend; die Häuser bilden dort, direkt am Wasser, eine geschlossene Front. Der südliche Teil hingegen, mit dem Hafen und der hübschen Promenade, zeigt sich sehr einladend.

Stadtbummel in Rovinj

Die Altstadt ist für Autos gesperrt, so dass man dort unbeschwert spazieren gehen kann. Die Besichtigung der Altstadt startet man am besten am Trg Maršala Tita. Hier beginnt die im 18. Jh. angelegte **Bregovita ulica**, die mit ihren überwölbten Durchgängen und den Fresken in den Gewölben im Wortsinne malerischste Straße des Ortes.

» Karte S. 60, Info S. 90-93

Die ***Ulica Grisia** ①, die einheimische Künstler als Galeriestraße nutzen, beginnt ebenfalls am Trg Maršala Tita und führt zum Wahrzeichen der Stadt, dem Campanile der Kirche ***Sveta Eufemia** ②.

Am höchsten Punkt der ehemaligen Insel hatten die Bewohner im 18. Jh. ihre Pfarrkirche nach Plänen des venezianischen Baumeisters Giovanni Dozzi erbaut – auf den Mauern einer romanischen Vorgängerin. Der stark dem Campanile von Venedig ähnelnde Glockenturm stand bereits 70 Jahre, bevor man mit dem Bau der Kirche begann. Binnen 26 Jahren wurde der mit 60 Metern höchste Campanile Istriens hochgezogen. Seine Spitze ist gekrönt von der beweglichen Figur der hl. Euphemia, die die Windrichtung anzeigt. Im Inneren der Kirche befindet sich der wertvolle, nach spätantiken Vorbildern des 4./5. Jh. gestaltete Sarkophag der Stadtheiligen.

Rechts: Ein beliebtes Ausflugsziel von Rovinj – die kleine, grüne Hotelinsel Sveta Katarina, gleich gegenüber der Altstadt.

Der Legende zufolge ist die heilige Euphemia eine Märtyrerin, die während der Herrschaft des Diokletian im Jahr 304 in Chalzedon erst den Löwen vorgeworfen worden war, dann aber, weil diese sie unversehrt ließen, gerädert wurde. Den Leichnam brachte man in Konstantinopel in Sicherheit; er verschwand allerdings während der Wirren der Bildersturm-Zeit und wurde auf wundersame Art und Weise am 13. Juli des Jahres 800 an die Gestade von Rovinj gespült. Ein Fresko nahe dem Sarkophag zeigt diese Szene. Seit damals ist die Kirche auch das Ziel von Wallfahrten, zu denen besonders am Festtag der Heiligen (am 16. September) Pilger aus ganz Istrien herbeiströmen.

Außer dem Sarkophag besitzt die Kirche noch andere Schätze, darunter Gemälde von Giovanni Contarini, einem Schüler des großen italienischen Malers Tizian. Auch die Bildhauerarbeiten stammen von einem italienischen Meister, Gerolamo Laureato.

Am Hafenplatz ist in einem Barockbau das **Heimatmuseum** ③ untergebracht, das auch Kunstausstellun-

» Stadtplan S. 70, Info S. 90-93

Foto: Blaha (A.R.T. Austria Redaktionsteam)

gen Platz bietet und im Sommer sogar abends geöffnet ist.

Das älteste Gebäude von Rovinj steht nicht im historischen Stadtkern, sondern am Trg na Lokvi (beim Busbahnhof). Es ist das romanische, siebeneckige **Baptisterium Sv. Trojstva** aus dem 12. Jh. Warum die Baumeister hier vom klassischen achteckigen Grundriss abgewichen sind, wird wohl ein ewiges Rätsel bleiben.

Die Lage von Rovinj zwischen zwei Buchten, der nördlichen, *Valdibora*, und der südlichen, *Katarina*, ließ zwei unterschiedliche Stadtgesichter entstehen. Der nördliche Teil wirkt sehr massiv, abwehrend. Die Häuser bilden eine undurchdringliche, hoch aufragende Wand. Der südliche Teil mit dem **Hafen** und der hübschen Promenade zeigt sich dagegen freundlich. Die Altstadt ist für Autos gesperrt, sodass man unbeschwert spazieren gehen kann. In den in der Altstadt residierenden Hotels lässt es sich besonders romantisch wohnen.

Mit Brauchtum, traditionellem Arbeitsgerät und den in Rovinj beheimateten Booten, den *batana,* beschäftigt sich das **Eco-muzej o batani** an der Hafenpromenade.

Am südlichen Altstadtrand, an der Uferpromenade unterhalb des *Hotels Rovinj*, kann man sich ein hübsches Fleckchen auf den Steinen zum Baden suchen; Treppen weisen den Weg. Zu einem Drink zum Sonnenuntergang lädt die bekannte – und entsprechend teure – Bar **Valentino** ganz in der Nähe ein, mit Stühlen und Sitzkissen direkt am Felsstrand.

Im Süden von Rovinj liegt am ⋆**Zlatni Rt** ⓯ (Punta Corrente) ein um 1860 angelegter **Park** mit exotischen Gewächsen, prächtigen Alleen und einer **Felswand** für anspruchsvolle Freeclimber.

Zu den beiden vorgelagerten Hotel- und Badeinseln ⋆**Sveta Katarina** und ⋆**Crveni otok** ⓰ gibt es regelmäßigen Bootspendelverkehr. Üppig bewachsen präsentiert sich die nähere Insel, Sv. Katarina: Im 19. Jh. ließ Graf Karl Milewski die Karstinsel aufforsten. Ein romantischer Spazierweg führt um die grüne Insel und passiert kleine, sehr

Foto: Peter Hinze

steinige Badebuchten. Auf dem ansonsten strandlosen Eiland bietet das Hotel Katarina (mit Pool) Unterkunft.

Auf Crveni otok herrscht ein ganz spezielles Klima; die immergrüne Vegetation, Lorbeer und Myrte, duftet würzig. Auf der Insel findet man noch Spuren aus der Römerzeit, ein restauriertes Kloster aus dem 6./7. Jh. und ein modernes Wellnesshotel.

An der westistrischen Küste gedeihen immergrüne Flaum- und Steineichen sowie Aleppokiefern. Um das Bauerndorf **Rovinsko selo** herum erblickt man fruchtbare Felder und Weingärten; Ziegen und Esel grasen auf den Wiesen. Die Region eignet sich ausgezeichnet zum Wandern; es gibt viele Feldwege. Eine Küstenstraße führt zur Ferienanlage **Villa Rubin** und zum Campingplatz **Polari** ⓱. Das **Camp Veštar** liegt noch etwas weiter südlich an einer kleinen Sandbucht.

Oben: Verzaubert von der Nachmittagssonne – Gasse in Bale. Rechts: Die Überreste eines byzantinischen Castrum auf Veli Brijun.

ZWISCHEN ROVINJ UND PULA

Auf dem Weg nach Pula kommt man durch **Bale** ⓲, ein altes Städtchen, das sich auf einem Karst-Plateau erhebt und sein mittelalterliches Stadtbild bewahrt hat. Das **Kastell**, das einstmals den venezianischen Familien Soardo und Bembo gehörte, bildet den Eingang zum Ortskern. Bales Zentrum überragen die überdimensionierte **Kirche** und ihr Glockenturm.

Die Gegend um **Vodnjan** ⓳ wird intensiv landwirtschaftlich genutzt. Neben Wein und Oliven pflanzt man auch Tabak an. Im alten Stadtkern von Vodnjan lohnt ein Besuch der barocken Pfarrkirche ***Sveti Vlaho** (St. Blasius), in der sich wertvolle Tafelgemälde, eine Sammlung sakraler Kunst und geheimnisvolle Mumien befinden. Der Ort weist auch einige schöne Häuser aus Gotik und Barock auf.

Von Vodnjan zweigt eine Straße nach **Fažana** ⓴ ab. Das hübsche Städtchen mit seinem reizvollen, von Kiefern eingerahmten Kiesstrand, steht ganz im Schatten der Brijuni-Inseln, zu denen Ausflugsschiffe verkehren. Ein komfortabler Campingplatz, ein zauberhaftes Stadthotel und Privatpensionen bieten hier Unterkunft.

*BRIJUNI-INSELN

Die früher unter dem italienischen Namen *Brioni* bekannten Inseln, die zu Lebzeiten von Josip Tito Sperrgebiet waren, setzen sich aus zwei Haupt- und zwölf kleineren Inseln zusammen. Diese stehen als ***Nationalpark Brijuni** ㉑ unter Schutz, der mit dem marinen Bereich fast 4000 ha umfasst. Alle Inseln sind von üppig-grüner mediterraner Vegetation überzogen.

Mit 690 ha ist **Veli Brijun** ㉒ die größte Insel. Sie war bereits in prähistorischer Zeit bevölkert, was Funde von Stein- und Metallwerkzeugen beweisen. Von 177 v. Chr. an befanden sich die Inseln in römischer Hand,

» Karte S. 60, Info S. 90-93

Foto: Jo Scholten

mehrere römische Sommerfrischen entstanden hier.

1893 kaufte der Meraner Industrielle Paul Kuppelwieser die Inseln, um darauf Badehotels zu errichten. Kuppelwieser plante, die Brijuni-Inseln zu einem Treffpunkt der Großindustriellen zu machen, zu einem adriatischen Monte Carlo, jedoch viel abgeschirmter. Ein luxuriöser touristischer Komplex entstand. Nach dem 1. Weltkrieg, Kuppelwiesers Tod und einigen Unglücksfällen (Brände, Sanktionen durch Italien etc.) rutschte Brijuni in eine Krise. Die Bombenangriffe des 2. Weltkriegs zerstörten, was übrig geblieben war.

Der jugoslawische Präsident Josip Tito besuchte 1947 zum ersten Mal die Inseln und erkannte ebenfalls deren Erholungswert. Die kulturgeschichtlichen Überbleibsel, das milde Klima gepaart mit luxuriösen touristischen Anlagen sollten dem Präsidenten, seinen politischen Freunden und auch Gästen Entspannung bieten und den Rahmen für wichtige Konferenzen schaffen.

Von allen Touristenzentren der istrischen Küste aus werden **Tagesausflüge** nach Veli Brijun angeboten. Auch von Fažana verkehren regelmäßig Schiffe. Da der elitäre Charakter der Inseln erhalten bleiben soll, sind sie für den Autoverkehr gesperrt. Zwei Hotels, einige Villen, Restaurants, Tennis und Golf sowie ein Kongresszentrum bieten die besten Voraussetzungen für einen angenehmen, komfortablen, aber recht teuren Aufenthalt.

Veli Brijun kann mit vielen interessanten Sehenswürdigkeiten aufwarten, die für Hotelgäste sowohl zu Fuß und per Rad, für Tagesbesucher auf einer geführten Tour und mit einer Elektrobahn zu erreichen sind. Im **Zoo** und im **Safari-Park** kann man Rotwild, Mufflons, Wisente, Zebras, Lamas, Giraffen, ja sogar eine indische Kuh und ein Kamel sehen. Viele dieser Tiere waren Geschenke an Tito. Die Pflanzenwelt, durch die malerische Wege führen, zeigt neben Kiefern, Eukalyptus, Zedern, Pinien, Zypressen und einem tausendjährigen Olivenbaum auch eine reiche Auswahl an mediterranen Blumen; die **Parks** sind Meisterwerke der Gartenbaukunst. Mehr als 600 Pflan-

» Karte S. 60, Info S. 90-93

zenarten sollen allein auf der Hauptinsel vertreten sein.

An der Bucht **Zaliv Verige** sind die Reste einer ***Römischen Luxusvilla** aus dem 1. Jh. n. Chr. erhalten. Eine Anlegestelle und die vielen Gebäudefundamente, die terrassenförmig zur Küste hin angeordnet sind, lassen vermuten, dass es sich um eine Kaiservilla handelt. Es gibt einen Sakralbezirk mit drei Tempeln, Priesterwohnungen und Lager für Votivgaben. Die Fußböden innerhalb der Villa weisen Reste mehrfarbiger Mosaike auf, an den Wänden erkennt man Spuren von Fresken.

An der gegenüberliegenden Bucht erhebt sich ein ***Byzantinisches Castrum**, eine an der kroatischen Küste einzigartige Anlage: Innerhalb der Mauern befand sich eine kleine Stadt, die bis ins 16. Jh. bewohnt war – deshalb sind die Überreste so gut erhalten.

An der **Gospa-Bucht** sind die Reste einer frühchristlichen dreischiffigen **Basilika** zu sehen. Benediktiner errichteten neben der Basilika eine Abtei, die sie nach einer Pestseuche im 14. Jh. wieder verließen. Der mittelalterliche, viereckige **Wehrturm** (12. Jh.) liegt innerhalb der kleinen Siedlung **Brijuni** am Hafen. Daneben steht ein venezianisches **Kastell** aus dem 16. Jh., das seit seinem Wiederaufbau 1955 ein **Museum** sowie eine kleine gotische **Kapelle** beherbergt. Das Museum informiert über Archäologie und Naturgeschichte, insbesondere aber über die jüngere Geschichte der Inseln, unter dem Titel: „Tito auf den Brijuni-Inseln“. Unter anderem wird an das Jahr 1956 erinnert, in dem die Staatsmänner Tito, Nasser und Nehru am 19. Juli die *Brijuni-Deklaration* unterzeichneten, das Gründungsdokument der Liga der Blockfreien Staaten. Auf der Insel verstreut findet man **Skulpturen** von Künstlern aus dem Balkanraum.

Rechts: Im Sommer wird die Römische Arena zur Kulisse für Konzerte und Theaterstücke.

*PULA

Fast exakt an der Südspitze der Halbinsel liegt ***Pula** ㉓, mit rund 65 000 Einwohnern die größte Stadt Istriens. Sie erstreckt sich am südöstlichen Rand einer fast 5 km langen und 2 km breiten Bucht, die mit ihrer 700 m breiten Mündung auch großen Schiffen Zufahrt zum gut geschützten Hafen bietet. Die umliegenden Hügel halten die auch im Winter heftigen Sturmböen ab. Diese Lage bot ideale Voraussetzungen für die Entwicklung Pulas zum wirtschaftlichen, politischen und kulturellen Zentrum Nordwestkroatiens.

Pula gilt als älteste Stadt der ostadriatischen Küste, erstmals erwähnt in Verbindung mit einer Stadtgründung durch die Argonauten. Der Name Pula, was Burg oder Quelle bedeutet, stammt aus vorrömischer Zeit.

Archäologische Funde belegen für den Ort eine 3000-jährige Geschichte – mit durchgehender Besiedelung.

In Pula selbst fand man am Kastell Reste einer Zyklopenmauer, eines Mauerwerks mit sehr großen, unregelmäßigen Steinquadern. Im 1. Jh. v. Chr. wurde die Stadt durch die Histrer befestigt. Deren Hauptstadt war allerdings das nahe gelegene Nesactium. Pula diente nur als Hafen. Die Bedeutung der Stadt wuchs in der zweiten Hälfte des 1. Jh. n. Chr., als die Römer endgültig die Histrer und die Halbinsel unterwerfen konnten.

Um 40 v. Chr. erhielt Pula den Rang einer Kolonie. Unter Kaiser Augustus wurden die Schäden, die die Stadt während der Kriege erlitten hatte, ausgebessert. Als Verwaltungssitz erhielt der Ort so repräsentative Bauten wie Triumphbögen, Theater, Arena, Forum und Tempel.

Da Pula als wichtiges Kultur- und Handelszentrum auf dem Weg zwischen Aquileia und dem vorderen Orient lag, verbreitete sich das Christentum in Istrien recht früh – viele der ersten Christen fanden allerdings in der

 » Karte S. 60, Info S. 90-93

Foto: Gerhard Bersick

römischen Arena den Tod. 425 wurde Pula Sitz eines Bischofs. An der Stelle der heutigen Kathedrale hatte sich schon zuvor eine Hallenkirche aus dem 4. Jh. befunden.

Während der Völkerwanderung und wegen der Überfälle der Goten verstärkte man die Befestigungsanlagen, wobei als Baumaterial die Steinblöcke vom Theater und der Arena benutzt wurden. Wieder aufwärts ging es im 6. Jh., als Pula in den Machtbereich von Konstantinopel kam. Nun wurden vor allem Kirchen und Klöster gebaut. Der Einfluss der Kirche auf das Schicksal der Stadt sollte bis ins 13. Jh. andauern.

1331 stellte sich Pula gezwungenermaßen unter den Schutz von Venedig. Gehemmt wurde die Entwicklung Pulas jedoch durch Kriege und Seuchen – und zwar so stark, dass die Stadt im 16. Jh. nur noch 1000 Einwohner zählte. Da die antiken Monumentalbauten keinen Zweck mehr erfüllten, verfielen sie zusehends. Was nicht zerfiel, wurde nach Venedig geschafft. Pula verkam fast zu einer Geisterstadt; 1631 gab es gerade noch 300 Einwohner.

Als Istrien beim Wiener Kongress Österreich zugesprochen wurde, änderte sich für Pula vorerst wenig. Erst 1848 kam Pula in den strategischen Erwägungen des Kaiserreichs eine gewisse Bedeutung zu. Und kurz darauf, 1853, wurde es zum Hauptkriegshafen des Habsburger Reichs ernannt. Die Österreicher bauten nun eine völlig neue Stadt auf, allerdings nur, um ihre Bedürfnisse nach einem Marinestützpunkt zu erfüllen. Kein Wunder, dass die rasante Steigerung der Einwohnerzahlen (von 1126 im Jahr 1842 auf 40 000 am Ende des 19. Jh.) nicht von einer nennenswerten Bereicherung des sozialen und kulturellen Lebens begleitet war.

Gerade für die slawische Bevölkerung wirkte es sich negativ aus, dass eine selbständige Stadtkultur fehlte: Die Amtssprache war Deutsch, die Umgangssprache in den Betrieben und Werften Italienisch.

In den beiden Weltkriegen wurden Pula und sein U-Boot-tauglicher Hafen stark zerstört. Nach 1947 und nach der Eingliederung in den Staat Jugoslawien

Foto: Gerhard Bersick

begann der Wiederaufbau. Pula erblühte wieder als wirtschaftliches Zentrum und die Küstenregion wurde für den Tourismus erschlossen. Heute ist Pula das urbane und touristische Zentrum des kroatischen Istrien.

Stadtbummel in Pula

Die bedeutendsten Sehenswürdigkeiten stammen aus der römischen Epoche, wobei das **Amfiteatar ① (Arena) der stärkste Besuchermagnet ist. Das dreistöckige Amphitheater, unter Augustus errichtet und unter Vespasian erweitert, nimmt seiner Größe nach die sechste Stelle unter allen erhaltenen römischen Arenen ein. 23 000 Besucher konnten auf den Zuschauerrängen Platz nehmen, um dem Treiben in dem 133 x 105 Meter messenden Oval zu folgen. Die Außenwand mit zwei übereinander gestellten Arkadenreihen und einem dritten Obergeschoss mit rechteckigen Fenstern erreicht eine Höhe von 32,5 m. Der Außenring ist fast vollständig erhalten. Zwei Haupteingänge und vier Nebentore in den Türmen nahmen den Menschenstrom auf und leiteten ihn über Doppeltreppen zu den Rängen. Gänge aus dem Untergeschoss, in dem es Räume für die Technik, die Kämpfer und die wilden Tiere gab, münden in die Arena. Spiele fanden hier bis ins Jahr 404 statt, dann wurden Gladiatorenkämpfe verboten – und die Arena diente als Marktplatz. Die Venezianer nutzten sie später als Steinbruch. Sogar kompletter Abbau und Wiederaufbau in Venedig war diskutiert worden, doch diesen Plan lehnte der Senat in Venedig 1583 ab. Dem Senator Gabriele Emo, der maßgeblichen Einfluss auf diese Entscheidung hatte, widmete Pula eine Gedenktafel am nordwestlichen Turm.

Oben: Verschnaufpause beim Stadtbummel in Pula – der Platz der Republik (Trg Republike) war einst römisches Forum.

Heute dient die Arena unblutigen Spektakeln: In den Sommermonaten finden dort Opern- und Theateraufführungen, Klassik- und Popkonzerte sowie Open-Air-Kino im Rahmen des kroatischen und internationalen **Pula Filmfestivals** (http://pulafilm

» Stadtplan S. 77, Info S. 90-93

festival.hr) statt. In den Kellergewölben informiert eine Ausstellung über den Wein- und den Olivenanbau zur Zeit der Römer.

Folgt man der Küstenstraße Riva (vormals Maršala Tita obala), die sich um den Altstadtkern legt, erreicht man die *__Katedrala__ ② (Dom). Sie wurde im Jahr 1640 auf Resten mehrerer Vorläufer (die erste stammt aus dem 4. Jh.) errichtet. Von solchen Vorgängerbauten sind Fußbodenmosaiken aus dem 5./6. Jh. sowie ein römischer Sarkophag aus dem 3. Jh. erhalten geblieben. Der Campanile wurde aus Bruchstücken des Amphitheaters errichtet.

Ein Spaziergang an den Werften vorbei führt zum *__Trg Republike__ ③ (Platz der Republik), der in römischer Zeit das Forum war. Neben dem mit Wappensteinen und kleineren Skulpturen geschmückten **Gradska palača** (Rathaus) aus der Renaissance steht der noch gut erhaltene **Augustov hram** (Augustustempel). Der harmonische Bau öffnet sich mit seiner von sechs Säulen getragenen Vorhalle zum Platz. Die Wände sind aus regelmäßig behauenen Kalksteinblöcken konstruiert. Über den korinthischen Kapitellen befindet sich ein kunstvoll gestalteter Fries mit einer Weihinschrift, die mit Bronze eingelassen war. Unter den Byzantinern wurde dieser Tempel in eine Kirche umgewandelt. Das ehemalige Forum ist ein beliebter Treffpunkt der Jugend von Pula. Ältere und intellektuellere Semester lassen sich lieber auf einen Kaffee im **Kunst-Café Cvajner** nieder; in der Halle einer ehemaligen austro-ungarischen Bank schaffen Plüschmöbel und moderne Kunst eine anregende Atmosphäre.

Geht man die linke Seite der Flaciusova entlang, ist nach 200 m die **Kapela Sveti Marije Formoze** ④ erreicht. Das winzige byzantinische Kirchlein aus dem 6. Jh. gehörte zur Basilika St. Maria Formosa (del Canetto), die hier einst stand und ähnlich der Euphrasiana zu Poreč gestaltet war. Die schlichte Kapelle über dem Grundriss eines griechischen Kreuzes weist Reste eines Mosaiks und von Wandmalereien auf.

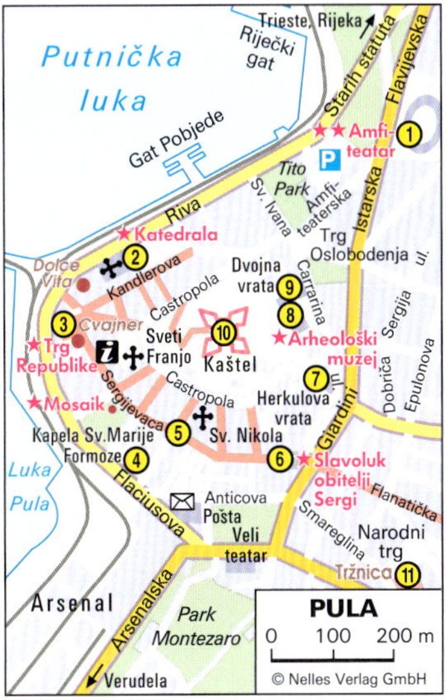

Am **Trg Republike** beginnt die **Sergijevaca** ⑤ (Fußgängerzone), die am anderen Ende vom Triumphbogen der Sergier markiert wird. Im Hinterhof des **Hauses Nr. 16** wurde 1959 ein großflächiges *__Mosaik__ aus dem 2. Jahrhundert entdeckt. Die Mitte der 40 Schmuckfelder nimmt die mythologische Darstellung der „Bestrafung der Dirke" ein, die umliegenden Felder sind mit geometrischen Mustern, Rosetten, Delfinen und Vögeln geschmückt.

Der *__Slavoluk obitelji Sergi__ ⑥ (Sergiusbogen) wurde zwischen 29 und 27 v. Chr. zu Ehren von Lepidus Sergius, Gaius Lucius Sergius und Gnaeus Sergius errichtet. Alle drei hatten hohe militärische und zivile Ämter inne. Deshalb handelt es sich beim Sergiusbogen nicht um einen Triumphbogen (dieses Privileg war den Kaisern vorbehalten), sondern um einen überdimensionierten Gedenkstein. Der Bogen ist nur auf der der Stadt zugewandten

Foto: Thomas Stankiewicz

Seite geschmückt. Schlanke Säulen mit korinthischen Kapitellen bilden den Rahmen für den kassettierten Rundbogen, über den ein kleiner Fries mit geflügelten und bekränzten Viktorien, Putten und einem Zweispänner sowie Waffendarstellungen läuft.

Im **Café** neben dem Bogen erinnert eine moderne **Skulptur von James Joyce**, der am Kaffeetisch sitzend dargestellt ist, dass der Schriftsteller 1904-5 in Pula lebte und unterrichtete.

Hält man sich vom Sergiusbogen, auch *Porta Aurea* genannt, nach links, streift man das **Herkulova vrata** ⑦ (Herkulestor, *Porta Herculea*), das auf das 1. Jh. zurückgeht, und stößt auf das ***Arheološki muzej** ⑧ (Archäologische Museum). Es birgt zahlreiche antike Funde Istriens und des Kvarners. Gleich beim Museum trifft man auf das **Dvojna vrata** ⑨ (Zwillingstor, *Porta Gemina*, 2. Jh.) und auf Reste der alten Stadtmauer.

Hinter dem Museum führt ein Weg hinauf zum **Kaštel** ⑩. Hier oben hatte die erste illyrische Siedlung gelegen, ihr folgten ein römisches Kapitol und dann eine mittelalterliche Festung. Der heutige Bau geht auf die Venezianer und das 16. Jh. zurück. Vom Burgberg bietet sich ein hervorragender Rundblick. Auch das Amphitheater lässt sich in seiner ganzen Monumentalität am besten von hier aus betrachten.

Am Südrand des historischen Zentrums, am Platz **Narodni trg** ⑪, werden unter dem Glasdach der **Markthalle** (*Tržnica*) wie auch an den Ständen rundherum täglich bis Mittag Lebensmittel der Region und Souvenirs feilgeboten – ein buntes Treiben.

Oben: Istrischer Schinken (pršut) und Hauswein – ein landestypischer Imbiss. Rechts: Die Fresken der Kirche St. Maria in Beram, 1474 von Vinzenz aus Kastav gemalt.

BADEN BEI PULA

Um **Verudela** ㉔ liegen am kliffartigen Zlatne stijene Pulas erste Badebuchten. Neben Campingplätzen gibt es zahlreiche Hotels, Privatpensionen und Ferienwohnungen. Die sehr gut

» Stadtplan S. 77, Karte S. 60, Info S. 90-93

ausgerüsteten, in geschützten Buchten liegenden Marinas von **Veruda** ㉕ und **Pomer** ㉖ bieten Segelfreunden gute Stützpunkte, von denen aus sich die vorgelagerten Inseln und auch die Inseln Cres und Lošinj gut ansteuern lassen.

Auf den beiden südlichsten Zipfeln Istriens befinden sich die Touristenzentren **Medulin** ㉗ und **Premantura** ㉘, die vielfältige Sport- und Freizeitangebote bereithalten. Premantura gilt als eines der besten Windsurfreviere Istriens. An den etlichen Kilometern Strand gibt es auch seichte Stellen, die besonders gerne von Familien mit Kindern frequentiert werden.

Von Autofahrern wird eine Eintrittsgebühr erhoben für den Naturpark ***Rt Kamenjak** ㉙, die spektakuläre Südspitze Istriens. **Felsstrände** und winzige Kiesbuchten säumen das Naturschutzgebiet, an dessen Spitze die improvisierte *Safari-Bar* im Sommer Badende und Windsurfer mit Erfrischungen versorgt. Einen schönen **Kiesstrand** findet man auch am Camping-Komplex **Kažela** ㉚.

– AUSFLÜGE INS BINNENLAND –

PAZIN

Pazin ㉛ (50 km von Pula) stellt die geografische Mitte und das verwaltungstechnische Zentrum Istriens dar. Der Ort wurde zum erstenmal 983 in einer Urkunde Kaiser Ottos II. erwähnt, die Pazin als Besitz des Bistums Poreč bestätigte. Die strategische Bedeutung des Ortes bezeugt die Burg, von der aus die Verkehrswege ganz Istriens, die sich hier kreuzen, kontrolliert werden konnten.

Pazin (deutsch: Mitterburg) wuchs im Mittelalter zu einer bedeutenden Markgrafschaft heran, deren Feudalherren häufig wechselten. Meist kamen die Grafen aus dem Deutschen Reich und waren treue Gefolgsleute ihres Königs, wie es die Namen auf den Grab-

Foto: János Kalmár

platten an der Stirnwand des Kastells bezeugen: Eppenstein, Andechs, Wittelsbach, Görz. Im 16. Jh. unterstanden dem Fürsten schon 25 Gemeinden mit ihren dazugehörigen Ländereien. Den alten Glanz erreichte die Stadt nie wieder; heute ist Pazin eine kleine Industriesiedlung mit den meisten Schulen der Region.

Das ***Kaštel** über der 120 m tiefen Fojba-Schlucht stammt aus dem 9. Jahrhundert und ist Pazins ältester Bau. Seine heutige Gestalt erhielt es im 14. Jahrhundert. Die vier Flügel des Gebäudes umschließen einen großen Innenhof und eine zentrale Zisterne; der Burgeingang ist durch eine Zugbrücke gesichert. Das Kastell beherbergt das **Istarski etnografski muzej** (Istrische Ethnografische Museum), das die Entwicklung von Landwirtschaft und Handwerk dokumentiert. In einer anderen Abteilung gibt es eine Sammlung von Schmuck, Möbeln und Volkstrachten zu sehen.

Am Hauptplatz der Stadt erhebt sich die romanische **Pfarrkirche Sveti Nikola** aus dem 13. Jh. Im Innenraum sind

Foto: Hotel Kaštel, Motovun

von einem Künstler aus Tirol gefertigte Fresken aus dem 15. Jh. erhalten, die zu den Höhepunkten der istrischen mittelalterlichen Kunst zählen. Der Glockenturm wurde erst 1705 ergänzt.

*GRAČIŠĆE

Östlich von Pazin lohnt ein Stopp in dem romantischen Dorf ***Gračišće** ㉜, das im Mittelalter bessere Zeiten gesehen haben muss – davon zeugen der mächtige freistehende **Glockenturm** aus dem 13. Jh., eine Loggia und der **Salamon-Palast**, ein gotisches Herrenhaus von 1570. Vom Friedhof hinter der Kirche, in 450 m Höhe, bietet sich eine schöne **Aussicht** über das Hügelland. Mitte Juni wird das Patronatsfest des St. Vitus mit einem Volksfest gefeiert. Für das leibliche Wohl sorgt die urige **Konoba Marino** am Stadttor. Hier beginnt und endet die vierstündige **Simonsweg-Rundwanderung**.

Oben: Motovun, ein vielbesuchtes Bergstädtchen mit Burgmauer, gekrönt vom Hotel Kaštel (mit gutem Restaurant).

BERAM

5 km nordwestlich von Pazin thront **Beram** ㉝ in Schutzlage auf einer Anhöhe, wie alle alten Siedlungen dieser Gegend. Die kunsthistorische Hauptsehenswürdigkeit liegt 750 m nordöstlich des Orts: die kleine ****Sveta Marija na Škriljinah** (St. Maria auf den Steintafeln). Diese gotische Friedhofskapelle aus dem 15. Jh. wurde innen komplett mit **Fresken** ausgemalt. Im Zuge von Umbauten sind einige Fresken zerstört worden, dennoch gilt der erhalten gebliebene Zyklus als der vollständigste in ganz Istrien. Die Fresken schuf Meister Vinzenz aus Kastav 1474. In 46 Bildern erzählt er das Leben der Muttergottes und von Christus. An der Westwand sind Adam und Eva dargestellt, ein Glücksrad und ein **Totentanz**, der jenem in Hrastovlje (s. S. 48) ähnelt. An der Nordwand ist die Huldigung der Heiligen Drei Könige bemerkenswert. In der rustikalen *Konoba Vela Vrata* in Beram lässt sich die Kirchenbesichtigung mit leckeren, typisch istrischen Gerichten beschließen.

**MOTOVUN

Die landschaftlich sehr schöne Anfahrt nach **Motovun** ❸❹ führt durch Felder und Weinberge. Kurz bevor man Motovun erreicht, bietet sich ein idealer Blick auf den zauberhaft gelegenen Ort. Das malerische mittelalterliche Festungsstädtchen Motovun erhebt sich auf einem isolierten Bergkegel 277 Meter über NN. Schon die Illyrer hatten sich hier niedergelassen. Als der Ort 1278 unter venezianische Herrschaft kam, wurde er mit einer **Festungsmauer** umzogen, deren Krone heute als Spazierweg dient. Von hier oben bieten sich einzigartige ****Ausblicke**: An klaren Tagen soll man bis zum Učka-Massiv sehen können.

Als die Festung aus allen Nähten zu platzen drohte, wurden unterhalb des Stadtkerns an der südwestlichen Seite eine Vorstadt angelegt und ein **Stadttor** gebaut, in dem romanische und gotische Elemente zu finden sind. Das ältere und engere innere Tor, über dem unverkennbar der **Markuslöwe** prangt, führt zum Hauptplatz mit der alten Kirche **Sveti Stevan**; sie entstand nach Plänen des berühmten Andrea Palladio. Wie im ganzen Ort scheint auch auf der Uhr des dazugehörigen romanischen Campanile die Zeit stehen geblieben zu sein – und zwar um 13.24 Uhr: Das entspricht ungefähr dem Zeitpunkt, zu dem die Mittagsgäste des traumhaft gelegenen ***Hotel Kaštel** auf der historischen ***Piazza**, unter schattigen Bäumen, ihr Dessert einnehmen. Geht man am **Renaissance-Brunnen** rechts vorbei, gelangt man bald auf den an Aussichten reichen Wehrgang.

Auf der anderen Seite des Mirna-Tals ist der **Wald von Motovun** zu erkennen. Er hat in der Vergangenheit Venedig als Holzlieferant gedient. Die gefällten Baumstämme wurden zu Flößen zusammengebunden und auf der Mirna zur Küste gefahren. Dieser Wald unterscheidet sich von anderen Wäldern in Istrien und im Karstgebiet, da er über einen reichen Bestand an Stiel- und Sommereichen (*Quercus robur*) verfügt, die sonst eher am Alpenrand vorkommen. Dieses Holz war ideal für die Pfahlbauten Venedigs und den Schiffbau. Nur etwa 10 km^2 sind noch erhalten, wovon 2,8 km^2 unter besonderem Schutz stehen.

Die Wälder um Motovun sind außerdem bekannt wegen ihrer seltenen, kostbaren schwarzen und weißen **Trüffel** (*Tuber magnatum*); als „Trüffelschweine" dienen hier jedoch Hunde. Im Ort **Livade** unten im Mirna-Tal serviert das Restaurant **Zigante** das ganze Jahr über Trüffelgerichte; im Laden nebenan gibt's von der Knolle bis zum Öl alles vom Trüffel zu kaufen.

OPRTALJ

Etwas nördlich von Motovun, auf dem gegenüberliegenden Hang, breitet sich **Oprtalj** ❸❺ aus, ein Kleinod. Im Mittelalter war das Städtchen im Besitz verschiedener Feudalherren, bis es 1209 dem Bistum Aquileia zugesprochen wurde. Erst 1490 fiel Oprtalj an Venedig. Auch hier haben sich die **Stadtmauern** sehr gut erhalten. Am Eingang des Ortes empfängt die **Loggia** aus dem 17. Jh. die Besucher. Die verschlungenen Gassen, die Plätze und die überwölbten Durchgänge in ihrer konzentrischen Anordnung um den Hauptplatz lassen das Mittelalter wiederauferstehen. Die **Sveti Juraj** (Georgskirche) mit dem freistehenden Campanile dominiert den zentralen Platz. Im Kircheninneren sind wertvolle Altäre und Gemälde aus dem 16. und 17. Jh. – u. a. aus der Schule von Carpaccio – zu bewundern.

In der Umgebung des Ortes zeigen gleich vier kleine Kirchen schöne mittelalterliche **Fresken**. In der **Bruderschaftskirche Sveta Marija** unterhalb von Oprtalj malte Meister Clerigin aus Koper 1471 am Rundbogen und an der Südwand Szenen aus dem Marienleben – im Stil der Renaissance. In der **Sveti**

Foto: Thomas Stankiewicz

Leonard (Leonhardskirche) befindet sich eine Pala (Altartafel) von Žoržo Ventura aus Zadar (17. Jh.). In der Kirche **Sveti Rok** malte Antun von Padova, ein istrischer Meister des 16. Jh., zahlreiche Heiligenfiguren. In der einschiffigen, romanischen **Sveta Helena** (1 km südlich von Oprtalj auf dem Weg nach Motovun) war ebenfalls Clerigin aus Koper am Werk.

Nur 4,5 km entfernt in nordöstlicher Richtung liegt auf 472 m über dem Meer das Dorf **Zrenj** ㊱. Die Straße dorthin ist wenig befahren, sodass sich eine kleine Wanderung geradezu anbietet. Zrenj wird von manchen Forschern für das antike *Stridon* gehalten. In Stridon wurde der hl. Hieronymus (Sophromius Eusebius Hieronymus, um 347-420) geboren, Autor kirchlicher Schriften und Verfasser der so genannten *Vulgata*, der ersten lateinischen Bibel-Übersetzung.

Oben: In Grožnjan haben sich etliche Künstler niedergelassen und fast verfallene Häuser restauriert.

*GROŽNJAN

Westlich von Oprtalj thront auf einer 288 m hohen Bergkuppe der malerische, geschichtsträchtige Ort ***Grožnjan** ㊲. Er wurde im Jahr 1103 erstmals erwähnt und war – wie Oprtalj – lange Zeit Besitz des Patriarchen von Aquileia. Unter dem Zeichen des venezianischen Markuslöwen stieg die Stadt zum Verwaltungszentrum des westlichen Istrien auf, Wehrmauern und Türme wurden ausgebessert und erweitert; doch heute ist nur noch ein **Stadttor** erhalten. Hat man es durchquert, trifft man rechter Hand auf die **Loggia**, deren Obergeschoss als *Fontik* (Getreidespeicher) diente. Im Zentrum steht die Pfarrkirche **Sveti Vid i Modesti** (Vitus und Modestus) aus dem 18. Jh. Sie besitzt ein volkstümlich beeinflusstes Renaissance-Chorgestühl.

Doch sind es nicht allein die historischen Gebäude, die Grožnjan anziehend machen. Nein, es ist die besondere Stimmung, die der Ort ausstrahlt – junges Leben in altem Gemäuer: Im Sommer findet hier die *Jeunesse Musi-*

» Karte S. 60, Info S. 90-93

cale statt, mit Sommerkursen für junge Musiker, Konzerten und reichlich Straßenmusik. Viele Maler und Künstler haben sich im Ort niedergelassen, verfallene Häuser restauriert, Ateliers und Galerien eingerichtet.

An Tagen mit klarer Sicht reicht der Blick im Osten bis zum Učka, im Norden bis zu den Ausläufern der Julischen Alpen; und im Westen sieht man die Küste und oft herrliche Sonnenuntergänge. Der Ort wartet mit dem Restaurant Konoba Bastia und dem Café Vero auf, von dessen Terrasse man einen fantastischen Blick auf das grüne Istrien hat.

Von Grožnjan aus kann man sehr gut auf den Bauernwegen wandern. Es gibt sogar einige vom Fremdenverkehrsamt mit roten Dreiecken gekennzeichnete Routen. Ebenfalls in Schutzlage auf einem Hügel erbaut, präsentiert sich – jenseits der Mirna – das typisch istrische Dorf **Vižinada** ㊳.

ZWISCHEN PAZIN UND ROVINJ

Südwestlich von Pazin, in Richtung Rovinj, ist nach ca. 11 km die Siedlung **Sveti Petar u šumi** ㊴ (St. Peter im Walde) erreicht. Hier war bereits im 13. Jh. ein Benediktinerkloster erbaut worden. Die im 15. Jh. verlassene Anlage übernahmen dann die Paulaner (eigentlich Minoriten aus der Gemeinschaft der Franziskaner). Das **Samostan** (Kloster) wurde bis ins 18. Jh. hinein erweitert und die **Klosterkirche** Peter und Paul erhielt im 18. Jh. Ausschmückungen im Rokoko-Stil von höchster Güte.

Von Kanfanar lohnt ein Abstecher zur ***Geisterstadt Dvigrad** ㊵ (italienisch: *Duecastelli*). Der Name deutet an, dass der Ort aus zwei Burgen bzw. zwei Siedlungen bestand. 1631 zwang die Pest die Bewohner, den Ort aufzugeben und sich anderswo anzusiedeln. Niemand kehrte je zurück, Dvigrad verfiel. Im pittoresken Komplex sind Verteidigungswälle mit Resten von Wehrtürmen und Häuserruinen zu sehen.

Ein weiterer Abstecher führt über Kanfanar nach **Svetvinčenat** ㊶. Dort sind das **Kaštel Grimani** aus dem 16 Jh. und die Fresken in der Kirche **Sveti Vincent** sehenswert.

ROČ

Eine gut ausgebaute Straße führt entlang dem bis über 1000 m hohen Ćićarija-Massiv und erreicht über eine kleine und überraschend auftauchende Ausfahrt **Roč** ㊷. Der Ort wurde zum ersten Mal in einer Urkunde von Heinrich IV. erwähnt, der ihn im Jahr 1064 dem Markgrafen Odolricus schenkte. Da Roč strategisch wichtig war, wurde es wie alle Ortschaften in der Gegend, ungeachtet seiner Größe, mit einem Mauerring umgeben. Von den Befestigungen ist nur das massive **Stadttor** mit einer Wachstube im Obergeschoss erhalten.

Die einstige Bedeutung Ročs als wirtschaftliches, kulturelles und religiöses Zentrum bezeugen die Pfarrkirche des hl. Bartholomäus und die ihr angebaute kleine Kirche **Sveti Antun**, die das Ortszentrum dominieren. Die außen recht schmucklose Pfarrkirche wurde im Inneren reich im barocken Stil ausgeschmückt. In der rechts vom Haupteingang stehenden Antonkirche, einem Anbau, der gerne mit einem Seitenschiff verwechselt wird, befindet sich an der rechten Wand das in Votivkreuze eingeritzte glagolitische Abecedarium aus dem 12. Jh. Roč war ein Zentrum der Glagolica. Viele Codices, Schriften und Evangeliare, die sich heute in Zagreb, Wien und Kopenhagen befinden, stammen von hier.

Aus dem späten Mittelalter stammt die Kirche **Sv. Bartola** mit ihrem markanten Glockenturm. Im Gebäude links von der Bartholomäus-Kirche, bei der Haushälterin des Pfarrers, erhält man ggf. den Schlüssel zu Sv. Antun. Sie verwaltet auch den Schlüssel für das

» Karte S. 60, Info S. 90-93

Kirchlein **Sveti Roč** in der Nähe des Stadttores. Im Inneren sind Freskenreste aus dem 14. Jh. und glagolitische Einritzungen zu sehen.

VON ROČ NACH HUM: DIE *GLAGOLITERALLEE

Um an die Tradition des kroatischen Schrifttums zu erinnern, mit der Roč und die Region intensiv verbunden sind, wurde entlang der Straße nach Hum die ***Aleja glagoljaša** ㊸, die Glagoliterallee errichtet.

Die Denkmalszone der Allee erstreckt sich über 7 km. Mit ihrer Ausgestaltung wurde 1977 begonnen. Sinn und Zweck war die Fortführung der literarisch-kulturellen Tradition der kroatischen Bevölkerung. Elf Denkmäler symbolisieren wichtige Ereignisse oder Personen, die im Zusammenhang mit der für das kroatische Nationalgefühl wichtigen Glagolica-Schrift stehen.

In Roč, gleich bei der Abzweigung nach Hum, sieht man am Wegesrand die **Säule des Tschakawischen Parlaments** (*Stup Čakavskog sabora*), die auf die Selbstverwaltung der Kroaten und den čakavischen Dialekt anspielt. Dargestellt ist der Buchstabe „S" der Glagolica. S steht für „Slovo", was Verstand oder Vernunft bedeutet.

Das zweite Monument zeigt **Kyrills und Methods Tisch** (*Stol Ćirila i Metoda*). Die beiden Bäume versinnbildlichen die Slawen-Missionare Kyrill und Method.

Monument Nummer 3, der **Sitz des Kliment von Ohrid** (*Sijelo Klimenta Ohridskog*), erinnert an einen Schüler und Begleiter der beiden Missionare. Kliment gründete am Ohrider See in Mazedonien die erste slawische Universität.

Das vierte Monument ist das **Glagolitische Lapidarium** (*Glagolitiski lapidarij*) vor der Kirche des Dorfes Brnobići: In Stein gemeißelte, glagolitische Inschriften aus allen Landesteilen des ehemaligen Jugoslawien wurden hier in eine Mauer eingelassen.

Denkmal 5 weist auf das **Kroatische Lucidar** (*Hrvatski Lucidar*) hin: Im Mittelalter wurde eine kroatische Enzyklopädie verfasst, in der die Autoren den Učka als ihren Olymp ansahen. Deshalb ist das Mauerfragment dem Učka-Massiv nachempfunden.

Monument 6 ist der **Aussichtspunkt des Grgur Ninski** (*Vidikovac Grgura Ninskog*): Der Steinblock mit dem glagolitischen, lateinischen und kyrillischen Alphabet soll an Bischof Grgur erinnern, der im 10. Jh. für seine nationale Kirchenorganisation gegen Rom kämpfte.

Monument 7 stellt die **istrische Grenzbegehungsurkunde** (*Istarski razvod*) dar, Monument 8 ist die **Wand der kroatischen Protestanten und Häretiker** (*Zid hrvatski protestanata i heretika*).

Der **Rastplatz des Diakon Georg** (*Odmaralište Žakna Jurja*) ist das Monument 9: Ein riesiger Steinblock symbolisiert das erste glagolitische *Missale* (Messbuch) aus dem Jahr 1483.

Das Monument 10 erinnert an **Widerstand und Freiheit** (*Spomenik odpora i slobode*): Drei aufeinander gesetzte Steinquader am Ortseingang von Hum stellen die drei historischen Zeitalter, Altertum, Mittelalter und Neuzeit dar. Jeder der Steinblöcke ist mit entsprechenden Inschriften aus seiner Epoche versehen.

Das elfte Monument ist das **Stadttor** (*Gradska vrata*) **von Hum**: Die zwölf Medaillons auf den Türflügeln symbolisieren die Monate des Jahres mit den dazugehörenden Feldarbeiten oder häuslichen Tätigkeiten.

In ***Hum** ㊹, einer Stadt mit nur einem Dutzend intakter Häuser, endet die Allee. Der befestigte Ort, einst Grenzstation zwischen venezianischem und habsburgischem Territorium, liegt

Rechts: Hum ist Endpunkt der Glagoliterallee und seine Konoba ein beliebtes Ausflugsziel.

» Karte S. 60, Info S. 90-93

Foto: Zvonimir Orec (Dreamstime)

auf einer Hügelkuppe und war – wie Roč – ein glagolitisches Zentrum. Die Friedhofskirche **Sveti Jeronim** schmücken sehenswerte Fresken aus dem 12. Jh. und eine der ältesten glagolitischen Inschriften aus der zweiten Hälfte des 12. Jh. Der Innenraum der großen Pfarrkirche Sveti Jeronim (19. Jh.) ist, ebenfalls wie in Roč, reich ausgeschmückt. Dass hier der hl. Hieronymus so verehrt wird, liegt wohl daran, dass die Kroaten während der Verfolgung durch Rom ihre Schrift dadurch zu retten versuchten, dass sie ihre Erfindung dem hl. Hieronymus zusprachen, der ja von der Westkirche anerkannt wurde.

Die wenigen Einwohner Hums leben hauptsächlich von der Landwirtschaft. Das gemütliche Gasthaus *Humska konoba* mit seinen deftigen istrischen Spezialitäten ist auch bei Feinschmeckern beliebt und bietet sich für eine Pause an. Besonders zu empfehlen ist der Schinken (*pršut*), dazu ein Glas vom kräftigen Wein der Region. Groß gefeiert wird hier alljährlich im Juni – dann ist Bürgermeisterwahl.

DRAGUĆ

Das pittoreske Nest **Draguć** ㊺ liegt, wenn man man von Hum aus dorthin wandern würde, nur etwa 4 km entfernt. Mit dem Auto hingegen muss man recht umständlich zurück nach Roč und dann über Buzet oder über die neue Schnellstraße via Cerovlje fahren.

Das hübsche mittelalterliche Städtchen thront auf einem Bergrücken und seine Häuser drängen sich entlang der einzigen Straße, die zur Dorfkirche führt. Die Mauern des Ortes erinnern an die Zeit der Wehrbauern, die vom Kaiserreich gegen die marodierenden Osmanen und Uskoken angeheuert worden waren.

In der **Friedhofskirche** am Ortseingang findet man Fresken aus dem 13. und 14. Jh., die Votivkirche **Sveti Roč** (hl. Rochus) ist mit sehenswerten Wandmalereien des istrischen Meisters Anton von Padova (gemeint ist der Ort Kasčerg) versehen. Er hat die Kirche fast vollständig ausgeschmückt und Renaissance-Elemente mit Volkstümlichem verknüpft.

DAS UČKA-MASSIV

Auf dem Weg nach Opatija durchquert man das größte Gebirgsmassiv Istriens, den **Učka**, mit dem **Vojak** ㊻ als höchster Erhebung (1396 m). Nach Süden flacht das Gebirge langsam ab, bis es bei Plomin Meeresniveau erreicht. Nach Norden reicht das teilweise dicht bewaldete Učka-Massiv in die Gebirgskette der Ćićarija hinein. Bergwanderer finden von fast allen Ferienorten zwischen Opatija und Mošćenice aus markierte, steile Wege zum Vojak-Gipfel. Im Sommer nutzen ihn die Drachenflieger als Startrampe, im Winter ist auch Skifahren möglich.

Die Aussicht vom Vojak ist etwas Besonderes, denn an Tagen mit klarer Luft kann man nicht nur alle großen Inseln der Kvarner-Bucht, sondern auch die Julischen Alpen mit dem slowenischen Triglav-Massiv sehen.

– ISTRIENS OSTKÜSTE –

In der Region Pula finden sich viele antike Überbleibsel, selbst Odysseus hat sich der Sage nach hierher verirrt. In nordöstlicher Richtung erreicht man über **Valtura** das antike **Nesactium** ㊼, die bedeutendste archäologische Stätte neben Pula. Hier sind vorgeschichtliche, römische, frühmittelalterliche Funde gemacht worden. Der Ort war in vorrömischer Zeit bereits politisches und religiöses Zentrum der istrischen Illyrer, mit einem Kastell, das die Römer 177 v. Chr. eroberten. Als die Slawen und Awaren im 7. Jh. nach Istrien einfielen, zerstörten sie die Römerstadt. Gut zu erkennen sind aber noch die Reste der Thermen, eines Forums, die Grundmauern römischer Tempel und zweier frühchristlicher Basiliken (5. Jh.) und die Umfassungsmauerreste der illyrischen Burg.

Rechts: Mošćenička Draga, ein malerisches Fischerdorf mit Kieselstrand, liegt an der Kvarner-Bucht.

*LABIN UND RABAC

Die weitere Route in Richtung Opatija führt über Marčana in das alte Dorf **Barban** ㊽ (malerischer Platz mit Loggia und Uhrturm), wo seit 1696 im August ein traditioneller Lanzenreiterwettbewerb stattfindet.

Die Strecke verläuft anschließend bis ***Labin** ㊾ durch landwirtschaftlich intensiv genutztes Gebiet.

Das mittelalterliche Labin liegt auf einem Berg 320 Meter über NN. Zum Meer hin fällt das Gelände, dem Bach Rabac folgend, steil ab. Labin bestand schon in der Antike, die Illyrer hatten hier eine Fluchtburg errichtet und die Römer bauten den Ort unter dem Namen *Albona* weiter aus. Wie in Buzet haben sich auch in Labin die Slawen von 1420 an niedergelassen. Als Venedig die Macht übernahm, begann sich die Bevölkerung in zwei Lager zu spalten – in die romanische und die slawische Volksgruppe. Dies entsprach auch der sozialen Stellung: Patrizier und Volk.

Die engen Gassen der hübschen **Altstadt** von Labin laden zum Bummeln ein. Schöne alte Paläste und Stadttore bieten herrliche Fotomotive. Im **Narodni muzej** (Volksmuseum), eingerichtet im barocken Palazzo Battiola-Lazzarini, werden archäologische Funde aus illyrischer und römischer Zeit sowie eine Ausstellung über die Arbeit in den Kohleminen gezeigt. Von besonderem Interesse ist die Matthias Flacius Illyricus Gedächtnissammlung, die sich im Geburtshaus des **Matija Vlačič**, des berühmtesten Sohnes der Stadt, befindet. Er lehrte an vielen Universitäten als Professor der Theologie und war ein bedeutender Mitarbeiter Luthers.

An der nahen Küste lockt das ehemalige Fischerdorf **Rabac** ㊿, das zu einem quirligen Touristenzentrum mit Hotels und großem Campingplatz ausgebaut wurde. Die Bucht bietet guten Schutz gegen die gefürchtete Bora, die ab und zu über die Kvarner-Bucht fegt.

» Karte S. 60, Info S. 90-93

Foto: Thomas Stankiewicz

Kiesstrände und zahlreiche idyllische Felsbuchten laden rund um Rabac zum Sprung ins Meer. Beliebt ist der breite **Kiesstrand Maslinica**. Das klare Wasser ist ein herrliches Tauchrevier; Exkursionen veranstaltet die Tauchschule *Marina*. Rabac-Urlauber nutzen gerne einen alten Saumpfad, auf dem man in einer Stunde ins mittelalterliche Labin wandern kann.

DIE KÜSTENSTRASSE VON LABIN NACH OPATIJA

Fährt man auf der E 751 von Labin Richtung Norden, bietet sich beim Dorf Vozilići für geografisch Interessierte ein kurzer Abstecher zum **Čepićko polje** 51 an. Ein Polje ist eine ovale Senke im Karst, die hier wie die dinarische Faltung von Nordwesten nach Südosten verläuft. Eingeschwemmter fruchtbarer Lehm dichtet den durch Erosion zur Karstwanne umgebildeten Talboden wasserundurchlässig ab und bildet so eine ideale Grundlage für den Ackerbau im ansonsten recht kargen Hügelland.

Einen zwiespältigen Eindruck hinterlässt der Blick auf den **Plominski zaljev** (Plomin-Fjord): Zur Meerseite hin erscheint er als landschaftliche Idylle, betont durch die mittelalterliche Wehrdorf-Silhouette von **Plomin** 52, doch zurückblickend stört auf der Binnenseite der 340 Meter hohe **Schornstein** eines Steinkohlekraftwerks.

Am **Kap Mašnjak** 53 erblickt man zum ersten Mal die grüne Kvarner-Insel Cres. Eine Stichstraße führt bald darauf hinunter zu der kleinen Hafenbucht **Brestova** 54, von der **Fähren** in einer halben Stunde zur ***Insel Cres** übersetzen (s. S. 110).

Weiter auf der kurvenreichen Küstenstraße (Vorsicht bei Nässe!) in Richtung Opatija, bieten sich bei **Brseć** 55 wieder schöne Ausblicke auf die Kvarner-Bucht. Vor allem Rad- und Krad-Fahrern eröffnet ein parallel zur Fernverkehrsstraße in etwas größerer Höhe verlaufendes Bergsträßchen (entlang der Ostflanke des Učka-Massivs via Martina und Jelena) neue Perspektiven. In 173 m Höhe – und so einst besser vor Piraten geschützt – thront

das historische Städtchen ★**Mošćenice** ➏, das nicht nur ein schönes Kvarner-Panorama bietet, sondern auch ein **Etnografski muzej** (Volkskundemuseum), dessen Stolz eine jahrhundertealte Ölpresse ist. **Mošćenička Draga** ➐ ist ein malerisches Fischerdorf mit einem einladenden Kieselstrand, Campingplatz, Hotels und dem traditionsreichen Fischlokal Benito.

In **Medveja** ➑ lohnt ein Stopp wegen des schönen Kieselstrandes, der von Schatten spendenden Pinien flankiert wird. Im Sommer beginnt hier bereits der Parkplatzmangel, der sich bis Opatija nur noch verschärft.

★LOVRAN UND ★★OPATIJA

Neben Opatija ist ★**Lovran** ➒ der bekannteste Urlaubsort an der Kvarner-Riviera. Sein Name leitet sich von den Lorbeerbäumen (*Laurus*) her. Beide Orte sind fast zusammengewachsen; gemeinsam sind ihnen die noblen Herbergen und Villen, die üppige Vegetation mit Zypressen, Palmen und blühenden Hecken und Gärten, die besonders im Frühjahr und Herbst mit duftender Farbenpracht die Sinne betören. Ende Oktober wird die *Marunada*, das zweiwöchige Kastanienfest, gefeiert.

Oben: Opatija heute – die historistische Villa Neptun von 1876 ist zu einem Wellness-Hotel geworden (Miramar).

★★**Opatija** ➓ (13 000 Einwohner) ist das Zentrum der so genannten „k. u. k.-Riviera" an der Kvarner-Bucht, gesegnet mit einem im Winter ebenso wie im Sommer angenehmen Klima.

Im 11. Jh. wurde hier eine Benediktinerabtei (Sv. Jakov) gegründet, die dem Ort seinen italienischen Namen gab: *Abbazia*, Kloster. Die touristische Entwicklung begann 1844 mit dem Bau der ★**Villa Angiolina** ① im gleichnamigen Park. Der Italiener Iginio Scarpa aus Rijeka errichtete sie als Sommerhaus. Um die Villa herum ließ er einen **Park** ② anlegen, für den ihm Seeleute aus der ganzen Welt exotische Gewächse mitbrachten. In der Villa dokumentiert ein **Museum** die Geschichte des Tourismus in Kroatien (Eintritt frei): Bald reisten österreichische Adlige an, und

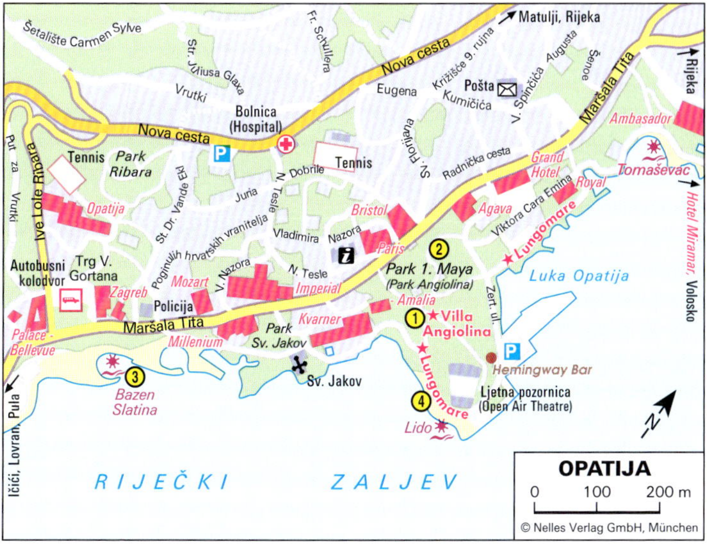

aus dem kleinen Fischerort wurde ein beliebter Winter- und heilklimatischer Kurort; die Entwicklung Opatijas zum noblen Domizil mit repräsentativen Bauten wie der *Villa Neptun* (heute Hotel Miramar) nahm ihren Lauf.

Den entscheidenden Schub erhielt Opatija, als die Wiener Südbahn 1873 Gleise bis Rijeka legte. Der Geschäftsführer der Gesellschaft kaufte Weingärten am Meer und baute 1883 das erste Spitzenhotel, das *Quarnero* (Kvarner). Es folgten weitere Nobelhäuser wie das *Kronprinzessin Stephanie* (heute Imperial), das *Hotel Quisissana* (heute Opatija); Parks, Uferpromenaden und Badeanstalten entstanden. Mitglieder der kaiserlichen Familie, der Adel und Künstler besuchten Opatija, ebenso der europäische Großadel und viele Künstler. Die geschmackvoll renovierten Villen und Hotels der Belle Époque, die an den Hängen bis hinunter zum Meer stehen, machen heute den Reiz des Ortes aus, der auch viele Jachtkapitäne und Segler anzieht.

Baden kann man im **Strandbad Slatina** ③, mit betonierten Liegeflächen, Sonnenschirm- und Liegestuhlverleih und zwei Meeresschwimmbecken oder im exklusiveren **Riviera** (entlang des Lungomare nach Osten), wo mit aufgeschüttetem Sand, gepolsterten Liegen und Chill-Out-Musik von der Strandbar Südseegefühle aufkommen. Entlang des Lungomare trifft man immer wieder auf hübsche kleine Felsbuchten.

Das touristische Angebot lässt keine Wünsche offen – mit Live-Musik von Pop bis Klassik, In-Diskos und einem Spielkasino im Hotel Adriatic. Auf dem berühmten ***Lungomare** ④ (**Franz-Josef-Promenade**), der 12 km langen Strandpromenade, kann man am Meer, vorbei an der Marina von **Ičići** ❻❶ und dem Kieselstrand von **Ika** ❻❷, bis nach Lovran bummeln.

Im Osten endet der Lungomare im romantischen Fischerort ***Volosko** ❻❸. Restaurants und Bars machen sich den Platz um das kleine Hafenbecken streitig, in den schmalen Gassen dahinter verbergen sich lauschige Konobas. Hier und nicht in Opatija finden sich die besten Lokale, so die Restaurants **Le Mandrać** und **Plavi Podrum**.

WESTKÜSTE

BUJE (☎ 052)

TZG Buje, Ilstarska 2, Tel. 773353 od. 772122, www.coloursofistria.com.

Pod Voltom, Konoba mit guter istrischer Küche und Terrasse mit Aussicht, Babić bb, Tel. 772232.

Etnografski muzej, im Sommer Mo-Sa 9-13 u. 17-21 Uhr, Trg Josipa Broza Tita 6, Tel. 772023.

UMAG (☎ 052)

Turistička zajednica, Trgovačka 6, Tel. 741363, www.coloursofistria.com.

Allegro, eines der besten Fischlokale Istriens, im Hotel Kristal, Tel. 700027.
Konoba Buščina, deftige istrische Kost auf dem Land in Buščina, 5 km östlich von Umag Richtung Plovanija, Tel. 732088, Di Ruhetag.

Umag ist *das* **Tenniszentrum** Istriens.

NOVIGRAD (☎ 052)

TZ Novigrad-Cittanova, Mandrač 29a, Tel. 757075, www.coloursofistria.com.

Sergio, delikate Küche, herrliche Terrasse, an der Straße nach Dajala, Saini 2, Tel. 757714, www.hotelmakin.hr.
Damir e Ornela, winziges, bei Feinschmeckern begehrtes Lokal in der Altstadt, mit Sushi und Sashimi, Ul. Zidine, Tel. 758134.
Pepenero, das Gourmetlokal serviert u.a. mit Brasse gefüllte Ravioli auf Trüffelcreme, Porporela 66, Tel. 726272, http://pepenero.hr.

Vitriol, romantische Terrasse mit herrlichen Sonnenuntergängen und bestens gemixten Drinks. Ribarnička 6, Tel. 052 75 82 70, www.vitriol.hr.

Jama Baredine, siehe Poreč.
Muzej Lapidarium, Juni-Sept. Di-So 10-13 u. 18-22, Okt.-Mai 10-13 u. 17-20 Uhr, Veliki trg 8a, Tel. 726582, www.muzej-lapidarij.hr.

MARINA: **Marina Nautica**, neue Marina mit 225 Liegeplätzen, Sv. Antona 14, Tel. 600480, www.nauticahotels.com.

POREČ (☎ 052)

Turistička zajednica, Zagrebačka 9, Tel. 451293, Fax 451665, www.to-porec.com.

Restaurant Istra, Fischspezialitäten, B. Milanoviča 30, Tel. 434636.
Peterokutna kula, romantisch speisen im ehemaligen Wehrturm, Nikole Tesle 21, Tel. 451378.
Dvi Murve, das Restaurant ist berühmt für das Carpaccio vom Wolfsbarsch, aber auch Fleischgerichte schmecken gut, Grožnjaska 17, Tel. 434115, www.dvimurve.hr.

Euphrasius-Basilika, April-Okt. 9.30-17, Juli/Aug. 9-18 Uhr, im Sommer abends stimmungsvolle Klassikkonzerte (Termine bei der TZ, s. o.).
Zavičajni muzej Poreštine, Decumanus 9, www.muzejporec.hr, Mo-Fr 8-16 Uhr.

Wanderwege mäandern entlang der buchtenreichen Küste. Der „Adrenalinpark" an der Plava Laguna bietet Sport und Spannung für größere Kinder und Erwachsene.

Wasserski-Lift, ein feuchter Spaß für Wasserskifahrer und Wakeboarder, Galeb, Zelena Laguna.
Jama Baredine, Abstieg in die faszinierende Karstunterwelt: April/Okt. 10-16, Mai/Juni/Sept. 10-17, Juli/Aug. 9.30-18 Uhr, Geführte Höhlentour: Erw. 60 Kn, Kinder 35 Kn, Nova Vas bei Poreč, www.baredine.com.

SCHIFFSAUSFLÜGE: Von Poreč und Rovinj werden längere Ausflüge mit Tragflügelbooten nach **Venedig** angeboten. Ebenso gibt es Trips nach **Pula** und zu den **Brijuni-Inseln**.
ERLEBNISPARK: Der **Adrenalinpark** mit Hochseilgarten bietet Sport und Spannung für größere Kinder und Erwachsene, an der Plava Laguna, Juni-Aug. 17-23 Uhr, Ive Andriča 56, www.akros.si.

Die Jugend vergnügt sich in der Großdisko **Byblos** (Zelena Laguna 1, www.byblos.hr) oder in der Kultbar **Saint & Sinner** (Obala M. Tita, 12, www.saint-sinner.net).
Jazz-Club Lapidarij, im Innenhof des Museums Zavičajni muzej.

Von Mitte Juli bis Mitte Sept. findet in Poreč ein großes **Sommerfestival** mit Konzerten von Klassik über Jazz bis Rock, mit Theater und Folklore und vielen weiteren Kulturveranstaltunge statt.

VRSAR (☎ 052)

TZO Vrsar, Rade Končar 46, Tel. 441746, www.infovrsar.com.

Konoba Petra, gemütliche Konoba mit ausgefalleneren Gerichten, so gibt es hier Polenta als Beilage. Kapetanova. Stancija 3, Tel. 442366.
Trošt, Fisch und Fleisch aus der *peka,* in der die Zutaten schonend gegart werden, Obala M. Tita, Tel. 445197.
Restaurant Limfjord, köstliche Fisch- und Muschelgerichte, Limski fjord, Tel. 448222.

MARINA: In der **Bucht** stehen 180 Liegeplätze zur Verfügung; Bootsverleih. Viele Hotels bieten Wasserski an und verleihen Windsurfbretter.

Eine leichte, ca. 4-stündige Wanderung bzw. Mountainbike-Tour führt vom Lim-Fjord nach Dvigrad.

ROVINJ (☎ 052)

Turistička zajednica, Obala Pina Budicina, Tel. 811566, Fax 816007, www.tzgrovinj.hr.
Veli Jože, uriges Hafenlokal, besonders die Drinks sind hier sehr gut, Svetog Križa 8, Tel. 816337.
Monte, delikate Fisch- und Fleischküche mit italienischem Touch, Montalbano 75, Tel. 830203.
Giannino, romantisch zwischen Altstadthäusern gelegen, sehr gute istrische Küche, Augusta Ferri 38, Tel. 813402.
Angelo d'Oro, kleines, feines Gourmet-Hotelrestaurant unter österreichischer Leitung in ehemaligem Bischofspalast in der Altstadt, stiller Innenhof-Garten, bestens sortierte Vinothek, Via Svalba, Tel. 840502.

Heimatmuseum, Sommer Mo-Fr 10-14, 18-22, Sa/So 10-14, 19-22, Winter Di-Sa 10-13 Uhr, Trg maršala Tita 11.
Eko-muzej o batani, März-Sept. 10-14, 18-23, Okt.-Dez. Di-So 10-13, 16-18 Uhr, Ob. Pino Budičin, Tel. 812593, www.batana.org.

Valentino, Cocktail-Bar mit Sesseln und Sitzkissen direkt am Meer zwischen den Altstadt-Felsen, ideal für einen „Sundowner", gehobenes Preisniveau, S. Croce 28, Tel. 830683, www.valentino-rovinj.com.
Monvi Center, die Diskothek an der Küste, im Sommer Programm bis in den frühen Morgen mit DJs, Live-Bands und über 100 verschiedenen Cocktails, Monte Mulini, Tel. 545117, www.monvicenter.com.

Baccus, in der charmanten Bar gibt's Olivenöl, Wein und Schnäpse von heimischen Erzeugern zu kaufen, Karera 5, Tel. 812154.

Freeclimber finden an den Felswänden am Zlatni rt anspruchsvolle Kletterstrecken.

MARINA: **Rovinij**, Tel. 813133.

PULA UND UMGEBUNG

PULA (☎ 052)

Info-Point, Forum 3, Tel. 219197, Fax 211 855, www.pulainfo.hr

Vela Nera, Delikatessen und Spitzenweine, am Jachthafen Veruda, Tel. 219209.
Fantasia, exzellente Fischküche an der Marina, Palisina 29, Tel. 506306.
Dolce Vita, in modernem und sehr schicken Ambiente kommen viel gelobte Fischgerichte und istrische Spezialitäten auf den Tisch, Riva 2, Tel. 219229.
Kunst-Café Cvajner, entspanntes Café mit WLAN, Forum 2, Tel. 216502.

Amphitheater, Nov.-März 9-17, April 8-20, Mai, Sept., 8-21, Juni 8-21.30, Juli, Aug. 8-24 Uhr.
Arheološki muzej Istre (Archäolog. Museum), Carrarina ul. 3, voraussichtlich bis 2015 wegen Umbau geschlossen, Tel. 351300, www.ami-pula.hr.

Club Uljanik, ein Dauerbrenner seit 30 Jahren, Do-Sa mit wechselnden Musikstilen und DJs, Dobrlina 2, www.clubuljanik.hr.
Aruba Club, moderner Tanztempel mit toller Lightshow und Piratenrestaurant, Šijanska cesta 1A, www.arubaclub-pula.com.

MARINA: **ACI Pula**, südöstlich der Stadt in Pomer, Tel. 219142, www.aci-club.hr.
Marina Bunarina, südlich der Stadt, Tel. 223001, www.bunarina.hr.
Marina Veruda, Pješćana uvala, Tel. 211033, www.marina-veruda.hr.
FAHRRAD: Markierte Fahrradtouren führen von Pula auf die Halbinsel Kamenjak bis Premantura.

INNERES ISTRIEN (☎ 052)

TZ Pazin, ul. Franine i Jurine 14, Tel. 622460, www.tzpazin.hr.
TZ Grožnjan, U. Gorjana 3, Tel. 776131, www.tz-groznjan.hr.

Hotel Kaštel, Trüffel stehen im Mittelpunkt des Burghotelrestaurants, der Küchenchef dieses fantastisch gelegenen Hauses beherrscht sein Handwerk, in Motovun, Tel. 681607, www.hotel-kastel-motovun.hr.
Zigante Tartufi, bekanntes, elegantes Restaurant unterhalb von Motovun mit exzellenter Trüffelküche, Livade, Tel. 664302.
Konoba Toklarija, eine der bekanntesten istrischen Konobas mit hübschem Garten, Gourmetlokal, unbedingt reservieren, in Sovinjsko polje (zwischen Motovun und Buzet), Tel. 663031.
Konoba Marino, eine urgemütliche Konoba mit Spezialitäten wie *ombolo,* Schweinefleisch mit Kraut, in Gračišće, Tel. 687081, www.konoba-marino-gracisce.hr.
Konoba Vela Vrata, hier gibt es den luftgetrockneten Schinken *pršut* oder feine Nudeln mit Trüffeln, in Beram, Tel. 622801.
Restaurant Bastia, neben inneristrischen Spezialitäten auch gute Fischgerichte, in Grožnjan, ul. 1. Svibnja, Tel. 776370.
Café Vero, Café mit Weitblick, in Grožnjan, Trg Cornera 3.
Humska Konoba, ein beliebter Klassiker, in Hum, Tel. 660005.

Istarski etnografski muzej, Di-Do 10-18, Fr 11-16, Sa 10-16 Uhr, Pazin, Trg Istarskog razvoda 1275.
Kirche Sveta Marija na Škriljinah, den Kirchenschlüssel bekommt man in Haus Nr. 38, Beram, Tel. 622903.

MEDULIN (☎ 052)

Turistička zajednica, Tel./Fax 577145, www.medulinriviera.info.

Vanga, gute Fischküche, z. B. Seezunge in Krabbensauce, Burle 47, Tel. 576333, http://vangamedulin.com.
Konoba Batelina, Spezialitäten der gemütlichen Konoba sind Brodetto (Fischeintopf) und Fisch unter der Peka gegart, Eimulje 25, Banjole, Tel. 573767.

Medulin hat beste Wind- und Strömungsverhältnisse für Windsurf-Anfänger; auch für Kite-Surfer herrschen ideale Bedingungen, es gibt Windsurfschulen und Ausrüstungsverleihverleih.
WINDSURFEN: Boris Ivančić, Premantura, Mobil-Tel. 091-5123646, www.windsurfing.hr
STRÄNDE: Auf der Homepage www.medulinriviera.info lassen sich auf einer interaktiven Karte Fotos der Strände um Medulin und auf der Halbinsel Kamenjak aufrufen.

UČKA-MASSIV (☎ 051)

Park prirode Učka, Liganj 42, Lovran, Tel. 293753, www.pp-ucka.hr.

Dopolavoro, auf 1000 m Höhe in kühler Waldwildnis gelegen serviert dieses Traditionsrestaurant Wild von Reh bis Bär, viele Gerichte werden unter der Eisenpfanne *peka* zubereitet, Učka 9, Tel. 299641.

Neben rund 150 km markierten **Wanderwegen** führen zwei **Lehrpfade**, Slap und Vela Draga, durch die Region. Eine Wanderkarte ist im Informationsbüro erhältlich. Neben dem Restaurant Dopolavoro kann man **Mountain Bikes** leihen. Der Aufstieg von der Küste (Ausgangspunkt Lovran, Dauer 3 Stunden) ist steil und kräftezehrend, belohnt aber mit einem herrlichen Rundblick.

OSTKÜSTE

Nesactium, tgl. 9-12, Okt.-März 14-17, April, Mai, Sept. 15-19, Juni-Aug. 16-20 Uhr.

LABIN (☎ 052)

TZ Rabac-Labin, Titov Trg 2/1, Labin, Tel. 852399, www.rabac-labin.com.

Velo kafe, geselliges Café-Restaurant im Ortskern, mit einfachen, schmackhaften Gerichten. Trg M. Tita 12, Tel. 852745.
Kvarner, im Herzen der Altstadt gelegen, mit herrlichem Blick über den Kvarner-Golf und guter Fischkarte, Šetalište S. Marco, Tel. 852336.

Narodni muzej Labin, Heimatmuseum im Palast Battiala-Lazzarini, Mo-Sa 10-13, Mo-Fr 17-19 Uhr, Uica 1. svibnja 6, Tel. 852477.

RABAC (☎ 052)

Villa Annette, geschmackvoll-modern eingerichtetes Restaurant mit schönem Panoramablick und anspruchsvoller Slow-Food-Küche, Raška 24, Tel. 884222, www.villaannette.hr.

Scuba Center Sv. Marina, Autocamp Marina, Rabac, Tel. 879052, www.scubacenter.de.

MOŠĆENIČKA DRAGA (☎ 051)

Benito Na Rivi, Traditionslokal, biete unter anderem gute Fischgerichte, Tel. 737502.

Etnografski muzej, Di-So 10-17 Uhr, Mošćenice.

LOVRAN (☎ 051)

TIC Lovran, Trg slobode 1, Tel. 291740, www.tz-lovran.hr.
Park prirode Učka (Naturpark), Liganj 42, Tel. 293753, www.pp-ucka.hr.

Kvarner, großes Fischrestaurant mit Terrasse am Hafen und stets frischem Fisch und Meeresfrüchten, Maršala Tita 65, Tel. 291118.
Najade, Lovrans bekanntester Gastronom empfängt dank der Frische und köstlichen Zubereitung von Fisch und Meeresfrüchten viel Prominenz, Tita 69, Tel. 291866.

OPATIJA (☎ 051)

TZG Opatija, Vladimira Nazora 3, Tel. 271710, Fax 271699, www.opatija-tourism.hr.

Villa Ariston, im romantischen Ambiente einer klassizistischen Villa werden Spezialitäten wie „Tris von Krebsen" serviert, Maršala Tita 179, Tel. 271379.
Le Mandrać, modernes Lifestyle-Restaurant am romantischen Hafen, die Küche erfindet traditionelle Gerichte neu, Obala F. Supila 10, Volosko, Tel. 701351.
Konoba Kukuriku, das vom österreichischen Gault-Millau-Führer ausgezeichnete Lokal serviert kreative Fisch- und Wildgerichte, in einem Garten nahe der Altstadt, Kastav 120, Tel. 691417.
Plavi Podrum, traditionsreiches Restaurant am Hafen, das zahlreiche internationale Auszeichnungen gewonnen hat, die Küche setzt auf Fisch und istro-italienische Küche, Obala F. Supila 4, Volosko, Tel. 701223.

Hemingway Bar, Ableger einer sehr erfolgreichen kroatischen Bar-Kette, es gibt Longdrinks und kleine Snacks in exotischem Ambiente, Zert 2.
Seven, Disco-Club mit elektronischem Dancefloor und vorwiegend jungem Publikum, Ulica Maršala Tita 125.

Kroatisches Tourismusmuseum, Juni-Sept., Di-So 9-13, 17-22 Uhr, Winter Di-So 10-18 Uhr; Park Juni-Sept. 10-21 Uhr, Villa Angiolina.

Peter Hinze

Foto: Drazen Vukelic (iStockphoto)

RIJEKA UND DIE KVARNER-BUCHT

KVARNER-BUCHT
RIJEKA
KRK
CRES
LOŠINJ

KVARNER-BUCHT

Die **Kvarner-Bucht**, wegen ihrer Größe oft auch Golf genannt, breitet sich von der Ostküste Istriens bis zur Küste des Velebits und bis zur norddalmatinischen Insel Pag im Süden über eine Fläche von 3300 km^2 aus. Darin liegen die Inseln Krk, Cres, Lošinj und Rab als größte Inselgruppe der Adria.

Das Klima ist angenehm, es gibt warme Sommer und recht milde Winter. Die jährliche Durchschnittstemperatur beträgt 14 °C. Die Kvarner-Bucht ist durch die Bergketten Učka und Velebit geschützt, das macht die Sommernächte angenehm. Für Erfrischung sorgt im Sommer auch der *Maestral*. Im Winter können die Temperaturen auf den Inseln schnell sinken, wenn die *Bora* von den Hängen pfeift. Sie bringt außer einer starken Abkühlung auch Sonne, wohingegen der *Jugo* mit regnerischem Wetter aufwartet. Die Klimasituation und die geografischen Gegebenheiten sorgen vor allem an der Riviera von Crikvenica und an der Südküste der Insel Rab zwischen Weihnachten und Ostern für frühlingshafte Winter.

Vorherige Seiten: Das idyllische Valun auf der Insel Cres. Links: Die Kvarner-Insel Lošinj aus der Luft – über dem Regionalflughafen von Mali Lošinj sind Tandemsprünge möglich.

Die Vegetation rund um die Bucht ist üppig grün. In den unberührten Landschaften wachsen Lorbeerbäume, Palmen und Agaven; in vielen Gärten werden Zitrusfrüchte gezogen. Trotz all der bunten Pracht, die sich im Frühling entfaltet, fehlen außer auf Krk und Rab fruchtbare Felder für Gemüse und saftige Wiesen. Der Karst lässt weder auf den Inseln noch auf dem Festland eine ertragreiche Feldwirtschaft zu. Aber die Kvarner-Bucht ist reich an Fischsorten und Schalentieren – kein Wunder, dass die Küche an der Küste sich besonders auf Meeresfrüchte spezialisiert hat.

Der Name Kvarner, *Quarnero* im Italienischen, leitet sich vom lateinischen *Mare quaternarium* ab, das soviel wie „Vierteiliges Meer" bedeutet. Die Römer spielten dabei wohl auf die geografische Lage der Inseln an, die der Küste vorgelagert sind: Krk, Rab und Pag erstrecken sich parallel zur kroatischen Küste, Cres und Lošinj schirmen die Bucht zur offenen See hin ab.

Die Vielzahl der Inseln und gut geschützten Buchten machten den Kvarner bereits in der Antike zum begehrten Siedlungsraum und wichtigsten römischen Umschlagsplatz an der Nordadria. Osor auf der Insel Cres war ein im Mittelmeerraum allseits bekannter Handelshafen. Im Frühmittelalter siedelten sich Kroaten an den Kvarner-Küsten und -inseln an – Krk und Senj

» Karte S. 99, Info S. 115-117

zählen zu den wichtigsten altkroatischen Kulturzentren an der Adria – und gründeten überall Bauern- und Fischerdörfer. Im 13./14. Jh. kam die kroatische Adelsfamilie Frankopani von der Insel Krk in den Besitz des gesamten ostkvarnerischen Küstenlandes, von Rijeka über Vinidol bis nach Jablanac. Für Venedig waren vor allem Cres und Rab die wichtigsten Umschlagsorte im Handel mit Orient und Levante.

Die Österreicher machten den Kvarner im Rahmen ihrer Expansionsbestrebungen zum bedeutenden strategischen Zentrum – und zu einem beliebten Erholungsgebiet im Winter. Hier kreuzte die einzige Flotte, die Österreich je besaß; hier versanken allerdings auch die Träume der Habsburger. Heutzutage stellt die Inselwelt vor dem malerischen Hintergrund des Velebit- und Učkamassivs ein Paradies für Segler, Motorbootskipper und Erholungssuchende dar.

*RIJEKA

Die Hauptstadt des Kvarner und das wirtschaftliche Zentrum der ganzen Buchtregion bis hin zur Halbinsel von Zadar ist ***Rijeka** ❶. Die vielen Namen, die Kroatiens bedeutendste Hafenstadt gehabt hat, deuten auf eine bewegte Vergangenheit hin: Die Stadt an der Rječina wurde nacheinander *Tharsatica*, *Rika*, *St. Veit am Pflaun*, *Fluminus*, *Flumen*, *Fiume* und schließlich *Rijeka* genannt. An der Mündung des Flusses entstand eine illyrische Siedlung, die die Römer im 2. Jh. v. Chr. zerstörten. Die Römer bauten Tharsatica, wie sie es nannten, zu einem Verkehrsknotenpunkt zwischen Tergeste (Triest) und Senj aus. Hier verlief auch der Liburnische Limes, der die aufrührerischen Japoden und Delmaten im Zaum halten sollte. Im frühen Mittelalter gehörte Rijeka zum kroatischen Königreich. Danach kam die Stadt unter deutschen Einfluss und entwickelte sich zu einem bedeutenden Freihafen. Venedig war die Stadt ein Dorn im Auge, doch gelang es der Serenissima nie, Rijeka dauerhaft zu erobern. Auch die Türken bedeuteten eine ständige Gefahr.

Das habsburgische Kaiserreich machte Rijeka zum Ausgangspunkt seiner so genannten Militärgrenze, die bis nach Ungarn reichte. 1809 schloss Napoleon die Stadt den Illyrischen Provinzen an. Nach mehreren Herrschaftswechseln fiel Rijeka wieder an Österreich. Als die osmanische Gefahr gebannt war und die Militärgrenze keine Bedeutung mehr besaß, entschied sich Österreich, statt Rijeka Triest als Hafenstadt zu fördern.

Rijeka erlebte ab Mitte des 19. Jh. unter ungarischer Führung einen regelrechten Boom: Der Schiffsbau, die chemische Industrie, die Holzverarbeitung und der Maschinenbau blühten. Die Uferpromenade samt ihren Monumentalbauten und neue Stadtviertel entstanden zu dieser Zeit. Im Ersten Weltkrieg versuchte Italien sein Territorium auf Istrien und Rijeka auszudehnen. Im Londoner Vertrag wurde dann tatsächlich ein Teil Kroatiens – jedoch ohne Rijeka – Italien zugesprochen. Also marschierten am 18.12.1918 italienische Truppen ein, um vollendete Tatsachen zu schaffen. Man hatte jedoch nicht mit dem starken ausländischen Druck gerechnet, der nach der Okkupation einsetzte. Die italienische Regierung erwog daraufhin sogar den Rückzug.

In dieser Situation trat der Dichter, Prosaist und Oberstleutnant Gabriele d'Annunzio auf den Plan. Er kaperte ein Kanonenboot und besetzte mit 2500 Soldaten und 35 Offizieren die Stadt. D'Annunzio wollte damit die italienische Regierung zwingen, Rijeka weiterhin zu annektieren. In Rom jedoch distanzierte man sich von dem eigenmächtigen Streich des prunk- und ruhmsüchtigen Egomanen, der ein früher Befürworter des Faschismus à la Mussolini war. D'Annunzio jedoch

» Karte S. 99, Info S. 115-117

KVARNER-BUCHT
0 5 10 15 km
© Nelles Verlag GmbH, München
Jurdani
Kastav
Matulji
Čavle
Nacionalni park Risnjak
Platak
Ravna Gora
Dolenja Vas
Volosko
Zamet
G. Jelenje
Lokvarsko jezero
Veprinac
Opatija
Vranja
Ičići
Škrljevo
Vrata
Sunger
Begovo Razdolje
RIJEKA
Bakar
Kraśica
Praputnjak
Fužine
Mrkopalj
Vojak
Ika
Lovran
Kostrena
Hreljin
Lič
Lovranska Draga
Medveja
Riječki zaljev
Kraljevica
Višević
Bjelolasica 1533
Kraj
Mošćeniăka Draga
Krčki most
Križišće
Drivenik
Šušnjevica
Jadranovo
Tribalj
Ravno
Bijele - Samarske Stijene Nature Res.
Jelena
Mošćenice
Čepić
Omišalj
Manesteri
Grižane
Kršan
Martina
KRK
Rudine
Komoriska
Crikvenica
Breze
Mošune
Brseć
Rt Jablanač
Soline
Vozilići
Njivice
Čižići
Bribir
Plomin
Brestova
Sv. Vid Miholjice
Klimno
Šilo
Selce
Ledenice
Labin
Vela vrata
456
Porat
Dobrinj
Novi Vinodolski
Klenovica
1146
Rt Mašnjak
Porozina
Beli
Glavotok
Malinska
Kras
Sv Marko
Zgribnica
Dragozetići
Rabac
648
Milobnići
Garica
Vrbnik
Potovošće
Krmpote
Alan
Kornić
Srednja vrata
Velebitski
Kuka
Sibinj
Črni
Valbiska
Krk
Punat
Krivi Put
KOŠLJUN
Draga Baščanska
Obzova
569
Senj
Ravni
Konobe
Jurandvor
Baška
Batomalj
Merag
PLAVNIK
Stara Baška
E 65
Crna Punta
Rt Pernat
Cres
Loznati
Baščanska draga
Sveti Juraj
Pernat
Valun
PRVIČ
356
Luka
Lubenice
Orlec
kanal
482
Sv. Ursula
SV. GRGUR
Kvarner
CRES
Lukovo
Vransko jez.
Vrana
GOLI
Martinšćica
Lopar
RAB
Klada
Grmov
VELEBIT
Rt Kijac
Supetarska Draga
Rt Kalifront
Starigrad
Belej
Straža 408
ZEČA
Štivan
KALIFRONT
Kampor
KAMENJAK
Ustrine
Kvarnerić
Suha Punta
Rab
Barbat
Stinica
1332
Mišnjak
Rt Lun
Osor
Tovarnele
Jablanac
Lun
Televrin
589
DOLIN
Duśikrava
UNIJE
Unijski kanal
TRSTENIK
Paški kanal
Nerezine
Karlobag
Punta Križa
Jakišnica
Unije
Baldarin
Lošinjski kan.
St. Novalja
Punta Križa
Žigljen
PAG
V. SRAKANE
Čunski
202
Pula
M. SRAKANE
LOŠINJ
ORUDA
Novalja
Časka
Zadar
Mali Lošinj
Cikat
Veli Lošinj
SUSAK
Susak
243
V. ORJULE
Vinikova
Silba
ILOVIK
SV. PETAR

erklärte Rijeka – das nun *Fiume* hieß – zum Freistaat *Reggenza Italiana del Quarnero*. Unterstützung fand er beim pro-italienischen Teil der Stadtbevölkerung. Dieser Freistaat hatte 16 Monate Bestand, dann setzte der italienische Ministerpräsident Giovanni Giolitti den hochtrabenden Ideen des Dichters ein Ende, indem er einen Kreuzer nach Rijeka entsandte und das Hauptquartier beschießen ließ. D'Annunzio musste fliehen. Als Mussolini, sein glühender Verehrer, 1924 an die Macht kam, ermöglichte er d'Annunzio die Heimkehr. Im gleichen Jahr wurde Rijeka dann doch von Italien annektiert.

Nach dem 2. Weltkrieg wurde die Stadt in die Kroatische Republik Jugoslawiens eingegliedert und wuchs rasch zum größten Hafen des Landes heran. Heute leben und arbeiten in Rijeka mehr als 200 000 Menschen.

Fröhlich geht es beim berühmten **Karneval** von Rijeka zu. Dabei treten u.a. die *zvončari* auf, in Felle gehüllte, zottelige Maskierte, die den Zuschauern mit Kuhglocken heimläuten.

Auf dem bekannten **Automotodrom Grobnik** finden u. a. Rennen der Seitenwagen-Weltmeisterschaft statt.

Stadtrundgang in Rijeka

Lange litt Rijeka unter dem Ruf, eine touristisch kaum interessante Hafen- und Industriestadt zu sein. In den letzten Jahren hat sich Einiges gewandelt: Die schönen Fassaden der monumentalen Prachtbauten und Paläste der Wende zum 20. Jahrhundert im Stadtzentrum wurden restauriert; Feinschmeckerrestaurants, Nachtlokale und Diskotheken, früher im nahen Opatija konzentriert, öffneten ihre Pforten und bescheren Rijeka nun ein reges Nachtleben. Und bei näherem Hinsehen zeigt sich, dass Rijeka und seine Umgebung mit einer Fülle an Sehenswürdigkeiten aufwarten können.

Folgt man von Westen, von Opatija her, der Beschilderung zum Zentrum (Centar), kommt man am Bahnhof vorbei und erreicht den Žabica-Platz (Trg Žabica) mit der fotogenen neugotischen ***Kapuzinerkirche** ① der Maria von Lourdes (1908-29). Die Hafenstraße Riva führt weiter nach Südosten zum Zentrum, Autofahrer sollten sich nun einen Parkplatz suchen (am besten in Marktnähe, rechts von der Riva bei der Riva Boduli). Der Markt ***Tržnica** ②, ein überdachtes Gebilde aus zwei Pavillons, wurde 1881 fertig gestellt. Diese Konstruktion aus Metall und Glas galt damals als revolutionär. Um den Markt haben sich viele preiswerte Lokale und Cafés angesiedelt.

Am Toten Kanal (Mrtvi kanal), der früheren Mündung der Rječina, in der heute kleine Boote ankern, steht das ***Nationaltheater Ivan Zajc** ③. Die Pläne dazu stammten von den Wiener Architekten Fellner und Helmer. 1885 erstrahlte im Theater das erste elektrische Licht der Stadt. 1981 renovierte man das Haus, um Theateraufführungen, Konzerten und Balletten einen angemessenen Rahmen zu bieten.

Die Fassade im Stil der Neorenaissance enthält in ihrem Giebelfeld eine Figurengruppe von Augusto Benvenuti. Sie symbolisiert das Drama und die Musik. Der Theaterraum mit seinen drei Logenreihen und einem Balkon erinnert an die Architektur des Barock. Die Decke wurde mit allegorischen Malereien verziert, geschaffen haben sie Franz Matsch und die Brüder Gustav und Ernst Klimt. 1945 wurde erstmals Kroatisch auf der Bühne gesprochen, bald darauf mutierte Fiume zu Rijeka und 1953 erhielt auch das Theater seinen heutigen Namen – nach dem „kroatischen Verdi" Ivan Zajc.

Gegenüber dem Theater steht das **Palais Modelo** ④, ebenfalls von Fellner und Helmer erbaut und früher Sitz der Sparkasse. Folgt man der Ulica Ivana Zajca, dann erreicht man die kleine, neobarocke Kirche **Sveti Nikola** ⑤ (St. Nikolaus), die 1790 von der orthodoxen serbischen Händlerkolonie

» Stadtplan S. 101, Info S. 115-117

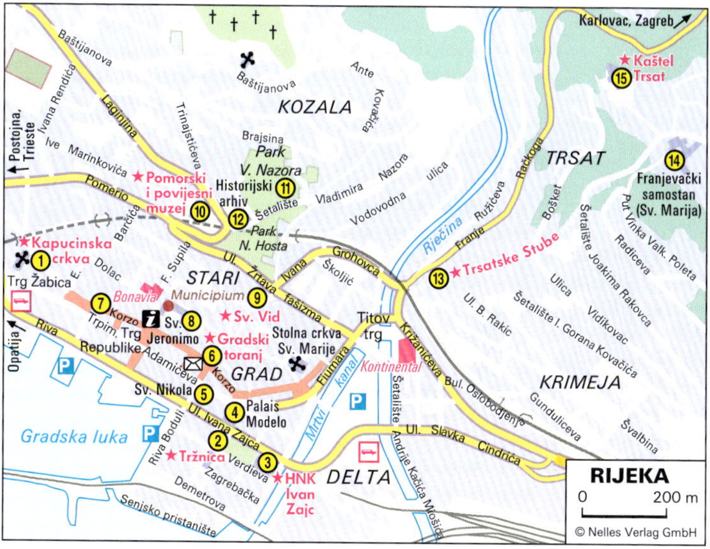

Rijekas gestiftet wurde. Innen besitzt sie wertvolle Ikonen, die aus der Vojvodina stammen.

Nördlich der Kirche erhebt sich eines der Wahrzeichen der Stadt, der ***Gradski toranj** ⑥ (Stadttor) aus dem 18. Jh. Der alte Turm der Stadtmauer wurde 1750 durch ein Erdbeben zerstört. Der neue Turm erhielt im 19. Jh. sein Uhrwerk, das schon während der Weltausstellung in Wien die Zeit anzeigte.

Vor dem Stadttor streckt sich der **Korzo** ⑦, die Fußgängerzone, aus. Man sollte sich die Zeit nehmen, einen Juwelier aufsuchen und nach den *Morčiči* oder *Moretti* fragen. Bei diesen in Rijeka zu findenden originellen Schmuckstücken handelt es sich um Ohrringe mit einem Mohrenkopf; er trägt einen Turban aus Email und besitzt goldene Tüpfelchen für Augen, Mund und Ohren. Dieser Schmuck wurde seit langem von den Frauen und Männern der ganzen Region getragen. Warum ausgerechnet ein Mohrenkopf? Der Legende nach hatten die Türken im 17. Jh. auf dem Grobnikfeld oberhalb der Stadt ein Camp aufgeschlagen und die Stadt belagert. Der berühmte Graf Zrinski soll einen Pfeil abgeschossen und damit den türkischen Pascha durch einen Schuss in die Schläfe getötet haben. Führerlos hätten die Türken das Weite gesucht, erzählt die Sage. Während der Flucht soll es vom Himmel Steine geregnet haben, sodass die Fliehenden verschüttet wurden – nur ihre Turbane seien übrig geblieben.

Wer an Legenden nicht glaubt, kann beim Schmuck eine enge Verwandtschaft zu den venezianischen *Mori* erkennen. Bei der Wiener Weltausstellung 1873 wurden die Arbeiten der Goldschmiede Rijekas international be- und anerkannt, zahlreiche Königshäuser und der Adel gaben *Morčiči* in Auftrag. Heute gibt es nur noch wenige Goldschmiede, die diese Mohrenköpfe nach Originalvorlagen herstellen. Im Marine- und Historischen Museum sind Abgüsse und Skizzen dieses eigenwilligen Ohrschmucks zu sehen.

Folgt man dem Korzo bis zum Platz der Republik (Trg Republike) und wendet sich dann nach rechts, sind bald die

ehemalige **Sveti Jeronimo** ⑧ (Hieronymuskirche), das Augustinerkloster und das Munizipium erreicht. Die Kirche ließen die Grafen von Duino 1315 errichten, das Kloster folgte 1408. Die verheerenden Erdbeben von 1750 und 1763 zerstörten den gesamten Komplex. Im 18. Jh. entstand dann die barocke Anlage, die erhaltene Elemente der Vorgängerbauten einbezog. Sehenswert in der Hieronymuskirche ist die **Kapelle der unbefleckten Empfängnis** wegen des gotischen Gewölbes und der Fresken. Das Augustinerkloster war einst das geistige und kulturelle Zentrum der Stadt; hier arbeitete der berühmte Kartograf Ivan Klobučarić (1550-1605) als Prior. Die Abtei wurde 1786 aufgegeben, das Gebäude dient seit dem 19. Jh. als Rathaus.

Vom Kloster nach Osten gehend, trifft man in der Nähe des Justizpalastes am Grivica-Platz auf ***Sveti Vid** ⑨, die Veitskirche, einen oktogonalen Bau des 17. Jh. im barocken Stil. Seit dem 9. Jh. stand hier eine erste Kirche für den Schutzpatron der Stadt. Den 1627 nach Rijeka gekommenen Jesuiten überließ man den baufälligen Vorgänger. Durch eine Spende der reichen Ursula Baronin Tannhausen entstand die heutige Kirche nach dem Vorbild der Sta. Maria della Salute in Venedig. Der Kirchenbau blieb aber wegen der vielen Kriege unvollendet. Auf dem Marmoraltar steht das wundertätige Kruzifix aus dem 13. Jh. Mit ihm und dem Stein daneben hat es folgende Bewandtnis: Als 1296 ein Mann namens Petar Lončarič das Kruzifix wüst beschimpfte und mit einem Stein bewarf, weil er beim Kartenspiel ständig verloren hatte, öffnete sich der Boden unter dem Frevler, verschlang ihn samt seinen Spielkarten und das Kreuz begann zu bluten. Seit damals ehrt man das Kruzifix als wundertätig.

Oben: Die Veitskirche (Sveti Vid) ist eine oktogonale Barockkirche aus dem 17. Jh. (Rijeka). Rechts: Mobilität nach italienischem Vorbild.

Ein paar hundert Meter weiter nach Nordwesten bergauf gelangt man zum Neorenaissance-Gebäude ***Pomorski i**

» Stadtplan S. 101, Info S. 115-117

povijesni muzej ⑩ (Historisches und Schifffahrtsmuseum), das Archäologie, Geschichte, Fischerei und Schifffahrt thematisiert. Daneben, im **Vladimir Nazora-Park** ⑪, befindet sich das **Historijski arhiv** ⑫. Der Neobarock-Palast war einst die Residenz des Erzherzogs Joseph von Habsburg. Auf seine Pflanzungen gehen die exotischen Gewächse des Parks zurück.

Weiter südlich (entlang der Žrtava fašizma) gehend, stößt man wieder auf den Toten Kanal und den Tito-Platz (Titov trg) und überquert die Rječina. Linker Hand liegen die ***Trsatske stube** ⑬, die Stufen zur Burg von Trsat. Die barocke **Eingangshalle** (18. Jh.) wurde einem Triumphbogen nachempfunden. Ein Relief zeigt Maria mit dem Christuskind. Die Stufen gab Petar Kruzič, ein Held im Kampf gegen die Türken, bereits 1531 in Auftrag. Bis ins 18. Jh. hinein wurde am Weg hinauf zur Votivkirche der St. Maria gebaut. Letztendlich entstanden für die Wallfahrer 561 Stufen. Sie enden auf dem Frankopanski trg auf Trsat, an dem sich das **Franjevački samostan** ⑭ (Franziskanerkloster, 15. Jh.) mit der Muttergotteskirche **Sveta Marija** (16. Jh.), dem Ziel der Wallfahrer, erhebt.

Diese Stelle nennt das Volk gerne das „kroatische Nazareth“, denn hier soll sich kurzzeitig das Haus von Maria und Joseph befunden haben. Kreuzritter hatten 1291 etwas heilige Erde und Steine des Hauses aus Nazareth mitgebracht. Geplant war, diese Steine in Loreto nahe Ancona wieder zu einem Haus zusammenzusetzen. Irgendwie gelangten sie jedoch auf den Trsat, auf dem dieses „Haus“ dann bis zum 10. Dezember stand. Danach wurden die Steine an ihren Bestimmungsort gebracht. Die Bevölkerung empfand den Verlust der heiligen Reliquien jedoch als so hart, dass Papst Urban V. im Jahr 1367 zum Trost eine **Zedernholz-Ikone** schickte – angeblich vom heiligen Lukas persönlich gemalt und ebenfalls wundertätig. Das magische **Tryptichon** mit dem Bildnis der Muttergottes samt Kind schmückt den Hauptaltar der Marienkirche.

Foto: Gerhard Bersick

Zum nahen ***Kastell Trsat** ⑮ führt die Petar-Zrinjski-Gasse. An dieser Stelle, 138 m über dem Meer, steht seit dem 7. Jh. eine Festung, die im Lauf der Geschichte öfter zerstört und umgebaut wurde. Von der Burg und ihrem **Café** hat man die beste **Aussicht** auf die Stadt und die gesamte Umgebung.

KASTAV

15 km nordwestlich von Rijeka liegt bei Matulji der kleine Ort **Kastav** ❷, 378 Meter über dem Meer. Das von Mauern umgebene Städtchen mit einer Loggia, engen, geschlängelten Gässchen und einem Hauptplatz hat sein mittelalterliches Aussehen und seinen Charme bewahren können. Auf dem Hauptplatz Lokvine befindet sich eine interessante **Zisterne** mit einer Steintafel. Sie erinnert an das Jahr 1666, in dem die Einwohner den Kapitän Franco Morelli in den Brunnen stürzten, weil er zu hohe Abgaben gefordert und

die ihm übertragene Macht missbraucht hatte. Die Spezialität der Kastaver ist der Weinanbau; sie feiern alljährlich am ersten Sonntag im Oktober die *Bijela nedelja*, das **Weinfest**, das in der ganzen Bucht bekannt ist. Dabei wird der junge Wein der Region gereicht. 1866 entstand in Kastav die erste kroatische Lesehalle, in der der bekannte kroatische Dichter Vladimir Nazor unterrichtete. Auf diese Weise leisteten die Kastaver einen ersten Widerstand gegen die Italienisierungspolitik der Habsburger. Übrigens: Von Kastav hat man eine hervorragende Rundsicht!

NATIONALPARK RISNJAK

Für Naturfreunde empfiehlt sich ein Abstecher ins Landesinnere; der **Nationalpark Risnjak** ❸ liegt nur etwa 30 km von Rijeka entfernt. Über Gornje Jelenje fährt man in Richtung Lazac bis Vilje. Dort beginnt eine markierte Bergwanderung (1 Std. 30 Min.) zum Gipfel des Veliki Risnjak (1525 m). Der verkarstete Risnjak gehört zum dinarischen Gebirgssystem, das die Alpen mit dem Balkan verbindet. Seine Flora ist sehr artenreich, Tannen- und Buchenwälder wachsen bis in einer Höhe von 1250 m. Den obersten Vegetationsgürtel bilden Bergkiefern. Auch die Fauna weist viele Arten auf, hingewiesen sei hier nur auf die Vogelwelt und die Gämsen. Man sollte sich an die markierten Wege halten! Wer sie par tout verlassen muss, sollte knöchelhohes Schuhwerk tragen, da man leicht in scharfkantige Ritzen tritt.

In **Platak**, einem Erholungsort am Rande des Nationalparks in 1100 m Höhe, gibt es ein ausgedehntes Gelände, das im Winter zum Skifahren dient. Auch von Platak führen viele Wanderwege zu den umliegenden Berggipfeln; der Aufstieg zum Risnjak dauert von hier etwa drei Stunden.

Rechts: Viele Fähren verbinden die Inseln der Kvarner-Bucht mit dem Festland.

BAKAR

Auf der Küstenstraße für die Weiterfahrt nach Südosten, der Magistrale, herrscht viel Verkehr. Das über eine Stichstraße erreichbare, eigentlich idyllische alte Hafenstädtchen **Bakar** ❹ mit seinen Treppengässchen verlor etwas an Reiz, als in der pittoresken **Bucht von Bakar** im Jahr 1972 ein Hafen für Kohle und eine Kokerei gebaut wurden. Doch die Sanierung ist im Gang.

KRALJEVICA

Auf dem Weg nach Krk passiert man **Kraljevica** ❺, ein kleines Städtchen mit gleich zwei Burgen. Der Name Königsstadt (kralj = König) rührt von der Legende her, dass König Bela IV. während eines Tatareneinfalls im Jahr 1242 hier Zuflucht suchte. Im 17. Jh. ließ das Grafengeschlecht der Zrinski an dieser strategisch günstigen Stelle ein erstes **Kaštel** bauen. Das ist heute die alte, mit zwei Innenhöfen und einer kleinen Kirche ausgestattete Burg, die mitten im Ort liegt. Ein paar Jahrzehnte später ließen die Zrinskis eine weitere Festung auf einer Halbinsel in Richtung Bakar bauen – **Novigrad**, die „neue Burg“, die allerdings eher an italienische Renaissanceschlösser erinnert. Der einst glanzvolle k.u.k.-Badeort hat durch die Ölraffinerie gegenüber sehr an Reiz verloren.

*INSEL KRK

Seit 1980 gelangt man über die 1309 m lange, mautpflichtige Krk-Brücke (Krčki most) mühelos auf die **Insel Krk**. Sie ist mit 408 km^2 die größte Insel der kroatischen Adria, misst 38 km in der Länge und etwa 20 km in der größten Breite. Wegen der Nähe zum Festland konnte eine Verstädterung der Insel nicht ausbleiben. Auffallend ist der landschaftliche Kontrast zwischen der Ost- und Westhälfte der Insel: Im

» Karte S. 99, Info S. 115-117

Foto: Peter Hinze

Osten sind die Küste und die angrenzenden verkarsteten Hügel durch die vor allem im Winter auftretenden Stürme der Bora humus- und vegetationsarm. Der Westen dagegen erblüht in mediterraner Pracht; deswegen verwundert es nicht, dass die wichtigsten Ortschaften in diesem Teil der Insel entstanden.

Krk war der Hauptsitz des bedeutenden kroatischen Fürstengeschlechts der Frankopani, das seine Blütezeit zwischen dem 13. und 15. Jh. erlebte. Im Wappen der Frankopani wird der Ursprung des Namens angedeutet: Zwei Löwen werden mit einem Stück Brot gezähmt (lat.: *frangere panem*).

Omišalj

Die Petrochemische Industrie irritiert manche Insel-Besucher, doch sind diese Anlagen alle auf der Nordseite konzentriert. **Omišalj** ❻, der erste Ort, der einen Abstecher lohnt, liegt gleich einer Akropolis auf einem 82 m hohen Hügel und gehört zu den ältesten Städten der Insel. Die Römer nannten diese Stelle *castrum musculum* und unterhielten dort eine kleine Garnison; im Mittelalter gehörte Omišalj zu den vier Städten der Frankopans. Am Abend, wenn man hinüber zu den Lichtern von Rijeka schauen kann, ist die Stimmung besonders schön. Nahebei befinden sich mehrere kleine Buchten mit Fels- und Sandstränden; ein Uferweg führt zum Bootshafen.

Auf der Weiterfahrt nach Süden bietet sich zur Mittagszeit ein Abstecher zu den Restaurants des modernen Badeorts **Njivice** ❼ an, der an einer von immergrünene Steineichen umstandenen Bucht liegt.

Malinska

Im Jahr 1970 wurde der damals luxuriöse, weitläufige Hotel-Komplex *Haludovo* mit Park, Apartments und Sportanlagen eröffnet, der sich an der Bucht von **Malinska** ❽ nordwärts erstreckt; heute ist die einst glamouröse Hotelanlage aufgegeben und marode. Die Strände sind schmal und betoniert, einer ist immerhin aus Kies. Abends

Foto: Thomas Stankiewicz

kann man auf der **Obala** am **Hafen** entlang flanieren. Auf dem Wanderweg **Rajski put** lässt sich die Küste mit ihren hübschen Buchten erkunden. Auch das Dorf **Porat** mit seinem Franziskanerkloster ist zu Fuß zu erreichen (3 km).

Dobrinj

Von Malinska führt eine Straße östlich nach **Dobrinj** ❾. Der älteste Ort von Krk – seit 1100 unter dem Namen Dobrinj bekannt – liegt in einem Kastanien- und Feigenbaumwald auf etwa 200 m Höhe und ist von den wohl fruchtbarsten Böden der Insel umgeben. Obwohl der Hafen von Šilo nicht weit entfernt liegt, fühlte sich die Bevölkerung wohl auf dem Hügel am sichersten. Statt einer Stadtmauer bilden die Wände der äußeren Häuser eine Art Schutz. Auch hier ist das Panorama interessant; man schaut über die nahen Buchten bis zum Festland auf das Velebitmassiv. Der Wohlstand des Ortes gründete sich in der Vergangenheit auf der Salzgewinnung. Dazu dienten die Salzgärten der Bucht von **Soline**, in der heute ein **Kiesstrand** zum Baden einlädt; beim Ort **Čižići** kann man sich mit **Heilschlamm** einreiben.

Ein Geheimtipp ist der kleine **Sand-/Kiesstrand** namens ***Komoriska** am Ortsrand von **Klimno** nicht mehr, aber nicht so überlaufen wie die großen Strände der Bucht. Ein Kiefernwald spendet Badenden hier Schatten.

Nördlich von Dobrinj, nahe des Dorfes **Rudine**, befindet sich die 110 m lange Tropfsteinhöhle ***Špilja Biserujka**, die man in den Sommermonaten mit einem Führer besichtigen kann. Einen schönen Strand mit grobkörnigem Sand findet man unweit der Höhle in der Bucht ***Slivanjska uvala**.

Glavotok

Ganz im Westen der Insel liegt das kleine Fischerdorf **Glavotok** ❿. Wer sich für glagolitische Schriften interes-

Oben: Strandleben auf der Insel Krk. Rechts: Die Stadt Krk grüßt mit dem Zwiebelturm ihrer Marienkathedrale.

» Karte S. 99, Info S. 115-117

siert, darf das zugehörige **Franjevački samostan** (Franziskanerkloster) nicht versäumen. 1473 schenkten die Frankopani diese Landzunge den Tertiarier-Franziskanern, die Glagoliter waren. Die Kirche stammt aus dem frühen 16. Jh., wurde in der Vergangenheit mehrmals umgebaut und birgt zahlreiche Werke italienischer Meister. Noch bedeutender ist allerdings das Archiv des Klosters mit seinen glagolitischen Inschriften.

Wer Entspannung sucht, findet in dieser entlegeneren Inselecke mit ihren Klippenstränden nette Badeplätze.

Knapp 10 km südöstlich liegt **Valbiska ⓫**; von dort verkehrt die Fähre nach Merag auf Cres.

Stadt ★Krk

An der Südküste, gut geschützt vor den Stürmen der Bora aus dem Velebitgebirge, liegt die Hafenstadt **★Krk ⓬**. Die Römer nannten sie *Curicum* und gaben ihr den Status eines Munizipiums. Die strategische Bedeutung der Stadt bestimmte in den folgenden Jahrhunderten ihr Schicksal. Mehrmals wurde der Ort erobert, zerstört und wieder aufgebaut; die Verteidigungswälle zählen nicht von ungefähr zu den stärksten an der adriatischen Küste. Heute ist Krk Verwaltungszentrum der Insel und lädt mit seiner verkehrsberuhigten **★Altstadt** zum Bummeln ein.

Aus dem 12. Jh. stammt die noch zum Teil erhaltene **Stadtmauer** mit Wehrturm und Bastei.

In der Nähe des **Hafens**, nicht weit vom mächtigen **Kastell**, errichtete man ebenfalls im 12. Jahrhundert den romanischen Dom, die **★★Sveta Marija** (Marienkathedrale), mit ihrem markanten **Zwiebelturm**, auf den Resten einer römischen Thermenanlage. Im linken Schiff der Basilika stifteten die Frankopani im 15. Jh. eine Kapelle, über der sich ein gotisches Netzgewölbe erhebt. Außer den Abkömmlingen der Fürstenfamilie sind auch die Bischöfe

Foto: Peter Hinze

von Krk im Dom bestattet. Interessant sind die verschiedenen Kapitelle an den Säulen des Mittelschiffs. Als besondere Kunstwerke zu erwähnen sind zwei **Lesepulte** aus der Renaissance und die hölzerne **Kanzel**. Das **Altarbild** (eine Grablegung) wird dem bedeutendsten Maler Friauls, Giovanni Antonio Pordenone, zugeschrieben.

Direkt an die Kathedrale lehnt sich die romanische, dem Stadtpatron geweihte Kirche **Sveti Kvirin** an, durch die heutzutage der Zugang zur Kathedrale erfolgt. In Sv. Kvirins Obergeschoss sind kostbare Exponate aus der Kathedrale ausgestellt, darunter eine von den Frankopanen im 15. Jh. gestiftete silberne **Pala**. Die heute nur noch zweischiffige Quirinskirche aus dem 10./11. Jh. besitzt die ältesten **Wandmalereien** der Insel. Das dritte Kirchenschiff verlor die Kirche einst zu Gunsten einer Straße.

Von der Doppelkirche führt die Hauptgeschäftsstraße von Krk zum zentralen **Stadtplatz**, der von Cafés, Restaurants und Souvenirläden gesäumt ist.

Foto: Peter Hinze

*Vrbnik

Die Hauptstraße der Insel, die Krk-Magistrale, führt von Krk zunächst weiter ostwärts. In Kuka gibt es eine nordöstliche Abzweigung nach ***Vrbnik** ⓭. Dieser malerische Ort erhebt sich auf einer zum Meer steil abfallenden Felskuppe. Die engen Gassen, die das Städtchen prägen, sind so gut erhalten geblieben, dass man glauben möchte, hier sei die Zeit stehen geblieben. Im **Dinko-Vitežić-Haus** werden noch einige glagolitische Schriften aufbewahrt. Vrbnik ist die Heimat des *Žlahtina*-Weines, eines stark honigfarbenen, fruchtigen Weißweines, den man im **Weinkeller** am **Hafen** verkosten und kaufen kann.

Dort lädt auch der schöne kleine Strand **Zgribnica** zum Baden ein. Südwestlich von Vrbnik sind noch einige einsame Strandbuchten zu entdecken: Besonders malerisch liegt der Sand-/Kiesstrand von **Potovošće**, eingerahmt von Kiefernwald. Ideal für Kinder ist die **Sandbucht** von **Sv. Marko**, nördlich von Vrbnik.

Oben: Baška, Zentrum des Badetourismus auf Krk, liegt am Fuß verkarsteter Berge. Rechts: Im Süden der Insel Krk lockt Stara Baška mit herrlichen Kiesbuchten und türkisfarbenem Wasser.

Punat

Die Magistrale verlässt die Stadt Krk und führt an der Bucht von Punat vorbei. Rechter Hand steht die kleine, vorromanische ***Sveti Donat**, die der Donatskirche von Zadar sowie der Heiligkreuzkirche von Nin sehr ähnelt. Sie zählt zu den bedeutendsten Baudenkmälern der Kroaten und stammt aus dem 9. Jahrhundert.

Ein Stück weiter zweigt rechter Hand eine Straße in südlicher Richtung nach **Punat** ⓮ ab. Die **Bucht von Punat** zählte schon in früheren Jahrhunderten zu den sichersten Anlegestellen der Adria und so ist es nicht verwunderlich, dass sich hier auch heute eine große **Marina** mit über 800 Liegeplätzen ausbreitet. Das ehe-

» Karte S. 99, Info S. 115-117

Foto: Friedrich H. Köthe

malige Weinbauerndorf hat sich ganz auf den Tourismus verlegt und bietet neben Unterkunft und Restaurants gut markierte Wanderwege durch die von Macchia bestandene Umgebung und zu einsamen Strandbuchten. Einen der schönsten **Strände** der Bucht besitzt der FKK-Campingplatz **Konobe**; er ist auch für Besucher zugänglich. Wasserski- und Wakeboardfahrer können sich am großen **Wasserskilift** in der Bucht von Punat vergnügen.

Idyllisch liegt mitten in der Bucht das häufig fotografierte, malerische Inselchen ★★**Košljun** ⓯ mit einem alten **Franziskanerkloster**, einer an Kunstschätzen reichen Klosterkirche und gepflegten Gartenanlagen.

Wer Ruhe sucht, kann auch einen Ausflug zu den herrlichen Kiesbuchten von ★**Stara Baška** ⓰ (10 km) unternehmen. Der kleine Ort mit seinen netten Privatpensionen und Familienrestaurants ist ein ruhiges Reiseziel für Individualisten. Mit einem Boot kann man hier viele lauschige Badeplätze finden, die nur vom Meer aus zugänglich sind.

Die ★★Bucht von Baška

Hinter Punat erstrecken sich die Ausläufer des Obzova-Bergs, der mit 569 m höchsten Erhebung der Insel. Folgt man der Straße nach Baška am Südende der Insel, durchquert man ein Tal, das gesegnet ist mit Wiesen, Weinbergen, Olivenhainen und Obstgärten, aber auch Steineichen-, Kiefernwälder und Verkarstung aufweist. Kurz vor Baška liegt **Jurandvor** ⓱ mit der Kirche **Sveta Lucia** aus dem 12. Jh. Darin fand man die berühmte **Tafel von Baška** (*Baščanska ploča*), das älteste datierte Schrifttum in Kroatisch (eine Replik ist in der Kirche zu sehen). Der Text erwähnt eine Landschenkung des kroatischen König Zvonimir an den Abt Držiha.

Am Fuß kahler, karstiger Berge erstreckt sich ★**Baška** ⓲, an einer weit geschwungenen Bucht gelegen und ein Brennpunkt des Badetourismus auf Krk. Das Zentrum der Stadt markiert die Pfarrkirche. An dem ihr vorgelagerten Platz befindet sich das **Heimatmuseum**. Enge Gassen mit bunten

Foto: Peter Hinze

Häusern führen von dort zum Kai. Am Hafenbecken reihen sich Eisdielen, Cafés und Restaurants aneinander – man diniert mit Aussicht auf die Bucht. Um die **★★Bucht von Baška** erstreckt sich über fast 2 km der schönste Strand der Insel – ein traumhafter, feiner Kieselstrand, der sanft ins Meer abfällt und zur Landseite hin von grüner Vegetation gesäumt ist. Der 4 km lange Strandweg **Lungomare** führt am Meer entlang. Passionierte Wanderer kommen auf 35 km gut markierten Wanderwegen auf ihre Kosten.

Den besten Blick über die Bucht genießt man von einem Hügel westlich von Jurandvor bei Batomalj, den die **Wallfahrtskirche** „Zu unser' lieben Frau auf dem Berge" überragt. Ein **Wanderweg** führt auch nach Stara Baška an der Westküste (Dauer etwa 2 Std.).

Oben: Gemeinsam vor Anker zu gehen erhöht das Ferienvergnügen (Insel Cres).

★INSEL CRES

Nach Krk ist die **★Insel Cres** mit 404 km² die zweitgrößte Insel in der Kvarner-Bucht. Zusammen mit den Lošinjer Inseln Unije, Susak, Ilovik und etwa 25 kleineren Eilanden kommt die Doppelinsel Cres-Lošinj auf 513 km². Von Nord nach Süd verläuft eine 83 km lange Straße, eine bewegliche Brücke – Schiffen muss sie gelegentlich weichen – verbindet die beiden Inseln.

Im Norden der Insel Cres wachsen größere Wälder mit Buchen, Flaumeichen und Steineichen; Laubbäume überwiegen. Den mittleren Teil der Insel bestimmen Olivenhaine, Weingärten und Schafsweiden. Im Süden wurde die karge Vegetation mit Nadelbäumen aufgeforstet, doch noch immer gibt es dort große Flächen Macchia.

Die Fauna der Doppelinsel ist reich an Klein- und Federwild, Raub- und Singvögeln. Hier gibt es noch den Weißköpfigen Gänsegeier – etwa 70 Paare. Auf Cres nennt man den Raubvogel *Orel*. Von ihm hat der Ort Orlec seinen Namen. Wegen der spärlichen

» Karte S. 99, Info S. 115-117

Weidegründe halten sich die Bewohner als Nutztiere Schafe; sie liefern Fleisch und Käse. Die Unterwasserflora der Insel Lošinj gilt unter Tauchern als schönste der Adria. In den Gewässern leben auch die in der Adria vom Aussterben bedrohten Großen Tümmler, die eine Organisation von Veli Lošinj aus betreut und erforscht.

Um 1600 v. Chr. hatten sich die Liburner, ein illyrischer Stamm, auf der Insel angesiedelt. Auf sie gehen die 66 Fluchtburgen zurück, die auf der ganzen Insel verstreut gefunden wurden. Viele Historiker nehmen an, dass es die Liburner waren, die den Kanal bei Osor aushoben und die Insel in zwei Teile teilten. Die Griechen verlegten eine Episode des Argonauten-Mythos hierher. Nach dem Raub des Goldenen Vlieses sollen Jason und Medea in diese Gegend geflohen, aber von Apsyrtos, dem Bruder der Medea, eingeholt worden sein. Durch eine List gelang es Medea, ihren Bruder zu Verhandlungen zu überreden; sie dachte jedoch nur daran, ihn zu töten. Der Leichnam des Apsyrtos wurde zerstückelt und ins Meer geworfen. Daraus sollen die vielen Inseln um Cres und Lošinj herum entstanden sein. Die Venezianer beherrschten die Doppelinsel – abgesehen von einem kurzen kroatischen Interregnum – zwischen 1000 und 1797. Damals waren Osor und Cres die bedeutendsten und wohlhabendsten Häfen der Insel.

Der südliche Teil der Doppelinsel war wegen der schlechten Lebensbedingungen lange unbesiedelt. Das drückt sich auch im Namen Lošinj aus (*loš* = schlecht). Unter der österreich-ungarischen Herrschaft allerdings erlebte gerade Lošinj eine wirtschaftliche Blüte. In Mali Lošinj wurden sechs Werften errichtet und es entstand der zweitwichtigste Stützpunkt der k.u.k-Monarchie. Die Flotte von Lošinj soll damals rund 130 Schiffe umfasst haben. Anfang des 20. Jh. brach die Marine jedoch zusammen – und mit ihr die Wirtschaftskraft von Lošinj. Zur gleichen Zeit sorgte die Pflanzenkrankheit *Phylloxera* für die Vernichtung aller Weinstöcke. Eine Auswanderungswelle folgte. Erst mit dem aufkommenden Tourismus Mitte des 20. Jh. schöpfte die Bevölkerung wieder Mut; Lošinj wurde zum begehrten Reiseziel, noch vor Cres.

Am schnellsten erreicht man die Doppelinsel mit der Fähre vom istrischen **Brestova** nach **Porozina** im Norden von Cres. Von dort führt die einzige Straße entlang den höchsten Erhebungen der Insel in den Süden. 12 km hinter Porozina zweigt eine steil bergab führende Straße nach Nordosten ab zum malerisch an der Ostküste gelegenen **Beli** ⓳, das einst eine antike Fluchtburg war. Die Gegend hieß früher *caput insulae* (Kopf der Insel). Noch heute spannt sich eine alte, römische Brücke, die 1848 restauriert wurde, über eine 12 m tiefe Schlucht und schafft so Zugang zum isoliert auf einer Felskuppe gelegenen Ort. Ein hübscher, dreistündiger Lehrpfad führt durch die Hügel um Beli zu botanischen und ethnografischen Besonderheiten der „Tramuntana“, wie die Region heißt. An Belis höchstem Punkt (130 m) befinden sich der Stadtplatz und die Pfarrkirche. Unten am Meer hat Beli eine kleine idyllische Grobkiesstrandbucht. Einige der alten steinernen Bootshäuser, dienen heute Badenden als Umkleiden. Zwei Restaurants sorgen fürs leibliche Wohl, ein Campingplatz bietet Unterkunft am Strand.

★**Cres** ⓴, der namensgebende Hauptort der Insel und ihre anziehendste Stadt, schmiegt sich in eine gut geschützte Bucht und war seit der Antike ein bedeutender Handelshafen. Aus venezianischer Zeit stammen die Reste von Stadtmauer und Türmen. Noch heute pulsiert am **Alten Hafen** das Leben; Fischrestaurants und Eisdielen locken mit Tischen im Freien ihre Gäste und abends lässt man beim Bummeln am Wasser und durch die Altstadt das mittelalterlich anmutende Häuseren-

» Karte S. 99, Info S. 115-117

Foto: Peter Hinze

semble auf sich wirken. Vom Wasser führen romantische kleine Gässchen zur Pfarrkirche **Sveta Marija Snježna**. Im Pfarramt wird neben weiteren Gemälden ein Polyptychon von Alviseo Vivarini aufbewahrt. Unweit entfernt liegt der Hauptplatz der Stadt mit dem Rathaus und einer **Loggia**, vor der Marktfrauen frisches Obst feilbieten.

Im nahen Palais Petris befindet sich heute das **Gradski muzej** (Stadtmuseum) von Cres mit einer Antiken- und einer ethnografischen Sammlung.

Nach weiteren 12 km erreicht man den kleinen Hafenort ***Valun** ㉑, der an einer einladenden Bucht liegt – mit sauberen hellen Kiesstränden und klarem türkisfarbenem Meerwasser. In der Ortsmitte steht die Kirche, in der die berühmte **Tafel von Valun** aufbewahrt wird – ein sehr altes kroatisches Schriftzeugnis; die Inschriften auf Glagolitisch und Lateinisch nennen vermutlich die Kirchenstifter. Eine Kopie der Tafel prangt an der Außenmauer der alten Ölmühle, die zur urgemütlichen **Konoba** umfunktioniert wurde. Beliebt sind die beiden **Kiesstrände** rechts und links des Hafens, mit schattigen Kiefern und Eichen.

Oben: Romantisches Abendessen vor der Konoba des Bergdorfs Lubenice. Rechts: Am schönen Kiesstrand von Valun.

Ein beliebtes Ausflugsziel ist das 380 m hoch über der Küste thronende mittelalterliche Bergdorf ***Lubenice** ㉒. Kulinarische Spezialität seiner urigen Dorfbar ist der luftgetrocknete Schinken *pršut* – besonders verlockend für Badeausflügler, die den Aufstieg von der tief unten liegenden, nur zu Fuß oder per Boot erreichbaren idyllischen Kieselbucht ***Luka** absolviert haben. Nur noch wenige Alte harren in dem jahrtausendealten Ort aus; als Zubrot verkaufen sie Schaffelle an Besucher. Mit dem **Ekopark Pernat** versuchen Ehrenamtliche, das Dorf und die Traditionen der Region zu bewahren. In Lubenice zeigt ein kleines **Museum** traditionelle Techniken der Schafzucht und der Wollverarbeitung.

Von Lubenice kann man auf einem Hirtenpfad in 2 Stunden vorbei an verfallenden Lesesteinmauern und brachliegenden Feldern zu dem alten, noch teilweise bewohnten Bauerndorf **Pernat** ㉓ wandern. Von dort führt eine Straße nach Valun (4 km).

Südlich von Valun erstreckt sich der **Vransko jezero** ㉔ (Vraner See), der einzige See auf den Inseln der Kvarner-Bucht. Er ist 1,5 km breit, 5 km lang und durchschnittlich 60 m tief. Sein Wasserspiegel liegt 13 m u. d. M. Aus den 220 Mio. Kubikmetern Süßwasser beziehen die Stadt Cres wie auch Mali Lošinj seit 1953 ihr Trinkwasser, Baden ist daher strengstens untersagt. Die holprige Piste, die in 300 m Höhe, westlich des Sees, durch einsames, verkarstetes Hochland via Sv. Ursula und Grmov südwärts führt, mag zwar verlockend erscheinen, ist aber wirklich nur für robuste Jeeps, Enduros oder Mountainbikes geeignet.

Von der Hauptstraße zweigt kurz hinter dem See ein Arm nach Westen

» Karte S. 99, Info S. 115-117

Foto: Berthold Schwarz

zu dem kleinen, an einer Kieselbucht gelegenen Fischer- und Ferienort **Martinšćica** ㉕ ab.

Am nahen **Kap Kijac** gibt es attraktive Felsstrände, an der **Tiha-Bucht** auch einen Campingplatz mit schönem Kiesstrand. Weitere Badebuchten finden sich bei **Stivan** (Maraščica) und **Ustrine**.

34 km südlich von Cres und 24 km nördlich von Mali Lošinj liegt **Osor** ㉖, einst eine der wichtigsten Städte, mit bis zu 30 000 Einwohnern – heute leben nur noch 80 Menschen hier. Osor kann auf eine lange und bewegte Geschichte zurückblicken, die eng mit dem 100 m langen und 11 m breiten Kanaldurchstich im Zusammenhang steht. Die Griechen nannten die Stelle *Apsoros* und meinten damit die älteste Siedlung der Insel. Sie diente übrigens auch als Handelsposten auf der Bernsteinroute. In byzantinischer Zeit war Osor Sitz der Flotte von Ravenna. Damals, um 530, wurde es auch Bistum. Im 9. Jh. brannten Sarazenen die Hafenstadt nieder. Als man in der Lage war, größere Schiffe zu bauen, erwies sich das Hafenbecken als zu klein und zu seicht. Von da an verlor der Ort an Bedeutung als Hafenstadt. Hauptsehenswürdigkeit ist die Marienkathedrale aus dem 15. Jh., ***Sveta Marija**, deren hübsche Renaissancefassade 1969 renoviert wurde. Im ehemaligen Rathaus residiert eine **Archäologische Sammlung** mit Exponaten aus der Blütezeit der Stadt. Im Sommer kann man auf dem von historischen Gebäuden umrahmten ***Kirchplatz** klassischen Konzerten lauschen; dort sind auch Skulpturen der kroatischen Künstler I. Meštrovič und F. Krsinič zu bewundern.

Schöne Strände findet man im Süden von Cres: Wenn man vom Dorf **Punta Križa** ㉗ 20 Minuten nach Osten wandert, erreicht man eine hübsche Bucht. Beliebtes Ziel von Wohnmobilfahrern ist das schön gelegene Autokamp an der Badebucht von **Baldarin** ㉘.

*INSEL LOŠINJ

Nach Überquerung des 2000 Jahre alten **Kanals von Osor** – wenn die **Brücke** für Segelschiffe „wegge-

Foto: Siniša Botaš (iStockphoto)

Oben: Mali Lošinj ist der Brennpunkt des Tourismus auf der Insel Lošinj.

klappt" ist, kann es zu Staus kommen – gelangt man auf die ★**Insel Lošinj**. Das mildere Klima hat ihr eine üppigere Vegetation beschert, da die im Winter strengen Winde vom Festland hier an Kraft verlieren. 4 km nach der Brücke trifft man auf den Ferienort **Nerezine** 29 mit seinem Jachthafen. Von dort kann man den **Televrin**, den mit 589 m höchsten Berg von Lošinj, erklimmen.

Die mit fast 7000 Einwohnern größte Stadt und das Touristenzentrum der Insel ist ★★**Mali Lošinj** 30. Im 15. Jh. ließen die Venezianer eine Burg auf die höchste Stelle setzen. Später folgten die Hafenanlagen an diesem außergewöhnlich guten **Naturhafen**. Der Ort wuchs um den Hafen und um das älteste Gebäude der Stadt, die Martinskirche aus dem 15. Jh. Im 19. Jh. wurde Lošinj als Luftkurort beliebt. Viele alte **Villen** wie die an den beliebten, von mächtigen Kiefern gesäumten **Badebuchten** von ★**Čikat** 31 stammen aus jener Zeit. Den subtropischen **Park** von Mali Lošinj ließ Erzherzog Karl Stephan von Habsburg anlegen. Wichtig für die Habsburger waren auch der Überseehandel und der Schiffbau, den sie stark förderten. Heute floriert hier dank der modernen **Marina** der Jacht-Tourismus.

Lohnend ist auch, am Südrand von Mali Lošinj, ein Besuch in dem hübsch angelegten „Duft-Garten" **Miomirisni otočki vrt**, in dem typische Inselkräuter ihre Aromen verströmen.

Entlang der Ostküste führt ein **Spazierweg**, einer der schönsten der Adria, zum Nachbarort ★**Veli Lošinj** 32. Er ist älter als Mali Lošinj und war einst Hauptort der Insel, hat jedoch nur einen kleinen Naturhafen und wurde deshalb im 19. Jh. von Mali Lošinj überflügelt. Das alte Städtchen ist anmutiger, weist ein von Cafés, Restaurants und der **Antonskirche** (mit venezianischen Gemälden und Barockaltären) umrahmtes, malerisches altes **Hafenbecken** auf sowie einen runden **Wehrturm** (16. Jh.), in dem das **Museum Kula** die Geschichte Lošinjs beleuchtet – Top-Exponat ist die Replik der rd. 2000 Jahre alten griechischen Athleten-Bronzestatue **Kroatischer Apoxyomenos**, ein Sensationsfund, 1999 aus 45 m Meerestiefe geborgen. Das **Lošinj Marine Education Centre** der Organisation *Plavi svijet* (www.blue-world.org), widmet sich dem Schutz der Delfine.

Veli Lošinj dient Wanderern als Basis zur Erkundung des Inselsüdens, wo es kaum Straßen, jedoch ruhige Badebuchten gibt, so die **Vinikova-Bucht**.

Lohnende Ausflüge werden angeboten zur „Sandinsel" **Susak** 33, die dank ihrer geschützten Lage einen **Sandstrand** besitzt, und zur „Blumeninsel" ★**Ilovik** 34, wo Segler gerne an Land gehen, um im Fischlokal **Panino** zu tafeln. Auf der Ilovik gegenüberliegenden Insel **Sv. Petar** sind römische Fundamente zu sehen. Das autofreie, grüne Eiland ★**Unije** 35 ist attraktiv für ruheliebende Naturfreunde. Auf den Inseln gibt es in hübschen Fischerdörfern Unterkunft in Privatzimmern.

» Karte S. 99, Info S. 115-117

RIJEKA (☎ 051)

TIC Rijeka, Korzo 14, Tel. 335882, www.visitrijeka.hr.

Konoba na Kantunu, einfaches Ambiente, schnörkellose Küche und der frischeste Fisch! Venzelova 4, Tel. 313271. **Pul Belega**, Spezialitäten aus dem Kvarner, auch Fisch, Mihanovićeva 35, Tel. 216382. **Kukuriku**, vom österreich. Gault Millau ausgezeichnetes Restaurant, serviert kreative Fisch- u. Wildgerichte, auch Boutique-Hotel, in der Altstadt von Kastav, 12 km nordwestl. von Rijeka, Trg Lokvina 3, Tel. 691 519.

Historisches Museum u. Schifffahrtsmuseum (Pomorski i povijesni muzej), Di-Fr 9-20 Uhr, Sa 9-13 Uhr, Pomerio 18, Tel. 213578, http://ppmhp.hr. **Kaštel Trsat**, April-Nov. durchgängig geöffnet, Winter 9-17 Uhr.

HNK Ivan Zajc (Kroatisches Nationaltheater), Verdieva 1, Tel. 355917, Ticket-Tel. 37114, www.hnk-zajc.hr.

Für den Start in die Nacht empfehlen sich **Hemingway Bar** (Korzo 28) oder **Nad Urom** (Trg Jvana Koblera). Danach tanzt man im **Marina** (Adamićev gat) zu Rockmusik oder nebenan auf dem Club-Schiff **Nina 2** zu Balkanpop. Etwas ruhiger ist es im **Jazz Tunel** (Školjić 12).

Der 500-Stufen-Aufstieg zum **Trsat** lohnt wegen des Blicks von der Burg. Bergwanderer finden auf dem **Platak** ein Erholungszentrum und Wintersportressort.

FÄHREN: Rijeka ist ein wichtiger Adria-Passagierhafen; Infos und Links zu Fährverbindungen: http://www.croatiaferries.com/rijeka-ferry-port.htm.

INSEL KRK (☎ 051)

BAŠKA

TZ Baska, Kralja Zvonimira 114, Tel. 856817, www.tz-baska.hr.

Cicibela, gut gewürzter Fisch und Fleisch vom Grill, Emil Geistlicha, Tel. 856013. **Nadia**, Familienpension mit gutem Restaurant, Stara Baška, Tel. 880655, www.nadia.hr.

Kirche Sv. Lucija, März/Nov. 10-15, April/Sept. 10-18, Mai/Juni/Okt. 10-17, Juli/Aug. 9-21 Uhr, Jurandvor. **Heimatmuseum**, Sommer 17-22 Uhr.

DOBRINJ

TZ Dobrinj, Touristeninformation, Stara cesta bb, 51515 Šilo, Tel. 852107, www.tzo-dobrinj.hr

Žal, Spezialität sind Šurlice (hausgemachte Nudeln) mit Oktopus, das Restaurant liegt direkt am Meer in Klimno 44, Tel. 853142.

Špilja Biserujka, April/Okt. 10-15, Mai/Juni 9-17, Juli/Aug. 9-18, Sept.10-17 Uhr, Rudine.

KRK (STADT)

TZ Otoka Krka (gesamte Insel Krk), Trg Sv. Krivina 1, Tel. 221359, www.krk.hr.

Frankopan, gediegenes Traditionsrestaurant mit schnörkelloser Küche, viel Fisch, Trg Sv. Kvirina 1, Tel. 221437. **Konoba Nono**, gemütliche Konoba in ruhiger Lage, neben Lamm gibt's auch frische Meeresfrüchte, Čkih iseljenika 8, Tel. 222221.

Kathedrale und Kirche Sv. Kvirin, tgl. 9.30-13 Uhr.

Casa del Padrone, eine Institution, je später der Abend, desto cooler die von internationalen DJs beschallten Partygänger, Šetalište Svetog Bernardina, Tel. 222128.

MALINSKA

TZ Malinska-Dubašnica, Obala 46, Tel. 858254, www.tz-malinska.hr.

4 Rijeka und die Kvarner-Bucht

Primorska Koliba, die Spezialitäten des Terrassenrestaurants sind Meeresfrüchte u. Fisch, Sv. Apolinara 2, Tel. 859551.

Club Boa, im Sommer der coolste Club auf der Insel, 1 km von Malinska, www.clubboa.com.

NJIVICE / OMIŠALJ

TZ Njivice-Omišalj, Ribarska obala 10, Njivice, Tel. 846243, www.tz-njivice-omisalj.hr.

Konoba Rivica, klassisches Fischrestaurant, Njivice, Tel. 846101.
U Barbi Gerga, das Traditionslokal im Herzen der Altstadt serviert neben Fisch und Meeresfrüchten auch Čevapćići, Prikešte 23, Omišalj, Tel. 842105.

PUNAT

Turistične informacije, Obala 72, Tel. 854970, www.tzpunat.hr.

Kanajt, das Hotel-Restaurant der Marina zählt zu den besten von Krk, es gibt delikate Fisch- und Meeresfrüchtespezialitäten, Reservieren nötig, Kanajt 5, Tel. 654340.
Konoba Ribice, im Herzen der Altstadt idyllisch in einem Innenhof gelegen, hier kann man unverfälschte Kvarner-Küche genießen, 17. travnja 95, Tel. 854123.

Klosterinsel Košljun, Mo-Sa 9.30-18 Uhr, Überfahrt 40 Kn, Eintritt 20 Kn.

MARINA: **Marina Punat**, bestausgestattete Marina der Insel mit mehr als 800 Liegeplätzen, Tel. 854030.

VRBNIK

TZ Vrbnik, Placa Vrbnickog statuta 4, Tel. 857479, http://vrbnik.hr.

Katunar, das große Restaurant inmitten von Weinreben hat unter anderem Šurlice mit Gulasch auf der Karte, Nedija bb, Tel. 857393.

Weingenossenschaft Vrbnik, Vrbniks Weißwein Zlatna Žlahtina können Besucher hier verkosten und kaufen, Namori 2, Tel. 857101.

INSEL CRES (☎ 051)

FÄHREN: **Brestova** (Istrien) – **Porozina**: 20 Minuten, im Sommer halbstündlich, Juli-August auch nachts. **Valbiska** (Krk) – **Merag**: 25 Minuten, mehrmals täglich.

BELI

Gostionica Beli, Lammgerichte und frischer Fisch, zubereitet nach Hausfrauenart, Beli 6, Tel. 840515.

TAUCHEN: **Diving Base Beli**, neben dem Campingplatz am Strand, Tel. 840519, www.diving-beli.com.
WANDERN: Sieben markierte **Lehrwanderwege** führen von Beli durch die Landschaft der Tramuntana zu verlassenen Dörfern, besonderen Naturphänomenen und Pflanzen, so der **Orchideen-Weg**.

CRES (STADT)

Turisticne informacije, Cons 10, am Hafen, Tel./Fax 571535, www.tzg-cres.hr

Riva, Fischspezialitäten, direkt am Hafen, Riva Creskih Kopetana 13, Tel. 571107.
Konoba Bukaleta, gemütliches Gasthaus, Lammbraten auf Bestellung, im Dorf Loznati, Tel. 571606.
Gostionica TRS, dieses Gasthaus etwas außerhalb von Cres-Stadt gilt als die beste Adresse für feine Lammgerichte, Krčina 101, Tel. 571291.

Stadtmuseum, Sommer 10-12, 16-18 Uhr, Palača Arsan, Ribarska 7, Tel. 571127.

MARINA: **Marina Cres**, 460 Liegeplätze, viele Trockenplätze, Restaurant, Tennis, Tel. 571622.

OSOR

Bonifačić, sympathische Konoba, Spezialität ist Lammragout mit wildem Spargel, Osor 64, Tel. 237413.

Archäologische Sammlung, geöffnet Ostern bis Mitte Juni / Mitte Sept. bis Nov. Di-Sa 9-14, Mitte Juni bis Mitte September Di-So 10-13, 19-22 Uhr.

VALUN

Konoba Toš Juna, gemütliches Lokal in ehemaliger Ölmühle, am Hafen, Tel. 525084. Am Hafen gibt es außerdem zwei gute Fischrestaurants mit Tischen am Wasser.

Muzej ovčarstva, in der Saison 9-21 Uhr geöffnet; ein ehemaliges Schulhaus in Lubenice.

INSEL LOŠINJ (☎ 051)

FÄHREN: von **Rijeka** und **Zadar** (im Sommer tägl.) nach Mali Lošinj.

MALI LOŠINJ

TZ Mali Lošinj , Riva lošinjskih kapetana 29, Tel. 231884, www.tz-malilosinj.hr.

Artatore, elegantes Speiselokal mit ausgezeichneter Fischküche, Artatore 132, Tel. 232932.
Barracuda, nicht vom Namen abschrecken lassen, das Essen ist sehr gut und vor allem bei Jacht-Skippern beliebt, Priko 31, Tel. 233309.
Konoba Cigale, Zackenbarsch mit Kapern oder Drachenkopf-Carpaccio – auf der schattigen Terrasse am Wasser schmeckt alles, Čikat-Bucht, Tel. 238 583.
Konoba Lanterna, hier sollte man einmal die Fischsuppe probieren, Sveti Martin 71, Tel. 233625.

Miomirisni otočki vrt, Ulica Braće Vidulića 68, März-Juni, Sept.-Dez. 10-12, 17-19, Juli, Aug. 8.30-12.30, 18-21 Uhr

WASSERSPORT: **Yacht Club (Y/C) Marina Mali Lošinj**, 120 Liegeplätze für bis zu 20 m lange Schiffe, Tel. 231626, Fax 233833. Tauchschulen bieten Tauchkurse, so z. B. **Diving Sport Center**, Sumartin, Tel. 231031, www.sumartin.com. Die deutschsprachige Surfschule **Sunbird** an der Cikat-Bucht bietet auch Kurse für Kinder an und verleiht Fahrräder, Tel. 231222, www.sunbird.de.
RUNDFLÜGE: Flughafen Lošinj, Tel. 231666.

VELI LOŠINJ

Sirius, vorzügliche Fisch- und Seafoodküche, im Fischerhafen, Rovenska 4, Tel. 236399.
Bora Bar, fantasievolle Küche an der Rovenska-Bucht, wie etwa Thunfischcarpaccio mit Sellerie, Rovenska 3, Tel. 867544.
Capri, hier kocht ein italienischer Meister seines Fachs heimatliche Spezialitäten, Grbica 47, Tel. 236186.

Muzej Kula, April-Juni Di-Sa 10-13, Juli-Sept. Di-So 10-13, 19-22 Uhr, Kaštel, Tel. 233892. **Blue World**, Kaštel 24, Tel. 604666, www.blue-world.org.

SUSAK / ILOVIK / UNIJE

FÄHREN: Katamarane und Fährschiffe mehrmals täglich von Mali Lošinj nach Susak, Ilovik und Unije; Katamaran von Rijeka mindestens eine Abfahrt/Tag, www.jadrolinija.hr

Taverna N 13, das rustikale Lokal am Sandstrand hat sich auf Lamm unter der Peka und Langusten auf Buzzara-Art spezialisiert, Susak 13.
Konoba Barbara, hier schmecken Calamari nach Susak-Art, Susak 603, Tel. 239128.
Panino, unter den vielen frischen Spezialitäten aus dem Meer ist der im Backofen mit Kartoffeln und Kräutern gebackene Oktopus zu empfehlen, Ilovik 62, Tel. 235978.
Konoba Unijana, ein sehr sympathisches Restaurant mit der traditionellen Küche der Insel, etwa in Olivenöl eingelegtem Schafskäse, Unije 5, Tel. 239128.

Wolfgang Vahl (PhotoPress)

SUZUKI
M H 2338

Foto: Dieter Möhn (PhotoPress)

AM VELEBIT-KANAL

VINODOL
SENJ
PLITWITZER SEEN
VELEBIT
RAB
PAG

AM VELEBIT-KANAL

VINODOL

Parallel zur Küste und dem oft vom gnadenlosen Bora-Wind heimgesuchten, 2 bis 10 km breiten und 100 km langen **Velebit-Kanal** erstreckt sich südlich von Kraljevica über 25 km das Tal von **Vinodol** („Weintal") – noch fast unberührt von den Touristenströmen, die auf der Küsten-Magistrale nach Süden ziehen. Denn vom Meer ist das Tal durch einen 2 km breiten und 300 m hohen Bergrücken getrennt. Unter dem Namen *Vallis Vinearia* wurde es zum ersten Mal in einer Chronik des 12. Jh. erwähnt. Doch ist bekannt, dass bereits zu römischer Zeit eine Straße durch dieses Tal lief, die Aquilea mit Senia, dem heutigen Senj, verband.

Im Jahr 1225 verlieh der kroatisch-ungarische König das Vinodol den *Frankopani* von Krk als Lehen. Gegen Ende des 13. Jh. ließen die neuen Lehensherren einen Rechtskodex ausarbeiten, der die Beziehungen zwischen ihnen und ihren Leibeigenen regeln sollte. Dieses „Vinodoler Gesetz" wurde in Kroatisch und in der Glagolica verfasst, enthält strafrechtliche, zivil- und verfassungsrechtliche Passagen und ist der erste Gesetzeskodex der Kroaten, ja der Slawen überhaupt. Als die Türken kamen, mussten die Frankopani ihre uneingeschränkte Macht in diesem Raum mit dem Grafengeschlecht der kroatisch-ungarischen Zrinski teilen, die später die Herrschaft über Vinodol und später den Kvarner erlangten.

Vorherige Seiten: Auf Schotterstraßen durch die karge Berglandschaft des Velebit. Links: Im Nationalpark Plitwitzer Seen.

An die Frankopani erinnern noch einige Schlossruinen, an die Zrinski der Name eines hochprozentigen Brandy. Wer heute durch das Tal kommt, wird die Weinberge vermissen, die einst dem Namen *Vinearia* Pate standen. Manche Häuser sind verlassen, die Bevölkerung hat entweder im Ausland oder an der Küste Arbeit gefunden. So wird die Durchreise zu einem nostalgischen Erinnern an frühere, große Zeiten.

Drivenik

Wer von Kraljevica landeinwärts durch das **Vinodol** fährt, trifft bald auf **Drivenik ❶**, einen der im Gesetzeskodex erwähnten Orte. Den Ort überragen noch immer die Ruinen des **Kastells** der Frankopani und der Zrinski. In der Ortsmitte, im Hof der Grundschule, wurde 1978 ein **Denkmal** für einen Bürger dieses Tales errichtet. Die Geschichte ist einen kleinen Exkurs wert. Das Denkmal – von Zvonko Car

Foto: Jo Scholten

geschaffen – erinnert an Julije Klović, einen kroatischen Miniaturmaler der Renaissance. Er wurde 1498 in Grižane geboren; mit 18 ging er nach Venedig. Dort arbeitete er als Medailleur. Bald darauf erlernte er die Malerei beim berühmten Gulio Romano in Mantua. Dort begann er auch mit den Miniaturen. Eine Zeitlang arbeitete er am Hof des kroatisch-ungarischen Königs Ludwig II. (bis 1526). Er malte auch für den Papst und Cosimo Medici, seine Bewunderer nennen ihn den Michelangelo der Miniatur. Mit Michelangelo, Vasari und Bruegel war er befreundet. Klović, den die Kunsthistoriker als Gulio Clovio kennen, starb 1578 in Rom und wurde in der Kirche San Pietro in Vincoli beigesetzt. Das galt damals durchaus als ein Privileg.

*Crikvenica

Vorbei an der Burgruine **Badanj** ❷ gelangt man wieder zur Küste und erreicht ***Crikvenica** ❸, den größten Badeort des Küstenstreifens von Vinodol. Seinen Namen erhielt es nach einer Kirche, die im 14. Jh. an der Mündung des Flüsschens Dubracina errichtet wurde (*crkva = Kirche*). 1412 ließ ein Frankopani ein **Kastell** an dieser Stelle erbauen, das er den Paulanern als Stiftung übergab. Die Paulaner waren damals in Kroatien sehr stark vertreten (insgesamt leiteten sie 207 Klöster, davon 127 im Kroatisch-Ungarischen Königreich). Sie unterhielten Schulen in ihren Klöstern und trugen so zur Verbreitung des Kroatischen bei. 1786 wurde dieses Kloster aufgelöst, die Gemeinde schenkte es Erzherzog Joseph, der es im 19. Jh. zum Sanatorium für kranke k.u.k.-Offiziere umfunktionierte. Bald begann auch der Tourismus Einzug zu halten.

Noch heute gilt Crikvenica als Kurort für chronische rheumatische Erkrankungen, Bandscheibenschäden, Bronchitis und Asthma. Das ehemalige Kastell/Kloster wurde zu einem Hotel umgebaut, die früheren Mönchszellen hat man in die Renovierung einbezogen. An Crikvenicas 2 km langem, flach abfallenden **Strand** trifft sich tagsüber die Jugend zum Volleyballspiel. Abends spaziert man unter Lorbeerbäumen auf der Promenade **Lungomare**, die zahlreiche Bars, Eisdielen und Restaurants säumen.

Inzwischen mit Crikvenica zusammengewachsen ist der südöstlich gelegene Hafen- und Strandort **Selce** ❹, mit Promenade und der sehenswerten Kirche St. Katharina von 1498.

Bribir

Von Selce gelangt man über Jargovo nach **Bribir** ❺. Bis zu Beginn des 19. Jh. war der Ort mit einer Mauer umgeben; auch die Reste eines **Kastells** lassen vermuten, dass Bribir einst ein bedeutender Ort des Vinodol war. Die **Kirche Peter und Paul** konnte mit dem wertvollsten Interieur der ganzen Region aufwarten und auch heute noch

Oben: Stadtbummel im Badeort Crikvenica.

» Karte S. 123, Info S. 134-135

VINODOL, VELEBIT, RAB UND PAG
0 5 10 15 km
© Nelles Verlag GmbH, München
Ogulin
Josipdol
Plaški
Otočac
Senj
Crikvenica
Novi Vinodolski
Rab
Pag
Gospić
Lički Osik
Perušić
Brinje
Vratnik (698)
Višević (1428)
Bjelolasica (1533)
Klek (1182)
Zagradski vrh (1185)
Bijele - Samarske Stijene Nature Res.
Debeli vrh (1157)
Vrh Kapele (887)
Hum (863)
K R K
Velebitski kanal
Baščanska draga
PRVIĆ
SV. GRGUR
GOLI
R A B
KAMENJAK
KALIFRONT
FRKANJ
Paški kanal
LUN
P A G
Kvarnerić
Maunski kanal
Paški zaliv
ŠKRDA
MAUN
SILBA
OLIB
PLANIK
V E L E B I T
Zavižan (1676)
Velebitski botanicki vrt
Gromovača (1675)
M. Rajinac (1699)
Nac. park Sjeverni Velebit
ROŽANSKI KUKOVI
V. Alan (1332)
Šatorina (1624)
Vučjak (1218)
Oštarijska vrata (927)
Nacionalni Park Plitvička jezera
Jablanac
Zavratnica
Karlobag
Stara Novalja
Novalja
Časka
Straško
Zrče
Starigrad
Lopar
Supetarska Draga
Rt Kalifront
Suha Punta
Lun
Tovarnele
Rt Lun
Rijeka
Zadar
Lošinj
Gacka
Lika
Mrežnica

Foto: Kai-Ulrich Müller

besitzt sie wertvolle Gemälde wie z. B. die *Fußwaschung* von Palma d. J. Besonders interessant ist Bribir für Naturfreunde.

Der Ort ist das Tor zu den Hochebenen des Küstengebirges. Von hier führt eine relativ schlechte Straße über Lukovo und Ravno zum Dorf **Mokro**. Bei der Gastwirtschaft **Poli Vagabundi** beginnt der einstündige Aufstieg zum **Zagradski vrh** ❻ (1185 m). Vorsicht: Er wird, je höher man kommt, um so steiler und zum Schluss verliert sich sogar der Weg.

Wer auf die **Viševica** ❼ (1428 m) möchte, muss mit etwa zwei Stunden rechnen. Dazu folgt man der Straße hinter der Gastwirtschaft ca. 15 Minuten lang (der Weg ist markiert) und biegt dann in einen Wald ab. Von der Bergspitze reicht der Blick bis zum Gebirgsmassiv des Risnjak und über die Bucht von Rijeka.

Oben: Novi Vinodolski. Rechts: Auch an der felsigen Küste bei Novi Vinodolski lässt sich ein Plätzchen zum Sonnenbaden finden.

Novi Vinodolski

Am Ende des Tals von Vinodol liegt auf einem Hügel am Meer die im Sommer sehr belebte Stadt **Novi Vinodolski** ❽. Die Römer bauten an dieser Stelle die Festung *Lopar*. Eine Burg sollte Novi Vinodolski und das Tal auch unter den Frankopani schützen, zu deren Zeit, am 6. Januar 1288, hier das Statut von Vinodol verabschiedet wurde – das erste kroatische Gesetzeswerk.

Im Lauf der Jahrhunderte wurde der Ort öfter überfallen, sei es von den Uskoken aus Senj oder den Türken. 1493 fand in Lika eine Schlacht zwischen Kroaten und Türken statt, die mit einer schrecklichen Niederlage der Kroaten endete. Um die Überlebenden in Sicherheit zu bringen, ließ der Bischof Kristofor alle Pferde umgekehrt beschlagen und legte so eine falsche Spur. So konnten alle den türkischen Häschern entkommen. In Novi Vinodolski angekommen, ließ der Bischof aus Dankbarkeit die Philipp und Jakob geweihte Kirche restaurieren. In ihr wurde der Geistliche 1499 auch bestattet.

» Karte S. 123, Info S. 134-135

Foto: Werner Stuhler

Seitdem steht die Kirche im Rang einer Kathedrale. 1527 brannten die Türken die Stadt nieder.

Sehenswert ist die auf dem Hügel erbaute ★**Altstadt** mit der Pfarrkirche **Sv. Filip i Jakov**, dem **Palais Modrus** und dem teilweise erhaltenen **Kastell** der Frankopani, das heute eine Bibliothek, eine Galerie und das **Narodni muzej** (Heimatmuseum) beherbergt.

Über die Hafenpromenade erreicht man den **Badestrand Lopar**; dort gibt es einen flachen Sandstrand sowie Kies- und Felsenstrände.

★SENJ

★**Senj** ❾ ist das Tor zum höchsten Gebirge Kroatiens, zum Velebit. Nur 14 km östlich der Stadt liegt **Vratnik** ❿, der mit 698 m niedrigste Pass zwischen Meer und Hinterland. Er galt im Lauf der gesamten Geschichte als wichtigster Übergang zum Balkan. Neben der strategisch günstigen Lage weist Senj auch eine klimatische Besonderheit auf: Im Winter dringt oft kalte Kontinentalluft durch den Vratnik zur Adria vor. Dadurch ist Senj die kälteste Stadt an der Adria. Hier tobt auch die gefürchtete Bora am heftigsten. Nicht von ungefähr behaupten die Einwohner oft: „Hier wird die Bora geboren, dann lebt sie in Rijeka und stirbt in Triest.“

Geschichte

In seiner Geschichte war Senj immer wieder Spielball konkurrierender Mächte; die Herrschaft wechselte häufig. Einer Gruppe gelang es vor allem, ihren Namen mit der Stadt auf Dauer zu verbinden – den Uskoken. Nachdem es dem ungarischen König Matthias Corvinus gelungen war, Senj dem Haus Frankopani zu entreißen, errichtete er einen Stützpunkt, der den Beginn seiner *Vojna Krajina* (Militärgrenze) bildete und Senj zur wichtigsten Bastion gegen türkische Angriffe machte.

1537 ergoss sich ein Strom kroatischer und serbischer Flüchtlinge aus den von Türken eroberten Gebieten nach Senj; sie nannten sich Uskoken (von *uskočiti* = einspringen). Unter ihnen gab es erfahrene und rachedurs-

Foto: Kai-Ulrich Müller

tige Kämpfer, denen die Habsburger gerne Asyl gewährten. Die Stadt und das Militär waren dem Herzog in Graz unterstellt. Im Lauf der Zeit wurden die Uskoken jedoch immer zahlreicher und frecher: Sie beschränkten ihre Aktionen nicht mehr auf die Bekämpfung der Türken, sondern unternahmen mit ihrer wendigen Flotte auch Raubzüge bis nach Venedig.

Da Österreich trotz des verständlichen Wunsches Venedigs die Uskoken nicht im Zaum hielt, gingen die Venezianer im Jahr 1613 im Bündnis mit dem Osmanischen Reich gegen die Uskoken vor. Senj wurde mit 85 Schiffen, 6 Galeeren und 12 000 Soldaten belagert, die von 4000 türkischen Reitern im Hinterland Unterstützung erhielten. Aber auch diesmal wurden die Uskoken noch immer nicht endgültig vernichtet, so dass es 1615 zum Österreichisch-Venezianischen Krieg kam. Dieser Konflikt konnte dann mit diplomatischer Hilfe des deutschen Kaisers und des spanischen Königs geschlichtet werden; die Uskoken wurden umgesiedelt, ihre Piratenschiffe verbrannt.

Oben: Die Uskokenfestung Nehaj (16. Jh) in Senj. Rechts: Die Plitwitzer Seen – 16 Seen, verbunden durch 92 Wasserfälle.

Stadtbummel in Senj

Von der langen militärischen Tradition der Stadt zeugt die **Stadtmauer** mit ihren zahlreichen Bollwerken, die überwiegend aus dem 13.-15. Jh. stammen. In den meisten der 13 Turmbastionen sind heute profanere Dinge untergebracht: Kneipen oder das Fremdenverkehrsamt.

Zentrum und Hauptsehenswürdigkeit ist die **Čilnica**, der große Platz im Zentrum, der eigentlich Marko-Balen-Platz heißt. Er gehört zu den schönsten barocken Plätzen an der kroatischen Küste. In seiner Mitte steht ein klassizistischer Springbrunnen. Am Ostende des Platzes liegt das **Kastell**, erbaut im 14. Jh. als Residenz der Frankopani. An der Westseite des Platzes stehen noch drei Gebäude, die früher als Salzkontore dienten. Die Südseite wird durch einen kleinen Park abgeschlossen.

» Karte S. 123, Info S. 134-135

Foto: Kai-Ulrich Müller

Gleich um die Ecke befindet sich die **Katedrala Sv. Marija**, das älteste erhaltene Gebäude der Stadt. Von dieser Kirche aus war die Glagolica in die anderen slawischen Länder verbreitet worden – dank des nie nachlassenden Engagements der hiesigen Bischöfe. Wertvolle Exponate aus der Schatzkammer der Kathedrale, darunter zwei wunderschöne **Prozessionskreuze** aus dem 14. Jahrhundert präsentiert die **Sakrale Sammlung**.

In Hafennähe befindet sich das **Palais Vukasović** mit dem **Stadtmuseum**. Von Interesse sind hier die Archäologische Sammlung, eine naturkundliche Ausstellung über Flora und Fauna des Velebit, eine nachgebaute Glagolica-Druckerei sowie Fragmente der Senjer-Platte, eines der ältesten kroatischen, glagolitischen Zeugnisse, das in der Festung Nehaj entdeckt wurde.

Über dem südlichen Teil der Stadt ragt das Symbol des uskokischen Widerstands auf, die vollständig erhaltene ***Festung Nehaj**. Ihrem Initiator, Stadthauptmann Ivan Lenković, waren die Mauern allein nicht sicher genug und so ließ er den Hügel Trbušnjak komplett roden und alle Häuser, die dort standen, abreißen. 1558 war die Trutzburg schließlich fertig gestellt. Eine kleine **Ausstellung** informiert darin über die Geschichte und Kultur der Uskoken.

**NATIONALPARK PLITWITZER SEEN

Von Senj führt eine Straße landeinwärts über Vratnik und Otočac zum vielbesuchten ****Nationalpark Plitvička jezera** ⓫ (Plitwitzer Seen, rund 100 km, 2 Std.). 16 grünblaue Karstseen folgen dort auf 7 km Länge treppenförmig aufeinander, verbunden durch 92 Wasserfälle. Diese Seen liegen in einem Gebiet, das dicht mit Buchen, Tannen, Fichten und Ahorn bewaldet ist und zum UNESCO-Naturerbe der Welt zählt. 20 000 ha Fläche umfasst der Nationalpark; davon entfallen etwa 200 ha auf die Seen und 14 000 ha auf die angrenzenden Wälder. Der Hochwald hat an einigen Stellen sogar Urwaldcharakter. Die Fauna

» Karte S. 123, Info S. 134-135

konnte sich mannigfaltig entwickeln, noch heute gibt es neben unzähligen Arten von Vögeln (u. a. Geier) und Kleintieren auch Rehe, Bären, Wölfe, Wildschweine und Wildkatzen. Auch in den Gewässern leben Spezies, die anderswo vom Aussterben bedroht sind – so z. B. Fischotter.

In einem Talkessel hat die Natur unterschiedlich große Seen stufenweise aneinander gereiht, bei einem Gesamthöhenunterschied von 156 m. Dieses Seensystem entstand durch allmähliche Erosion des Plateaus, das aus Kalkstein und Dolomit besteht, durch den Korana-Fluss. Er hat den härteren Dolomit mehr in die Breite als in die Tiefe ausgewaschen, wodurch die oberen Seen entstanden. Aus dem weicheren Kalkstein wurden dagegen tiefe Schluchten und Fjorde herausgeschnitten, die die unteren Seen bilden. In diesem regenreichen Gebiet finden Moose und Flechten ideale Bedingungen.

Durch die Ablagerungen von Kalzium- und Magnesiumkarbonat aus dem Wasser und durch die Wirkkräfte bestimmter Moose und Flechten kam und kommt es zu Kalktuffbildung an jenen Stellen, an denen es natürliche Barrieren gibt. Wegen der steten Ablagerung wachsen die Trennwände noch immer. Sie bilden gleichsam die Barrieren zwischen den Seen. Der Druck des Wassers lässt einzelne Travertinbarrieren jedoch immer wieder einreißen, so dass der Formungsprozess ständig weitergeht. Die Ablagerungen bedecken natürlich auch die Böden und die Wände der Seen und Fjorde mit einer weißlichen Schicht, was dem Wasser eine besondere Schönheit verleiht. Interessant ist, dass alle Gegenstände im Wasser, z. B. auch ins Wasser gefallene Baumstämme und Steine, ebenfalls weiß überzogen werden und dabei versteinern. Manchem ist diese Landschaft auch aus den Winnetou-Filmen der 1960er bekannt: Szenen aus „Der Schatz im Silbersee“, „Winnetou 2. Teil“ und „Winnetou 3. Teil“ wurden hier gedreht.

Im Eintrittspreis ist die Benutzung der Boote über den Kozjak-See und der Panoramabahn innerhalb des recht weitläufigen Areals enthalten. Für die Besichtigung empfiehlt sich eine Detailkarte, da die Zahl der – gut markierten – Wege groß ist. Über Ausflugsmöglichkeiten informiert man sich am besten an den beiden Rezeptionen mit Parkplätzen an der Hauptstraße. Unterkunft bieten ein Campingplatz in der Nähe sowie die Hotels am See.

Rechts: Kirchtürme prägen das Stadtbild von Rab.

*VELEBIT

Hinter Senj erhebt sich der ***Velebit**, das größte kroatische Massiv und das längste des Dinarischen Gebirges. Von Vratnik im Nordwesten bis zum Fluss Zrmanja im Südosten zieht sich der Velebit über 150 km hin. Steile Abhänge, über die im Winter die Bora fegt, eine kahle Küstenseite und eine dicht bewaldete Flanke an der Lika sind die Merkmale des verkarsteten Velebit. Einige Pflanzenarten gibt es nur hier. Da die mittlere Durchschnittstemperatur an ca. 160 Tagen nahe dem Gefrierpunkt liegt (mit großen Tag- und Nachtunterschieden), eignen sich die Sommermonate für eine Erkundung am besten.

Seit 1999 steht der nördliche Teil des Velebit-Gebirges als **Nationalpark Velebit-Nord** unter Naturschutz.

1966 wurde auf dem Velebit ein **Botanischer Garten ⓬**, der *Velebitski botanički vrt*, eingerichtet, der sich an den Hängen des 1676 Meter hohen Zavižan erstreckt. Von **Sv. Juraj** an der Küste führt eine Straße in diese Bergregion. Bei **Oltari** (1027 m) biegt man ab, orientiert sich südwärts und gelangt so in die Nähe des Parks, der auf etwa 1480 Metern liegt. Eine einfache Berghütte bietet Rastmöglichkeit. Auf einem Rundgang erschließt sich

» Karte S. 123, Info S. 134-135

Foto: Werner Stuhler

die Schönheit des Gartens, in dem die Pflanzen gekennzeichnet wurden.

Von der Hütte führt ein Wanderweg zu einem anderen Naturphänomen, zu den so genannten *Kukovi*. Hierbei handelt es sich um mächtige, kahle und bizarre Felsgebilde, die aus ihrer Umgebung herausragen und von Wind und Wetter geformt wurden. Einen dieser Felsen, den **Gromovača** ⓭ auf 1675 Meter Höhe, erreicht man nach einer zweistündigen Wanderung.

Südöstlich von hier befinden sich ganze Gruppen dieser Kukovi wie die Hajdučki kukovi oder die Rožanski kukovi. Auf einer Fläche von etwa 18 km² ragen mehr als 50 hohe Felsen auf. Hier trifft man auch auf fast alle Phänomene des Karstes: Karren, Schratten und Dolinen; nur der Naturpark Paklenica in der Nähe von Starigrad weist noch mehr Karst-Spezifika auf. Nur erfahrene Bergwanderer sollten dieses äußerst abgeschiedene Gebiet durchstreifen.

Zurück auf der Küstenstraße, der Magistrale, könnte man eine sagenhafte Aussicht genießen, wenn nicht der Straßenverkehr auf dieser kurvenreichen und unübersichtlichen Strecke äußerst gefährlich wäre.

In **Jablanac** ⓮, einem kleinen, beschaulichen Fischerdorf, lohnt sich eine Pause. Der Ort kann als Ausgangspunkt für Touren ins Velebit-Massiv, vor allem in die Region um den Gipfel des **Veliki Alan** (1300-1600 m), dienen. 1 km südlich lockt der malerische **Zavratnica-Fjord** ⓯. Von Jablanac dauert die Fährüberfahrt zur Insel Rab nur 15 Minuten.

*INSEL RAB

Die ***Insel Rab** ist mit 93 km² die neuntgrößte Insel der Adria und zudem einer der sonnigsten Orte in Europa. Man bringt es hier auf stolze 2500 Sonnenstunden im Jahr. Dass Bora und Kälteeinbrüche vom Velebit den der Adria zugewandten Teil der Insel nicht erreichen, liegt an den drei Bergrücken, die Rab von Nord nach Süd durchziehen. Vor allem der über 400 m hohe Gebirgszug des **Kamenjak** schützt die Orte der Süd- und Westküste vor den widrigen Winden vom Festland; die

Foto: Peter Hinze

windexponierte Ostseite der Insel ist dagegen unbewohnt.

Die Vegetation im Nordosten ist karg, dort überwiegt die Macchia. Der Rest der Insel besitzt aber teilweise eine üppige Vegetation, die zusammen mit herrlichen Stränden und idyllischen Buchten Rab zu einem beliebten Urlaubsziel gemacht hat. Mit seinem Besuch eines Naturisten-Ressorts auf der Halbinsel Frkanj westlich der Stadt Rab machte der englischen König Edward VIII. Rab 1936 als FKK-Insel bekannt. Heute gelten besonders die Strände der Halbinsel Lopar als Nudisten-Paradies.

Der Hauptort der Insel, die **Stadt ★Rab** ⓰, liegt zu Füßen des Kamenjak. Sie wurde bereits im 2. Jh. v. Chr. von römischen Soldaten als Militärlager gegründet. Die Stadtentwicklung begann ab 800 durch die Kroaten. Verschiedene kirchliche Orden und die Venezianer setzten bauliche Akzente. Heute zählt Rab zu den schönsten Orten der Adria

Oben: Souvenirmarkt am Fuß der Stadtmauer, Rab. Rechts: Die Marienkathedrale, Rab.

und entsprechend groß ist sowohl tagsüber als auch abends der Besucherandrang. Außerdem gibt es nahe der Stadt drei Badebuchten (*Padovas).*

Dass Rabs berühmtes Stadtbild mit den charakteristischen vier Kirchtürmen so geschlossen wirkt, verdankt es vor allem den starken **Mauern**, die es einst vor den Überfällen der Uskoken und Sarazenen schützten. In den engen Gassen der **Altstadt**, die sich auf eine schmale Landspitze schmiegt, drängen sich Touristen, um die schönen historischen Gebäude abzulichten.

Der beeindruckendste Bau Rabs ist die **★Katedrala Sv. Marija** am höchsten Punkt der Altstadt, eine dreischiffige Basilika aus dem 11. Jh. Papst Alexander soll sie 1177 persönlich geweiht haben. Bei der Restaurierung im 15. Jh. wurde über dem Hauptportal eine **Pieta** von Petar Trogiranin, einem der bekanntesten dalmatinischen Steinmetze der Frührenaissance, angebracht. Von ihm stammt auch das oktogonale Taufbecken in der Peterskapelle.

Neben der Kirche ragt der 25 m hohe **Glockenturm** auf; er entstand

» Karte S. 123, Info S. 134-135

ebenfalls im 11. Jh. Seine vielfältigen Fensterluken, die an den Turm der Kirche von Pomposa bei Ferrara erinnern, machen ihn einzigartig

Einen besonderen Wert unter den Schätzen des Doms stellt das **Reliquiar des hl. Christoforus** im **Museum für sakrale Kunst** dar, das in der Kirche **Sv. Justinia** (16. Jh.) untergebracht ist. Das Bistum erhielt die Pretiose im Jahr 923 vom Patriarchen von Konstantinopel geschenkt. Damals wurde Rab der Jurisdiktion von Rom unterstellt.

Neben den Glockentürmen von Sv. Marija und Sv. Justinian erheben sich zwei weitere Kirchtürme entlang der Gornja ulica über die Altstadt. Sie gehören zu **Sv. Andrije** (12. Jh.) und zur **Basilika Sv. Ivan Evandželista** (6./7. Jh.). Am Ende der „Oberen" Gasse führen Treppen zum **Park Komrčar**. Von dort zurückblickend breitet sich eines der berühmtesten Panoramen des Kvarner vor dem Betrachter aus: Die schmale Halbinsel der Altstadt schiebt sich wie ein Schiffsbug ins Meer, und die vier Türme überragen sie wie Masten. Zu Füßen dieser Kirchenparade säumt die **Meerespromenade** den beliebten Felsstrand **Banova Vila**.

Die Altstadt besticht durch ihre Geschlossenheit und ihre Paläste, deren Fassaden oft mit kunstvollen Steinmetzarbeiten geschmückt sind, wie z. B. der schöne **Knežev dvor** (Rektorenpalast) am Trg Sv. Kristofora oder die hübsche, heute als Café genutzte **Loggia** in der Srednja ulica.

Außerhalb des historischen Stadtkerns breitet sich der schöne **Park Komrčar** aus, angelegt im 19. Jh.; ein Spaziergang führt durch den Park ans Ende der Eufemija-Bucht.

Wer den Hausberg von Rab besteigen möchte, muss zunächst die Straße in Richtung Lopar entlanggehen und dann beim Bach Sunga rechts den Weg zur Bergspitze einschlagen. Vom Gipfel des Kamenjak, dem **Straža** ⓱ (408 m), öffnet sich ein eindrucksvolles Panorama bis hinüber zum Velebit. Verkehrs-

Foto: Werner Stuhler

beruhigt sind die beiden waldreichen Halbinseln **Frkanj** und **Kalifront** ⓲, erstere besitzt mit Kandalora den berühmtesten FKK-Strand des Kvarner, durch letztere zieht sich eine Forststraße bis zur idyllischen **Gozinka-Bucht** (Kieselstrand, Restaurant). Zentren des Badetourismus sind die Touristensiedlung **Suha Punta** ⓳ und die Strände von **Supetarska Draga** ⓴.

Barbat östlich von Rab besitzt mit dem **Pudarica Beach** den Party-Strand auf Rab. Tagsüber tummeln sich Familien mit Kindern am Kiesstrand; abends und nachts feiert die Jugend im **Santos Club** zwischen Lounge-Bar und Meer bis in den frühen Morgen.

Lopar ㉑ im Norden der Insel ist nicht nur Fährhafen für die Schiffe aus Valbiska (Krk), sondern auch Ferienort mit dem traumhaften, fast 2 km langen Sandstrand **Paradiso** (**Rajska plaza**). Er fällt sanft ins Meer ab, ideal für Familien mit Kindern. Dem Strand gegenüber liegt ein grünes Inselchen, zu dem man hinüberschwimmen kann.

Die Halbinsel Lopars ist ein nahezu rundes Hochplateau mit kleinen, ruhi-

5 Am Velebit-Kanal

Foto: Dirk Schröder

gen **Buchten**. Vom Ort führen markierte Wanderwege über die mit Kiefern und Macchia bewachsene Hochebene, beispielsweise zum **Sahara-Strand**, dessen pulveriger, weicher Sand vor allem FKK-Jünger anzieht.

Besondere Sehenswürdigkeiten hat Lopar nicht aufzuweisen, doch gibt es eine Legende, die mit der Entstehung des Zwergstaates San Marino in Italien in Zusammenhang steht. Sie erzählt vom hl. Marinus, der im 3. Jh. als Steinmetz aus Lopar am Bau der Festungsmauer von Rimini beteiligt war. Da er sich zum Christentum bekannte, war er dort nicht sicher, da Kaiser Diokletian die Christen vehement verfolgen ließ. Deshalb zog sich Marinus auf den Monte Tiano zurück und errichtete dort eine Kirche und später ein kleines Kloster – die Keimzelle des Staates San Marino, mit dem Rab noch heute eng verbunden ist.

Oben: Geklöppelte Spitzen – ein exquisites Mitbringsel aus Pag. Rechts: Stadt und Insel Pag vor der Kulisse des Velebit-Gebirges.

INSEL PAG

Die beste Fährverbindung zur **Insel Pag** besteht zwischen Prizna (nahe der Küstenmagistrale) und Žiglijen. Im Sommer kann man auch von Karlobag nach Pag übersetzen, dem Hauptort der kargen Insel. Pag gehört zu den Norddalmatinischen Inseln, ist 284 km^2 groß und 60 km lang. Wegen der Bora-Stürme ist die Insel ausgesprochen vegetationsarm, obwohl Bauern und Hirten über Jahrhunderte hinweg kilometerlange Feldsteinmauern als Windschutz errichtet haben. Schon die Römer hatten die strategische Lage erkannt und die Insel besetzt. Auf sie geht auch der Name zurück (*pagus* = das Dorf). Im Mittelalter stritten sich die Bischöfe von Zadar und Rab um den Besitz, da auf Pag einträgliche Salzgärten vorhanden waren. Der Streit ging so weit, dass die Insel geteilt wurde. Erst die Venezianer brachten Frieden. Nachdem das alte Cissa und Pagus durch Aufstände zerstört worden waren, dachte Venedig an eine neue Stadtgründung und bestimmte den Baumeister Juraj Dalmatinac zum Stadtplaner.

Das nach den Plänen von Dalmatinac entstandene Weichbild der Stadt ★**Pag** ㉒ (2500 Einwohner) hat sich bis heute erhalten. Der Grundstein zu dem ehrgeizigen Bauvorhaben wurde 1443 gelegt. Um einen zentralen Stadtplatz, den – ganz nach antikem Vorbild – zwei Hauptstraßen kreuzen, baut sich das Straßenraster auf. Am Hauptplatz steht die Pfarrkirche **Sv. Marija**, eine gotische Basilika mit vielen Stilmerkmalen der Renaissance. Besonders die Fassade mit ihrem Reliefschmuck ist hervorzuheben; ihre Rosette inspirierte eine Spezialität der Insel, die **Pager Spitzen**. Die Motive, meist vierblättrige Sterne und Rosetten, sind weltberühmt; die Handarbeiten können sich mit den Brüsseler und den venezianischen *Reticella*-Spitzen messen und werden als Reiseandenken gern gekauft. Herstellungszentrum ist die

» Karte S. 123, Info S. 134-135

Foto: Rainer Hackenberg

Pager **Spitzenklöppelschule**, die seit 1995 wieder Mädchen und Frauen in dieser Kunst ausbildet. An der Saline südlich des heutigen Pag befinden sich die Ruinen des alten *Pagus* – von **Starigrad** ㉓. Es sind allerdings nur noch Reste einer alten Basilika zu erkennen.

Haben die Pager früher vor allem Salz gewonnen, so leben sie heute von der Gastronomie. Oliven, ausgezeichnetes Lammfleisch und insbesondere **Schafskäse** sind Spezialitäten: Der hiesige *Paški sir* wird aus der Milch jener Schafe gewonnen, die sich von den würzigen Salzkräutern ernähren.

Die wirtschaftliche Zukunft der Insel ist der Tourismus, immerhin gibt es an der 11 km langen **Pager Bucht** ㉔ (Paški zaliv) **Sand-/Kies-Strände** und einige Hotels; FKK-Strände, Campingplatz, Pensionen, Diskos und Restaurant finden sich bei dem früheren Fischerort und heutigen Urlauberzentrum **Novalja** ㉕ wo es sogar einen Wald gibt. Wie vielseitig diese Küstenregion ist, zeigen die sehr unterschiedlichen Strände: **Straško** südlich von Novalja ist ein idealer Familienstrand, ein von Kiefern gesäumter Kiesstreifen, der sich flach zum sandigen Meeresgrund senkt. Der **Partystrand Zrče** östlich von Novalja hingegen ist nur Besuchern zu empfehlen, die Rummel und Musik schätzen: Gleich drei **Clubs** beschallen die **Kiesbucht**, tagsüber gedämpft, nachts umso lauter – Zrče wird auch das kroatische Ibiza genannt. Interessante archäologische Ausstellungsstücke birgt das **Stadtmuseum** von Novalja. Im Tiefgeschoss ist der Zugang zu einem unterirdisch verlaufenden römischen Aquädukt zu sehen.

Der ehemals bedeutende Inselort *Cissa* bzw. **Časka** ㉖, wie ihn die Kroaten nennen, erlebte seine Blüte bis zum Ende des 14. Jh. Viele Ruinen stammen aus römischer Zeit. Weil sich die Küste gesenkt hat, befinden sich einige Trümmer unter Wasser. Am **Sand-/Kiesstrand** von Časka können die Badegäste **Schnorchelausflüge** zu den **römischen Ruinen** unternehmen.

Auf der schmalen **Halbinsel Lun** führt eine Straße Richtung Norden zum Ort **Lun**; sie endet an dem benachbarten kleinen Fischerhafen **Tovarnele** ㉗.

CRIKVENICA (☎ 051)

TZG Crikvenca, Trg S. Radića 1c, Tel. 241051, www.vieracrikvenica.hr.

Restaurant Galija, frischer Fisch, delikate Pasta, Risotto, Gajevo šetaliste 1, Tel. 785163. **Burin**, serviert Fischspezialitäten, u. a. gutes Tintenfisch-Risotto, Dr. Ivana Konstrenčiča 10 a, Tel. 785209.

Von Crikvenica ins Tal von **Vinodol** mit Wandermöglichkeiten. Auf **Zagradski vrh** und **Viševica** im dinarischen Küstengebirge führen markierte Wege, tolle Rundsicht.

NOVI VINODOLSKI (☎ 051)

Turistička zajednica, Kralja Tomislava 6, Tel. 791171, Fax 244306, www.tz-novi-vinodolski.hr.

Konoba Lucija, rustikales Gasthaus mit lokalen Spezialitäten, darunter eine üppig belegte kalte Platte mit Pršut, Wurst und Käse, Vinodolska 6, Tel. 245755.
Vagabundina Koliba, einheimische Kost in einem rustikalen Gastraum, besonders köstlich schmeckt der in Öl und Kräutern eingelegte Schafskäse aus der Region, Bribir, Kičeri 31a, Tel. 248708.

Narodni muzej (Heimatmuseum), im Sommer Mo-Sa 9-12, 19-21, So 9-12; Winter Mo-Fr 9-12 Uhr, Trg Vinodolskog zakona 1, Tel. 244266.

Markierte Fahrradwege unterschiedlicher Schwierigkeitsstufen führen ins Hinterland und hinauf auf den Gipfel Velika Kapela.

PARAGLIDING: Startplatz oberhalb des Dorfes Tribalj; Infos und Tandemflüge bei Nedeljko im Klub-Café Kobac in Tribalj.

SENJ (☎ 053)

TZ Senj, Stara cesta br. 2, Tel. 881068, www.tz-senj.hr

Konoba Lavlji dvor, neben einer großen Auswahl an Fisch stehen krosse Pizzen auf der Speisekarte, Petra Preradovića 2, Tel. 882107.
Martina, köstlich speisen am Meer mit Blick auf die Insel Krk, Filipa Vukasovića 23, Tel. 881638.

Sakrale Sammlung Sakralna baština, 15. Juni-1. Sept. 7-15 Uhr, Trg Cimiter 7.
Stadtmuseum Gradski muzej, Juli/Aug. Mo-Fr 7-15, 18-20, Sa 10-12, 18-20, So 10-12 Uhr, sonst Mo-Fr 7-15 Uhr, Ogrizovićeva 5.
Festung Nehaj, Juli/Aug. 10-21, Mai, Juni, Sept. Okt. 10-18 Uhr.

PLITWITZER SEEN (☎ 053)

Turistične informacije, Sommer 7-20, Winter 8-16, Frühjahr/Herbst 8-18 Uhr, Kassenschluss jeweils 4 Stunden vorher, Tel. 751015, Fax 751013, www.np-plitvicka-jezera.hr

Lička Kuća, Spezialitäten sind Lamm vom Spieß, Pršut, gute Käse und Weine, am Nordeingang, Tel. 751024.

Am besten durchwandert man den Nationalpark vom Nordeingang entlang den Seen zum Südeingang. Für den Rückweg kann man den (Gratis-) Bus nehmen.

VELEBIT (☎ 053)

Nacionalni park Sjeverni Velebit (NP Nord-Velebit), Eingang Babić-Siča Mai-Okt. Mo-Do, So 7-16, Fr/Sa 7-17 Uhr, Krasno, Tel. 665392, www.np-sjeverni-velebit.hr.

In der Hütte am Zavižan einfache Verpflegung und Übernachtungsmöglichkeit, Tel. 614209.

INSEL RAB (☎ 051)

FÄHREN: Jablanac – Mišnjak (Rab) 30 Minuten. Fährlinie **Rapska plovidba**, Hrvatskih branitelja domovinskog rata 1 / 2,

Rab, Tel. 724122, www.rapska-plovidba.hr. Valbiska (Krk) – Lopar, zweimal tgl., **Linijska nacionalna plovidba,** www.lnp.hr.

MARINAS: **ACI Supetarska Draga**, 280 Liege- und 150 Trockenplätze, alle wichtigen Einrichtungen, Tel. 776268, Fax 776222.
ACI Rab, 150 Liegeplätze, auch für 15-m-Jachten, Tel. 724023, Fax 724229, www.aci-club.hr.

RAB (STADT)

Turistične informacije, Trg Municipium Arba 8, Tel. 771111, www.tzg-rab.hr

Paradiso, in einem alten Palasthof diniert man mit Piano-Untermalung, S. Radiča 2, Tel. 771109.
Konoba Rab, die urgemütliche, verwinkelte Konoba hat sich auf traditionelle Gerichte aus der Peka spezialisiert, Kneza Branimira 3, Tel. 725666.

Katedrala Sv. Marija, Glockenturm, Mitte Juni-Mitte Sept. tgl. 10-13, 19.30-21.30 Uhr.
Crkva Sv. Justine, Museum für sakrale Kunst), Juni-September 19.30-22 Uhr, Gornja ulica.

San Antonio Club, Lounge, Bar und Diskothek im Stadtzentrum; dieser Club betreibt auch den **Santos Beach Club** in Barbat; www.sanantonio-club.com.

LOPAR

TZO Lopar, Lopar bb, Tel. 775508, www.lopar.com.

Laguna, zentral gelegen und mit umfangreichen Speiseangebot ist dies eine der besten Adressen in Lopar, Lopar 547, Tel. 775177.

Tauchschule Moby Dick, Ausbildung nach PADI-Richtlinien Tauchexkursionen, Lopar 493, Tel. 775577, www.moby-dick-diving.com.

SUPETARSKA DRAGA

Konoba Gonar, hat sich auf Fleischgerichte aus der „Peka" einer Tonpfanne spezialisiert, Supetarska Draga 328, Tel. 776638, www.gonar.hr.

INSEL PAG (☎ 053)

Turistička zajednica, Ulica od Špitala bb., Tel. 611286, Fax 611301, ww.tzpag.hr

Bistro Na Tale, beste Küche des Orts, S. Radića 2, Pag-Stadt, Tel. 611194.
Starac I More, Fisch u. Fleisch, an der Hafenpromenade, Braće Radić bb., Novalja, Tel. 662423.
Konoba Bodulo, die Konoba mit schattenspendendem Weinspalier ist eine gute Adresse für Fisch und Meeresfrüchte, Vangrada 19, Tel. 611989.
Steffani, eine gute Alternative zu den überteuerten Etablissements am Strand ist dieses gemütliche Bistro in der Stadtmitte, Obala P. Krešimira IV 12, Novalja, Tel. 661697.

Gradski muzej Novalja, Juni-Okt., Mo-Sa 9-13, 18-22, So 18-22 Uhr, Tel. 053 66 11 60, Juni-Okt., Mo-Sa 9-13, 18-22, So 18-22 Uhr, Ul. kralja Zvonimira 27, http://muzej.novalja.hr.

Aquarius, **Papaya** und **Kalypso** sind die beliebtesten Beach-Clubs am **Partystrand von Zrče**, die Saison beginnt Ende Juni und dauert bis Ende September. Vor der Strandparty trifft man sich in der **Cocomo Cocktailbar** (Obala P. Krešimira IV 9) in Novalja, wo auch die Shuttle-Busse zum Strand starten.

Auf Pag gibt es Buchten mit Feinkies bzw. Sand, z. B. in der Nähe von Vlašici. Die meisten Sandstrände in der Bucht von Časka sind jedoch nur vom Meer her zugänglich.

AUTOFÄHREN: Prizna – Žigljan 15 Min., Personenfähre Rijeka – Rab – Pag 3 Std.

Jo Scholten

NORDDALMATINISCHE
INSELN
0
5
10
15 km
© Nelles Verlag GmbH, München
Novalja
Časka
Senj, Rijeka
Oštarijska vrata (928)
Baške Oštarije
Gospić
Zagreb
Lika
Vrebac
Karlobag
Sušanj
Trnovac
Novoselo Bilajsko
Bilaj
Lički Ribnik
Mogorić
Metajna
Paški zaliv
Kolan
ŠKRDA
Šikić-Dražica
Brušane
Jadova
Medak
349
Maunski kanal
PAG
Pag
Lukovo Šugarje
V E L E B I T
Visočica (1619)
Brezik
Gornja Ploča
Maun
Rijeka, Rab
Starigrad
Kukljić
MAUN
Košljun
Gorica
Velebitski kanal
E 65
Baric Draga
Raduč
PLANIK
Dinjiška
Vaganski vrh (1758)
Sv. Rok
Povljana
Tribanj Krušćica
V. Paklenica
Sveto br. (1753)
Vlašići
M. Paklenica
Nacionalni park Starigrad-Paklenica
VIR
Vir
Lozice
Virsko more
Ljubački zaljev
Starigrad
Privlaka
Vrsi
Ljubač
Ražanac
Seline
Rovanjska
Silba
Nin
Vinjerac
Zaton
Prahulje
Poljica
Radovin
Slivnica G.
Maslenica
Gračac
Molat
MOLAT
Visočane
Posedarje
Novigradsko more
Zadarski kanal
Petrčane
Kruševo
Ancona
SESTRUNJ
Poljaci
Poličnik
Islam-Grčki
Novigrad
RIVANJ
ŽVERINAC
Veli Rat
Diklo
Bokanjac
Murvica
Pridraga
Karinsko more
Božava
Sestrunj
Ugljan
Zadar
G. Zemunik
Smilčić
Soline
Dragove
Selo
Sakarun
Vrh Zlata (236)
Lukoran
D. Zemunik
D. Biljana
D. Karin
UGLJAN
Babindub
Bibinje
Škabrnje
Kula Atlagića
Sv. Mihovil
Preko
Galovac
Brbinj
Kali
Benkovac
Savar
Veli Iž
Sukošan
Gorica
IŽ
Kukljica
Rava
DUGI OTOK
Mali Iž
Srednji kanal
Ždrelac
Polača
Šopot
Banj
Sv. Petar
Miranje
338
274
Nevidane
Turanj
Luka
Sv. Filip i Jakov
Žman
Pašman
Vrana
Šibenik
PAŠMAN
Sali
LAVDARA
Biograd na Moru
Tkon
Pakoštane
305
Slano jezero
Telašćica
Crvena Luka
Vodopije
KATINA
ŽIŽANJ
Vransko jezero
GANGARO
V. ARTA
Drage
Vodice
TALJURIĆ
Nacionalni
ŽUT
VRGADA
J A D R A N S K O
KORNAT
Lučice
236
Betina
Murter
LEVRNAKA
Vrulje
Tisno
M O R E
park
Murtersko more
MURTER
K O R N A T I
Jezera
JADRA
Split
LAVSA
Kornati
V. SMOKVICA
KURBA
KAKAN
ŽIRJE

ZADAR UND NORDDALMATIEN

VON STARIGRAD NACH ZADAR
ZADAR
NORDDALMATINISCHE INSELN
VON BIOGRAD NACH MURTER

NORDDALMATIEN

VON STARIGRAD NACH ZADAR

Von Karlobag führt die Magistrale weiter nach Südosten und erreicht nach 44 km **Starigrad** ❶, das frühere *Argyruntum*. Etwa 4 km von Starigrad entfernt erstreckt sich im südlichen Velebit-Gebirge der **Paklenica-Nationalpark** ❷. Seine zwei tiefen Schluchten – ***Velika Paklenica** (mit der Tropfsteinhöhle **Manita Peć**) und **Mala Paklenica** (nahe Seline) – sind einen Abstecher wert. Die höchste Erhebung des Parks ist der in einer anspruchsvollen Tagestour erklimmbare, 1758 m hohe **Vaganski vrh** ❸.

Bei **Maslenica** ❹ öffnet sich das **Novigradsko-Meer**, ein Golf, der durch einen natürlichen Kanal mit dem großen Velebitski-Kanal im Norden verbunden ist. Über eine vierspurige Autobahnbrücke kann man sie queren und ins 30 km entfernte Zadar fahren.

Nin

Für Strandfreunde und historisch Interessierte lohnt ein Abstecher in die Kleinstadt **Nin** ❺. In ihrem Umfeld gibt es schöne, sandige Strände, und in Nin selbst wurde kroatische Geschichte geschrieben. Die historische **Inselstadt** mit ihren antiken Ruinen (u. a. Römertempel) und bedeutenden alten Kirchen liegt, durch zwei Brücken mit dem Festland verbunden. in einer flachen **Lagune** am Ende der 7 km langen Bucht **Ninski Zaljev**.

Der Stamm der Liburner besaß ab dem 9. Jh. v. Chr. in Nin einen Siedlungsschwerpunkt, wovon die mit über hundert Gräbern bedeutendste Fundstätte Dalmatiens zeugt. Als die Römer über Dalmatien herrschten, förderten sie die Stadt, die sie *Aenona* nannten.

Im 7. Jh. zerstörten Awaren und Slawen Nin. Nun errichteten die Kroaten hier ihr Machtzentrum. Um 800 begannen fränkische Missionare mit der Christianisierung. Da die kroatischen Herrscher bis ins 11. Jh. keine feste Hauptstadt besaßen, nutzten sie Nin, das religiöse Zentrum, für Aufenthalte und Krönungen. Nachdem Nin an Venedig gefallen war, ließ die Serenissima 1570 die Befestigungsanlagen und Teile der Stadt zerstören, um zu verhindern, dass die Türken hier unterschlüpften – was im 17. Jh. dennoch kurzzeitig geschah. Im 18. und 19. Jh. wurde Nin wieder aufgebaut, doch erlangte es nie mehr seine frühere Bedeutung.

Inmitten der **Altstadt** von Nin, die zum Teil noch von einer Mauer umgeben ist, steht ***Sveti Križ**, die Heilig-

Vorherige Seiten: Trachtengruppe am Hafen von Jezera, Insel Murter.

Foto: Thomas Stankiewicz

Kreuz-Kirche, das bedeutendste altkroatische Bauwerk. Es datiert von 800 und blieb völlig unverändert erhalten. Mit nur 36 Schritt Umfang ist es die wohl kleinste Kathedrale der Welt – sie wird so bezeichnet, weil man annimmt, sie sei Bischofssitz gewesen. Über dem Eingang befindet sich eine Inschrift, die Župan Godežav (Fürst Godežav) als Stifter ausweist: die älteste namentliche Nennung eines kroatischen Fürsten. Den Forschern gab der Bau lange Zeit Rätsel auf, da man einerseits über die Vollkommenheit der Proportionen, andererseits aber über fehlende wesentliche Baumerkmale erstaunt war. Die Lösung fand ein Maler aus Dubrovnik, Mladen Pejakovič. Er stellte fest, dass der Bau in seinen Dimensionen und Elementen streng nach den wichtigsten Sonnenständen im Jahresverlauf, nach der Sommer- und Wintersonnenwende sowie der Tag- und Nachtgleiche, ausgerichtet worden war. Auf diese Weise entstand ein Bau, der zugleich Uhr, Kalender und Kirche ist.

Oben: Nationalpark Paklenica – lohnendes Revier für Wanderer und Mountainbiker. Rechts: Keine Ehrfurcht vor dem Alter ...

Nicht weit von der Hl.-Kreuz-Kirche befindet sich die Pfarrkirche **Sveti Anselmus**. Neben einigen romanischen und gotischen Bauteilen ist vor allem die **Schatzkammer** sehenswert. In ihr befinden sich Silber- und Goldschmiedearbeiten, die die kulturelle Blüte Nins im frühen Mittelalter belegen, darunter zwei Reliquiare, karolingische Arbeiten des 8./9. Jh.und ein Ring von Papst Pius II. (15. Jh.).

An der Straße zum oberen Stadttor ragt ein **Standbild für Bischof Grgur Ninski** auf, ein Werk des Bildhauers Ivan Meštrović, der hier eine kleine Kopie seiner Skulptur von Split aufstellte. Im kleinen **Archäologischen Museum** sind der kunstvolle liburnische Bronzeschmuck, Exponate aus der Römerzeit, Boote aus dem 11. Jh. und eine Kopie des Višeslav-Taufbeckens besonders sehenswert.

Die Küste um Nin ist relativ flach. Sand und Kies säumen die seichte **Ninska Laguna**, die sich ideal für Nichtschwimmer, Kinder und Kitesurf-

» Karte S. 138, Info S. 150-151

Foto: Thomas Stankiewicz

Anfänger eignet. Beliebt sind der sandige ★**Königsstrand** 2 km nordwestlich und, 2 km südlich, die Feriensiedlung **Zaton** mit ihrem kinderfreundlichen ★**Sand/Kiesstrand**.

Auf dem Weg nach Zadar trifft man in **Prahulje**, 1 km südlich von Nin, auf das originelle Kirchlein **Sv. Nikola** aus dem 11. Jh. Anstelle der Kuppel hat man später einen achteckigen Wehrturm aufgesetzt und die Kirche als Ausguck benutzt.

★★ZADAR

★★**Zadar** ❻ (ca. 80 000 Einwohner) ist Kultur- und Wirtschaftszentrum Norddalmatiens. Zeitweilig war es sogar die Hauptstadt ganz Dalmatiens. Die Liburner gründeten hier den Ort *Jadera*. Dann kamen die Römer, unterwarfen die Liburner und legten die Stadt in einem Grundriss an, der noch heute das Straßenbild prägt. Innerhalb der Festungsmauer entstanden Kapitol, Forum, Theater, Thermen und eine Kanalisation. Unter Kaiser Trajan wurde ein 35 km langer Aquädukt gebaut, der bis zum Vransko-See südlich von Zadar reichte.

Während der Zeit der Völkerwanderung konnte die Stadt als einzige dem Ansturm der Awaren standhalten. Die slawischen Stämme siedelten sich jedoch im fruchtbaren Hinterland an, und es dauerte nicht lange, bis Zadar eine kroatisch-romanische Stadt wurde. Offiziell gehörte sie zum byzantinischen Reich; doch seit dem 11. Jh. stritten sich verschiedene Herrscher wie die kroatischen Könige und Venedig um die Stadt, während der „Große Rat", die Bürgerversammlung Zadars, auf Autonomie pochte. 1202 eroberte der Doge Dandolo mit einem Heer französischer Kreuzritter die Stadt; 1358 fiel sie an Ungarn.

1409 konnte Venedig jubeln: Der ungarische König Ladislaus verkaufte Stadt und Küste für 100 000 Dukaten an die Dogenrepublik. *Zara*, wie es die Venezianer nannten, wurde Sitz des Provveditore (Statthalters) für Dalmatien und Albanien. Im Hinterland entwickelte sich die Landwirtschaft, in der Stadt blühte das Handwerk. Venedig

ließ ausschließlich Handel mit der Serenissima zu. Die Venezianer bauten Zara zum stärksten Bollwerk an der Ostadria aus, um den Osmaneneinfällen standhalten zu können.

Unter österreichische Herrschaft kam die Stadt im Jahr 1797. Von 1918 bis zum Ende des Zweiten Weltkriegs war Zadar italienisch. Im Zweiten Weltkrieg wurde Zadar durch Bombenangriffe schwer getroffen. Der Wiederaufbau und auch die Renovierung der meisten kulturhistorischen Denkmäler erfolgte unter Tito.

Altstadtbummel in Zadar

Das historische Zentrum von Zadar erstreckt sich auf einer schmalen Halbinsel. Von ursprünglich vier Stadttoren sind zwei erhalten geblieben: das Seetor an der Hafenseite und das Landtor im Osten, das den Zugang zur Halbinsel gewährt. Am besten beginnt man die Besichtigung am ***Kopnena vrata** ① (Landtor). Es wurde 1543 nach Plänen des italienischen Renaissance-Baumeisters Michele Sanmicheli errichtet. Über dem Hauptbogen sind das Stadtwappen (der hl. Chrysogonus zu Ross) und der Markuslöwe eingemeißelt. Links vom Tor liegt der kleine Hafen **Foša** ②; er gehörte zum Stadtgraben, den die Venezianer hatten ausheben lassen. Bis auf diese Wasserfläche wurde der Graben zugeschüttet.

Hinter dem Hafen steigen die Mauerreste der ehemaligen Zitadelle auf.

» Stadtplan S. 142-143, Info S. 150-151

Das Gelände um die zerstörte Festung wurde in einen kleinen Park umgewandelt.

Hat man das Landtor durchschritten, liegt rechts das alte **Arsenal** der Venezianer, heute ein Kulturzentrum. Die nächste Abzweigung rechts führt zum **Trg Petra Zoranića** ③. Sein Zentrum markiert eine alte **Römische Säule**, die die Venezianer als Pranger nutzten. Am Ostende des Platzes ragt der mittelalterliche **Turm** (Bablja kula) auf. Er ist das einzige Relikt der alten Stadtmauer. Interessant sind auch die fünf **Brunnen**, die bis zum Bau der neuen Wasserleitung1838 die ganze Altstadt mit Wasser versorgten.

Die Nordostecke des Platzes begrenzt die **Sveti Šimun** ④ (Simeonskirche). Die einst dem hl. Stephan geweihte Kirche wurde an der Stelle eines Vorgängerbaus aus dem 5./6. Jh. errichtet und mehrmals umgebaut. 1632 überführte man die Gebeine des hl. Simeon hierher, weihte ihm die Kirche und setzte ihr eine neue Barockfassade vor.

Der spätromanische ***Sarkophag des hl. Simeon**, der sich vor dem Chor befindet, ist eine herausragende Silberschmiedearbeit. Dieses Kunstwerk wurde zwischen 1377 und 1380 von dem Mailänder Goldschmied Francesco da Sesto und Gehilfen aus Zadar gefertigt. Den Auftrag dazu hatte Elisabeth, die Gemahlin des ungarisch-kroatischen Königs Ludwig I. von Anjou, gegeben. Auf dem 1,92 m langen, 80 cm breiten und 1,27 m hohen Sarkophag sind nicht nur Szenen aus dem Leben des Heiligen, sondern auch zeitgenössische Ereignisse dargestellt.

Alljährlich am 8. Oktober, dem Festtag des Heiligen, wird der Schrein geöffnet; dann ist auch sein mit wertvollen Votivgaben gefülltes Inneres zu sehen. Mit diesem kostbaren Geschenk wollte Ludwig die starke Stadt als Bindeglied zwischen seinen süditalienischen und seinen polnisch-kroatisch-ungarischen Besitzungen gewinnen. Der beliebteste Heilige der Stadt, Simeon, sollte diese Bande dauerhaft knüpfen. Doch nützte es nichts, denn im Streit um die ungarische Krone gewann schließlich Ludwigs Konkurrent Sigismund. Im Inneren der St.-Simeons-Kirche sind an der Nordwand Fresken aus der Gotik erhalten geblieben.

Bei der Simeonskirche beginnt der ehemalige **Decumanus**, noch heute die ost-westliche Hauptachse, die allerdings jetzt Kotromanić und Široka ulica (Breite Straße) heißt. Ein Spaziergang über die Kotromanić nach Westen führt an der ehemaligen **Stadtwache** vorbei; mit ihrem wuchtigen Stil der Spätrenaissance und ihrem im 19. Jh. fertig gestellten Uhrturm ist sie nicht zu übersehen. Sie beherbergt das **Etno-**

Foto: Archiv Gunda Amberg

grafski muzej ⑤ mit Trachten, altertümlichem Hausrat, Instrumenten und volkstümlicher Kunst.

Vor der Stadtwache öffnet sich der ***Narodni trg** ⑥ (Platz der Nation), seit dem Mittelalter Zentrum des öffentlichen Lebens der Stadt. An seiner Nordostseite, gegenüber der Stadtwache, liegt die nachträglich verglaste **Gradska loža** (Loggia), im 13. Jh. errichtet und von Sanmicheli 1565 neu gestaltet. Sie dient als Ausstellungshalle. Daneben steht das alte **Dvor** (Rathaus), allerdings jünger als die Loggia, nämlich von 1936. Hinter dem Rathaus und leicht durch ein Tor zu erreichen steht die romanische Kirche **Sveti Lovro** aus dem 10./11. Jh., die im 18. Jh. als Gefängnis diente.

Die Široka ulica führt weiter nach Westen zum religiösen Zentrum Zadars. In enger Nachbarschaft befinden sich hier zwei Kirchen und ein Kloster. Am auffälligsten sticht die wuchtige Rotunde der Kirche ***Sveti Donat** ⑦ (9. Jh.) heraus. Sie beherrscht die große Freifläche, die einst das antike Forum bildete und ist der repräsentativste Bau altkroatischer Architektur. Als Bauherr gilt der damalige Bischof Donatus. Er besuchte in den ersten Jahren des 9. Jh. mit einer Gesandtschaft auch Karl den Großen in Aachen; daraus erklärt sich wohl die Ähnlichkeit der Kirche mit der dortigen Pfalzkapelle. Der 27 m hohe Rundbau wirkt schlicht, doch monumental. Das Innere gliedert sich in den zweistöckigen, runden Mittelsaal und einen Umgang, die durch eine Säulenreihe getrennt werden. Drei Apsiden im Osten dienten der Liturgie. Ein Obergeschoss bot weiteren Gläubigen Platz. Fast alles Material, das verbaut wurde, ist antik; man erkennt Mosaikfragmente, Grabplatten und Säulenreste. Heute wird der Bau als **Konzertsaal** genutzt.

Oben: Das römische Forum lieferte das Baumaterial für die Donatskirche. Den Turm des Anastasia-Doms nebenan darf man besteigen.Danebem Rechts: Konzert in der Donatskirche.

Gegenüber der Donatskirche sieht man die Renaissancefassade der Kirche **Sv. Marija** ⑧, die zum benachbarten

» Stadtplan S. 142-143, Info S. 150-151

Benediktinerinnenkloster gehört. Das Kloster besteht schon seit dem 11. Jh.; damals nämlich hatte die Schwester des kroatischen Königs Krešimir IV. bei der Krone eine Stiftung durchgesetzt und so den Bau ermöglicht. Im 16. Jh. wurde die Kirche umgebaut und bekam ihr heutiges Aussehen. Nach dem II. Weltkrieg gab es eine Restaurierung, bei der das Kloster teilweise zu einem Ausstellungsgebäude für kirchliche Kunst wurde. Hier residiert die spektakuläre Ausstellung **Srebro Zadra** mit sakraler Kunst.

Am römischen **Forum**, neben Sv. Marija, steht das ***Arheološki muzej** ⑨. Bemerkenswert sind die neue Römische Abteilung im 1. Stock mit drei imposanten Kaiserstatuen und die Funde aus liburnischen Siedlungen und Gräbern Norddalmatiens im 2. Stock.

Westlich des ehemaligen Klosters ragt auf dem Grünen Platz, dem **Zeleni trg** ⑩, eine 15 m hohe **Marmorsäule** auf, auf deren Kapitell ein leicht zerschossenes Relief des Markuslöwen zu erkennen ist. Die Säule gehört zu dem antiken, einst 90 m langen und 45 m breiten Forum, von dem man einige Bodenplatten freigelegt hat.

Nicht weit entfernt von diesem Platz erhebt sich ***Sveta Stošija** ⑪, der Dom St. Anastasia, eine der monumentalsten romanischen Basiliken an der Ostadria. Als die Stadt 1202 durch Kreuzfahrer geplündert worden war, hatte auch der Dom gelitten und musste bis 1324 restauriert werden. Prächtig gestaltet wurde dabei die Fassade mit den drei Portalen und den obergeschossigen Blendarkaden, die zwei Rosetten umrahmen. Im Tympanon über dem Mittelportal thront die Muttergottes, umgeben von dem hl. Zoilus und der hl. Anastasia. An den beiden Seiten des Portals wachen Apostelfiguren. Das Kircheninnere ist durch zwei Stützenreihen von sich abwechselnden Pilastern und Rundsäulen in drei Schiffe gegliedert. Im Mittelschiff sind Reste des Mosaikfußbodens aus dem 10. Jh. zu erkennen.

Foto: Dirk Schröder

Kunstvolle Triforien schmücken die hohe Arkadenwand. Den Hauptaltar umgibt ein frühgotischer, auf Säulen ruhender Altarüberbau in Gestalt eines Baldachins. Beeindruckend ist das Chorgestühl aus dem 15. Jh. Unter dem Hauptaltar befindet sich eine dreischiffige Krypta und im Altar des linken Seitenschiffs ruht der Schrein der hl. Anastasia. Der ***Glockenturm** ist das Wahrzeichen Zadars; wer ihn besteigt, genießt eine schöne **Aussicht**.

Nun geht man am besten zurück zum Forum und biegt an der nächsten Kreuzung links in die Šimuna Kožičića Benje ein. Diese Nord-Süd-Achse Zadars war der römische *Cardo*. Bald darauf ist rechts die ***Sveti Krševan** ⑫ (Chrysogonuskirche, 12. Jh.) erreicht, ein Meisterwerk dalmatinischer Romanik. Hinter der Kirchenfassade mit den drei Portalen öffnet sich ein dreischiffiger Raum, den antike Säulen mit korinthischen Kapitellen gliedern. In den Apsiden sind Fresken (Johannes der Täufer, der hl. Chrysogonus, die hl. Anastasia und Christus, 13./14. Jh.) erhalten. Als größte Attraktion gelten jedoch die Au-

Foto: Lario Tus (Dreamstime)

ßenseiten der drei Apsiden. Die ganze Wandgestaltung der Basilika mit ihren Blendarkaden und dem Säulengang der Hauptapsis erinnert stark an lombardische Beispiele. An den Apsiden befindet sich ein kleines Café.

Für einen Spaziergang zu einem der **Kais**, die die gesamte Altstadt umgeben, kehrt man am besten zurück zur Šimuna Kožičića Benje und biegt nach rechts ein. Sofort fällt der Blick auf die **Porta Marina** ⑬ (Seetor), den alten Zugang zur Stadt vom Hafen aus. Dieses Tor wurde 1560 erbaut und im Jahr 1571 anlässlich des Seesieges der Venezianer über die Türken bei Lepanto mit einer Gedenktafel für die heimkehrenden Seeleute von Zadar versehen.

Das jüngste Museum Zadars, **Muzej antičkog stakla** ⑭, widmet sich antikem Glas und stellt im klassizistischen Cosmacendi-Palais eine eindrucksvolle Sammlung römischer Glaswaren aus.

Oben: Die norddalmatinische Inselwelt ist ein hervorragendes Segelrevier. Rechts: Kali schließt südlich an Ugljans Hauptort Preko an.

An der Westspitze der Altstadt, an der Uferpromenade, gibt eine **Wasserorgel** ⑮ im Takt der Wellen melodische Zufallstöne von sich. Der Künstler Nikola Bašić hat seine Meeresorgel um einen **Gruß an die Sonne** ergänzt: Glasscheiben reflektieren das Licht der untergehenden Sonne zu einem faszinierenden Farbenspiel.

Auf der Hafenseite gegenüber der Porta Marina liegen die **Neustadt** von Zadar und die **Marina** für Jachten. An den Kais ankern **Ausflugs- und Fährschiffe** zu den nahen Inseln Ugljan, Pašman und Dugi Otok und zum übrigen norddalmatinischen Inselarchipel.

– NORDDALMATINISCHE INSELN –

An den norddalmatinischen Inseln (zu denen auch Pag gehört, s. S. 132) wurde jahrhundertelang Raubbau betrieben. Das hatte verheerende Folgen: Die Böden waren durch die Abholzung für den Schiffbau den vor allem im Winter starken Winden schutzlos ausgesetzt, die Bodenerosion entzog

Foto: Dalibor Brlek (iStockphoto)

der Landwirtschaft die Grundlage. Die Wiesen, die wegen der salzigen Meeresluft immer spärlicher wurden, boten kaum noch Nahrung für Schafe und Ziegen. Die gaben der Vegetation den Rest, indem sie die Pflanzen samt Wurzel ausrissen. Landwirtschaft ließ sich nur noch spärlich, durch Terrassierung und Einfriedung der Felder mit Windschutzmauern betreiben.

Außer Ugljan, Pašman, Iž und Dugi Otok sind die meisten Inseln völlig verkarstet. Die Bevölkerung emigrierte aufs Festland oder ins Ausland. Nur etwa 20 Inseln sind noch besiedelt.

INSEL UGLJAN

Ugljan und Pašman, heute durch eine **Brücke** miteinander verbunden, bildeten noch bis 1883 eine zusammenhängende Insel; dann baggerte man die schmale, 4 m tiefe Durchfahrt aus, um die Schifffahrt zu den anderen Inseln zu erleichtern.

Ugljan ist die am dichtesten besiedelte Insel. Auch viele Stadtbewohner aus Zadar haben hier ein Ferienhäuschen. Am Wochenende ist die 55 km² große, grüne und fruchtbare Insel ein beliebtes Ausflugsziel. Ein Besuchermagnet ist ***Sveti Mihovil** ❼, die Michaelsfestung oberhalb der größten Ansiedlung **Preko**. Erreichen kann man die im 13. Jh. von den Venezianern in Auftrag gegebene Feste über einen Pfad, der am **Stadtstrand Jaz** beginnt. Der Aufstieg bis auf 265 m ü. d. M. dauert eine Stunde. Man wird für die Anstrengung mit einem schönen **Panorama** auf den Velebit, die Insel Pag und die südwestlich gelegenen Kornaten belohnt. Die Preko vorgelagerte kleine grüne Insel **Galevac-Školjić** lockt mit netten **Kiesbuchten**. Im **Ort Ugljan** gibt es ein Franziskanerkloster.

Die schönsten **Strände** – ***Sabusa**, ***Kostanj** und ***Jelenica**, in Fels- und Sandbuchten – sind von dem Hafen- und Badeort **Kukljica** im Inselsüden leicht zu erreichen.

INSEL PAŠMAN

Ebenso wie Ugljan ist die 60 km² umfassende Insel **Pašman** ein an Wo-

» Karte S. 138, Info S. 150-151

Foto: gaspr13 (iStockphoto)

chenenden beliebtes Ausflugsziel. Hierher zieht es Leute aus Biograd, das näher als Zadar ist. Alle Orte befinden sich auf der dem Festland zugewandten Seite; in **Tkon** ❽ lohnen nicht nur die Sand- und Kiesstrände, sondern auch das um 1125 gegründete Benediktinerkloster **Kuzma i Damjan** einen Besuch. Es gibt auf Pašman zwar auch Olivenhaine und Weingärten, doch das Hinterland fällt steil zur Westküste ab und ist weniger üppig bewachsen als auf Ugljan.

*INSEL IŽ

Zwischen Ugljan und Dugi Otok liegt – gut geschützt und umgeben von zehn weiteren Eilanden – die kleine ***Insel Iž**. Schon in prähistorischer Zeit war die Insel von den Liburnern besiedelt. Seitdem wird hier Landwirtschaft betrieben; außerdem hat die Töpferei auf der Insel Tradition. Beliebte Ausflugsziele sind die alten Hafenstädtchen **Veli Iž** ❾ und **Mali Iž** ❿; die Ostküste lockt zudem mit mehreren **Feinkiesstränden**.

Oben: Der mächtige Leuchtturm von Veli Rat auf der Insel Dugi Otok. Rechts: Die Inseln der Kornaten – kristallklares Wasser und karge Landschaft.

INSEL DUGI OTOK

Ihr Name ist für Segler Programm: **Dugi Otok** (die „lange Insel“) erstreckt sich über 45 km (bei ca. 4 km Breite und bis zu 338 m Höhe) und schützt die ganze Inselwelt vor Zadar und Biograd vor der Unbill der Adria. Die nördliche Hälfte der Insel weist mehr Vegetation auf als die südliche; es gibt Weinberge, Obstgärten und Schafweiden.

Früher gehörte die Insel den reichen Klöstern von Zadar. Erst seit den Türkeneinfällen siedelten sich mehr und mehr Menschen an. Autos sind eine Seltenheit und bis 1986 gab es nicht mal eine Asphaltstraße. Das bescheidene Zentrum des Badetourismus ist **Božava** ⓫, das an einer teils bewaldeten Bucht mit Fels-, Kies- und Sandständen liegt. Auf der nordöstlichen Landnase breitet sich (1km südlich vom Dorf Soline) **Sakarun** aus, die schönste Kiesstrandbucht der Insel. Von diesem Strand führt ein Fußweg zum nahen Ort **Veli Rat** ⓬. Nordwestlich vom Ort ragt aus einem kleinen Wald der mit 41 m höchste **Leuchtturm** der Adria heraus.

Mit 900 Einwohnern „Inselhauptstadt“ ist das Fischerdorf **Sali** ⓭, dessen Name auf mittelalterliche Salzgewinnung hinweist. An der Südostspitze der Insel schneidet die wunderschöne ***Telašćica-Bucht** ⓮ weit ins Inselinnere ein. Sie ist Bestandteil des Kornaten-Nationalparks.

Auf der südwestlichen Landnase erreicht man vom Ende der Straße über einen Pfad den Salzsee ***Slano jezero**. Er ist durch Karstöffnungen mit dem Meer verbunden, so dass sich ein Phänomen ergibt: Mit den Gezeiten ändert sich auch sein Wasserspiegel, allerdings mit zeitlicher Verzögerung.

» Karte S. 138, Info S. 150-151

Foto: Burkhard Münker (Silvestris Online)

*KORNATEN

Den südöstlichen Abschluss der norddalmatinischen Inselgruppe bilden die ***Kornaten** ⓯. Auf 300 km² erstrecken sich mehr als 180 Inseln, die sich durch unzählige einsame Badebuchten und kristallklares Wasser auszeichnen. Ein Großteil des Archipels stehen als **Nationalpark** unter Schutz. Schiffstouren werden ab Dugi Otok, Biograd und Zadar angeboten. Der Besuch des Nationalparks kostet eine Gebühr, die sich nach der Größe des Bootes bemisst; organisierte Tagesausflüge von Biograd aus kosten rund 35 Euro inklusive Verpflegung.

Die Fläche des Nationalparks umschließt 109 Inseln, von denen 72 kleiner als ein Hektar sind. 85 % der Landfläche bestehen aus öder Steinwüste, nur 5 % wurden kultiviert. Die graugrün-sandfarben aus dem tintenblauen Meer ragenden Inseln sind die am spärlichsten bewachsenen aller Adriainseln. Aber gerade diese Kargheit macht den besonderen Reiz der Kornaten aus. Dass die Vegetation der Kornaten weitestgehend degeneriert ist, lag zum Teil auch an den Hirten, die durch Brandrodung auf neue saftige Wiesen hofften.

So arm sich die Flora zeigt, so reich ist die Unterwasserwelt des Archipels. Die Kornaten waren früher als sehr fischreiches Gewässer bekannt. Die Serenissima verlieh den Fischern von Sali auf Dugi Otok das Privileg , als einzige in diesen Gründen fischen zu dürfen. Doch die Fanggründe wurden massiv überfischt. Auch die Schwammfischerei musste eingestellt werden. Korallen und Unterwasserpflanzen konnten jedoch überleben und die Fische kehrten zurück; die Kornaten sind heute wieder ein schönes Tauchrevier.

Die Kornaten entstanden durch Absinken der Landmasse – etwa ein Meter pro 1000 Jahre. So hat das Meer ehemalige Täler aufgefüllt. Die größte Insel des Archipels, Kornat, bildete zusammen mit Katina und Dugi Otok vor 2000 Jahren eine einzige große Landfläche, heute liegen manche Gebäude aus jener Epoche unter dem Meeresspiegel. Brandung und Erosion haben aus den zum Teil senkrecht aufgefal-

» Karte S. 138, Info S. 150-151

teten Gesteinsschichten bis zu 80 m hohe Klippen herausmodelliert. Segler, die hier traumhafte Reviere vorfinden, sollten allerdings wegen der Gefahr des Auflaufens besonders aufpassen: Die nur 70 x 50 m große Insel **Taljurič** zum Beispiel ist häufig überflutet und wird deshalb leicht übersehen.

*BIOGRAD NA MORU

***Biograd na Moru** ⑯ war vom 10-12. Jh. Krönungsort der kroatischen Könige und somit in der kroatischen Geschichte eine der bedeutendsten Städte. Die Venezianer zerstörten sie 1125. Das wiederaufgebaute Biograd war im 17. Jh. ein Grenzposten zum Osmanischen Reich. Nachdem Pascha Ibrahim die Stadt 1646 dem Erdboden gleichgemacht hatte, wurde sie abermals aufgebaut, erlangte jedoch nie mehr ihre alte Größe. Im **Heimatmuseum** sind neben archäologischen und altkroatischen Funden auch „Meeresschätze" ausgestellt. Heute gehört Biograd wegen seiner guten touristischen Infrastruktur zu den beliebtesten Orten der Adria. Rund um Biograd finden Feriengäste einige der schönsten Strände Dalmatiens, so die tief eingeschnittene und von Wald eingerahmte ***Crvena Luka**. Hier kann man auch Bootsausflüge zu den Kornaten buchen.

Wenige Kilometer hinter Biograd trifft die Magistrale auf den Ferienort **Pakoštane** ⑰.

Der nur 2 m tiefe, fischreiche See **Vransko jezero** im Hinterland ist mit 3000 ha Fläche das größte Binnengewässer Kroatiens. Von Pakoštane führt ein Sträßchen an seinem Ufer entlang nach **Vrana** ⑱. Der winzige Ort, im Bürgerkrieg Anfang der 1990er Jahre schwer beschädigt, entstand um ein Benediktinerkloster, das später an die Johanniter fiel. Die (nicht zu besichtigende) Herberge **Maškovića han**, von Jusuf Mašković 1644 als Karawanserei erbaut, ist ein seltenes Beispiel osmanischer Baukunst in Kroatien.

STARIGRAD-PAKLENICA (☎ 023)

TZ Starigrad, Trg Tome Marasovića 1, Tel. 369245, www.rivijera-paklenica.hr.
Nacionalni Park Paklenica, Dr. Franje Tudjmana 14a, Tel. 369155, www.paklenica.hr. Informationen auch zum Wandern im Paklenica-Nationalpark.

NIN (☎ 023)

TZ Nin, Trg Brače Radić 3, Tel. 264280, www.nin.hr

Branimir, einfacheres Lokal, Fischgerichte und Gegrilltes, Viseslavov trg, Tel. 264866.

Schatzkammer Sv. Anselmus, Juni-Sept. 9-12, 16-21 Uhr.
Archäologisches Museum, Mai, Sept. 9-12 u. 17-20, Juni-Aug. 9-22, Okt.-Mai 8-14 Uhr, Trg Kraljevac 8.

ZADAR (☎ 023)

Tourist Info Center, Mihovila Klaića 1, Tel. 316166, www.tzzadar.hr.

Atrij, eine Bistro-Bar direkt an der Flaniermeile, Barakovića; Jurja Barakovića Nr. 6.
Dva Ribara, günstige lokale und mediterrane Gerichte wie *risotto nero*, Pizza, Spaghetti mit *pršut;* Blaza Jurjeva 1, Tel. 213445
Pet Bunara, in diesem eleganten Restaurant werden traditionelle Rezepte neu interpretiert. Trg pet bunara, Tel. 224010, www.petbunara.hr.
Foša, gutes und preisgünstiges Fischrestaurant am kleinen Hafen, von der Terrasse hat man einen schönen Blick; Kealja Dmitra Zvonimira 2, Tel. 314421.

Benediktinski samostan Sv. Marije, Madijevaca 10. Kirchenkunst-Dauerausstellung „Gold und Silber von Zadar" im Benediktinerinnen-Kloster; Sommer Mo-Sa 10-13, 18-20, So 10-12, Winter Mo-Sa 10-13 Uhr.

» Karte S. 138

Arheološki muzej, Trg opatice Čike 1, Tel. 250-542 od. -516. Archäologisches Museum; geöffnet November-März, Mo-Sa 9-14, April, Mai, Okt., Mo-Sa 9-15, Juni-Sept., tgl. 9-21 Uhr.

Arsenal, das Kulturzentrum mit Live-Konzerten, Frühstückscafé, Buchhandlung und verschiedenen Events residiert in den Hallen eines ehemaligen Lagerhauses, Trg Tri Bunara 1, Tel. 253833.

MARINAS: **Borik**, Kneza Demagoja 1, Tel. 333036, www.marinaborik.hr.
Marina Zadar, Ivana Meštrovića 2, Tel. 204-850 od. -700, www.marinazadar.com.
AUSFLÜGE: Organisierte Touren von Zadar zu den **Kornaten** und zur Insel **Iž** (mit Töpfereibesuch).

UGLJAN (☎ 023)

TZ Otok Ugljan, Šimuna Kožičića Benje 17, Ugljan, Tel. 288011, www.ugljan.hr.

Konoba Stari Mlin, gute Fischplatten und deftiges vom Grill, Kukljica, Tel. 373304.

FÄHRE: Zadar – Preko.

PAŠMAN (☎ 023)

Turistička zajednica, Tkon, Tel./Fax 260155, www.pasman.hr

FÄHRE: Biograd – Tkon 20 Min.

DUGI OTOK (☎ 023)

TZ Dugi Otok, Perta Lorinija bb, Sali, Tel. 377094, www.dugiotok.hr.

Konoba kod Sipe, gemütliche Konoba, zwischen unverputztem Mauerwerk geben die Früchte des Meeres den kulinarischen Ton an, untermalt vom traditionellen dalmatinischen Gesang eines *klapa*-Chores, Sali, Tel. 377137.

Taverna GO-RO, hier treffen sich Skipper zu köstlichem *brodetto* oder Lamm unter der Peka, Telašćica-Bucht, Mobil-Tel. 098-853534.

Kornati Diver, Tauchexkursionen, zudem auch Ausrüstungsverleih und Ausbildung, Zaglav, Tel. 377167, www.kornati-diver.com.

FÄHREN: Zadar – Sali – Zaglav 1 Std. 30 Min., Zadar – Brbinj 1 Std. 20 Min.

BIOGRAD (☎ 023)

TZG Biograd, Trg hrvatskih velikana 2, Tel. 383123, www.tzg-biograd.hr.

Marina Kornati, ein etwas vornehmeres Lokal im Jachthafen, auch internationale Küche, Šetalište kneza Branimira 1, Tel. 384505
Bistro Daniela, Frühstück, gute Palatschinken, Pasta, Franje Tudjmana 6.
Pizzeria Mamma mia, mit Terrasse, Grgura Ninskog 2.
Arkada, Biograds wohl bestes Fischlokal serviert u. a. eine exzellente Fischsuppe, Šetalište Držića 3.

Heimatmuseum, Sommer Mo-Sa 9-12 u. 18-23, Winter Mo-Fr 7-15 Uhr, Krešimirova ob. 22.

MARINAS: **Marina Kornati**, Tel. 383 800, www.marinakornati.com.
Marina Šangulin, Tel. 385020, www.sangulin.hr.

VODICE (☎ 022)

Turistične informacije, Tel./Fax 443888, www.vodice.hr.

Adria, frittierter Hai und gegrillter Seeteufel zählen zu den Spezialitäten dieses Restaurants, Obala Matice Hrvatske, Tel. 441543.

MARINA: **ACI Vodice**, Tel. 443086, www.aci-club.hr.

Thomas Stankiewicz

Foto: Friedrich H. Köthe

RUND UM ŠIBENIK UND TROGIR

ŠIBENIK
ŠIBENIKER INSELN
TROGIR
STRASSE DER KASTELLE

RUND UM ŠIBENIK UND TROGIR

Von Biograd kommend gelangt man, vorbei am Hafen- und Badeort **Pirovac**, nach **Tisno** ❶ (kroatisch: „eng“). Das kleine alte Städtchen erstreckt sich beiderseits der 1832 konstruierten **Drehbrücke** zur Insel Murter.

★**Murter**, ein nur 19 km² großes Eiland, zählt bereits zu den Šibeniker Inseln. Die Hauptstraße führt zum malerischen ehemaligen Hauptort der Insel, **Murter**, der jedoch keine klassischen Sehenswürdigkeiten bietet. Der Ortskern des nahen **neuen Murter** ❷, an einer breiten **Bucht**, ist ein Marktplatz. In Murter versorgen sich Camper und Jachtbesitzer, es gibt gute Campingplätze und schöne Strände, z. B. bei Murter, Betina und Slanica; alle Arten von Wassersport sind möglich.

Im weitläufigen **Vodice** ❸ prägen die moderne ACI Marina und viele Restaurants das Bild der Altstadt, die aus dem 15. Jh. stammt. Die Ferienhotels liegen im Grünen. Einen Besuch im Fischerort **Tribunj** (3 km westl., Karte S. 158) sollte man mit dem Aufstieg auf den Hügel **Sv. Nikola** verbinden (schöne Aussicht).

Vorherige Seiten: Messe in der Laurentiuskathedrale in Trogir. Links: Die Wasserfälle im Krka-Nationalpark bieten Abkühlung an heißen Tagen.

★★ŠIBENIK

★★**Šibenik** ❹ hat keine Wurzeln in der römischen Antike: Es ist eine kroatische und zugleich die älteste slawische Stadt an der Adria. 1066 wurde sie in Verbindung mit dem Aufenthalt eines kroatischen Königs erstmals erwähnt. Ab 1125 herrschten die Venezianer, die die Stadt *Sebenico* nannten, sie mit einer Mauer umgaben, aber den Bürgern Freiheiten ließen. Dadurch entwickelte sich ein florierender Handel. Sogar mit den Türken im Hinterland wusste man sich zu arrangieren. Im 15. Jh. erlebte Šibenik seine größte Blüte. Mit imposanten Bauvorhaben verschafften sich die Šibeniker gegenüber den Konkurrenten aus Zadar und Split Geltung.

Von Norden über die Krka-Brücke kommend, sieht man die Stadt schon am jenseitigen Ufer liegen. An einen Berghang geschmiegt beherrscht sie mit drei Festungen die Bucht, die die **Krka** hier vor ihrer Mündung in die Adria bildet.

Das Zentrum der autofreien ★**Altstadt** liegt am Hafen. Die **Hafenpromenade** Obala palih omladinaca, an der auch der ehemalige **Bischofspalast** und der **Herzogspalast** aus dem 15. Jh. stehen, wird dominiert von ★★**Katedrala Svetog Jakova** ① (Jakobs-Dom), dem bedeutendsten Baudenkmal der Renaissance in Kroatien

Foto: Thomas Stankiewicz

und UNESCO-Welterbe. Er entstand zwischen 1431 und 1536, bis 1447 unter Leitung von Juraj Dalmatinac. Anfänglich sollte eine einfache Kirche entstehen, doch bald gelüstete es die Stadtväter nach einem repräsentativeren Bau. Dalmatinac ließ daraufhin ein Querschiff und Apsiden anfügen, ein Sanktuarium und eine unterirdische Taufkapelle. Die Apsiden zeigen außen einen Fries von 74 Porträts. Jeder der **Köpfe** ist eine Charakterstudie. Dalmatinac hat hier Zeitgenossen verewigt – so manchen in ironisierender Weise. Die Kathedrale wurde komplett aus Kalkstein und Marmor von der Insel Brač geschaffen. Deutlich erkennt man zwei Bauphasen: Der untere Bereich ist spätgotisch, Kuppel und Gewölbe entstanden bereits im Stil der Renaissance.

Dalmatinac schuf auch das grandiose ***Baptisterium**, in das eine Treppe rechts vorm Altarraum hinabführt. Die Decke der Taufkapelle besteht aus einem Monolithen, dessen reiche Verzierung als bildhauerisches Meisterwerk gilt, ebenso wie die vier Apsiden und das von Engeln getragene Taufbecken.

Oben: Der Jakobs-Dom von Šibenik (Sveti Jakov).

Ab 1477, drei Jahre nach Dalmatinacs Tod, zeichnete sein Schüler Nikola Fiorentinac (Niccolò Fiorentino), der zuvor bei Donatello gelernt hatte, für die Fertigstellung der Kathedrale, die noch ohne Dach dastand, verantwortlich. In Šibenik entwarf er die Galerien, die Bedachung des Mittelschiffs und die Kuppel, die wie das Tonnengewölbe und die Gewölbe der Seitenschiffe komplett mit Steinplatten gedeckt ist. Im Dom wurde kaum Holz verwendet; die Angst vor Feuer war zu groß. Die Kathedrale besitzt keinen Glockenturm – dessen Aufgabe übernahm ein Turm der früheren Stadtmauer, die sich an den Dom anlehnte.

Sehenswert sind auch das **Hauptportal**, das die Entsendung der zwölf Apostel in die Welt sowie das Jüngste Gericht zeigt, und das **Löwenportal** an der Nordseite, das den Beginn der Menschheit (durch Adam und Eva) wie auch den Ursprung der Kirche (durch Petrus und Paulus) bildhaft macht.

» Stadtplan S. 157, Info S. 166-167

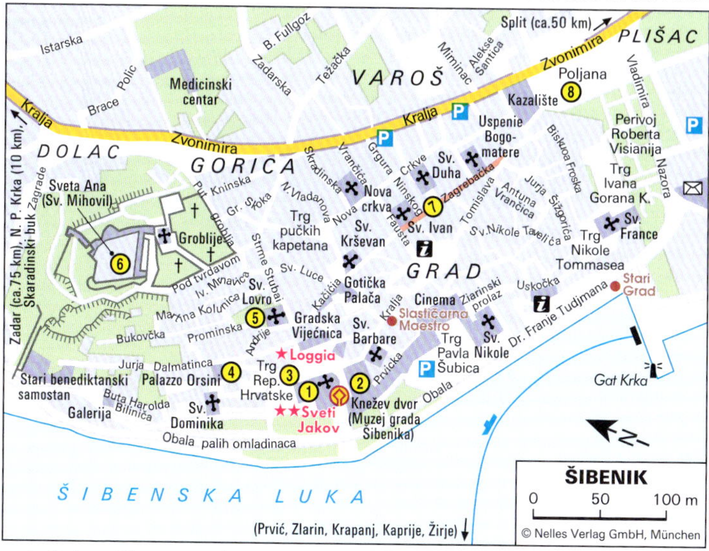

Auf dem Platz vor dem Dom erinnert ein **Bronzedenkmal** von Ivan Meštrović an den einheimischen Baumeister Juraj Dalmatinac.

An der Südseite des Doms steht der Rektorenpalast **Knezev dvor** ②, (16. Jh.), in dem das **Stadtmuseum** archäologische Funde präsentiert.

An der Nordseite des Doms, am **Trg Republike** ③ (Platz der Republik), steht die für die venezianische Zeit typische ***Loggia** (1542); darin hatte einst der Stadtrat seinen Sitz. Die alten Zisternen unter dem Platz, die *bunari*, beherbergen das großzügige, besucherfreundliche, interaktive ***Museum Bunari** zur Stadtgeschichte und ein **Café**.

Die Altstadtgassen laden zum Bummeln ein. Vom Platz der Republik geht nordwestlich die Ulica Jurija Dalmatinca ab. Auf der linken Straßenseite ist bald der 1455 erbaute **Palazzo Orsini** ④ erreicht. Der Bildhauer Giorgio Orsini lebte hier im 15. Jh. Das Gewirr von Gässchen um die Dalmatinca bis zum Festungshügel wird *Bordo di Mare* genannt. Hier steht die Kirche **Sveti Lovro** ⑤ (St. Laurentius), ein hübscher Barockbau von 1697. Hinter der Kirche geht es nach links bergauf zur ältesten der drei Festungen von Šibenik, **Sveta Ana** ⑥. Hält man sich an der Laurentius-Kirche dagegen südostwärts, gelangt man zur Altstadt-Fußgängerzone **Zagrebačka** ⑦, die auf den Hauptplatz **Poljana** ⑧ mit dem k.u.k **Stadttheater** von 1870 und der modernen **Stadtbibliothek** führt.

**KRKA-NATIONALPARK

Das Hinterland von Šibenik ist vom Fluss Krka geprägt, der in dem karstigen Gebiet einen unregelmäßigen Verlauf nimmt, mit Wasserfällen und Stromschnellen. Er markiert die „Grenze“ zwischen Nord- und Mitteldalmatien und schlängelt sich über 75 km bis zum Meer. Dieses Gebiet wurde zum ****Nationalpark Krka** erklärt.

Am beeindruckendsten ist der Fluss beim ***Wasserfall Skradinski buk** ❺, ca. 12 km von Šibenik entfernt. Auf einer Länge von 400 m stürzt er über 17 knapp 100 m breite Kaskaden, wobei der Höhenunterschied 45 m beträgt.

Je nach Jahreszeit rauschen hier unterschiedlich große Wassermengen hinunter zum **Prokljansko jezero** ❻ (See), im Winter sind es bis zu 43 m^3 pro Sekunde. Das Wasser durchschwemmt kleine Wälder und die Flusssedimente haben Kalksinterterrassen gebildet.

DRNIŠ UND OTAVICE

Die **Dalmatinska Zagora** ist eine Hochebene, die sich in Šibeniks Hinterland ausdehnt. Ihr Hauptort **Drniš** ❼ liegt auf etwa 300 m Höhe. Einen herrlichen Blick genießt man von der Ruine des **Turski kaštel** (Türkische Festung). Zwei Jahrhunderte hielten die Türken die Festung besetzt und bedrohten Šibenik;1683 wurden Ort und Festung mit venezianischer Hilfe befreit. Noch heute sind Reste osmanischer Bauten im Stadtbild zu erkennen.

9 km östlich von Drniš befindet sich das Dorf **Otavice** ❽. Hier wurde 1883 der berühmte, kroatische Bildhauer Ivan Meštrović geboren, der 1947 in die USA emigrierte. Im Dorf gibt es zwar ein **Meštrović-Mausoleum**, seine Skulpturen sind jedoch in den Küstenstädten und in Zagreb zu sehen.

– ŠIBENIKER INSELN –

Vor der Bucht von Šibenik liegen viele kleine Inseln; Žirje, Kaprije, Prvić und Zlarin sind die größten. Von Šibenik und Vodice verkehren Personenfähren zu diesen Eilanden.

» Karte S. 158-159, Info S. 166-167

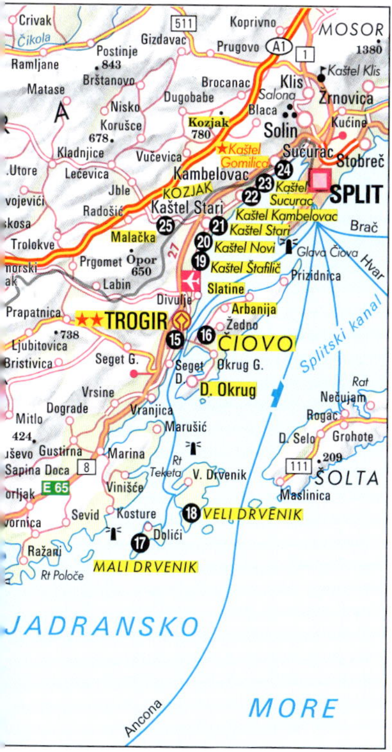

INSEL PRVIĆ

Die Insel **Prvić** ❾ liegt dem Festland am nächsten und ist nur 2,3 km² groß – kein Wunder, dass sich Autos hier (und auf den anderen Inseln) nicht durchsetzen konnten. Die Hauptorte Šepurine und Prvić Luka sind durch einen Spazierweg (1 km) miteinander verbunden. Die Insel ist fruchtbar, es wird Wein angebaut und Olivenbäume säumen die Hänge. In der Vergangenheit war die Insel im Besitz reicher Patrizierfamilien aus Šibenik. Die Pächter lebten von Fischfang und Viehzucht. Heute lebt man überwiegend vom Tourismus. Der größte Ort auf Prvić ist **Šepurine**. Seine Natursteinhäuser reihen sich malerisch um das Hafenbecken.

Prvić Luka ist der zweitwichtigste Ort, er zieht sich an der langen Bucht Luka hin. Das Dorf wirkt sehr freundlich, denn die Hausfassaden besitzen bunte Fensterläden, die dem Grau der Steinwände ihre Strenge nehmen.

Im 15. Jh. hatten sich hier Franziskaner angesiedelt; ihr Kloster wurde jedoch durch einen Brand zerstört. 1884 baute man es wieder auf, um der Glagoliterbewegung im Šibeniker Raum eine neue Heimat zu geben.

INSEL KRAPANJ

Die Insel **Krapanj** ❿ ist die kleinste und gleichzeitig die am dichtesten besiedelte. Auf nur 0,4 km² leben mehr als 1500 Menschen relativ dicht gedrängt. Früher bestritten sie ihren Lebensunterhalt mit dem Tauchen nach Korallen und Schwämmen. Diesen Erwerbszweig hatten Franziskanermönche, die sich im 16. Jh. hier niedergelassen hatten, den Einwohnern beigebracht. Heute ist jedoch die Fischerei einträglicher.

*INSEL ZLARIN

Die ***Insel Zlarin** ⓫ (359 Einwohner), direkt vor dem Eingang zur Bucht von Šibenik, wird seit jeher für ihre landschaftliche Schönheit gerühmt. Man nannte sie früher auch die „Goldene Insel“ (*zlato* = Gold).

Der Ort **Zlarin** entwickelte sich an einer tiefen Bucht; entlang der Kais verläuft eine hübsche Uferpromenade, geziert von Palmen und Häusern im spätgotischen Stil. Zlarin ist die einzige Insel der ganzen Küste, deren umliegende Gewässer reich an Korallen waren. Viel ist jedoch von dieser Pracht nicht übrig geblieben. Übermäßiger Abbau der Korallen haben die Sammelgründe verwaist zurückgelassen.

Von dem einstigen Unterwasser-Reichtum zeugt noch das **Koraljski muzej** (Korallenmuseum), das allerdings eher wie ein Souvenirladen wirkt. An einer Wand sieht man Fotos

Foto: Volkmar E. Janicke

aus dem Film *Die Korallenprinzessin* (1937), in dem der legendäre Luis Trenker mitwirkte. Zlarin ist Ziel vieler Ausflugsboote.

INSEL KAPRIJE

Die **Insel Kaprije** ⓬ gehört mit ihren fast 10 km² zu den weitläufigeren vor Šibeniks Küste. Der Name stammt vom Kapernstrauch, dessen Knospen – in Essig oder Salz eingelegt – in der Küche Verwendung finden.

An der größten Bucht, im Südwesten der Insel, liegt das Fischerdorf **Kaprije**, der einzige Ort der Insel, mit seinem kleinen Hafenbecken, in dessen Umfeld auch Restaurants auf Gäste warten. Übernachten kann man in Privatzimmern. Es gibt eine gute Fährverbindung mit Šibenik.

Von den beiden höchsten Erhebungen in der Nähe des Dorfes (**Velika Glavica**, 132 m ü. M. und **Uljenak**, 122 m) hat man einen schönen Blick auf die benachbarten Inseln – und man kann sich von hier oben zugleich „seine“ Bade-Kiesbucht an der Ostküste auswählen.

Oben: Primošten hat neben seinem malerischen Ambiente und gutem Wein auch schöne Kies- und Felsstrände zu bieten. Rechts: Blick auf Betina (Insel Murter) und das Küstengebirge (s. S. 155).

INSEL ŽIRJE

Am weitesten vom Festland entfernt liegt die **Insel Žirje**, die größte des Archipels. Auf 15 km² bieten sich ausreichend Möglichkeiten zum Wandern; die Küste wartet mit vielen schönen Buchten zum Baden auf. Zwei Hügelkämme durchziehen Žirje der Länge nach. Dazwischen erstreckt sich ein fruchtbares Tal, in dem Wein, Oliven und Obst gedeihen. Der Name der Insel stammt von *Žir* (= Eichel) ab und deutet an, dass die Insel früher wahrscheinlich von einem dichten Steineichenwald bedeckt war.

In **Murna**, auf der Nordseite, legt die Personenfähre von Šibenik an. Ein Fußweg führt von dort zum höher gelegenen Dorf **Žirje** ⓭, das wohl schon

» Karte S. 158-159, Info S. 166-167

Foto: Liane Matrisch (Dreamstime)

in prähistorischer Zeit besiedelt war. Bei **Vela Stupica**, im Osten der Insel, wurden Reste einer Festung aus der Spätantike entdeckt. Ein Weg verbindet Žirje und Vela Stupica; er führt durch das fruchtbare Tal (zu Fuß 45 Min.). Bei Vela Stupica locken schöne Steinstrände und fast unberührte Buchten.

*PRIMOŠTEN

Etwa 30 km südöstlich von Šibenik liegt ein malerischer Küstenort: ***Primošten** ⓮, der größte Urlaubsort an der Magistrale, bevor man Trogir und Split erreicht. Früher war dies eine Insel, erst durch Aufschüttung wurde sie mit dem Festland verbunden; *Primošten* bedeutet „über die Brücke". Die starken Befestigungen des kegelförmig aufsteigenden Ortes stammen aus der Zeit der Türkenkriege; die Bewohner setzten sich damals aus Flüchtlingen und Uskoken zusammen. Ihre Häuser waren schlicht und die Kirche ärmlich in ihrer Ausstattung. Dank des Tourismus floriert heute das mediterrane Städtchen mit Restaurants, Cafés und Souvenirgeschäften. Fels- und Kiesstrand und vielfältige Wassersportmöglichkeiten locken Erholungssuchende an; FKK-Anhänger schätzen die Bucht **Marina Lučica**.

**TROGIR

Auf der Weiterfahrt von Primošten in Richtung Split erreicht man nach 61 km ****Trogir** ⓯, eines der typischsten mediterranen Städtchen der Adria und eines der sehenswertesten – zu Recht zählt Trogir zum UNESCO-Welterbe.

Gegen Ende des 3. Jh. v. Chr. gründeten Griechen aus Issa (Insel Vis) hier eine Ortschaft und nannten sie *Tragurion* („Ziegeninsel"). Nach einem römischen und byzantinischen Intermezzo begann mit dem Mittelalter eine bewegte Zeit für Trogir. Konflikte der Gemeinde mit den Feudalherren aus dem Hinterland und auch Streitigkeiten der Patrizier untereinander waren an der Tagesordnung. Dennoch gelten die Jahrhunderte bis 1420, als Venedig die Stadt annektierte, als Blütezeit. Das sieht man dem heutigen Trogir noch an:

Es hat sein mittelalterliches Aussehen bewahren können. Die winkligen, oft überdachten Gassen mit ihren gotischen Häusern und Renaissancepalästen bilden als Ensemble ein besonderes Baudenkmal. Die Altstadt auf der kleinen Insel, zu der eine Brücke hinüberführt, besteht aus zwei Teilen. Der östliche ist die eigentliche Stadt und der westliche, Pasike genannt, war die Vorstadt der Landarbeiter. Auch sie lag innerhalb der früheren Stadtmauer. Das Ganze wurde überwacht von der venezianischen Festung **Kamerlengo**.

Das im Stil der Renaissance gebaute **Kopnena vrata** ① (Landtor) schmückt eine Statue des hl. Laurentius. Man durchquert es, biegt links ab und dann die zweite Straße wieder nach rechts. Nun steht man am Hauptplatz von Trogir, dem **Trg Ivana Pavla II.** ②.

An der Nordseite des Platzes ragt die dem Stadtheiligen Lorenz gewidmete **★★Katedrala Svetog Lovre** ③ auf – die Laurentius-Kathedrale ist einer der kunstgeschichtlichen Höhepunkte Dalmatiens.

Rechts: Detail des romanischen Portals der Laurentiuskathedrale in Trogir, ein Werk von Meister Radovan, 1240.

Den Eingang unter der von Kreuzrippengewölben überdachten, wuchtigen Vorhalle schmückt ein wunderschönes romanisches **★Portal**, das 1240 vom einheimischen Meister Radovan gestaltet wurde. Die **Steinmetzarbeiten** des Portals zeigen großteils Szenen aus der Bibel, doch finden sich auch einige aus dem mittelalterlichen Alltag. Auf Löwenrücken stehend flankieren Adam und Eva den Eingang; die Bogenläufe zieren Episoden aus dem Leben Christi, das seine Vollendung in der Kreuzigungsszene im obersten Feld findet. Die Halbsäulen sind mit Monatsdarstellungen geschmückt; dargestellt sind die typischen Arbeiten der Bauern in den einzelnen Monaten, wie z. B. die Weinlese im September.

Links in der Vorhalle öffnet sich die **Taufkapelle**, die innen im Renaissancestil gehalten ist, mit Kassettendecke, Putti und Girlanden. Sie ist ein Werk des albanischen Meisters Andrija Aleši, ein Schüler von Juraj Dalmati-

 » Karte S. 158-159, Info S. 166-167

nac. Im Kircheninneren gliedern zwei Reihen mit je vier wuchtigen Pfeilern die dreischiffige Basilika. Im Zentrum des linken Seitenschiffs befindet sich die ****Orsini-Kapelle**, ein Glanzlicht dalmatinischer Renaissance, 1468-1497 von Nikola Fiorentinac errichtet. Die Kapelle ist dem Trogirer Bischof Johannes Orsinus geweiht, der im 11. Jh. zum zweiten Stadtpatron aufrückte. Die Decke der Kapelle ist Fiorentinacs Meisterstück: erstmals seit der Antike wurde ein Gewölbe ohne Stützen und Querstreben, nur mit an den Kanten keilförmig geschnittenen Steinen zusammengefügt. Nach diesem Muster baute er später auch die Gewölbe des Doms von Šibenik. Hier sind die Platten jedoch mit Engelsköpfen geschmückt, in der Mitte sieht man Gottvater mit der Weltkugel in der Hand. Die Nischen zeigen Figuren der 12 Apostel und Johannes des Täufers – sie stammen von einheimischen Künstlern.

Foto: Gerhard Bersick

Bedeutend ist auch der Hauptaltar in der Chorapsis: Das hoch aufragende Ziborium, die monumentale Kanzel und das gotische Chorgestühl zählen zum besten romanisch-gotischen Kirchenschmuck ganz Dalmatiens.

Gegenüber der Westfassade des Doms steht der ***Palais Čipiko** ④, in venezianischer Gotik mit Renaissance-Elementen für eine reiche Händlerfamilie errichtet und ein außergewöhnliches Beispiel dalmatinischer Wohnkultur.

Die Südseite des Platzes lockert die luftige **Loggia** auf, ein Bauwerk mit vielen Funktionen, das aber vor allem als Gerichtssaal gedient hat. Fiorentinac hat die Reliefs auf dem Steintisch in der Mitte des Raumes gemeißelt. Am Uhrturm daneben sind noch die Ketten zu erkennen, mit denen für ein Vergehen verurteilte Stadtbewohner angebunden und so dem Spott ihrer Mitbürger preisgegeben wurden.

Das **Dvor** ⑤ (Rathaus) aus dem 14./15. Jh. bildet den Abschluss des Karrees. Der wahrscheinlich von venezianischen Architekten entworfene Bau, einer norditalienischen Trutzburg nicht unähnlich, umschließt einen stimmungsvollen Innenhof. Nahe dem Hauptplatz erheben sich noch mehrere Kirchen, so gleich hinter der **Loggia** die älteste Kirche Trogirs, **Sveta Barbara** ⑥. Dem Rathaus im Süden benachbart ist die **Sveti Ivan Krštitelj** ⑦ (Johanneskirche). Sie stammt aus dem 13. Jh. und gehörte den Benediktinern, dem früheren Hauptorden in Trogir.

Die Straße führt weiter in südlicher Richtung zum ebenfalls benediktinischen **Samostan Sveti Nikola** ⑧; in dem alten Klostergemäuer wird ein besonderes Zeugnis der Antike aufbewahrt: ein hellenistisches Relief, das den Gott Kairos zeigt. Die Griechen verehrten ihn als Gott des rechten Augenblicks (oder der günstigen Gelegenheit), den es zu nutzen galt.

Beim Kloster macht die Straße einen Knick und führt an der Kirche St. Nikolaus vorbei zum **Morska vrata** ⑨ (Seetor) und der ihm benachbarten **Fischhalle** (vormittags Markt). In diesem Stadtteil sind große Reste der **Stadtmauer** erhalten.

Foto: Gerhard Bersick

Von der Uferpromenade sieht man hinüber auf die **Insel Čiovo** ⓰, die heute eine Art Vorstadt bildet und durch eine Brücke mit Trogir verbunden ist. Hier entstehen immer mehr Sommerhäuschen. Unter den Römern als Verbannungsort genutzt, siedelten vom 5. Jh. an hier Mönche, die ein Kloster bauten. Da die 15 km lange Insel fast bis Split reicht, bildet die zum Festland hin gelegene „Bucht der Kastelle" einen geschützten Naturhafen.

Das Franziskanerkloster **Sveti Ante** auf dem Berg **Drid** beim Ort **Čiovo** ist das älteste der Insel und entstand über einer ehemaligen Eremitenhöhle. Sehenswert ist das Kloster mit einem Gemälde von Palma dem Jüngeren, das die „Wüstenheiligen" Antonius und Paulus zeigt (nur auf Voranmeldung).

Die benachbarte **Bucht von Saldun** wurde inzwischen mit Ferienhäusern zugebaut, so dass das alte Fischerdorf **Donji Okrug** heute eher wie eine Streusiedlung wirkt. An der Ostseite der Insel Čiovo in Richtung Slatine liegt in **Arbanija** das hübsche Dominikanerkloster **Sveti Križ** aus dem 15. Jh. In einer Kapelle wird ein wundertätiges Kruzifix aufbewahrt. In **Slatine**, dem letzten Ort an der Ostseite erstrecken sich Neubauten und noch mehr Neubauten an den Hängen bis hinunter an die Uferlinie, wo ein **Kiesstrand** zum Baden einlädt.

Weiter westlich liegen die Inseln **Mali Drvenik** ⓱ und **Veli Drvenik** ⓲, die man in der Antike als Doppelinsel Tarion kannte. Ursprünglich waren die Inseln mit Wald bedeckt, ihr Name ist dem kroatischen *Drvo* (Holz) entlehnt. Nachdem der Wald für den Schiffbau abgeholzt war, pflanzte man Oliven, Feigen und Wein an. Der geschützte **Hafen** von Veli Drvenik ist ein beliebter Ankerplatz für Jachten; die idyllische **Krknjaši-Bucht** – eine Dreiviertelstunde zu Fuß nach Osten – lockt mit einem **Kiesstrand**, der gleichnamigen **Konoba** mit Fisch vom Grill und schönem Blick auf die Insel Šolta.

Oben: Trogir mit Seetor und Fischhalle. Rechts: Erinnerung an Venedigs Herrschaft über Trogir – die Burg Kamerlengo.

» Stadtplan S. 162, Info S. 166-167

Foto: tunart (iStockphoto)

DIE STRASSE DER KASTELLE

Hinter Trogir verläuft küstennah, parallel zur Magistrale, die „Straße der Kastelle" bis nach Split. Als das Osmanische Reich im 16. Jh. seine Macht bis an die Grenze von Split und zum Kozjakgebirge ausdehnte, hielten der Adel und die Kirche ihren Landbesitz für gefährdet. Patrizier und Bischöfe der Spliter Gegend ließen sich entlang der Küste Kastelle erbauen, die den Ernteertrag schützten und als Wohnstätten dienten. Die Leibeigenen und Pächter begannen bald, neben den Burgen ihre Wohnhäuser zu bauen. So entstanden ganze Dörfer mit Festungen oder Wehrtürmen im Zentrum.

Die Industrialisierung des Küstenabschnitts zwischen Trogir und Split hatte zur Folge, dass die Umwelt litt. Heute sind die Industrieanlagen stillgelegt die Urlauber an die schönen, sanft geschwungenen, von Palmen beschatteten Kiesbuchten der „Riviera der Kastelle" zurückgekehrt, die um 1900 ein beliebtes Reiseziel der österreichisch-ungarischen k. u. k.-Prominenz war.

Beim Seebad **Resnik** steht eine kleine venezianische **Festung** aus dem 16. Jh., die jedoch wesentlich seltener besucht wird als der schöne örtliche **Badestrand**. In der Nähe befindet sich der **Flughafen** von Split.

Um 1500 ließ Stjepan Štafileo aus Trogir das **Kaštel Štafilić** ⓳ als befestigtes Schloss erbauen. Im südlichen Teil liegt der Wohntrakt, im nördlichen die Befestigungsanlage. Um das Kastell entstand ein Dorf. In diesem Dorf spielt die dalmatinische Variante von „Romeo und Julia", die hier Miljenko und Dobrila heißen. Das Grab der beiden liegt in der Kirche des hl. Johannes des Täufers.

Nach 2 km ist **Kaštel Novi** ⓴ erreicht; es wurde 1515 von Pavao Čipiko, ebenfalls aus Trogir, in Auftrag gegeben. **Kaštel Stari** ㉑ ist die älteste Anlage in der Bucht. Sie geht auf einen Vorfahr von Pavao Čipiko, den Humanisten Koriolan Čipiko, zurück; er ließ sich 1476 ein Kastell bauen, dessen Südseite wie ein Sommerschloss anmutet. Vor der Burg entwickelte sich ein Dorf. Ganz in der Nähe steht das

Kaštel Kambelovac ㉒, ein zylindrischer Wehrturm aus dem Jahr 1566.

***Kaštel Gomilica** ㉓ auf der Insel Gomile, auf der sich einst ein Benediktinerinnen-Kloster befand, beflügelt die Fantasie – man kann sich gut das alte Ortsbild vorstellen. Innerhalb der Kastellmauern hatte sich das ansässige Volk 30 Häuser gebaut. Jenseits der Brücke, die die Burg mit dem Festland verbindet, entstand ein weiteres Dorf mit Wehrmauern gegen Überfälle.

Zwei Kilometer weiter liegt **Kaštel Sućurac** ㉔, das sich die Bischöfe von Split 1483 errichten ließen. Im Hinterland erhebt sich der **Kozjak**, der sich über 10 km von West nach Ost erstreckt; höchste Erhebung: 780 m ü.M.

10 km von Kaštel Stari, an der Straße nach Lećevica, steht auf 552 m Meereshöhe die Hütte **Malačka** ㉕. Von dort lässt sich auf markiertem Weg eine Wanderung (1,5 Std.) auf den **Biranj** (661 m) zur Kirche **Sv. Ivan Krštitelj** unternehmen (Wallfahrt am 26. Juni).

Oben: Kaštel Gomilica liegt auf einer kleinen Insel, erreichbar über eine Brücke.

REGION ŠIBENIK (☎ 022)

MURTER

TZO Murter-Kornati, Rudina bb, Grad Murter, Tel. 434995, www.tzo-murter.hr.
Nacionalni Park Kornati, Butina 2, Grad Murter, Tel. 435740, www.kornati.hr.

Malo Misto, Ulica Hrvatskih vladara 4, Grad Murter, Tel. 435137. Fleisch- und Fischspezialitäten, nette begrünte Terrase mit Tischen im Freien.
Konoba Boba, gemütliches Lokal mit guter Küche, z. B. Scampi Buzzara. Butina 22, Tel. 098/9485272.
Lantana, Beach-Bar mit kleinem Speisenangebot, idyllisch gelegen, außerhalb von Murter am Čigrada-Strand, Tel. 436028.

MARINAS: **Hramina**, Put Gradine bb, Grad Murter, Tel. 434411, www.marina-hramina.hr. **Betina Murter**, Nikole Škevina 15, Betina, Tel. 434497, Fax 434498.

VODICE

TZG Vodice, Obala Vladimira Nazora bb, Tel. 443888, www.vodice.hr.

Adria, Obala Matice Hrvatske 8, Tel. 441543. Im Hafen; Fischspezialitäten wie frittierter Hai oder gegrillter Seeteufel.
Konoba Draži, Grgurev Tonča 2, Tel. 442777. Uriges dalmatinisches Kellerlokal mit Terrasse, u. a. traditionelle Lammgerichte.

MARINA: **ACI Vodice**, Marina, Tel. 443086, www.aci-club.hr.

ŠIBENIK

TZG Šibenik, Obala Dr. Franje Tudjmana 5, Tel. 214411, www.sibenik-tourism.hr.

Barun, Podsolarsko 66, Tel. 350666. Gute Fischgerichte, aufmerksames Personal, gehobenes Niveau; beim großen Solaris-Resort.
Slastičarna Maestro, Kralja Tomislava 15. Konditorei mit leckerem Kuchen und Eis.
Zlatna Ribica, Krapanjskih Spužvara 46, Brodarica, Tel. 350300, www.zlatna-ribica.hr.

 » Karte S. 158-159

Schön in einer Bucht 5 km südl. von Šibenik gelegenes Restaurant, bei dem der Name „Goldener Fisch“ Programm ist: sehr gute Fisch-, Meeresfrüchte- und auch Grillspezialitäten, dazu große Weinauswahl, u. a. vom eigenen Weinberg im Hinterland.

Katedrala Svetog Jakova, tgl. 8.30-12 und 16-18.30 Uhr, April-Okt. 8.30-20 Uhr. Mit berühmten Dalmatinac-Baptisterium. **Muzej grada Šibenika**, Gradska vrata 3, Tel. 213880. Stadtmuseum im Rektorenpalast; Di-So 10-15 Uhr.
Bunari – Secrets of Šibenik, Obala palih omladinaca 2, Tel. 219484, Mit Café-Weinbar; auch Live-Musik; April-Sept tgl. 9-22 Uhr.

MARINA: **ACI Skradin**, Marina, Tel. 711365, www.aci-club.hr, ganzjährig; am Ende der Krka-Fälle gelegen.

KRKA-NATIONALPARK (☎ 022)

Nacionalni park Krka, Trg Ivana Pavla II 5, Šibenik, Tel. 201777, www.npkrka.hr. **N.-p.-Info Skradin**, Tel. 771668.

PARKZUGANG: Zwei offizielle Nationalpark-Eingänge, beide tgl. 9-16 Uhr: **Lozovac**, Haupteingang, erreichbar über die A1, dann ausgeschildert bis zum Parkplatz; von dort zu Fuß (ca. 1 km) oder Pendelbus (April-Okt.) zum Wasserfall Skradinski buk. **Skradin**, Eingang ebenfalls über die A1 erreichbar, der Ausschilderung bis zum Parkplatz vor dem Ort folgen; von dort legen Boote zum Skradinski buk ab (ca. 2-stündlich, letzte Rückfahrt ca. 17.30 Uhr, Fahrzeit 30 Min.). **Roski slap**, als Alternative (April–Okt.); von dem Wasserfall werden Bootstouren (April-Juni) zu Parksehenswürdigkeiten angeboten.

PRIMOŠTEN (☎ 022)

TZ Primošten, Trg Biskupa Arnerića 2, Tel. 571111, www.tz-primosten.hr.

Mediteran, guter Fisch, ruhiges Ambiente; Put Briga 13, Tel. 571780.
Kremik, Marina Kremik, Tel. 570068. Relativ preiswertes, hervorragendes Fischrestaurant an der gleichnamigen Marina (in der nächsten Bucht der Küstenstraße in Richtung Split).

TROGIR (☎ 021)

TZ Trogir, Trg Pape Ivana Pavla II 1, Tel. 885628, http://tztrogir.hr.

Alka, Augustina Kažotica 15, Tel. 881886. Auf der stimmungsvollen Terrasse des Altstadtlokals werden exzellente Fischgerichte und Meeresfrüchte serviert.
Fontana Kod Zeca, Obrov 1, Tel. 884811. Fischrestaurant am Dominikanerkloster mit breiter Palette an typischen Gerichten; die Terrasse ist abends besonders romantisch.
Monika, Ulica Budislavićeva 12, Tel. 884808 Traditionelle Altstadt-Konoba in einem Innenhof, gute Fisch- und Lammgerichte.

Katedrala Svetog Lovre, Trg Ivana Pavla II, Mo-Sa 9-19 Uhr, im Winter kürzere Öffnungszeiten. **Muzej grada Trogira**, Gradska vrata 4, Juli/Aug. tgl. 9-21, Sept. tgl. 9-12 u. 17-20, sonst tgl. 9-14 Uhr.

Im Juli und August findet das große **Trogir-Sommerfestival** mit zahlreichen Folklore- und Musikveranstaltungen statt.

MARINAS: **ACI Trogir**, Marina, Tel. 881514, www.aci-club.hr, ganzjährig; hübsch gegenüber dem Stadtkern gelegen. **Agana Marina**, Kardinala Alojzija Stepinca 2, Tel. 889411, www.marina-agana.hr, ganzjährig; 10 km vor Trogir entfernt.

KAŠTELANSKA RIVIERA (☎ 021)

TZG Kaštela, Brce 1, Kaštel Lukičić, Tel. 227933, www.kastela-info.hr. Im Sommer **Infobüro Kaštel Novi,** Tomislava 18, Tel. 232044, Juli-Sept. Mo-Sa 8-21, So/Fei 8-12 Uhr. Infos zu den Kastellen Sućurac, Gomilica, Kambelovac, Lukšić, Stari, Novi und Štafilić sowie zu weiteren Attraktionen, Unterkünften etc. an der Straße der Kastelle.

Giričić, Kaštelanska cesta 19, Kaštel Gomilica, Tel. 220221. Das nette Fischrestaurant gilt als eine gute Adresse.
Konoba Intrada, Obala Kralja Tomislava bb, Kaštel Novi, Tel. 231 301. Fisch und Meeresfrüchte, Pasta und Gegrilltes, direkt am Ufer.

Thomas Stankiewicz

Foto: Spanic (iStockphoto)

SPLIT UND DIE MAKARSKA-RIVIERA

SPLIT
KLIS
SINJ
OMIŠ
MAKARSKA-RIVIERA

SPLIT UND DIE MAKARSKA-RIVIERA

**SPLIT

**Split ❶ ist mit rund 220 000 Einwohnern die größte und wirtschaftlich bedeutendste Stadt Dalmatiens: Sie besitzt einen bedeutenden Fähr- und Handelshafen sowie große Industriebetriebe (Werften, Zement, chemische Erzeugnisse). Seit 2005 ist Split über die Autobahn A 1 zu erreichen.

Das gebirgige Hinterland und die Lage am Meer verleihen Split ein besonderes Flair. Hauptsehenswürdigkeit ist die Altstadt. Sie steht mitsamt ihrer schmalen Gässchen auf historischem Boden, eingezwängt in die Mauern, die von den Römern errichtet wurden.

Zwischen dem 4. und 3. Jh. v. Chr. gründeten Griechen aus Issa (Vis) eine Siedlung an einer Bucht südlich der heutigen Stadt, die sie *Aspalathos* nannten. Während der römischen Epoche war das nahe *Salona* die Hauptstadt Dalmatiens. Dorther stammte auch Kaiser Diokletian. Als der in der Nähe seiner Geburtsstadt 295 v. Chr. einen Palast in Auftrag gab, legte er den Grundstein zur Stadt Split. Nach Diokletians Tod wurde der Palast nie mehr von einem Kaiser genutzt. Schon seit 1979 gehören die imposanten Relikte des Diokletianpalasts samt des ihn umgebenden Altstadt-Ensembles zum UNESCO-Weltkulturerbe.

Vorherige Seiten: Die Uferpromenade Riva in Split lädt zu einem Bummel ein. Links: Splits Stadtgründer waren die Römer.

Anfang des 7. Jh. zerstörten die Awaren die Stadt Salona und die Bevölkerung flüchtete in Diokletians alten Palast, weil die starken Mauern Schutz boten. Es war eine Ironie des Schicksals, dass die Bevölkerung mittlerweile überwiegend aus Christen bestand, die der Kaiser hatte ausrotten wollen – und dass eben diese Christen sein Mausoleum zu einer Kirche (dem späteren Dom) umbauten und den Haupttempel in ein Baptisterium umfunktionierten.

In der weiteren Geschichte spielte Split keine große Rolle mehr. Im kurzlebigen Königreich der Serben, Kroaten und Slowenen und danach, unter Tito, wurde Split zum zweitgrößten Hafen Jugoslawiens ausgebaut.

Am gepflegten sandigen **Stadtstrand Bacvice** finden sich heute Badeplattformen, Bars, Discos, Restaurant sowie ein Open-Air-Kino.

Beim **Spliter Kultursommer** (*Splitsko ljeto*) verwandelt sich die Altstadt inklusive Diokletianpalast in eine große Freilichtbühne. Das Sommerfestival bietet klassische und traditionelle Musik, Theater, Ballett, Oper, Jazzkonzerte, Straßentheater und -kino u. v. m.

**Altstadt von Split – auf den Spuren des Kaisers Diokletian

Direkt am Meer hat sich zwischen 295 und 305 n. Chr. der römische Kaiser einen Palast, den **Dioklecijanova palača** ①, als Altersruhesitz erbauen lassen. Ihm liegt der Grundriss eines Castrums zugrunde, mit Seitenlängen von 215 m im Osten und Westen sowie von 180 m im Norden und Süden. Das massive Mauerwerk war 2 m dick und mit 16 Türmen bestückt. Das Baumaterial hatte man von der Insel Brač herbeigeschifft; teilweise auch aus Ägypten. Die Stadttore markieren jeweils die Endpunkte der beiden Hauptachsen Decumanus (Ost-West) und Cardo (Nord–Süd).

Wenn auch die **Porta Aurea** 1 (Zlatna vrata, Goldenes Tor) im Norden, die sich nach Salona öffnete, als Haupttor des Diokletianpalastes anzusehen ist (man beachte dort Ivan Meštrovićs moderne ***Monumentalplastik** des Bischofs Gregor von Nin), so sollte eine Besichtigung der **Altstadt** besser an der Seeseite beginnen. Von der schönen, palmengesäumten Uferpromenade, der ***Riva**, sind die Ausmaße des Palastes am besten zu überblicken. Man erkennt sogar noch die Galerie, die in der Antike dieser Seite ihr unverwechselbares Gesicht gab. Ihre Öffnungen wurden jedoch im 18. Jh. zugemauert, als dort Häuser errichtet wurden.

Zur Bauzeit des Palastes schlug das Meer direkt an die Südmauer, so dass

» Plan S. 174, Info S. 182-183

am Südportal, der **Porta Aenea** 2 (Mjedena vrata, Bronzetor), nur Versorgungsschiffe anlegten. Dieses Seetor führte direkt in die **Kellerräume**, die als Lager dienten. Über deren Gewölben befand sich der Privattrakt des Kaisers. Im Zweiten Weltkrieg wurden die Obergeschosse zerstört, doch anhand der Gliederung der Kellergewölbe ist nachzuvollziehen, wo sich die Räume des kaiserlichen Bereichs befanden. Auf der Längsachse verläuft ein breiter Korridor, von dem sich mehrere Räume öffnen, sowie eine große dreischiffige Halle mit einer Apside. Genau über diesem Kellerraum dürfte sich wohl der Prunksaal für öffentliche Zeremonien befunden haben. In den Gewölben finden heute Ausstellungen statt.

Von der Porta Aenea führt ein Gang quer durch das Kellergeschoss zum ***Peristyl** 3, einem großen, von Säulengängen umgebenen Hof. Hier grüßt im Sommer um 12 Uhr Kaiser Diokletian, flankiert von Soldaten, sein Volk – auf Lateinisch! Es ist der zentrale Punkt, einem römischen Forum ähnlich; hier treffen sich Cardo und Decumanus. Auf der Seite der Kaisergemächer, der Südseite, hatte Diokletian eine monumentale Kuppelhalle samt **Vestibül** 4 in Auftrag gegeben, die den Haupteingang bildete und in der er Würdenträger empfing. Vier Granitsäulen tragen das Giebelfeld der Vorhalle, in dessen Mitte sich ein Rundbogen wölbt. Die Halle war mit Mosaiken geschmückt und marmorverkleidet. Zwischen den ehemaligen Arkaden kann man sich heute zu einer Tasse Kaffee niederlassen; das Peristyl bildet im Sommer den stilvollen Rahmen für Theateraufführungen.

Östlich des Peristyls ließ Diokletian sein **Mausoleum** errichten. Nach kleineren Umbauten im 7. Jh. wurde das Gebäude als ***Katedrala Sveti Duje** 5 geweiht. Unter dem prächtigen ***Turm** (13.-17. Jh.; Besteigung empfohlen) hindurch, führt eine Treppe in den oktogonalen Raum des Doms. Den Eingang hatten einst zwei **Sphingen** flankiert, von denen eine heute in der Vorhalle zu den Kaiserräumen, die andere beim Jupitertempel zu sehen ist. Das Innere des Doms ist kreisförmig und durch eine Säulenreihe gegliedert. Auf dem Fries der Säulenreihe sind bei dem Motiv *Eros auf der Jagd* u. a. die Porträts von Diokletian und seiner Gemahlin Prisca zu erkennen. Der Raum ist von einer aus Backsteinen gesetzten Kuppel überwölbt. Der Hauptaltar ist dem hl. Anastasius, einem Märtyrer aus der Zeit der Christenverfolgungen, geweiht. Juraj Dalmatinac hat ihn mit einer hervorragenden Darstellung der *Geißelung Christi* geschmückt.

Gegenüber dem Eingang zum Mausoleum zielt eine kleine Gasse auf den

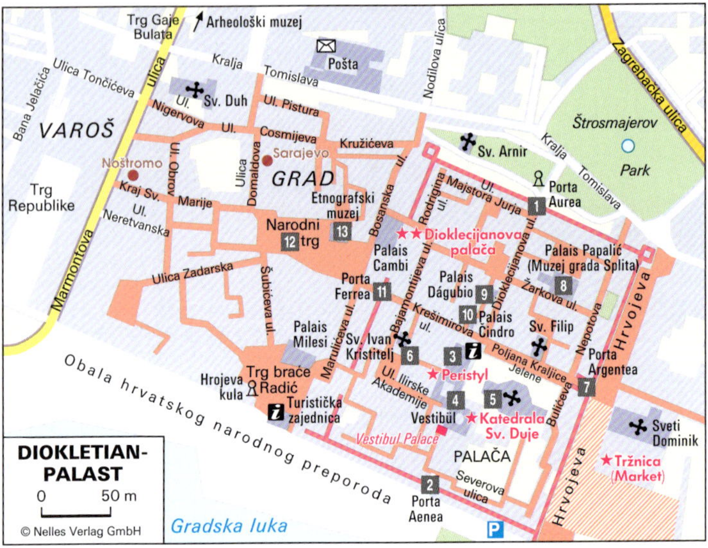

ehemaligen **Jupitertempel**. Durch ein reich geschmücktes Portal betritt man den auf einem Fundament erhöht errichteten Tempel. Im 7. Jh. wurde er zur Taufkapelle **Sveti Ivan** 6 umfunktioniert. Ein besonderes Merkmal des einzigartig gut erhaltenen Baus ist sein herrlich kassettiertes Tonnengewölbe. In der Mitte des Raumes steht das kreuzförmige Taufbecken, das mit der Darstellung Christi auf einer der Platten, die das Becken bilden, geschmückt ist. Außer zwei Sarkophagen, die berühmten Bischöfen als Grablege dienten, fällt die Bronzefigur *Johannes der Täufer* von Ivan Meštrović auf.

Das östliche Palasttor, die **Porta Argentea** 7 (Srebrna vrata, Silbernes Tor), war ehemals mit zwei wuchtigen Achtecktürmen bestückt. In den Gassen vor dem Tor und zu Füßen der St.-Dominikus-Kirche findet täglich ein malerischer, bunter ***Markt** statt.

Im Lauf der Zeit, als immer mehr Menschen zuzogen, entwickelte sich der Palast zu einer lebendigen Stadt. Antike Gebäude wurden umgebaut oder abgerissen, um Platz für neue Häuser zu schaffen, und so entstanden auch einige Paläste; der schönste gotische unter ihnen ist das **Palais Papalić** 8 in der Papalićeva. Das hier untergebrachte Stadtmuseum **Muzej grada Splita** dokumentiert die Geschichte Splits mit Urkunden, Büchern und diversen historischen Gegenständen.

Das **Palais Dágubio** 9 am Cardo (der heutigen Dioklecijanova ulica) ist ein Bau mit Stilmerkmalen aus Gotik und Renaissance, der von Andrija Aleši gestaltet wurde.

Auf dem Weg zur Porta Ferrea, in Richtung Westen, trifft man auf das **Palais Čindro** 10 mit seiner monumental geschmückten Fassade (Ecke Dioklecijanova ulica/Krešimirova ulica).

Hinter dem Doppeltor der **Porta Ferrea** 11 (Željezna vrata, Eisernes Tor) erstreckt sich der **Narodni trg** 12 (Volksplatz). Vom 15. Jh. an entwickelte er sich zum zentralen städtischen Platz, wogegen das römische Peristyl Kirchplatz blieb. Von der Reihe öf-

Rechts: Abendstimmung im Peristyl; Diokletianspalast, Split.

» Plan S. 174, Info S. 182-183

Foto: Thomas Stankiewicz

fentlicher Gebäude an der Nordseite des Narodni trg hat nur das aus dem 15. Jh. stammende **Rathaus** überlebt. Heute ist darin das **Etnografski muzej** 13 (Volkskundemuseum) untergebracht mit einer reichen Sammlung an Volkstrachten, Stickereien, Gebrauchsgegenständen und Schmuck aus Dalmatien.

An der netten Fußgängerzone **Marmontova** mit ihren vielen Läden lockt der fotogene Fischmarkt. Am Platz **Trg Republike** laden Cafés und Restaurants zu einer Pause ein.

Nordwestlich der Altstadt, in der Frankopanska ulica, befindet sich das **Arheološki muzej** ② (Archäol. Museum), das älteste Kroatiens mit einer reichen Sammlung aus Frühgeschichte, Antike (v.a. aus Salona) und Mittelalter, darunter prächtige Glasarbeiten und spätantiken Sarkophage wie der Phädra-Hippolytos-Sarkophag.

*Marjan

Bevor die Römer den Diokletianpalast bauten, hatten sie bereits auf dem grünen Berg ***Marjan** ③ (178 m) einen Dianatempel errichtet. Heute ist der Marjan ein beliebtes Ausflugsziel; von der Uferstraße führt ein schattiger Treppenweg hinauf und passiert dabei eine herrliche **Aussichtsterrasse**. Kurz vor dem Jachthafen führt auch eine Straße zum Marjanberg.

Fährt man von der Altstadt nach Westen am Hafen entlang, erreicht man kurz nach dem Hotel Marjan das **Muzej hrvatskih arheoloških spomenika** ④ (Museum für Kroatische Archäologie). Es bewahrt bedeutende vorromanische und romanische Skulpturen; besonders kunstvoll: das Taufbecken des Višeslav von Nin aus dem frühen 9. Jh.

Einige hundert Meter weiter trifft man auf die in einem Park gelegene ***Galerija Meštrović** ⑤, die Sommervilla des großen kroatischen Bildhauers der Moderne. Das Haus wurde 1952 durch eine Schenkung des Meisters zur Galerie umfunktioniert und zeigt des Künstlers größte Sammlung mit Exponaten aus allen Schaffensperioden. In der Nähe der Galerie befindet sich das **Meštrović-Kaštelet**. Diese Villa aus dem 17. Jh. mit Kapelle ließ Meštrović

» Stadtplan S. 176, Info S. 182-183

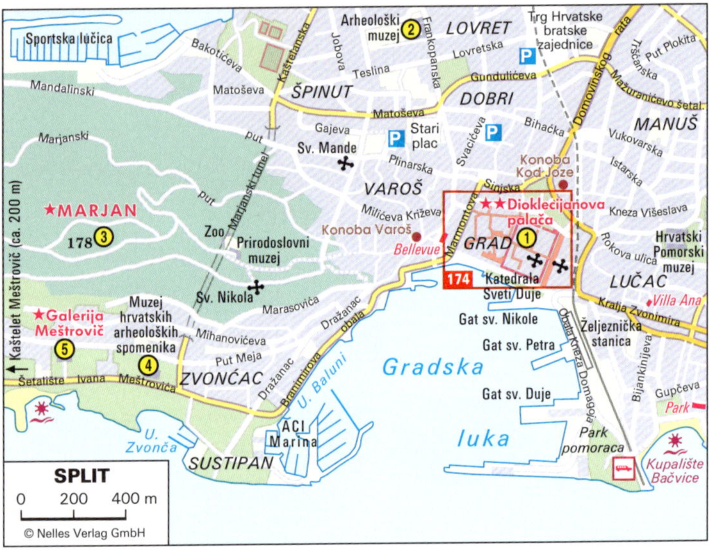

1932 umbauen, unter Hinzufügung eines Atriums und einer Kirche. Der gesamte Komplex ist heute ein Museum.

Ivan Meštrović wurde 1883 bei Otavice, südöstlich von Šibenik, geboren. Nach einer Lehre bei einem Steinmetz in Split ging er um 1900 nach Wien, wo er beim Bildhauer Otto König Aufnahme fand. Nach einem vierjährigen Studium an der Akademie der Bildenden Künste arbeitete Meštrović seit 1908 in Paris, beeinflusst durch Rodin, den er 1902 in Wien kennen gelernt hatte. Schon früh erhielt der junge Künstler Aufträge, später auch vom jugoslawischen Staat. Deshalb befinden sich zahlreiche seiner Kunstwerke in den Städten der Nachfolgestaaten Jugoslawiens. Von 1947 an lebte Meštrović in den USA, wo er 1962 starb.

*Salona

Die antike Ausgrabungsstätte von ***Salona** ❷ liegt in **Solin**, außerhalb von Split in Richtung Trogir. Dank ihrer günstigen Lage an einem Fluss, in einer geschützten Bucht und mit fruchtbarem Hinterland gesegnet, war dies ab 78 v. Chr. die wichtigste römische Siedlung der Gegend – bis die Awareneinfälle im 7. Jh. ihr den Garaus machten.

An den Ruinen lässt sich die Bedeutung von Salona erkennen. So gab es neben vielen Tempeln und sieben Thermen auch ein Amphitheater, das 20 000 Menschen fassen konnte und in dem sogar *Naumachien* (gespielte Seeschlachten) möglich waren. Als Diokletian das Römische Reich verwaltungstechnisch in eine östliche und eine westliche Hälfte teilte, kam Salona genau in der Mitte zu liegen und wurde so zu einer der wichtigsten Städte des oströmischen Reichs. Alle Handelsrouten zwischen Orient und Italien kreuzten Salona. Kein Wunder, dass Diokletian seinen Alterssitz ganz in der Nähe bauen ließ, wollte er doch auch später, nach Verzicht auf Amt und Würden, den Überblick bewahren. Ab dem 4. Jh. entstand ein reger Handel mit dem Vorderen Orient. Die Händler brachten

Rechts: Abendstimmung an der Uferpromenade von Split.

» Karte S. 172-173, Info S. 182-183

Foto: Thomas Stankiewicz

nicht nur Waren, sondern auch ihre Religion mit, und bald entwickelte sich Salona zu einem Zentrum des Christentums. Zahlreiche Basiliken und eine frühchristliche Nekropole geben davon Zeugnis.

*KAŠTEL KLIS

10 km nordöstlich außerhalb Splits liegt auf 340 m Höhe die original erhaltene Festung ***Kaštel Klis** ❸. Hier verlief eine wichtige Passstraße zwischen den fruchtbaren Ebenen um Split und dem gebirgigen Hinterland. Als die Türken Bosnien und die Herzegowina erobert hatten, war der Weg zur dalmatinischen Küste für sie frei. Trotz erbittertsten Widerstands konnte das strategisch wichtige Klis nicht gehalten werden; 1537 fiel die Festung in osmanische Hände und eine Zeit ständiger Plünderungen setzte ein. An vielen Siedlungen wurden Burgen angelegt, um die Bewohner und die Ernte zu schützen. Diese Befestigungsanlagen sind heute an der *Straße der Kastelle* zu besichtigen (s. S. 165). Venedig gelang es trotz größter Anstrengungen nicht, die Festung von Klis zurückzuerobern. Erst als sich die Türken aus dem Balkan zurückzogen, fiel auch Klis wieder in christliche Hände. Da die Venezianer die Situation dennoch nicht als sicher einschätzten, ließen sie die Befestigungen verstärken; von der obersten Ebene bietet sich eine herrliche Aussicht.

Von Klis bis zur Cetina erstreckt sich der **Mosor**, ein 25 km langes Gebirge. Seine Gipfel erreichen bis zu 1340 m und bieten gute Fernsicht. Es gibt markierte Wege, in der Saison stehen Wanderern auch Berghütten zur Verfügung.

SINJ

Im Tal der Cetina, am Rande des *Sinjsko polje*, liegt zu Füßen des Dinara-Massivs **Sinj** ❹, dessen Umland schöne Möglichkeiten zum Wandern, Reiten, Mountainbiken oder Angeln bietet. In der Umgebung des Ortes fand man Höhlen und Reste alter Fluchtburgen: Belege für eine frühe Besiedelung. Im Mittelalter war Sinj die Hauptstadt des

Verwaltungsbezirks Cetina und erkannte die Oberhoheit der kroatischen Fürsten an. Als das Osmanische Reich auf den Balkan expandierte, fiel auch Sinj in türkische Hände. Es wurde 1699 wieder befreit.

Im Ort ist die **Franjevačka crkva** (Franziskanerkirche) mitsamt Kloster von Interesse. Nachdem Franziskanermönche aus Rama in der Herzegowina geflohen waren, hatten sie hier Zuflucht gefunden und ein Kloster gebaut. Es wurde zwar bei einem Überfall zerstört, dann bei einem Erdbeben beschädigt, doch immer wieder aufgebaut, denn im Kloster wird das wundertätige Bild der Muttergottes von Sinj bewahrt, das die Mönche im 17. Jh. mitgebracht hatten.

Oberhalb von Ort und Tal thront die Festung **Kamičac**, die die Venezianer im 18. Jh. über sternförmigem Grundriss anlegten. Seit 1715 finden in jedem Jahr – am ersten Sonntag im August – die ***Ritterspiele** *Sinjska alka* statt. Sie erinnern daran, dass damals eine nur 600 Mann starke Besatzung der Belagerung durch die Türken standhalten konnte. In dem Ritterspiel muss die *Alka*, ein Metallring mit zwei Reifen, in vollem Galopp mit der Lanze getroffen werden, am besten in der Mitte. Zu diesem Volksfest strömen die Menschen in ihren Trachten aus der ganzen Gegend zusammen.

Oben: Die Ruine der Festung Mirabella, oberhalb von Omiš. Rechts: Bootsfahrt auf der Cetina.

*OMIŠ

Nach 22 km auf der Magistrale, vorbei an den Badeorten von **Podstrana** und an dem schönen ***Sandstrand von Duce** (hinter Dugi Rat), erreicht man ***Omiš** ❺, an der Mündung der **Cetina** in die Adria gelegen. Direkt hinter dem Ort erheben sich die südlichen Gebirgsausläufer des **Mosor**, die hier von der Cetina durchschnitten werden. Aus dem Meer ragt im Süden die Insel Brač.

Diese Lage begünstigte die Entwicklung von Omiš zu einem quirligen Hafen. Jedoch hatte dieser bis zum 13. Jahrhundert nicht vorrangig Handelsfunktion, sondern diente dem bei anderen dalmatinischen Städten wegen ihrer Piraterie gefürchteten slawischen Volk der Neretljaner als Heimathafen für ihre Beutezüge, woran die kleine, hochgelegene Stadtfestung **Mirabella** erinnert. Und obwohl Omiš in mehreren Kriegen in die Knie gezwungen werden konnte, wurde die Bevölkerung doch immer wieder rückfällig in Bezug auf die Freibeuterei. Erst als die Venezianer die Stadt 1444 endgültig eroberten, kehrte Friede vor der Küste Dalmatiens ein. Allerdings stellten bald die Türken, die ihren Machtbereich bis zur Cetina ausgedehnt hatten, eine neue Bedrohung dar, weshalb die Venezianer die Festung **Starigrad Fortica** (im heutigen Ortsteil Baučici) errichteten. Von ihr genießt man, in 245 Metern Höhe über dem Meer, einen schönen **Panoramablick** auf die Schlucht der Cetina und die Inseln Brač, Hvar und

» Karte S. 172-173, Info S. 182-183

Foto: Andrey Omelyanchuk (iStockphoto)

Šolta – die Auffahrt bzw. die einstündige Wanderung lohnt sich also.

Heute stellen die **Sand- und Kieselstrände** in der Umgebung, mit schattenspendenden Pinien, und die lauschige **Altstadt** mit ihren zahlreichen Cafés das Kapital von Omiš dar. Jedoch konnte sich das Städtchen wegen einiger Industrieanlagen nicht zu einem bedeutenden Ferienort entwickeln.

Im Stadtteil **Priko**, auf dem rechten Cetina-Ufer, steht das bedeutendste Bauwerk der Stadt, die vorromanische Kirche **Sveti Petar**. Der einschiffige Bau mit Apsis und Kuppel war im 18. Jh. Zentrum eines Glagolitierseminars für angehende Priester.

Lohnend ist ein Abstecher in die ***Cetina-Schlucht** hinter Omiš, zur ehemaligen Mühle **Radmanove mlinice** ❻, mit schönem Erholungsgelände an der Cetina und urigem Lokal, bis zum **Gabavica-Wasserfall** ❼ (10 km östlich von Omiš). Durch die Schlucht führen Wanderwege und Reitpfade. Auf der Cetina werden geruhsame Bootsfahrten und abenteuerliche ***Raftingtouren** veranstaltet.

*MAKARSKA-RIVIERA

22 km hinter Omiš erreicht die nun an der steilen Flanke des Biokovo-Massivs verlaufende Küstenstraße einen der schönsten Strandabschnitte der Adria. Eine Stichstraße führt durch duftenden Pinienwald zu dem buchtenreichen, im Sommer sehr vollen, weißen **Kieselstrand** von ***Brela** ❽ hinab. Rund um den idyllischen Ortskern findet man ruhige Hotels, Restaurants und moderne Villen, die Zimmer und Apartments vermieten. Besonders schön ist der von Pinien gesäumte ***Punta-Rata-Strand** im Norden.

Der nächste, wegen seiner langen Strände am türkisblauen Meer und seiner großen Ferienhotels viel besuchte Badeort ist ***Baška Voda** ❾, 4 km weiter südlich. Den schönsten Blick auf den an einer größeren Bucht ruhenden einstigen Seefahrer- und Fischerort genießt man von der Küstenstraße. In den Cafés an der Hafenpromenade lässt es sich im Schatten der Bäume gemütlich sitzen. Die an den Felshängen in Schutzlage errichteten kleinen Berg-

» Karte S. 172-173, Info S. 182-183

Foto: Nikolai Sorokin (Dreamstime)

dörfer, **Bast** und **Topic**, erreicht man auch zu Fuß von Baška Voda, durch Weinberge und Olivenhaine.

Der touristische Mittelpunkt der 60 km langen Riviera ist die am Fuß des höchsten Biokovo-Gipfels, Sveti Jure, langgestreckte historische Hafenstadt ***Makarska** ⓾. Die sehr belebte Altstadt (mit Fähranleger für die Insel Brač) erstreckt sich entlang der palmenbestandenen, von den zwei Halbinseln Osejeva und Sveti Petar umrahmten **Hafenpromenade**. Nordwestlich der Halbinsel **Sveti Petar** (mit Leuchtturm) beginnt der fast 2 km lange, feinkieselige **Hauptstrand** von Makarska, **Donja Luka**, der den Ort und die „Riviera" in den 1960ern berühmt machte und an dem die meisten Hotels liegen.

Makarska war, bis es 1699 endgültig an Venedig überging, ein wichtiger lokaler Stützpunkt. Erst machten von hier aus die gefürchteten neretvanischen „Seeräuber" den Venezianern die mitteldalmatinische Küste strittig, dann fast 150 Jahre lang die Türken.

Oben: An Brelas wunderschönem Badestrand Punta Rata. Rechts: Die Makarska-Riviera – hier der Strand von Tučepi, am Fuß des Biokovomassivs.

Illustres internationales Publikum besucht heute die schicken Café-Bars und Music-Bars, Eisdielen und Restaurants an der Promenade und in den lauschigen Altstadtgassen um den zentralen **Kačićev trg**. Oberhalb des **Denkmals** für den berühmtesten Bürger, den Dichter Andrija Kačić-Miošić (1704-69), geschaffen von dem bedeutenden dalmatinischen Bildhauer Ivan Rendić, erblickt man die **Pfarrkirche Sveti Marko** aus dem 18. Jh. Auf dem **Markt** wird von süßen dalmatinischen Feigen bis zum süßen Dessertwein Prošek vieles feilgeboten.

Am Ostrand des Hafens befindet sich im Kloster **Franjevački samostan** das sehenswerte ***Malakologische Museum** mit einer der vielfältigsten Muschel- und Schneckensammlungen der Welt.

Vom Dorf **Makar** ⓫, 233 m oberhalb Makarska, führt ein markierter Wanderweg über den Aussichtsberg **Vošac** (1421 m) auf den ***Sveti Jure**

 » Karte S. 172-173, Info S. 182-183

Foto: Gerhard Bersick

⓬ (1762 m), den höchsten Gipfel des 36 km langen und 7 km breiten Biokovo. Der anstrengende Aufstieg dauert etwa 6 Stunden.

Wer lieber fährt, gelangt gleich hinter Makarska auf einer asphaltierten Bergstraße auf den „heiligen Berg" Dalmatiens. Ein Abzweig führt zu Makarskas Nachbarort **Kotišina** ⓭, bei dem der **Botanische Garten Biokovo** Einblick in die vielfältige Flora des Naturparks gibt. Oberhalb des Dorfes **Gornji Tučepi**, hinter dem Staza-Pass, wo an aufsteigenden Felshängen das **Naturpark Biokovo** anfängt (ausgeschildert, Parkplätze), beginnt die 18 km lange, asphaltierte **Mautstraße**, die durch den Naturpark zum Sveti Jure führt. Dies ist die höchstgelegene Straße Kroatiens, die wegen ihrer vielen engen, exponierten Kehren einen passerfahrenen Fahrer verlangt. Immer wieder genießt man tolle Ausblicke auf die ganze mitteldalmatinische Insel- und Küstenwelt. Dahinter erstreckt sich die verkarstete, von zahlreichen Einsturzdolinen durchlöcherte Kammhöhe. Gämsen, Mufflons und Schafe sind in diesem geschützten Naturpark heimisch.

Von Makarska südwärts gelangt man nach **Tučepi** ⓮, einem kleinen, im Sommer sehr lebhaften Badeort mit weitläufigem **Kiesstrand** und **Jachthafen**. Von hier kann man in einer halben Stunde zu dem alten Bergdorf **Gornji Tučepi** wandern.

Wer Sonne und Strand sucht, findet auch im Ferienort **Podgora** ⓯ eine weitgeschwungene **Kiesbucht** mit Hotels und Pensionen direkt am Meer. Die Uferstraße des Badeorts wird in Sommermonaten für den Verkehr gesperrt und verwandelt sich dann in eine belebte **Promenade**.

Von **Igrane** ⓰ scheint die Insel Hvar fast zum Greifen nah. Der „türkische Turm", Reste der Stadtmauern und der elegante Glockenturm der altkroatischen Michaelskirche prägen das Bild des an einem steilen Kap erbauten, verwinkelten Dorfes. Südlich erstreckt sich ein weitläufiger **Kiesstrand**.

In **Živogošće** ⓱, das ein in üppiges mediterranes Grün eingebettetes Franziskanerkloster (17. Jh.) und einen

Foto: Tomas Griger (iStockphoto)

Campingplatz mit **Kiesstrand** vorweisen kann, beginnt der beschauliche Teil der Riviera mit vielen ruhigen Buchten.

Vom kleinen Strand- und Hafenort **Drvenik** ⓲ aus verkehren in der Saison Fähren nach Sućuraj (Insel Hvar) und Domince (Insel bzw. Stadt Korčula).

Zaostrog ⓳ ist bei einheimischen Urlaubern beliebt.

Das ehemalige Fischerdorf **Gradac** ⓴ markiert das Südende der Makarska-Riviera. Vor der Bergkulisse des Biokovo lockt der Ort mit dem herrlichen, 3 km langen flach abfallenden Feinkiesstrand ***Gornja vala**, dem längsten der Makarska-Riviera. Das charmante alte Ortszentrum mit der Barockkirche **Sv. Mihovil** liegt auf einer kleinen Landzuge.

Hinter Gradac verlässt die Küstenstraße das Meer und führt durch grünes Hügelland, an den **Baćinska-Seen** und der Hafenstadt **Ploče** vorbei, ins grüne **Neretva-Delta** (s. S. 203).

Oben: Alte Kapelle oberhalb von Tučepi, am Weg zum Biokovo-Naturpark.

SPLIT (☎ 021)

Tourist Info Center, Peristyl bb, Tel. 345606 od. 339899, www.visitsplit.com. Stadtinformation.

Konoba Matejuška, etwas außerhalb des Zentrums mit frischester Fischküche. Tomica Stine 3, Tel. 355152.

Konoba Varoš, Ban Mladenova 7, Tel. 396138. Traditionelle dalmatinische Gerichte; Nähe Sv. Frane.

Konoba Kod Joze, Sredmanuška 4, Tel. 347397. Gute Fischeintöpfe und Pasta, auch *marende*; nordöstlich Porta Aurea.

Noštromo, Ulica Kraj Sveta Maria 10, Tel. 3323479. Beste Fischküche der Stadt, kreativ mit gehobenem Niveau; am Fischmarkt.

Das Spliter Nachtleben kreist um den Platz **Majstrova Jurja** mit den Cafés und Lounge-Bars **Teak Caffe**, **Le Porta** und **Dante** sowie um den Strand **Bačvice** mit einigen Beach Bars und angesagten Cafés.

Academia Ghetto Club, Szene-Lounge mit großer Getränkeauswahl und kleinen Snacks, Dosud 10, Tel. 346879.

Dioklecijanova palača. Diokletianpalast; Sommer tgl. 9-18, Winter 9-14 Uhr.

Katedrala Svetog Duje, Kraj Sv. Duje 5. Dom; 8.30-19.30 Uhr.

Jupiterov hram, Kraj S. Ivana. Jupitertempel; 8-13 u. 15-18 Uhr, im Sommer länger.

Arheološki muzej, Frankopanska 25, Tel. 329340, www.mdc.hr/split-arheoloski. Archäologisches Museum; Juni-Sept. Mo-Sa 9-14 u. 16-20 Uhr, Okt-Mai Mo-Fr 9-14 u. 16-20, Sa 9-14 Uhr, So ganzj. geschlossen.

Muzej Grada Splita, Papalićeva 1, Tel. 360 171, www.mgst.net. Stadtmuseum im Palais Papalić; Sommer Di-Fr 9-21 Uhr, Sa/So 10-13 Uhr, Winter Di-Fr 9-17, Sa/So 10-13 Uhr.

Etnografski muzej, Iza Vestibula 4, Tel. 344164. Ethnografisches Museum, im alten Rathaus; Juni/Juli-Mitte Sept. Mo-Sa 9.30-19, Sa 9-13 Uhr, Mitte Sept.-Mai Mo-Fr 9-16, Sa 9-13 Uhr.

Galerija Meštrovič / Kaštelet, Setaliste Ivana Mestrovica 46/39, Tel. 340800, www.mestrovic.hr; Mai-Sept. Di-So 9-19, Okt.-April Di-Sa 9-16, So 10-15 Uhr.

» Karte S. 172-173

Salona, Put starina bb, Solin, Tel. 211538. Archäologische Stätte, Mai-Okt. Mo-Fr 7-19, Sa 9-19, So 9-13, Nov-April kürzer, So geschl.

FESTIVAL: **Splitsko ljeto** (Spliter Sommer): 14. Juni-14. Aug., großes Kulturfestival mit Theater, Oper, Ballett, Konzerten; www.splitsko-ljeto.hr.

An Splits Stadtstrand **Bacvice** (Sand!) trifft sich die Jugend.
Westlich von Split liegt die ruhigere **Kašjuni-Bucht** mit einem schmalen Kies-/Sand-Streifen unter Bäumen.
Freeclimber finden an den Klippen der Halbinsel Marjan ein gutes Kletterrevier.

AUSFLUG: Für Mountainbiker und Motorradfahrer ist das nahe **Kozjak-Gebirge** interessant, wo es Strecken mit Makadam-Belag (Kalkschotter mit Teer gebunden) gibt.
Im **Mosor-Gebirge** zwischen Split und Omiš gibt es einen Weg, der mit Mountainbikes und geländegängigen Motorrädern zu meistern, aber schwierig zu finden ist. Man fährt nach Stobreč, nimmt dann die Straße nach Žrnovnica landeinwärts; westlich dieses Ortes führt eine Piste ins Mosor-Gebirge und verläuft über Sitno und Dubrava nach Gata und wieder zur Küste hinunter nach Omiš.
MARINA: **ACI Marina Split**, auch für große Jachten, 500 Stellplätze, alle Versorgungseinrichtungen, Uvala Baluni, Tel. 355558.

OMIŠ (☎ 021)

TZG Omiš, Trg kneza Miroslava, Tel. 861350, http://tz-omis.hr.

Konoba Milo, Ulica Knezova Kačića, Tel. 861185. Uriges Lokal mit deftigen Fleisch- und Fischgerichten vom Grill.
Radmanove Mlinice, Tel. 862073. Landgasthof in der Cetina-Schlucht, 6 km von Omiš; Spezialität: *Peka* (Eisenpfanne) mit Lamm.

AUSFLÜGE: **Radmanove Mlinice**, Poljièki trg 2, Omiš, Tel. 862238, www.radmanove-mlinice.hr; organisiert **Boots- und Raftingtouren** auf der Cetina.
KLETTERN: Infos zum Klettern u. Freeclimbing um Omis unter www.climbingomis.com.

MAKARSKA-RIVIERA (☎ 021)

MAKARSKA

TZG Makarska, Kralja Tomislava 16, Tel. 612002, www.makarska-info.hr.
Naturpark Biokovo, Trg Tina Ujevića 1, Tel. 616924, www.biokovo.com. Der Haupteingang ist in Staza, 6 km von Makarska; geöffnet April-Mitte Mai und Oktober-Mitte November 8-16 Uhr, Sommer 7-20 Uhr. **Infozentrum** am Aussichtspunkt Ravna Vlaška.

Stari Mlin, Prvosvibanjska 43, Makarska, Tel. 611509, frische Kräuterküche.
Susvid, Kačiećev trg 8, Makarska, Tel. 612 732. Beliebtes Restaurant am Hauptplatz von Makarska.
Konoba Panorama, Topići, Tel. 620356. Delikater Schinken, Lamm unter der Peka und ein herrliches Meerespanorama, dazu Fr/Sa Volksmusik, 3 km nordöstlich von Baška Voda.

Malakološki muzej, Franjevački put 1, Makarska, Tel. 611256. Makologisches Museum mit hervorragender Muschel- und Schneckensammlung; Sommer 10-12 u. 17-19, Winter 9-12 Uhr.
Biokovski botanički vrt Kotišina. Der Botanische Garten des Naturparks Biokovo liegt 3 km östlich von Makarska am Fuß einer Felswand in ca. 350-500 m Höhe ü.M.; Wanderwege führen von Makarska hinauf. Der Garten präsentiert die Flora des Biokovo sowie die Überreste einer Burg aus dem 17. Jahrhundert. Der Garten ist immer frei zugänglich.

BERGWANDERUNG hinauf zum **Vošac** (1421 m) und zum **Sv. Jure** (1762 m). Die schöne **Mautstraße** auf den Sv. Jure, die links vom Staza-Pass abzweigt, ist auch für Mountainbiker und Motorradfahrer zu empfehlen.

Einsamer als die Stadtstrände sind die **Felsbuchten** um die Halbinsel **Sv. Petar** bei Makarska.
Malerisch gelegen ist der Strand **Punta Rata** bei Brela, eingerahmt von Kiefern, mit Blick auf ein winziges Felseneiland.

Aleksandar Todorovic (iStockphoto)

Foto: Davor Lovincic (iStockphoto)

MITTEL-DALMATINISCHE INSELN

BRAČ
ŠOLTA
VIS
HVAR
KORČULA

MITTELDALAMTINISCHE INSELN

*INSEL BRAČ

Vor der Küste von Split erstrecken sich die großen mitteldalmatinischen Inseln Brač, Šolta, Vis und Hvar. Von allen am nächsten zum Festland liegt ***Brač**, die „Dicke“, mit 394 km^2 die drittgrößte der adriatischen und die größte der dalmatinischen Inseln. Es leben ungefähr 12 500 Menschen auf ihr. Der der Küste zugewandte Norden ist leichter zugänglich als der Süden. Dort erschweren die höchsten Erhebungen der Insel mit dem 778 m hohen Vidova gora den Zugang. Die Vegetation ist typisch mediterran; das Landschaftsbild ist geprägt von Kiefernwäldern und Macchia, kahlen, mit Schluchten durchsetzten Karstbergen, Felsbuchten und flach ins Meer laufenden Stränden.

Die Existenzgrundlage der Inselbewohner sind Landwirtschaft (Oliven, Wein, Kräuter und Viehzucht), Tourismus und die Steinbrüche von Brač. Schon seit der Römerzeit liefert die Insel den begehrten weißen Bračer Kalkstein, der u. a. das Weiße Haus in Washington, den Reichstag in Berlin und die Parlamente in Wien und Budapest ziert. Seit Wasserleitungen vom Festland herübergelegt wurden, erlebt auf Brač der Tourismus einen Aufschwung, und 15 km nördlich von Bol gibt es nun einen Regionalflughafen (*Aeodrom Brač*).

Vorherige Seiten: Blick auf die malerische Altstadt von Korčula. Links: Das vielbesuchte „Goldene Horn“ von Bol ändert seine Krümmung mit der Meeresströmung.

Supetar

Die Fähren von Split legen in **Supetar** ❶ an, dem größten Ort der Insel. Die antike Siedlung lag auf einer kleinen Halbinsel, auf der sich heute der Friedhof befindet; das dort 1924 erbaute **Petrinović-Mausoleum**, ein Prachtstück dalmatinischer Steinmetzkunst, erblickt man bereits von der Fähre. Ein großes Ferienzentrum mit Hotels, Pools, Fahrrad- und Bootsverleih sorgt für Sommertrubel an den feinkieseligen Stränden rings um Supetar.

Fährt man von Supetar Richtung Westen, lohnt ein Stopp im pittoresken Hafenstädtchen **Sutivan** ❷. An einer geschützten Bucht der Nordküste gelegen, wurde Sutivan im 16. Jh. von den Venezianern befestigt. Die Pfarrkirche, ein Kastell aus dem 17. Jh., eine alte Windmühle und eine schöne Barockvilla im Park prägen das Ortsbild.

In der bergigen Inselmitte liegt auf 380 m Höhe das Dorf **Nerežišća** ❸, heute ein ruhiger Ort, in venezianischer

» Karte S. 188-189, Info S. 198-199

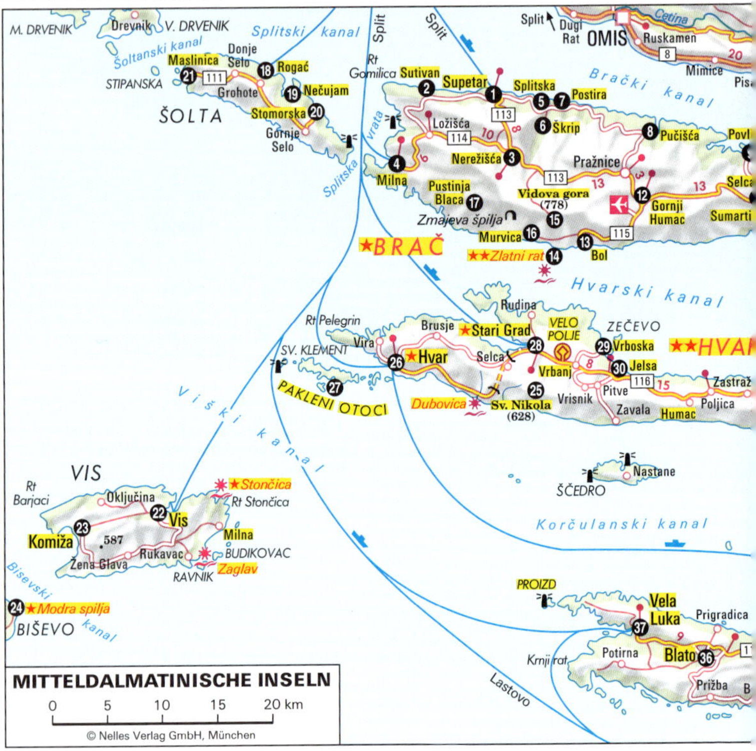

Zeit der Verwaltungssitz der Insel, mit alten Kirchen und Kapellen.

Milna

Im äußersten Westen von Brač liegt **Milna ❹** an der tief eingeschnittenen Bucht gleichen Namens. Der Fischerort entstand erst Ende des 17. Jh., als die Adelsfamilie Čerinić eine kleine Marienkirche und eine Festung bauen ließ. Die **Pfarrkirche Mariä Verkündigung** im Zentrum des Ortes ist im Rokokostil geschmückt und besitzt wertvolle Kunstgegenstände örtlicher Meister. Der Tourismus spielt heute eine wichtige Rolle in Milna, besonders wegen der modernen großen **Marina**. Westlich des Ortes erstrecken sich einige schöne **Kiesbuchten**, die über einen Fußweg zu erreichen sind. Südlich von Milna locken weitere einsame Buchten mit glasklarem Wasser.

Die Nordostküste

Die meisten Inselorte liegen an der malerisch zerklüfteten Nordküste östlich von Supetar. Nach 4 km erreicht man das in der Nähe der ältesten Steinbrüche der Ostadria erbaute, verträumte **Splitska ❺**, einen alten Hafenort. Hier verluden die Römer die Quader für den Diokletianpalast in Split.

Das nahe **Škrip ❻**, inmitten der heiteren Landschaft südlich Splitska, gilt als der älteste Inselort. Man sieht Spuren der illyrischen und römischen Sied-

 » Karte S. 188-189, Info S. 198-199

lungen. Das eindrucksvolle **Kastell** mit Wehrturm und weiß getünchten Dächern stammt aus venezianischer Zeit. Das kleine **Museum** zeigt eine archäologisch-ethnografische Sammlung.

Von Splitska gelangt man über die Küstenstraße nach **Postira** ❼, ein kleines Städtchen mit beschaulichen Stränden in der Nähe. Hier wurde in einem Hafenhaus der große kroatische Schriftsteller Vladimir Nazor geboren – eine Gedenktafel erinnert daran.

In **Pučišća** ❽, sehr schön am Ende einer fjordartigen Bucht gelegen, befinden sich die größten Marmorbrüche der Insel. Der „steinreiche" Ort wurde öfters von den Türken bedroht. Reste der starken Befestigung und Kastelle mit Wehrtürmen aus dem 16. Jh. blieben gut erhalten. Pučišća und seine Umgebung sind als Steinmetzzentrum bekannt. Auch die einzige Steinmetzschule Kroatiens ist hier zu Hause.

Der beschauliche Ort **Povlja** ❾ im Nordosten der Insel ist vor allem wegen der guten Bademöglichkeiten an seiner zerklüfteten Bucht sehr beliebt. Im kleinen Hafenort **Sumartin** ❿ an der Ostküste legen die Fährschiffe aus Makarska an.

Ein kurzer Abstecher von der Hauptstraße führt ins kleine Bergdorf **Selca** ⓫. Die Pfarrkirche von Selca gilt als der prachtvollste Marmorbau auf der Insel.

Bei **Gornji Humac** ⓬, einem für seine Weinkeller mit Lammspezialitäten bekannten Ort, kreuzen sich die Straßen von der Ostküste und nach Bol.

Bol

Der Süden von Brač ist wegen der Berge kaum besiedelt. Der einzige größere Ort dort ist der im Sommer viel besuchte Badeort **Bol** ⓭ (1100 Einwohner), am Fuß des 778 m hohen Hausbergs Vidova gora. Über das Meer hinweg sind die Berge von Hvar zu erkennen.

Bol war immer schon ein Versorgungszentrum für Seefahrer. 827 zerstörten Sarazenen den Ort völlig. Beim Wiederaufbau baute man eine Burg, die zum Zentrum der Stadt wurde. Die Dominikaner unterhielten hier seit dem 15. Jh. ein Kloster, das ***Dominikanski samostan Sv. Marije Milosne** (am Ostrand von Bol). Heute befinden sich darin auch Fremdenzimmer und ein **Museum** mit antiken Stücken, Messbüchern und einem Gemälde aus Tintorettos Schule; davor liegen zwei kleine Strände.

Westlich von Bols Hafen liegt der Badestrand ****Zlatni rat** ⓮, das berühmte „Goldene Horn". Bei ihm handelt es sich um ein an der Adria einmaliges Phänomen, um eine mehr als 630 m lange Nase, die etwa 300 m ins

» Karte S. 188-189, Info S. 198-199

Foto: Drazen Vukelic (iStockphoto)

Meer hineinragt und je nach Strömung und Wind die Richtung ihres „Horns" mal nach Westen, mal nach Osten verändert. Da es sich beim Goldenen Horn um Dalmatiens einzigen großen **Feinkiesstrand** handelt, ist es in der Hauptsaison überfüllt. In der nahen Umgebung findet man jedoch auch wunderschöne Kiesstrände und Buchten.

Von Bol aus lässt sich eine Wanderung auf den **Vidova gora** ⓯ (778 m) unternehmen. Der Weg (ca. 2 Std.) ist markiert. Vom Gipfel bietet sich ein herrlicher Rundblick auf das Festland, nach Hvar und auf das Goldene Horn. Bei guten Windverhältnissen tanzen zwischen Bol und Hvar die bunten Segel der Windsurfer über die Wellen. Der Kanal zwischen den Inseln gilt als höchst anspruchsvoller Surfspot.

Blaca

Westlich von Bol liegt das Dorf **Murvica** ⓰, das in einem zweistündigen Fußmarsch zu erreichen ist. In der Nähe des Ortes entstanden mehrere Klöster und Einsiedeleien. Besonders sehenswert ist die Einsiedelei **Pustinja Blaca** ⓱, zu der man von Murvica aus nochmals zwei Stunden zu Fuß unterwegs ist (von Nerežišća mit dem Auto erreichbar). In Blaca fand sich im 16. Jahrhundert. eine glagolitische Gemeinde zusammen, die vor den Türken hierher geflüchtet war. Nach einem Brand wurde die ganze Anlage im 18. Jahrhundert neu aufgebaut, und in diesem Zustand blieb sie bis heute erhalten. Der pittoreske Komplex, der sich eng an die Felswand schmiegt, ist heute ein interessantes **Museum**. Das Klosterleben, das es bis zum Jahr 1963 hier noch gab, wird anschaulich dokumentiert.

Oberhalb des Klosters Blaca geht es weiter zur **Drachenhöhle** (*Zmajeva špilja*; 1 Std.), die ebenfalls einst Glagolitern als Eremitage diente. In der Höhle sind verschiedene Reliefs und Gravierungen zu sehen, so z. B. im Westteil ein Drache, ein Menschenkopf und ein Löwe.

Oben: Segeltörn zur Insel Vis; im Hintergrund: das nette Hafenstädtchen Komiža.

INSEL ŠOLTA

Mit 52 km² Fläche zählt **Šolta** zu den kleineren mitteldalmatinischen Inseln. Trotz der fruchtbaren Felder und seiner üppigen Macchia, der Olivenhaine und Weinkulturen ist Šolta vom Massentourismus verschont geblieben, ein Refugium für die Bürger von Split. Die touristische Infrastruktur bilden ein Ferienwohnungen und kleine Hotels. Seit der Antike ist Šolta bewohnt; die Insel hat viele Plünderungen und häufige Herrscherwechsel erlebt.

Vom Fährhafen **Rogać** ⓲ (Fährverbindung mit Split; Bademöglichkeit neben dem Hafenbecken) verläuft eine Straße zur benachbarten schönen Bucht von **Nečujam** ⓳. In diesem ehemaligen Fischerdorf hat sich die einzige „Touristenhochburg", eine Bungalowanlage mit Tennisplätzen, angesiedelt. Der 100 m lange **Kiesstrand** ist in der Saison sehr voll; Taxiboote pendeln zu den vorgelagerten Badeinseln.

Typischer präsentiert sich der Fischerort **Stomorska** ⓴, etwas weiter südöstlich gelegen. Die Straße dorthin durchquert eine üppige Vegetation mit Johannisbrotbäumen, Pinien, Feigen und Lavendel. Stomorska liegt an einer schönen Bucht, die malerisch von Palmen und Zypressen umstanden ist. Hier gibt es einen kleinen Campingplatz. Auch **Maslinica** ㉑ im Westen mit seinen vorgelagerten Inselchen bietet Urlaubern Unterkünfte und ein wunderbares Tauch- und Schnorchelrevier.

INSEL VIS

Die westlichste der mitteldalmatinischen Inseln ist **Vis**. Die Stadt Vis ist der älteste Ort Dalmatiens, als *Issa* 397 v. Chr. von Dionysios d. Ä., Tyrann von Syrakus (Sizilien) gegründet. Syrakus, damals die mächtigste Stadt des Mittelmeers, errichtete hier seine erste Kolonie in der östlichen Adria. Von Issa aus wurden dann weitere Kolonien gegründet, wie Trogir und Salona. Als Rom die Insel übernahm, wurden ein Forum, ein Theater, Tempel und Thermen gebaut. Doch geriet Issa im Lauf der Zeit in Abhängigkeit von Salona. Bekannt blieb es vor allem wegen seines Weins.

Nach dem 2. Weltkrieg wurde Vis zum Sitz des Marinestabs und somit zum Sperrgebiet. Erst 1989 lockerte man diese Bestimmung, um Teile der Insel Touristen zugänglich zu machen.

Vis besitzt ein **Weinanbaugebiet** von etwa 700 ha, seine bekanntesten Weine sind der rubinrote *Plavac* und der *Vugava*. Der letztere ist ein goldgelber Wein mit einem honigähnlichen Aroma.

In der **Stadt Vis** ㉒ sind beim Franziskanerkloster **Gradina** auf der Halbinsel Prirovo noch Spuren des antiken Theaters zu sehen. Ansonsten fallen mehrere k.u.k.-Forts aus dem 19. Jh. ins Auge. In der österreichischen Festung **Gospina Baterija** ist das interesante **Archäologische Museum** untergebracht. In drei Ausstellungen zeigt es archäologische Funde aus der griechisch-römischen Antike, Exponate zur Fischerei um Vis sowie eine ethnografische Sammlung zur jüngeren Geschichte und zum Alltag auf der Insel.

Rund 6 km nach Nordosten sind es bis zum ***Stončica-Strand**, einer geschwungenen Sandbucht, die zu den schönsten Badeplätzen Dalmatiens zählt. Ein Fußweg führt von dort zum alten **Leuchtturm** am gleichnamigen Horn (*Rt Stončica*).

Der Sandstrand von **Zaglav**, 10 km südlich von Vis, ist ab dem Dorf **Milna** nur zu Fuß zu erreichen (10 Min.) und entsprechend wenig besucht.

Im Westen der Insel dagegen, in **Komiža** ㉓, steht eine venezianische **Festung** (Komune) aus dem 16. Jh., die ein interessantes kleines **Fischereimuseum** beherbergt.

Von Komiža setzen – auf Anfrage – Boote zur kleinen **Insel Biševo** über, auf der sich – wie auf Capri – eine Blaue Grotte, die ***Modra spilja** ㉔,

Foto: Ermin Gutenberger (iStockphoto)

befindet. Die beste Zeit für eine Besichtigung ist zwischen 11 und 12 Uhr, weil dann der Einfall des Sonnenlichts die schönsten Effekte (silber-, gold- und violettfarben) hervorruft. Auch auf Biševo finden sich idyllische **Sandbuchten**.

**INSEL HVAR

Die **Insel Hvar**, die „Lange", gehört zu den interessantesten, schönsten und beliebtesten Dalmatinischen Inseln. Sie erstreckt sich über 68 km und ist im Westteil bis zu 11 km breit, mehrheitlich aber nur 5 km schmal und sehr gebirgig. An den stark zerklüfteten Buchten auf der Nordseite liegen die meisten der größeren Orte. Die sehr steil ansteigende Südküste ist kaum bewohnt; höchster Punkt des Inselrückens und lohnendes Ziel für Wanderer ist südlich von Stari Grad der **Sveti Nikola** ㉕ mit 628 m Höhe.

Oben: Die Stadt Hvar am Abend, mit der Hafenpromenade und der Festung Spanjola. Rechts: Blick von der Festung auf den Hafen und die vorgelagerten Inselchen.

Die milden Winter und warmen Sommer lassen eine üppige Macchia entstehen. Im Juni kleidet sich die Insel in ein lilafarbenes Gewand, dann blüht nämlich der **Lavendel**. Auch andere Sträucher wachsen hier inmitten einer reichen subtropischen Vegetation. Im Frühling duftet Hvar wie ein Kräuterladen. Neben dem Lavendel beherrscht Rosmarin die Palette an Kräutern, dicht gefolgt von Salbei, Majoran und Thymian. Die Kulturen wurden zum Teil schon vor Jahrhunderten gepflanzt.

Im 16. Jh. förderten die Venezianer den Anbau von Kräutern vor allem deshalb, weil sie damit den Zusammenbruch des Gewürzhandels mit dem Orient ausgleichen wollten. Die Öle, die man aus Rosmarin und Lavendel destillierte, waren damals ein Exportschlager. Neben bunter Flora bietet die Insel auch unberührte Küstenabschnitte, die weit abseits der touristischen Hochburgen liegen, welche sich im Westen der Insel bei den größeren Orten konzentrieren.

 » Karte S. 188-189, Info S. 198-199

*Stadt Hvar

Der Insel-Hauptort, die Stadt *__Hvar__ ㉖, liegt malerisch in einer geschützten Bucht im Südwesten. Erst als die Insel 1420 unter venezianische Herrschaft kam, erlebte sie einen bis dahin ungeahnten Aufschwung und entwickelte sich zur reichsten Kommune in Dalmatien. Alle Schiffe, die von oder nach Venedig unterwegs waren, legten ausnahmslos in Hvar an. Ein Türkenangriff zerstörte 1571 die Stadt völlig, so dass die Bausubstanz im wesentlichen aus dem späten 16. Jh. stammt.

Bereits seit 1870 ist Hvar als Bade- und Luftkurort bekannt. Das Herz der Stadt schlägt am *__Hafen__, um den sich auch die wichtigsten Sehenswürdigkeiten gruppieren. Das **Arsenal** direkt an der Mole entstand 1579 und war eine für damalige Verhältnisse riesige Werfthalle, in der eine komplette Kriegsgaleere Platz finden konnte. Das Theater im Obergeschoss zählt zu den ältesten in Europa.

Gegenüber dem Arsenal liegt die **Loggia**. Dieser schöne Renaissancebau wird dem Veroneser Sanmicheli und Meistern aus Korčula zugeschrieben. Das Ende des Platzes markiert die Kathedrale **Sveti Stefan**, die im 16. Jh. auf den Grundmauern eines früheren Benediktinerklosters errichtet wurde und eine Verbindung von Renaissance und Barock darstellt. Der elegante **Glockenturm** mit seinen Biforien, Triforien und Quatriforien wurde von einheimischen Meistern gebaut. Der prächtige Altar im Inneren der Kathedrale mit einem Madonnenbild aus dem 13. Jh. gehört zu den wertvollsten in Dalmatien. Das Schnitzgestühl im Chor stammt aus dem Jahr 1573. Das St. Stefan benachbarte **Bischofspalais** beherbergt den Domschatz. Auf der anderen Seite des Hauptplatzes – es ist übrigens der größte Stadtplatz in Dalmatien – erhebt sich der spitz zulaufende Glockenturm der ehemaligen Markuskirche. In deren

Foto: Ermin Gutenberger (iStockphoto)

Ruinen ist eine archäologische Sammlung untergebracht. Nahebei liegt das *Hotel Palace*, auf den Resten der alten Stadtfestung erbaut. Von seiner Terrasse bietet sich der beste Blick auf das Arsenal und den Dom.

Außerhalb des Stadttors befindet sich das unvollendete gotische **Palais Hektorović**, das die damalige aristokratische Wohnkultur repräsentiert. Dahinter beginnt ein malerisches Viertel, das sich bis zur *__Spanjola__ (Spanische Festung) ausbreitet. Von der unter dem Habsburger Karl V. 1551 errichteten Feste genießt man einen schönen Blick auf den Hafen. Zum Verschnaufen gibt es auch ein Restaurant.

Etwas abseits des Zentrums steht an der **Bucht Kriza** das **Franjevački samostan** (Franziskanerkloster), das in der Mitte des 15. Jh. erbaut wurde. In der Lünette des Portals ist eine Arbeit von Nikola Firentinac (Niccolò Fiorentino), eine *Madonna mit dem Jesuskind*, zu bewundern.

Im Hafen legen Taxiboote ab zu den vorgelagerten „Hölleninseln" **Pakleni otoci** ㉗, wozu u. a. Jerolim und

Foto: Zyuzin Andriy (iStockphoto)

Stipanska gehören; beliebte Badeziele wegen ihrer Strände. Der Name der Inseln leitet sich von dem kroatischen Wort *paklin* ab, das „Hölle" bedeutet.

Per Taxi-Boot oder Bus gelangt man zur 8 km östlich liegenden **Dubovica-Bucht**, einer türkis schimmernden Lagune mit weißem **Kiesstrand**.

*Stari Grad

An einer langen, schmalen Bucht liegt ***Stari Grad** ㉘ (Alte Stadt), das einstige Zentrum der Insel, gegründet bereits 384 v. Chr. von Griechen unter dem Namen *Pharos*. Stari Grad ist bei Touristen sehr beliebt, besitzt es doch mit seiner riesigen **Weinkellerei**, den gemütlichen Tavernen, der pittoresken **Piazza Škor** und der **Hafenpromenade** besonderen Reiz. Viele Adlige, Philosophen und Schriftsteller wie der dalmatinische Dichterfürst Hektorović hatten sich hier Sommervillen bauen lassen. Im ganzen östlichen Teil der Stadt findet man nochalte Villen. Einziges Relikt der Antike ist ein Teil der 9 m dicken **Zyklopenmauer**, die am Haus Tadić Gramatorov und an der Straße Čiklopska ulica sichtbar ist.

Oben: An der Hafenpromenade des uralten Städtchens Stari Grad. Rechts: Prozession in Korčula.

Interessant ist eine Besichtigung im ***Tvrdalj-Schloss**, das sich der Dichter Hektorović um 1520 inmitten eines Parks im südwestlichen Teil von Stari Grad errichten ließ. Dem Renaissance-Bau ist an der Südseite ein von Gewölben umgebenes Wasserbassin vorgelagert. Viele der Steine sind mit Zitaten aus Hektorovićs Werk in kroatischer, lateinischer und italienischer Sprache versehen. Im Schloss gibt es eine kleine Sammlung von Arbeitsgeräten der Fischer und Weinbauern von Hvar.

Das nahe gelegene **Dominikanski samostan** (Dominikanerkloster) mit seiner riesigen Kirche aus dem 19. Jh. präsentiert im **Klostermuseum** seine Kunstschätze, darunter eine *Grablegung* von Jacopo Tintoretto (16. Jh.).

Zwischen Stari Grad und Vrboska breitet sich das Hvarer Hauptanbaugebiet für **Wein** aus. Seit der Antike wird hier Wein gekeltert, heute vorwiegend *Plavac*. Seit 2008 zählt **Velo Polje,** die Ebene um Stari Grad, zum **UNESCO-Kulturerbe**, weil hier das antike System der Landnutzung seit nahezu 25 Jahrhunderten unverändert erhalten blieb. **Vrbanj**, am Hang im Süden der Ebene, ist ein beliebter Ausgangspunkt für Wanderungen zum Gipfel des **Sveti Nikola,** mit 628 m der höchste Punkt im Bergrücken der Insel.

Vrboska, Humac und Jelsa

Vrboska ㉙, am Ende einer tiefeingeschnittenen Bucht, war früher ein Fischerdorf, in dem man vor allem Fisch pökelte, um ihn als Schiffsproviant an die Venezianer zu verkaufen. So brachte es der Ort zu bescheidenem Wohlstand. Der Überfall der Türken von 1571 zerstörte auch Vrboska, weshalb man beim Wiederaufbau die trutzige, der Muttergottes geweihte **Festungskirche Sv. Marija** errichtete. In der barocken Laurentiuskirche, **Sv. Lovro**, befindet sich die bedeutendste Gemäldesammlung der Insel mit Werken der Venezianer Veronese und Bassano und des Dubrovniker Malers Medovic.

Das Museumsdorf **Humac** liegt 350 m hoch über der Küste und dem beschaulichen Hafen- und Ferienort **Jelsa** ㉚, wo Taxiboote zur Badeinsel Zečevo starten. Ein Wanderweg führt von Jelsa durch duftende Macchia hinauf in das im 17. Jh. gegründete Dorf mit seinen aus Bruchstein errichteten Häusern, in denen Werkzeug und Einrichtung an das einfache Leben der Schäfer erinnern. Nach Voranmeldung wird für Besuchergruppen aufgespielt und Fleisch gegrillt.

Je weiter man der einzigen Straße nach Osten folgt, umso verlassener wird die Gegend. Hier gibt es nur noch wenige Siedlungen und der Tourismus spielt lediglich eine untergeordnete Rolle; einige Badebuchten sind von der Straße aus über Feldwege zu erreichen. Die beliebte **Mlaska-Bucht** ist von

Foto: János Kalmár

duftender Macchia und Kiefernwäldern gesäumt und zum Teil als FKK-Strand ausgewiesen.

Das östliche Inselende markiert **Sućuraj** ㉛, ein Fischerdorf mit kleinem Fährhafen. Zum Festland ist es nicht weit: Der Hafen **Drvenik** an der Makarska-Riviera ist nur 6 km entfernt.

*INSEL KORČULA

Die süddalmatinische ***Insel Korčula** erstreckt sich über 47 km Länge und ist zwischen 6 und 8 km breit. Ihr Rückgrat bildet eine Bergkette, deren höchster Gipfel, der Klupca, auf 568 m kommt.

Die Griechen der Antike nannten die Insel *Kerkyra melaina* (Schwarzes Korčula), weil sie über und über von dichten Wäldern bedeckt war. Wie die mitteldalmatinischen Inseln erlebte auch Korčula bewegte Jahrhunderte, bis 1420 unter den Venezianern endlich Stabilität einkehrte. Heute ist neben der Landwirtschaft (v. a. Weinbau) der Tourismus das zweite wirtschaftliche Standbein.

**Stadt Korčula

Fähren aus Orebić, Split, Hvar und Dubrovnik legen in der Stadt **Korčula ㉜ an. Deren historischer Kern erstreckt sich auf einer kleinen, von einem Bergkegel geformten Halbinsel; dieser pittoresken Lage und ihrer mittelalterlichen Plätze, Kirchen und Paläste wegen erhielt sie den Beinamen „Klein-Dubrovnik".

Im 13. Jh. wurde der Ort komplett umgestaltet, als die Straßen neu gegliedert wurden. Und das haben die Baumeister damals sehr schlau gemacht. Mit Ausnahme der nord-südlichen Mittelachse verlaufen fast alle Gassen von West nach Ost. So fand die kalte Bora, der Nordwind, nur wenige Angriffschancen, während der angenehme Maestral ungehindert von Westen hereinwehen konnte. Die Straßen enden auf dem länglichen Domplatz, der die höchste Stelle der Halbinsel einnimmt. Umgeben wurde der Ort ehemals von einem Mauerring, von dem nur noch Reste und vier Eckbastionen erhalten sind.

Auf der höchsten Erhebung der Altstadt reckt die spätromanische Kathedrale ***Sveti Marko** (St. Markus), ihren Turm in den blauen Himmel. Sie ist der wichtigste historische Bau. Die Bauarbeiten für die dreischiffige Basilika begannen 1420. Mitgewirkt haben insbesondere Mitglieder der einheimischen Bauhütte, die als Steinmetzen im gesamten adriatischen Raum einen guten Ruf besaßen. Aber die venezianische Obrigkeit leistete sich auch ausländische Meister wie den Mailänder Bonino, der für das prächtige, von Löwen bewachte **Portal** verantwortlich zeichnet. In der Lünette ist der Evangelist Markus dargestellt.

Das Innere der Kathedrale zeichnet sich durch viel figürlichen Schmuck aus, den man an Kapitellen und in den Seitenschiffen sehen kann. Besondere Beachtung verdient das **Ziborium** über dem Hauptaltar: Vier schlanke Säulen tragen ein oktogonales, dreistöckiges Dach, das sich pyramidengleich verjüngt. An der Stirnseite ist eine Verkündigung dargestellt. Das **Altargemälde**, das die Schutzheiligen von Korčula – Markus, Bartholomäus und Hieronymus– darstellt, wird Tintoretto zugeschrieben.

Das vierte Kirchenschiff war eigentlich als eigenständige Pestvotivkirche geplant, für die jedoch im beengten Korčula der Baugrund fehlte. Als 1529 die Pest auf der Insel wütete, siechte auch ein Großteil der Stadtbevölkerung dahin. Die Kirche sollte vor weiteren Epidemien Schutz bieten, war sie doch den Heiligen Rocchus, Kosmas und Damian geweiht.

Der Glockenturm neben der Kirche enthält im Erdgeschoss eine Taufkapelle. Darin gibt es eine wertvolle Bronze, die den auferstandenen Christus darstellt.

In unmittelbarer Nachbarschaft der Kathedrale steht in einer Seitengasse das angebliche „**Geburtshaus von Marco Polo**", dem heute noch bekanntesten Asien-Reisenden. Die Legende will es zumindest so und der Name Marco Polo war damals in Korčula häufig. Der venezianische Untertan Marco Polo reiste 1271 zusammen mit seinem Vater und dessen Bruder nach China, in eine Welt, die bis dato noch kein Europäer gesehen hatte. Seine Reise dauerte 25 Jahre und als er zurückkehrte, wollte ihm niemand seine fantastisch anmutenden Geschichten glauben. 1298 fand in den Gewässern vor Korčula eine Seeschlacht zwischen Genuesern und Venezianern statt, die die Genueser gewannen. Dabei machten sie Tausende von Gefangenen; unter ihnen war auch Marco Polo. In der Gefangenschaft kamen seine Erzählungen erstmals zu Papier, weil er sie einem Mitgefangenen aus Pisa diktierte. Dieser veröffentlichte später das Buch, das zu einem Bestseller wurde.

Rechts: In der Altstadt von Korčula.

» Karte S. 188-189, Info S. 198-199

Foto: Ladislav Janiček (Mainbild)

Beispiele aristokratischer Architektur findet man gleich gegenüber der Kirche. Dort steht der mit Prachtfenstern und Balkonen verzierte **Palais Gabrielli** aus dem 16. Jh. In ihm ist heute das **Gradski muzej** (Stadtmuseum) untergebracht, das neben archäologischen Exponaten auch Zeugnisse zur Steinmetzkunst, zum Schiffbau und Dokumente aus der Stadtgeschichte zeigt. Der benachbarte spätgotische **Arneri-Palast** setzt sich aus mehreren Gebäuden zusammen, die um einen barocken Innenhof gegliedert sind und interessante Fassaden aufweisen. In der Südost-Spitze der Altstadt befindet sich **Svi Sveti**, die Allerheiligenkirche, die seit 1301 Sitz der ältesten Bruderschaft der Stadt war. Besonders die **Ikonensammlung**, die heute dort aufbewahrt wird, lohnt einen Besuch.

In Korčula werden alljährlich Ende Juli ***Schwerttänze** aufgeführt, die *Moreška* und die *Kumpanija*. Die Moreška-Spiele erinnern an die Kämpfe gegen die Araber, der „weiße, gute" König tritt gegen den „bösen, schwarzen" an. Die Kumpanija ist ein Tanz, bei dem mit traditionellen Trachten bekleidete Ritter zu den Klängen eines Dudelsacks einen angedeuteten Kampf mit Säbeln austragen – ein Symbol für den Freiheitskampf.

Der Hafenbucht von Korčula vorgelagert ist die **Klosterinsel Badija** ㉝, zu der in der Hauptsaison täglich Boote übersetzen. Auf der nur 1 Quadratkilometer großen Insel befindet sich ein ehemaliges Franziskanerkloster. Die dicht von Macchia und Kiefernwäldern bedeckte Insel bietet sehr gute Bademöglichkeiten.

Lumbarda

6 km südöstlich der Stadt Korčula liegt das Seebad **Lumbarda** ㉞. Es lockt mit schönen **Feinkiesstränden** wie **Bili Zal** und **Przina** und einer sehr guten touristischen Infrastruktur. Das hübsche Dorf besitzt schöne Sommervillen aus der Gotik und Renaissance, die sich reiche Stadtbürger hatten bauen lassen. Von Lumbarda aus kann man die Insel Vrnik sehen. Von den Weinbergen auf den Hängen um den Ort

stammt der *Grk* („Grieche"), ein bekannter, schwerer Weißwein, der gerne zu Fischgerichten gereicht wird .

Unterwegs nach Vela Luka

Entlang der Strecke nach Vela Luka, dem zweiten Hauptort Korčulas, breiten sich im Süden und Südwesten viele herrliche **Badebuchten** aus, die überwiegend nur über Schotterstraßen zu erreichen sind. Die berühmteste Bucht ist die von ***Pupnatska Luka** ㉟, zu der ein – allerdings etwas beschwerlicher – Weg führt.

Es gab eine Zeit, in der **Blato** ㊱ (kurz vor Vela Luka) die größte und wohlhabendste Stadt der Insel war. Davon zeugen Paläste, Kirchen und das Stadtmuseum. Auf den umliegenden Hügeln wird Wein angebaut, der die Hauptverdienstquelle darstellt. Eine Reblausplage nach dem Zweiten Weltkrieg vernichtete die Weingärten, so dass die meisten Bewohner plötzlich ohne Erwerb dastanden und auswanderten. Die Zurückgebliebenen fanden im Schiffbau und Tourismus Arbeit.

In Blato wird der Säbeltanz **Kumpanija** besonders eindrucksvoll aufgeführt.

Das westliche Ende der Insel bildet **Vela Luka** ㊲, die mit etwa 4400 Einwohnern größte Stadt der Insel Korčula. Viele archäologische Funde, die in der Umgebung gemacht wurden, deuten auf eine sehr frühe Besiedelung durch Illyrer und Griechen hin. Doch blieb der Ort über die Antike hinaus ohne Bedeutung. Erst als im 19. Jh. eine Werft und eine Fischfabrik gebaut wurden, begann Vela Luka stark zu wachsen. Heute trägt der Tourismus einiges zum Wachstum bei. An den Badebuchten von Vela Luka haben sich zahlreiche Hotels und Restaurants angesiedelt. Ein in den 1970er Jahren erbautes Kurzentrum verwöhnt mit Meerschwammbehandlungen. Ein guter Ausflugstipp ist das naturbelassene Inselchen **Proizd**.

BRAČ (☎ 021)

FÄHRE: Split – Supetar: 45 Min., in d. Saison stündl. Makarska – Sumartin.

SUPETAR

TZG Supetar, Porat 1, Tel. 630900, www.supetar.hr.

Konoba Vinotoka, Jobova 6, Tel. 630969. In der Altstadt, gute Fischgerichte und auch Vegetarisches.

Škrip, Ethnografisches Museum, Sommer tgl. 8-20 Uhr, im Winter Schlüssel im Nachbarhaus erbitten.

MILNA

Kopačina, beliebte Konoba, gelegentlich mit Folklore, gute gegrillte Fleischgerichte, Donji Humac, Tel. 647707.

MARINA: **ACI Milna**, 170 Liegeplätze, ganzjährig, Trockendocks, gutes Restaurant, Tel. 636306, Fax 636272.

BOL

Turistične informacije, Tel. 635638, Fax 635972, www.bol.hr.

Konoba Mlin, in der alten Mühle wird bester Fisch serviert, Ante Starčevic`a 11, Tel. 635376. **Konoba Dalmatino**, kleines Fischlokal in der Altstadt, fangfrischer Fisch und netter Service. Frame radica 14, Tel. 091/5455779. **Konoba Tomič**, deftige Bauernkost, uriger Gasthof, Humac, Tel. 647242.

Samostan Sv. Marije Milosne, nur nach Voranmeldung, Anđelka Rabadana 4, Tel. 778000.
Kloster Blaca, Di-So 9-18 Uhr.

Windsurfkurse, Brettverleih, Sea-Kayaking und Tauchen bei Big Blue Sport, Podan Glavice 2, Tel. 635614.

ŠOLTA (☎ 021)

TZ Šolta, Podkuča 8, Grohote, Tel. 654657, www.visitsolta.com

» Karte S. 188-189

FÄHRE: Autofähre Split – Rogać: mehrmals tägl., 1 Std.

Krčma Komin, Fisch und Meeresfrüchte, mit schattiger Terrasse, am Kai, Stomorska, Tel. 658169.

VIS (☎ 021)

Turistička zajdenica, Šetalište stare Isse 2, Tel. 717017, www.tz-vis.hr.

FÄHRE: Split – Vis: 3x tägl.

Konoba Roki, rustikale Konoba mit guter dalmatinischer Küche, Plisko Polje, Tel. 714004. **Stončica**, charmanter Familienbetrieb am Stončica-Strand, Tel. 711952. **Villa Kaliopa**, elegantes Lokal in Renaissance-Villa mit hübschem Garten, Vladimira nazora 34, Vis, Mobil-Tel. 091-2711755.

Arheološki muzej grada Visa, 1. Mai bis 1. Okt. Di-Sa 10-13 u.17-21 Uhr, So 10-13 Uhr, sonst Gruppen nach Voranm., Gospina baterija, Tel. 021/7713 729.
Fischereimuseum Komiža, Juni-Sept. Mo-Sa 10-12 u. 19-22, So 19-22 Uhr, Riva Sv. Mikule 4.

Issa Diving, Tauchkurse und -Exkursionen, Ribarska 91, Komiža, Tel. 713651, www.scubadiving.hr.

HVAR (☎ 021)

TZG Hvar, Trg Sv. Stjepana 16, Grad Hvar, Tel. 741059, www.tzhvar.hr.

FÄHRE (Sommer): Drvenik – Sućuraj: 10x täglich; Split – Stari Grad: 8x tägl., 2 Std.; Split – Hvar: 3x tägl., 2 Std.; Rijeka – Stari Grad: 2x wö., 15 Std.; Pescara – Stari Grad: 1x wöchentlich.

Konoba Menego, gutes Lokal auf dem Weg zur Burg, traditionelle Gerichte und Süßspeisen, Groda bb, Hvar, Tel. 742036.
Antika, Donja kola, Stari Grad. Tel. 765479. Altstadt-Restaurant mit exquisiter Küche.
Macondo, Hvars Feinschmeckertempel, Groda bb, Hvar-Stadt, Tel. 742850.

Franziskanerkloster, Hvar-Stadt, Sommer Mo-Sa 9-15 Uhr; **Tvrdalj-Schloss**, Stari Grad, Sommer 10-13, 17-20 Uhr; **Dominikanerkloster**, Stari Grad, Sommer 10-12, 18-20 Uhr.

MARINA: **Marina Vrboska**, 100 Liegeplätze, gut ausgestattet, Tel. 774018.

WANDERN: Auf den Sv. Nikola (621 m) von Selca.

KORČULA (☎ 020)

FÄHRE: Rijeka – Korčula: 2x wöchentl., 14 Std. Vela Luka – Hvar: 1x tägl. Orebić – Korčula: 2-stündlich. Split – Vela Luka: 1x tägl., Hochsaison. Ancona – Vela Luka: 1x wöchentl., 1.6.-28.9.

KORČULA-STADT

TZG Korčula, Tel. 715867, Grad Korčula, www.visitkorcula.eu.

Konoba Adio Mare, Sv. Roka 2, Korčula, Tel. 711253. Beliebtes Lokal beim Marco-Polo-Haus, Fisch-, Grillspezialitäten.
Kanavelić, Sv. Barbara 12, Korčula Tel. 711 800. Beste Fischküche, am Kanavelić-Turm.

Kathedrale, Sommer 8-21, Winter 8-12, 16-18.30 Uhr, **Kirchenschatz**, Juli/Aug. 10-12, 17-19 Uhr. **Stadtmuseum**, Sommer tgl. 10-21, Winter Mo-Fr 10-14 Uhr, Trg Sv. Marka. **Marco-Polo-Haus**, tgl. 10-13 u. 17-19 Uhr, Ul. Depolo.

MARINA: **ACI Korčula**, 135 Stell- u. 15 Trockenplätze, Bootsverleih, ganzjährig, Tel. 711661, Fax 711748.
TAUCHEN: **Tauchschule Lumbarda**: MM-Sub, Tel. 712288, www.mm-sub.hr

VELA LUKA

Konoba Bata, hübsche Lage an der Promenade; empfehlenswert sind insbesondere die Gerichte vom Grill. Ulica 56, Tel. 812457.

Archiv Gunda Amberg

Foto: Thomas Stankiewicz

DUBROVNIK UND SÜDDALMATIEN

NERETVA-DELTA
PELJEŠAC
DUBROVNIK
MLJET
CAVTAT

SÜDDALMATIEN

NERETVA-DELTA

Auf der Küsten-Magistrale weiter südwärts, vorbei an den einsamen **Baćinska-Seen**, oder auf der A1 bis Ravča, nähert man sich **Ploče** ❶, dem zweitgrößten **Hafen** Kroatiens. Von hier legen **Fähren** nach **Trpanj** auf der Halbinsel Pelješac ab. Die Eisenbahn und die Straße E 73 verbinden Ploče mit **Mostar** in Bosnien-Herzegowina, dessen wiederaufgebaute **Alte Brücke** ein beliebtes Ausflugsziel ist.

Hinter Ploče erstreckt sich das **Neretva-Delta** mit seinen zwölf Flussarmen. Die Neretva entspringt im bosnischen Bergland und ist mit 218 km der längste Fluss, der in die kroatische Adria mündet. Bis **Metković** (Kroatien) ist sie – wie um 400 v. Chr., als Griechen in der Gegend einen Handelsplatz gründeten – für Schiffe mit geringem Tiefgang (2,2 m) befahrbar, dann beginnt ein Sumpfgebiet. Im 7.-11. Jh. war hier das Zentrum der heidnischen Neretljaner („Narentaner"), die das Grenzland zwischen Cetina und Neretva beherrschten und sich als Seeräuber einen Namen machten. Fundamente der Römerstadt **Narona** hat man in **Vid** ❷ (3 km nördlich von Metković) ausgegraben; die wertvollsten Funde, darunter 15 **Statuen** der Familie des Kaisers Augustus, sind am Fundort in einem modernen ★**Museum** ausgestellt.

Östlich des Deltas verläuft die Staatsgrenze zu **Bosnien-Herzegowina**, das hier einen schmalen, nur etwa 4 km breiten Korridor zur Adria bei **Neum** ❸, einem modernen Badeort mit Bootshafen, besitzt. Für die Transit-Durchquerung auf dem Weg nach Dubrovnik genügt der Personalausweis.

Vorherige Seiten: Dubrovnik, von der UNESCO zum Weltkulturerbe erklärt. Links: Die Prijeko-Gasse in Dubrovnik wartet allabendlich auf hungrige Gäste.

HALBINSEL PELJEŠAC

Von Ploče auf der Küstenstraße 60 km nach Süden erreicht man über Ston auf dem Landweg die **Halbinsel Pelješac**. Daneben gibt es eine Fährverbidung zwischen Ploče und Trpanj. Zwischen der Insel Korčula und dem Pelješac bedienen Fähren die Route Korčula-Stadt – Orebić.

Die Halbinsel ist 65 km lang und zwischen 3 und 7 km breit, seine Gesamtfläche beträgt 355 km^2. Er ist für seinen Wein bekannt, der an den terrassierten Hängen des bis zu 961 m (Sv. Ilija) aufsteigenden Berglands sehr gut gedeiht. Probieren sollte man in jedem Fall die Weine *Dingač* und *Postup*. Die-

» Karte S. 204-205, Info S. 222-223

se beiden Prädikatsweine des Pelješac haben einen hohen Alkoholgehalt von 14-15%. Verköstigungsgelegenheiten bieten sich zahlreiche auf der von regionalen Winzern in jüngerer Zeit initiierten **Pelješac-Weinstraße** zwischen Ston und Orebić.

Trotz der Touristenströme, die den Pelješac auf dem Weg von und nach Korčula durchqueren, hat sich wenig verändert. Die Menschen leben von Fischfang, Austernzucht und Weinbau. Viele haben allerdings die Halbinsel auf der Suche nach Arbeit verlassen. Der Pelješac weist Naturschönheiten auf, herrliche Kiefernwälder, verkarstete Höhen und malerische Bauerndörfer.

Die schönsten **Strandbuchten** der Halbinsel befinden sich im schmalsten Teil an der Südküste, rund um den Ort **Žuljana** und gegenüber um den Weiler **Drače** an der Nordküste. Mit **Vučine** besitzt Žuljana sogar einen schmalen, von Bäumen beschatteten **Sandstrand**.

*Ston

Von der Küstenmagistrale aus bildet ***Ston** ❹ das Tor zum Pelješac, ein Ort aus zwei befestigten Stadtteilen, die sich an zwei voneinander unabhängigen Buchten erstrecken. An der Nordküste, am Neretvanski Kanal, liegt Mali Ston; am Stonski Kanal im Süden befindet sich Veliki Ston. Die Römer errichteten an dieser Stelle eine kleine Siedlung. Seit der Antike hat man bei Ston in großem Stil Meersalz gewon-

nen, die Saline ist eine der ältesten im Mittelmeerraum und noch in Betrieb.

Im Hochmittelalter wurde die Region von verschiedenen Slawen-Fürstentümern wie den Duklja und den serbischen Nemanjiden regiert. Dann fielen Ston und die Halbinsel an das expandierende Dubrovnik, das das Gebiet dem König Dušan abkaufte. Die neuen Machthaber überlegten, ob sie nicht die Halbinsel durch einen Kanal ganz vom Festland abtrennen sollten, doch erschien ihnen der Bau von Wehrmauern effektiver.

Vom 14. Jh. an wurde ein Befestigungssystem um Ston errichtet, das seinesgleichen in Europa sucht. Denn Ston besaß die sich über 400 km² ausbreitenden, reichsten Salzgärten der ganzen Adria und aus dem Salzhandel bezog die Stadtrepublik Dubrovnik immerhin ein gutes Drittel ihrer Einkünfte; diese Geldquelle musste man vor Feinden schützen. Berühmte Baumeister wie Michelozzo Michelozzi, Bernadin von Parma und Juraj Dalmatinac wurden als Festungsarchitekten engagiert; es entstanden 5,5 km lange ***Wehrmauern**, die mit 40 Türmen und 7 Bastionen bestückt waren; heute sind noch 5 km Mauer und 20 Türme erhalten. Die Mauern bildeten zugleich die Grundlage für die Planung der Stadt Ston, die so die Form eines regelmäßigen Fünfecks erhielt. Das Straßensystem wurde ebenfalls akribisch geplant, jeweils drei Straßenzüge in nordsüdlicher und westöstlicher Richtung gliedern die Stadt in 15 gleichmäßige Felder, in denen je 10 Häuser Platz fanden. Interessanterweise baute man die Wohnhäuser in der Mitte des Ortes, die öffentlichen Gebäude kamen an den Rand. Nur zwei Stadttore gaben Zutritt. Wasserleitungen und Kanalisationsanlagen wurden bereits von 1581 an gebaut. Von Interesse sind der **Knežev dvor** (Rektorenpalast), der **Bischofspalast** und das **Franjevački samostan** (Franziskanerkloster), Bauten aus dem 14. und 15. Jh., die allerdings 1996 durch ein Erdbeben teils schwer beschädigt wurden.

Im Meereskanal von **Mali Ston** werden Austern und Muscheln gezogen, die in den örtlichen Restaurants ganz frisch auf den Tisch kommen. Den Ort überragt die **Festungsruine Koruna** (Veliki kastio), die einen herrlichen Ausblick bietet.

*Orebić

Entlang der Straße nach Orebić sieht man unendlich viele Weingärten, auch Feigenbäume, Pinien, Zypressen und dichte Macchia bedecken die Hänge.

Der Fährhafen ***Orebić** ❺ hieß bis ins 16. Jh. Trstenica, aber 1516 gab die Familie Orebić ein **Kastell** in Auftrag,

Foto: Gerhard Bersick

in dessen Mauern der Ort ursprünglich entstand, sich heute aber kilometerlang an der Küste entlag zieht. Orebić galt als Seefahrtszentrum und die Republik Dubrovnik z. B. rekrutierte die meisten ihrer Kapitäne aus diesem Ort oder wenigstens vom Pelješac.

Westlich oberhalb der Stadt liegt die **Franziskanerkirche** (15. Jh.), Unserer Lieben Frau vom Engel (Gospa od Anđela) geweiht. Sie war jahrhundertelang das wichtigste Heiligtum der einheimischen Seeleute. Von der Kirche hat man einen herrlichen Blick auf den schmalen, verkehrsreichen Kanal, der den Pelješac von Korčula trennt, und man sagt, dass die ***Aussicht** zu den schönsten der Welt zählt. Auf dem Friedhof sind viele prachtvolle **Kapitänsgräber** zu sehen, und das zugehörige Kloster beherbergt ein **Museum** mit wunderschönen Schiffsmodellen. Im Inneren der Kirche sind Votivgaben der Seeleute ausgestellt sowie Kunstgegenstände, die sie von ihren Fahrten mitbrachten.

Oben: Gemüsefelder im Neretva-Delta.

Zum Badeort prädestiniert ist Orebić wegen der Bucht ***Trstenica** und seiner von Pinien beschatteten Sand-, Kiesel- und Felsstrände und wegen der vorgelagerten Badeinselchen.

Über Orebić und dem Franziskanerkloster erhebt sich der Berg ***Sveti Ilija** ❻ (961 m), für dessen Besteigung man ca. 4 bis 5 Stunden Wanderung einplanen sollte. Einen markierten Weg durch die wildromantische Natur gibt es nicht, gutes Schuhwerk ist unbedingt Voraussetzung – auch wegen der giftigen Sandvipern, die es dort geben soll; daher die italienische Bezeichnung *Vipera*-Gebirge.

Westlich von Orebić, bei **Nakovana** ❼, entdeckten Archäologen eine dreikammerige **Höhle** (*Spilja*), die im 4. Jh. v. Chr. Illyrern als Kultstätte gedient haben soll. Rund um einen phallischen Stalagmiten wurden interessante Artefakte gefunden. Das nahe **Lovište** ist ein ruhiger kleiner Hafenort.

Der Küstenort **Viganj** bietet ideale Windsurfbedingungen. Eine Reihe von Surfbrettverleihen und Strandcafés sorgt in dem kleinen Küstenort für

» Karte S. 204-205, Info S. 222-223

lebhafte Atmosphäre; abends wird in **Beach-Bars** wie dem *Karmela 2* gefeiert. Als Ausflugsziele bieten sich das nahe Korčula oder das auf römischen Fundamenten erbaute Winzer- und Fischerdorf **Trpanj** ❽ an der Nordküste an; direkt beim Winzer kann man dort einen von der Sonne verwöhnten roten *Dingač* verkosten.

Vom Pelješac führt die Küstenmagistrale (Richtung Dubrovnik) zur hübschen Bucht von **Slano** ❾ mit üppiger Vegetation und weiter nach **Trsteno** ❿. Das Dorf mit typisch mediterranem Flair besitzt ein großes **Arboretum**, einen Baumgarten, der aus der Renaissance stammt (15. Jh) und seltene Bäume und Pflanzen beherbergt. Die **Villa Gučetič** liegt im Zentrum der Anlage. Ein Waldbrand zerstörte im Jahr 2000 Teile des Botanischen Gartens. Unbeschädigt blieben dabei jedoch die beiden mächtigen, über 500 Jahre alten **Morgenländischen Platanen** am Hauptplatz von Trsteno.

**DUBROVNIK

Die Perle der kroatischen Adria ist ****Dubrovnik** ⓫ (ital.: *Ragusa*, 44 000 Einwohner), Hauptstadt und pulsierendes Zentrum Süddalmatiens. Seine einmalige Lage auf einer Halbinsel zu Füßen einer Kalksteinbergkette, umgeben von subtropischer Vegetation, machen zusammen mit den kunsthistorisch wertvollen Bauten einen Aufenthalt in dieser jahrhundertelang mit Venedig rivalisierenden Seehandelsstadt zu einem unvergleichlichen Erlebnis. Die große Vergangenheit Dubrovniks ist an allen Ecken der berühmten, zum UNESCO-Welterbe zählenden Altstadt abzulesen. Paläste, Kirchen und Plätze bieten wunderschöne Kulissen für das jährliche Sommer-Kulturfest. Die autofreie Altstadt stellt eine der schönsten Fußgängerzonen Europas dar und bietet die Möglichkeit, vom Verkehr ungestört ins pralle Leben des noch bewohnten historischen Stadtzentrums einzutauchen, das seit dem Erdbeben von 1667 überwiegend von Renaissance- und Barockbauten geprägt ist.

Geschichte

In der Antike war das südlicher gelegene, von Griechen gegründete *Epidauros* (heute Cavtat) die wichtigste Siedlung der Region. Die Römer machten daraus *Epidaurum*, eines ihrer wichtigsten Handelszentren in der südlichen Adria. Als Epidaurum während der Völkerwanderungszeit zerstört wurde, zogen die Bewohner im 7. Jh. nach Norden und ließen sich bei dem Fischerdorf *Ragusium* nieder. Später siedelten im Hinterland Slawen und schnell verschmolzen die Gemeinden zu einer Stadt. Seit 1919 heißt sie Dubrovnik, ihr Name leitet sich vom slawischen *Dubrava* (Eichenwald) her.

Im 9. Jh. belagerten Araber die aufstrebende Stadt, im Jahr 1000 kamen die Venezianer zum ersten Mal und 1081 eroberten die Normannen unter Robert Guiscard das wohlhabende Ragusium. Die Normannen blieben jedoch nicht lange und Byzanz wurde wieder zur Schutzmacht der Stadt.

Aufgrund der politischen wie territorialen Isolation innerhalb des süddalmatinischen Raumes wuchs bei den Einwohnern der Drang nach Autonomie. Deshalb schmiedeten die Ragusaner Beistandsverträge mit benachbarten Reichen, um gegen das aufstrebende Venedig gerüstet zu sein. Sogar mit den Piraten von Omiš paktierte der kleine Stadtstaat, der es mittlerweile zu einer stattlichen eigenen Flotte gebracht hatte. Eine Urkunde aus dem 12. Jh. bestätigt die Existenz eines Freistaates, dem ein gewählter Rektor vorstand. Als Mittler zwischen den Balkanländern und den Mittelstaaten erlebte Dubrovnik einen starken wirtschaftlichen Aufschwung. Die Bedrohung durch Venedig blieb ein Dauerproblem. Weitere Verträge mit anderen bedeutenden Städten des adriatischen Raumes wur-

Foto: Thomas Stankiewicz

den geschlossen, so z. B. mit Molfetta, Ravenna, Bari, Ancona und vor allem mit der Erzrivalin der Serenissima, mit Pisa. Als Konstantinopel 1204 in die Hände Venedigs fiel, dauerte es nur bis 1205, bis auch Dubrovnik von der Dogenrepublik abhängig wurde. Dem Handel tat das jedoch keinen Abbruch. Im Gegenteil, die wirtschaftliche und politische Macht festigte sich.

Als Venedig Dalmatien 1358 an die kroatisch-ungarischen Könige verlor, erkannte Dubrovnik zwar die Oberhoheit Ungarns an, baute aber dennoch seine selbstständige aristokratische Republik aus. Ein großer und ein kleiner Rat, bestehend aus dem städtischen Adel, wählten für einen bestimmten Zeitraum einen so genannten Rektor, statteten ihn aber nur mit beschränkten Machtbefugnissen aus. Auf diese Weise wurde Amtsmissbrauch nahezu ausgeschlossen.

Als die Osmanen auf dem Balkan ihre Macht ausweiteten, schloss Dubrovnik Handelsverträge mit ihnen und zahlte später auch Tribut. Um eine gemeinsame Grenze zu Venedig, dem Herrn über Dalmatien, zu vermeiden, trat man den schmalen Korridor um Neum an das Osmanische Reich ab.

Oben: Dubrovnik – eine Stadt, die Geschichte atmet.

Im 15. und im 16. Jh. erreichte die Stadt ihren Höhepunkt an Macht und Prosperität – trotz eines schweren Erdbebens im Jahr 1520. Die republikeigene Seeflotte mit 200 Schiffen befuhr die Weltmeere und war – gemessen an ihrer Ladekapazität – die drittgrößte der Welt. Besonders das Monopol im Salzhandel und das finanzielle Engagement im Bergbau des nahen Bosnien sicherten Dubrovniks Wohlstand und förderten das heimische Handwerk. Als der Seehandel in eine Krise geriet, schrumpfte auch die Flotte der Stadtrepublik zusammen. Doch der schwerste Schlag war das verheerende Erdbeben von 1667.

Um in dieser Schwächephase nicht Venedig zum Opfer zu fallen, schloss man mit den Österreichern ein Schutzabkommen. Als jedoch im 18. Jahrhundert der Seehandel wieder aufleb-

» Stadtplan S. 210-211, Info S. 222-223

te, erholte sich Dubrovnik wieder und konnte sogar Venedig, die Dauerrivalin, überflügeln.

Die großen Aktivitäten der Dubrovniker Flotte erregten jedoch das Missfallen einer neuen Macht – des napoleonischen Frankreichs. Die Wirtschaftsblockade Europas gegen Großbritannien brachte das Ende der Dubrovniker Seefahrt und damit auch das Ende der aristokratischen Republik. Sie wurde 1808 von den Franzosen aufgelöst. Nach der endgültigen Niederlage Napoleons fiel Dubrovnik an Österreich, 1919 dann an Jugoslawien, das die Stadt zum wichtigen Wirtschaftszentrum an der Südküste aufrüstete.

Entscheidender für das Schicksal der Stadt aber wurde ihr Ausbau zum wichtigsten Tourismuszentrum Dalmatiens. Die Bürger genossen den Reichtum, den der Tourismus bescherte. Als sich Kroatien und mit ihm Dubrovnik von Jugoslawien lossagten, hoffte man, die selbst erwirtschafteten Gelder nicht mehr für den Regionalausgleich zugunsten wirtschaftlich schwacher Gebiete wie Kosovo, Mazedonien oder Bosnien abführen zu müssen. Man hatte goldene Zeiten vor Augen, doch dann kam alles ganz anders.

Obwohl nie ein Zweifel bestand, dass Dubrovnik kulturell und historisch eher zu Dalmatien und somit zu Kroatien als zu Bosnien gehörte, beschossen montenegrinische und serbische Militäreinheiten Dubrovnik vom nahen Hinterland (die Grenze ist keine 10 km entfernt) und von See aus und zerstörten sein Umland völlig. In der historischen Altstadt schlugen zahlreiche Granaten ein; auf der berühmten Stradun, der Hauptstraße, waren es 36. Viele Gebäude wurden beschädigt; der Tourismus und fast alle anderen Wirtschaftszweige brachen zusammen. Die Schäden im historischen Teil der Stadt hat man mit finanzieller Unterstützung durch die UNESCO inzwischen beseitigt und alles wurde wieder rekonstruiert.

Altstadtbummel in Dubrovnik

Obwohl das diplomatische Dubrovnik im Mittelalter bewaffnete Konflikte meist vermeiden konnte, verwandten die Stadtväter große Sorgfalt auf die **Befestigungen**, um für den Fall der Fälle gerüstet zu sein. So entstand seit dem 13. Jh. ein Fortifikationssystem, das zu den massivsten und schönsten in ganz Europa zählt. Die bis zu 6 m dicke und 25 m hohe gut erhaltene ****Stadtmauer** (*Gradske zidine*) umläuft den gesamten Stadtkern. Die Landseite ist durch eine Vormauer und neun kleinere Bastionen zusätzlich verstärkt. Dazu entstanden zum Schutz der Zugänge und des Hafens noch besonders wehrhafte Festungen wie **Lovrijenac** im Westen, **Revelin** im Osten, die **Hafenfestung Sv. Ivan** im Südosten und der zum Wahrzeichen gewordene mächtige runde **Minčeta-Turm** an der Nordwestecke. Zwei Tore – das Pile-Tor im Westen und das Ploče-Tor im Nordosten, bilden die eindrucksvollen Zugänge zum historischen Stadtzentrum.

Die Küstenstraße passiert die modernen Vorstädte – Gruž mit dem Hafen sowie, auf der Halbinsel gegenüber, Lapad – und führt zum Westeingang **vrata Pile** ① (14.-16. Jh). Den Torbogen schmückt eine Statue des Stadtpatrons Sv. Vlaho (hl. Blasius), die 1922 von Ivan Meštrović geschaffen wurde. Eine dreibogige Brücke aus dem 15. Jh. führt über einen kleinen Park, den früheren Graben, zum Pile-Tor. Hier warten meist Karikaturisten, Porträtisten und kleinere Schausteller auf Kundschaft. Gleich hinter dem Tor liegt linker Hand die kleine **Sveti Spas** ② (Erlöserkirche). Dort öffnet sich auch einer der Aufgänge auf die Stadtmauer. Den knapp 2 km langen **Stadtmauer-Rundgang** sollte man am besten vormittags oder am späten Nachmittag unternehmen, weil es nirgendwo auf der Mauer Schatten gibt.

Neben der Erlöserkirche erhebt sich die **Franjevačka crkva** ③ (Franziskus-

PILE
STARI GRAD
Zagrebačka
Frank o panska
Izvijačica
Strma
Anice
Pelješka
Uz poset
Put iza grada
Bošković
Ante Starčevića
Lapad, Babin Kuk, Gruz
Tvrdava Minčeta
M Perića
Peline
Vrat od Buž
Mala braća (Franjevački samostan)
Minčete
Ispod
Od Sig.
Antuninska
Nalješkovićeva
Kunićeva
Iovrijenci
Ragusa 2
Antunini
Ulica
Palmotićeva
Sveti Spas
Franjevačka crkva
Vrata Pile
Stradun (Placa)
Jadran
Turistička zajednica
Velika Onofrijeva česma
Stradun (Placa)
Peti
Vetra
Zamanjina
Drop
Prijeko
Nautika
Gariště
Zlatarić
Getaldić
Čubranovićeva
Đorđićeva
Široka
Ulica C. Zuzoric
Proto
Ikonski muzej
Srpska pravoslavna crkva
Miha Pracata
Samostan Sv. Klara
Tvrdava Bokar
Za Rokom
Ulica od
Svih Svetih
Sv. Josipa
Puča
Lovrijenac
Domino
Od Domina
Božidarevića
Ul. Pracata
Kamenice
Gundulićeva poljana
Ul. od Rupa
Muzej Rupe
Sv. Josipa
M Pracata
Uska
M. Kaboga
D. Ranjine
Ulica Lucarica
Sv. Marije
Ulica od Kaštela
Ul. Štrosmajerova
Gradske zidine
Jezuitska crkva
Poljana Boškovića
Buža
Ulica od Margarite
Collegium Ragusianum
DUBROVNIK
0 50 100 m
© Nelles Verlag GmbH, München

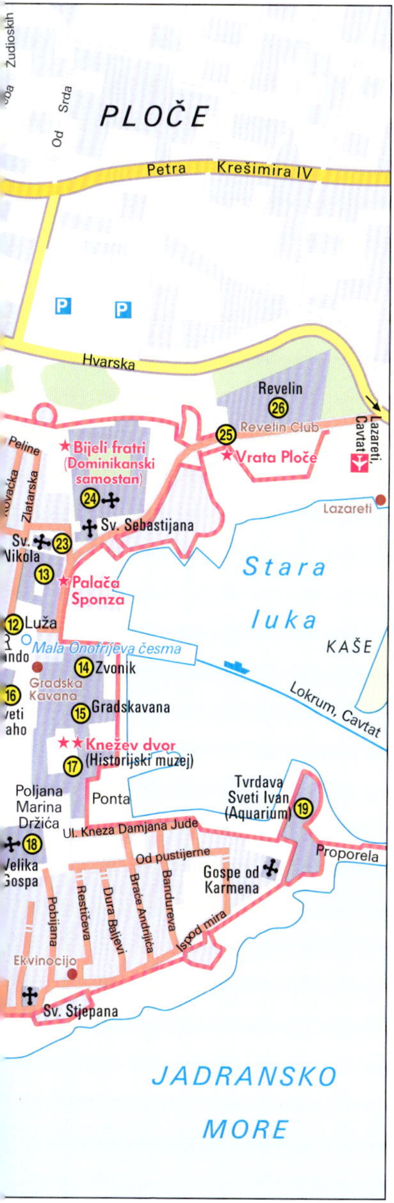

kirche). Sie besitzt im Tympanon des Südportals eine Darstellung der Pietà (Maria mit dem Leichnam Christi); darüber wacht Gottvater. Links und rechts sind Hieronymus und Johannes der Täufer dargestellt. Das Portal zählt zu den schönsten Beispielen Dubrovniker Skulptur. Im einschiffigen Bau befindet sich das Grab des Dubrovniker Dichters Ivan Gundulič (1588-1638). Das direkt angegliederte ***Mala braća** ④ (Franziskanerkloster) wurde im 14./15. Jh. erbaut und nach dem Erdbeben von 1520 verändert. Ältester Bauteil ist der herrliche **Kreuzgang** (Eintritt) von 1317. Er zeigt ein Kreuzrippengewölbe und offene Hexaforien, an denen Masken-, Tier- und Pflanzenmotive in reicher Auswahl zu sehen sind. Vor dem Kreuzgang ist die **Farmacia** mit vielen alten Gegenständen zu bewundern. Die Apotheke wurde bereits 1317 gegründet und ist bis heute in Betrieb.

Gegenüber dem Pile-Tor wurde 1444 der monumentale **Velika Onofrijeva česma** ⑤ (Großer Onofriobrunnen) errichtet, der das Ende einer 12 km langen Wasserleitung bildet. Der Name erinnert an den Erbauer des Brunnens, den aus Neapel stammenden Onofrio della Cava. Cava legte während seines Aufenthaltes in Dubrovnik von 1436 bis 1444 das städtische Wasserversorgungssystem an.

Rechts vom Brunnen liegt das **Samostan Sveta Klara** ⑥ (Klarissinnenkloster), gegen Ende des 13. Jahrhunderts erbaut und nach dem Erdbeben von 1667 rekonstruiert. Hier wurden die Töchter der Adelsfamilien und der reichen Bürger erzogen; andere zwang man zum Beitritt, weil ihre Mitgift für eine Heirat zu gering war. Im 15. Jh. kam dann ein Findelhaus dazu, eines der ersten in Europa. Im Kreuzgang des ehemaligen Klosters gibt es heute ein **Restaurant**. In den anderen Gebäuden sitzt die öffentliche Verwaltung. Auch ein Kino hat sich hier niedergelassen.

Vom Pile-Tor aus führt die Straße ***Stradun** ⑦, auch *Placa* genannt,

Foto: Gerhard Bersick

über 200 m bis zum Uhrturm am anderen Ende der Altstadt, am Durchgang zum Hafen. Hier erstreckte sich früher ein Sumpf, der das slawische *Dubrava* vom romanischen *Ragusa* trennte. Heute dagegen vereint die Stradun die Bevölkerung, die sich hier allabendlich zeigt – schick gekleidet, flanierend und natürlich auch kokettierend. Dieses kostenlose Schauspiel beginnt jeden Abend gegen 19 Uhr. Zur Abendessenszeit beruhigt sich das Straßenbild vorübergehend, und dann geht es weiter mit: „Wo wart ihr essen und wie hat es geschmeckt? Kennst du das neue Restaurant am Ende der Prijeko? Was gibt es denn im Kino? …“

Die Patrizierhäuser entlang der Stradun stammen alle aus den Jahren nach dem großen Erdbeben von 1667. Im Erdgeschoss öffnen sich noch heute die Läden, genauso wie es vor Jahrhunderten geplant war; im ersten Stock befanden sich früher die Wohnräume und im zweiten die Schlafzimmer. Das Dachgeschoss enthielt die Küche und den Speicher.

Oben: Am Ende einer 12 km langen Wasserleitung (15. Jh.) liegt der Große Onofriobrunnen. Rechts: Abends auf der Stradun.

Parallel zur Stradun verlaufen zwei fast ebenso wichtige Straßen, die Ulica od Puča südlich und die Prijeko nördlich und beide besitzen ein eigenes Flair. Die **Prijeko** ⑧ hat sich im Lauf der Jahre gleichsam zu einem einzigen riesigen Restaurant entwickelt; ein Lokal schließt sich an das nächste an und häufig wechseln Besitzer und Ausstattungen der Gastronomiebetriebe – der Konkurrenzkampf ist hart. *Burek*-Läden (Snackbars), Cafés, kleine Discos, Spezialitätenlokale oder schlichte Weinbars warten hier auf die heiß begehrte Kundschaft.

Die **Ulica od Puča** ⑨ konnte – im Gegensatz zur Prijeko – mehr den Charakter einer Einkaufsmeile wahren, allerdings bieten die Geschäfte hier weniger Gebrauchsartikel an. Vom Platz um den Onofrio-Brunnen ausgehend reihen sich Geschäfte für Gold- und Silberfiligran-Schmuck aneinander. Der Handel mit Silber- und Goldschmuck lag schon immer in den

 » Stadtplan S. 210-211, Info S. 222-223

Foto: Thomas Stankiewicz

Händen von christlichen albanischen Familien. Die Händler kennen sich gut, sind zumeist sogar miteinander befreundet. Von Konkurrenz ist da nichts zu spüren. Vielmehr holt der eine den anderen gerne mal zum Kaffee oder zum kleinen Snack ab; dann schließen sie einfach die Läden.

Geht man weiter Richtung Altstadtmitte, dominieren Galerien und Souvenirläden. Und plötzlich steht man vor der Serbischen Kirche aus dem späten 19. Jh. Neben der Kirche befindet sich das **Muzej Ikona** ⑩ (Ikonenmuseum), das wertvolle Bilder byzantinischer, kretisch-venezianischer, russischer und lokaler Künstler aus verschiedenen Epochen zeigt.

Am Ostende der Ulica od Puča stößt man auf den Marktplatz ***Gundulićeva poljana** ⑪. Am Vormittag verkaufen hier Marktfrauen und Bauern aus dem Umland Obst, Gemüse und Fisch. Sie tun dies zu Füßen des größten Dichters der Stadt, Ivan Dživo Gundulić: Sein bronzenes Standbild, im Jahr 1893 vom lokalen Meister Rendić geschaffen, erhebt sich in der Mitte des Platzes.

Auch das Ostende der Stradun bildet ein Platz: der **Luža** ⑫, der eindrucksvolle „Platz der Loggia“. Hier sind die meisten Sehenswürdigkeiten konzentriert. Ganz in Hafennähe liegen öffentliche Gebäude wie das Zollamt, der Rektorenpalast und der Dom.

Mitten auf dem Platz ragt die **Rolandsäule** auf, eine Steinsäule mit einer Skulptur des Kriegers und Ritters Roland, 1418 vom Mailänder Bonino geschaffen. Rolandsäulen symbolisieren auch in anderen Städten Europas – vor allem Hansestädten – die eigene Gerichtshoheit des freien Stadtstaats. Die Länge von Rolands rechtem Unterarm gibt ein wichtiges Dubrovniker Längenmaß an, die Elle, die nochmals am Sockel eingemeißelt ist.

Der ***Palača Sponza** ⑬ (Sponza-Palast), im Norden des Luža, wurde im 16. Jh. gebaut und beherbergte früher das Zollamt. Die hervorragenden Steinmetzarbeiten führten Meister aus Korčula aus. Im eleganten, arkadengeschmückten Atrium sind die Originale der Bronzefiguren vom Glockenturm aufgestellt. Über der Loge gibt es eine

Foto: Hrvatska Turisticka Zajednica

lateinische Inschrift mit folgendem Text: *Fallere nostra vetant et falli pondera / meque pondero dum merces / ponderant ipse deus* (Es ist verboten zu betrügen und falsch zu wiegen; und wenn ich die Waren wiege, wiegt Gott mit mir). Dubrovniks Wohlergehen hing von einem gut funktionierenden Handel ab, die exakte Eichung der Maße und Gewichte und der Geldwert stellten Basis für einen soliden Handel dar. Im Palast waren deshalb auch die städtische Münze und das Büro des Marktwächters, der die Kontrolle über den Handel ausübte, untergebracht. Heute dient der Sponza-Palast als Archiv für Dubrovniker Schriften. Abends wird der Innenhof zu einer Bühne für Kammermusik umfunktioniert. Im Sommer findet hier die Eröffnung des berühmten **Dubrovnik-Sommerfestival** statt – eine der größten Kulturveranstaltungen Kroatiens für Musik, Theater und Tanz.

Oben: Feierliche Eröffnung des Sommer-Festivals am Sponza-Palast. Rechts: Arkaden des Rektorenpalastes.

Im einzigartigen Ambiente der Altstadt und drumherum werden klassische und moderne Musikkonzerte und Theaterstücke, Ballett und Oper, Kunstausstellungen, Dichterlesungen und Vieles mehr geboten.

Neben dem Sponza-Palast errichtete die Republik 1480 den **Uhrturm** mit der **Glockenloge**. Das Geläut benutzte man gleichermaßen für Alarm wie auch für Signale. Meistens wurden damit die Ratsherren zur Versammlung gerufen. Die Uhr zeigte nicht nur die Zeit, sondern auch die Mondphasen an. Zwei männliche Figuren aus Bronze schlugen die Glocke immer zur vollen Stunde. Im Laufe der Zeit verfärbten sich die Bronzen grün, weshalb sie *Zelenci* (die Grünen) genannt wurden. Der Turm begann sich aber durch die schweren Erdbeben stark zu neigen, so dass man ihn 1902 sicherheitshalber einriss und 1929 in seiner ursprünglichen Form wieder aufbaute. Unter dem Uhrturm führt der Weg links zum Dominikanerkloster und rechts zum Hafen. Hier befindet sich auch ein zweiter Aufgang auf die Stadtmauer.

 » Stadtplan S. 210-211, Info S. 222-223

Am Luža-Platz plätschert der **Mala Onofrijeva česma** (Kleiner Onofriobrunnen), 1438 angeblich nicht von Onofrio della Cava, sondern vom Mailänder Pietro di Martino gebaut und mit symbolischen Figuren verziert. Der Brunnen befindet sich in einer Nische des **Palastes des großen Rates** ⑭, der bereits 1303 in einer Urkunde erwähnt wurde. Das Gebäude brannte 1817 nieder und wurde 1864 im Stil der lombardischen Neo-Renaissance wieder aufgebaut. Heute dient es für Gemeinderatssitzungen und als Theater. Ein Teil wird heute vom Stadtcafé genutzt.

Hinter dem Rats-Palast befand sich ursprünglich das **Arsenal**, in dessen Räumen die damals größten Galeeren Platz fanden. Ein Großteil davon wurde aber 1863 abgerissen, um Platz für den Neubau des Theaters zu schaffen. Die zur Hafenseite geöffneten, weiten Arkaden des **Gradskavana** ⑮ (Stadtcafés) gehören zu den Überbleibseln des Arsenals. Vom Stadtcafé aus genießt man den schönsten Blick auf den geschäftigen Hafen, auf die Festung Sveti Ivan und den Revelin.

Den südlichen Abschluss des Luža-Platzes bildet die reich verzierte barocke **Sv. Vlaho** ⑯ (Blasiuskirche), die im frühen 18. Jh. nach den Plänen eines venezianischen Architekten errichtet wurde. Die Kirche ist dem Stadtheiligen Blasius geweiht, den man auf nahezu allen Wappen und Emblemen der Stadt oder städtischer Unternehmen abgebildet sieht. Die berühmte **Blasius-Statue** befindet sich auf dem Hauptaltar und ist ein Meisterwerk der Goldschmiede Dubrovniks, die die Statue im 15. Jh. aus vergoldetem Silber anfertigten. In seiner linken Hand hält der Heilige ein Modell der Stadt, wie sie vor dem Erdbeben von 1667 aussah.

Nun wendet man sich vom Luža-Platz zuerst nach Süden (der Gang nach Norden wird weiter unten besprochen). Zwischen Blasiuskirche und Stadtcafé führt die Pred dvorom zum **★★Knežev dvor** ⑰ (Rektorenpalast), einem der schönsten Gebäude der Stadt. Der durch eine Pulverexplosion zerstörte erste Palast war 1435 durch einen zweiten, von Onofrio della Cava im spätgotischen Stil gestalteten ersetzt worden; der jedoch brannte rund 30 Jahre später ab und wurde zum Teil im Renaissance-Stil erneuert. Auch dieser Bau wurde schwer beschädigt, nämlich beim großen Erdbeben von 1667. Das heutige Gebäude – unter Zuhilfenahme der alten Pläne della Cavas restauriert – stammt von 1739.

Foto: Gerhard Bersick

Im **★Atrium**, einem beeindruckenden Beispiel der Baukunst Onofrios, sieht man die einzige Büste eines verdienten Bürgers, die die Stadtrepublik je aufstellen ließ. Michele Prazato (Miho Pracat) war ein Reeder und erfolgreicher Bankier, der sein ganzes Vermögen (200 000 Dukaten) der Stadt vermachte. Die Bronzebüste ist ein Werk von P. P. Giacometti (1638). Zum Innenhof führen zwei Eingänge, das große Staatstor wurde nur zu besonderen Anlässen geöffnet. Die reich geschmückten Kapitelle der Säulen im Atrium stammen noch aus dem 15. Jh.

Foto: Thomas Stankiewicz

Eine schöne barocke **Balustradentreppe** führt in das Obergeschoss. Dort ist über dem Türsturz des Portals zum Saal des großen Rates eine Inschrift zu sehen, die besagt: *Obliti Privatorum Publica Curate* (Vergesst die persönlichen und kümmert euch um die öffentlichen Dinge!). Der Palast diente auch als Wohnung für den Rektor, der jeweils für einen Monat gewählt und für diese Zeit ohne seine Familie hier regelrecht interniert wurde und den Palast nur aus dienstlichen Gründen verlassen durfte. Auf diese Weise wollte man erreichen, dass sich der Rektor ganz auf seine Aufgabe konzentriert. Gewählt wurde er aus dem Adel, der durch dieses System gar nicht erst auf die Idee kam, sich um öffentliche Ämter und Pfründe zu streiten, weil der neue Rektor ja alles wieder ändern konnte.

Der Palast beherbergt auch das **Historijski muzej**, das Möbel, Gemälde, Kleidung und Urkunden aus der reichen Vergangenheit der Stadt ausstellt.

Oben: Auf der Stadtmauer läßt sich die Altstadt von Dubrovnik umrunden. Rechts: Ein Meisterwerk der Goldschmiedekunst – das Blasius-Reliquiar in der Kathedrale.

Im rechten Winkel zum weltlichen Zentrum der Stadt liegt das geistige, die **Velika Gospa** ⑱ (**Kathedrale Mariae Himmelfahrt**). Einer Legende zufolge soll Richard Löwenherz 1192 auf seiner Rückkehr vom 3. Kreuzzug Schiffbruch erlitten und sich auf die Insel Lokrum gerettet haben. Eine großzügige Spende des Königs ermöglichte eine erste Kirche an dieser Stelle. Diese romanische Kirche soll zu den reichsten Europas gehört haben, doch wurde der Bau durch Erdbeben und Feuersbrünste so stark beschädigt, dass man ihn zwischen 1671 und 1713 durch den heutigen ersetzte. Der Architekt Paolo Andreotti lieferte die Pläne dafür, wobei er sich an römische Vorbilder anlehnte. Im Kircheninneren sind viele Kunstschätze namhafter lokaler Meister und auch italienischer Künstler zu sehen. Den Hauptaltar überhöht die **Himmelfahrt Mariens** von Tizian (um 1552). Rechts vom Chor geht es in die ***Schatzkammer**, in der vor allem das **Reliquiar des heiligen Blasius** aus

» Stadtplan S. 210-211, Info S. 222-223

Foto: Hansjörg Brey

Gold, Silber und Filigran zu bewundern ist. Im Osten der Kathedrale steht das wuchtige **Bischofspalais** im Stil der Renaissance.

Folgt man der Ulica Kneza Damjana Jude entlang der Mauer, die den Hafen vom Wohnviertel trennt, erreicht man die **Tvrđava Sv. Ivan** ⑲ (Johannes-Festung), die ihr heutiges Aussehen im 16. Jh. erhielt. In der Festung sind zwei Museen untergebracht. Im Erdgeschoss zeigt das **Aquarium** anschaulich Flora und Fauna der Gewässer vor Dubrovniks Küste und der Adria allgemein. Im darüber liegenden **Marinemuseum** wird die Seefahrertradition von Dubrovnik mit Schiffsmodellen, Navigationsgeräten und Karten dokumentiert.

Südlich des Doms und südlich des Marktplatzes führt eine nach römischem Vorbild gestaltete Barocktreppe zu der dem hl. Ignatius geweihten **Jezuitska crkva** ⑳ (Jesuitenkirche), einem Barockbau aus dem frühen 18. Jh. von Andrea Pozzo, einem bedeutenden Architekten und Maler seiner Zeit, der selbst Jesuit war. Auch die Jesuitenkirche von Dubrovnik diente in ihrer ganzen Ausgestaltung der Verteidigung des katholischen Glaubens, der Gegenreformation. Die Fresken des Spaniers Gaetano Garcia gehören zu den ersten Beispielen der so genannten Jesuitenmalerei in Europa. Da die Jesuiten in Dubrovnik alle Bildungseinrichtungen übernommen hatten, ist es nicht verwunderlich, dass sich gleich neben der Kirche das **Collegium Ragusianum** ㉑ befindet; hier haben viele angesehene Bürger der Stadt ihre Ausbildung genossen.

Folgt man der Ulica Štrosmajerova und ihrer Verlängerung nach Westen, gelangt man zu den **Rupe** ㉒, den „Löchern“. Es handelt sich eigentlich um das Kornhaus, das aus 15 aus dem Fels geschlagenen Silos besteht. Im 16. Jahrhundert bewahrte man in den konstant 17 °C warmen Gewölben die städtischen Kornvorräte – 1500 Tonnen Getreide – auf. Hier im Viertel Od Rupa, im Westen der Stadt, befindet sich auch das **Ethnografische Museum** mit Trachten, Haushaltsgeräten, handwerklichen Arbeiten und volkstümlichen Instrumenten.

» Stadtplan S. 210-211, Info S. 222-223

Wendet man sich vom Luže-Platz aus nach Norden, trifft man hinter dem Sponza-Palast, dort wo die Prijeko mündet, auf **Sv. Nikola** ㉓ (Nikolauskirche). Dem spätromanischen Bau aus dem 11. Jh. wurde im 17. Jh. eine Barockfassade vorgeblendet.

Neben der Kirche führt ein Durchgang zum ***Bijeli fratri** ㉔ (Dominikanerkloster), einem der markantesten Baudenkmäler Dubrovniks, das auf das frühe 14. Jh. zurückgeht. In den nachfolgenden Jahrhunderten wurde die Kirche mehrmals umgebaut, dabei blieb jedoch immer ihr frühgotisches Aussehen erhalten. Das einzige romanische Portal Dubrovniks, das Südportal, wurde 1419 von Bonino da Milano mit einer gotischen Fassung dem Zeitgeist angepasst. Elemente der Gotik und der Renaissance verbindet der sehenswerte **Kreuzgang** aus dem 15. Jh. Zu besichtigen sind außerdem der **Kapitelsaal** und das Klostermuseum **Muzej Dominikanskog samostana**. Es birgt den Kirchenschatz mit wertvollen Goldschmiedearbeiten und Gemälden (u. a. von Tizian).

Aus derselben Zeit wie das Dominikanerkloster stammt das im Osten benachbarte zweite Haupttor der Stadt, das ***vrata Ploče** ㉕ (Ploče-Tor), geschützt durch den Assimov-Turm, ebenfalls aus dem frühen 14. Jh. Hinter dem Ploče-Tor führt eine Brücke zu einer der drei Hauptfestungen, dem **Revelin** ㉖. Er wurde im 16. Jh. errichtet, um den Hafen von Norden her zu schützen. Die Staatsschatzkammer befand sich ebenfalls innerhalb der Mauern. Auf der Freiterrasse des Revelin finden heute Konzerte und Folkloreveranstaltungen statt.

Die Straße verläuft weiter Richtung Osten zum **Lazareti**. Die selbstbewussten Bürger Dubrovniks waren sich schon damals ihrer Verantwortung gegenüber den Armen und Kranken bewusst. Auch Gesundheitsbewusstsein spielte beim Bau dieses Hospizes eine Rolle: Beim Revelin endeten die Karawanen aus dem Hinterland, und um keine Seuchen in die Stadt zu lassen, steckte man Neuankömmlinge zunächst in Quarantäne. Heute dienen die Lazareti als Veranstaltungsort für Folklore und im Sommer für eine populäre Großdisco, in der Top-DJs auflegen.

In der Nordwestecke der Stadtmauer, auf der Landseite, wachte der **Minčeta-Turm** ㉗ über die Befestigungen zwischen Pile- und Ploče-Tor. Von hier genießt man den wohl besten ***Altstadt-Blick**. Zu Füßen des riesigen Festungsbaus verläuft im früheren Graben eine Straße, die Pile- und Ploče-Turm verbindet.

Die andere große Festung Dubrovniks, der ***Lovrijenac** ㉘, liegt im Westen auf einem 40 m hohen Felsen und war der wichtigste strategische Punkt in der Verteidigung der Stadt. Wohl aus diesem Grund traute man sogar den eigenen Soldaten und ihren Offizieren, die hier stationiert waren, nicht weiter, als der Blick reichte. Weshalb sonst wurde die Besatzung wohl jeden Monat ausgewechselt? Ebenso der Kommandant, der aus Adelskreisen stammte. Heute finden in der Lovrijenac stimmungsvolle Theatervorführungen statt, z. B. Hamlet im Rahmen des Dubrovnik-Sommerfestivals.

Im Viertel **Ploče**, etwas nördlich der Revelin-Festung, befindet sich die Talstation der neuen, 2010 nach Kriegschäden von 1991 wieder in Betrieb genommenen **Seilbahn**. In modernen 30-Personen-Gondeln kann man auf den Hausberg, den 419 m hohen **Vrh Srđ** (Sergius-Berg), fahren. Den Gipfel hatten die Franzosen während ihrer Besatzungszeit um 1810 für ihr **Fort Imperial** auserkoren. Darin ist heute ein **Museum** untergebracht, das den Weg Kroatiens zum souveränen Staat dokumentiert; zu sehen ist die Ausstellung „Dubrovnik während des Unabhängig-

Rechts: Die Insel Mljet ist bekannt für ihre ausgedehnten Pinienwälder.

» Stadtplan S. 210-211, Info S. 222-223

Foto: Dieter Ziegler (Mainbild)

keitskriegs 1991–1995". Das **Panorama** von Altstadt und Adria ist herrlich von hier oben. Das Viertel Ploče breitet sich terrassenförmig über den Berghang aus. Seine Bewohner benötigen eine gute Kondition, um ihre Einkäufe die endlosen Stufen hinauf zu schleppen. Auch für die Gäste der vielen hier gelegenen Pensionen ist der Heimweg anstrengend, dafür genießen sie eine großartige Aussicht. Von Pločes beliebtem Kiesbadestrand bietet sich ein schöner Blick auf die Hafenfestung Sv. Ivan und die Insel Lokrum.

Im Westen liegen die modernen Viertel Lapad und Gruž. In der Bucht von Gruž wurde der neue Hafen angelegt. Entlang dieser Bucht hatten sich im 15. und 16. Jh. reiche Kaufleute und Adelige mondäne Villen errichten lassen. **Lapad** mit seinen waldreichen Buchten ist Sitz der meisten Dubrovniker Hotels, die mit vielen Freizeit- und Sportangeboten locken.

Hinter Lapad erstreckt sich auf einer Landzunge das sehr touristische Viertel **Babin Kuk** mit Hotels, Kies- und Felsstränden (auch für FKK).

INSEL LOKRUM

Vom alten Hafen verkehrt alle 30 Minuten (mittags stündlich) ein Schiff zur Badeinsel **Lokrum** ⓬, die zum Naturpark erklärt wurde. Durch einen dichten Wald aus Lorbeer, Pinien, Zypressen, Eichen, Kiefern und Oleander führen schöne Wege, am Rand der nur 0,8 km^2 großen Insel findet man Felsbuchten mit glasklarem Wasser (und auch Duschen). Für FKK-Freunde gibt es ein Extra-Areal. Ein **Restaurant** in den alten Gemäuern eines ehemaligen Klosters und eine **Snackbar** mit großer Terrasse laden auf dem Eiland zur Einkehr ein. Sehenswert ist der **Botanische Garten**, den die Universität betreut.

⋆INSEL MLJET

Von Dubrovnik fahren in der Hauptsaison mehrmals wöchentlich Schiffe zur ⋆**Insel Mljet**. Sie ist die südlichste der größeren Adria-Inseln, die waldreichste und für Naturliebhaber eine der reizvollsten. Die schönsten **Strän-**

Foto: Friedrich H. Köthe

de säumen teils als Sandbuchten das Südostende der Insel um **Salpunara**.

Babino Polje ⓭ ist der größte Ort der Insel. Er liegt in einer fruchtbaren Senke in der Mitte der Insel. Unweit davon befindet sich die schöne Bucht **Sutmiholjska** mit Sand-Kiesstrand.

Den westlichen Inselteil bedeckt der **Mljet-Nationalpark**, wo zwischen Kiefern und Steineichen Hasen, Hirsche, Wildschweine und Mungos leben. Zum Park gehören die beiden miteinander verbundenen Salzseen **Veliko Jezero** und **Mali jezero**, bei denen es sich eigentlich um eine Meeresbucht handelt, die über die Landenge von Soline mit Wasser gespeist wird. Das einst romanische **Benediktinski samostan** ⓮ (Benediktinerkloster) auf der **Otok Sv. Marija** (Marieninsel), ein beliebtes Ausflugsziel, präsentiert sich heute als zweistöckiger Renaissancebau.

Nicht weit entfernt liegt **Polače** ⓯, der größte und schönste Hafen der Insel. Hier befand sich in der Antike eine **Römische Villa**, deren Reste man besichtigen kann. An der nahen Bucht von **Pomena** ⓰ steht das **Hotel Odisej**.

Pomena und Polace sind auch offizielle **Nationalparkeingänge**; beide Orte verbinden schöne **Wanderwege**.

Oben: Ein herrlicher Sandstrand erwartet Badegäste auf der Insel Lopud. Rechts: Guzlaspieler wie hier in Čilipi sind nur noch selten zu hören.

*ELAPHITISCHE INSELN

Koločep, Lopud und Šipan sind drei noch ganz ursprüngliche Inseln nördlich von Dubrovnik. Mehrmals täglich bringt eine Personenfähre Passagiere und Lebensmittel auf die Eilande, auf denen früher Kapitäne, Kaufleute und Adel der Republik Ragusa ihre Sommervillen besaßen.

Das autofreie **Koločep** ⓱ ist die kleinste der drei und mit einem Hotelkomplex, der ins Grün der Insel eingebettet ist, am längsten touristisch erschlossen. Einige der herrlichen **Sand- und Kiesbuchten** sind FKK-Anhängern vorbehalten.

***Lopud** ⓲ empfängt den Besucher mit den romantischen **Ruinen**

» Karte S. 204-205, Info S. 222-223

des Rektorenpalastes und eines Franziskanerklosters. Zwei komfortable Familienhotels bieten sich hier als Übernachtungsmöglichkeit an. Der berühmte *Sandstrand **Šunj** liegt auf der anderen Seite der Insel, etwa 30 Minuten Fußweg durch üppige Vegetation entfernt. Es gibt hier im Sommer ein einfaches Restaurant und einen Sonnenschirm-Liegenverleih. Ein Teil des Strandes ist FKK-Jüngern vorbehalten.

Šipan ⓳ ist die größte der drei Elaphiten. Als einzige besitzt sie einen Inselbus, der zwischen den beiden Hafenorten Sudjuradj und Šipanska Luka verkehrt. Die nur 7 km lange Strecke lässt sich aber auch zu Fuß zurücklegen, vorbei an Villenruinen, Feldern und Olivenhainen. Während in **Sudjuradj** die Ritterburgen ähnelnden **Renaissancevillen** beeindrucken, besitzt **Šipanska Luka** den **Rektorenpalast** (15. Jh.), das von Skippern sehr geschätzte Restaurant **Kod Marka** und verschwiegene **Felsbuchten**. Selbst in der Hochsaison sind die Fährverbindungen so, dass ein Besuch aller drei Inseln an einem Tag kaum möglich ist; eine Übernachtung auf Lopud oder Šipan ist deshalb empfehlenswert.

*CAVTAT

Wer von Dubrovnik Richtung Süden fährt, gelangt bald zu einer **Parkbucht**, von der sich ein schöner Panoramablick auf die Stadt bietet. Nach insgesamt 16 km ist der auf einer grünen Halbinsel gelegene Badeort ***Cavtat** ⓴ erreicht, das mit gleich zwei Naturbuchten als Hafen schon in der Antike ein geschäftiges Handelszentrum war.

Im Zentrum sind die Patrizierpaläste sehenswert. Im „Fürstenhof", dem **Knežev dvor** aus dem 16. Jh., ist ein umfangreiches Museum eingerichtet worden, in dem neben antiken Funden eine Bibliothek mit Grafiken (u. a. von Lucas Cranach) und italienischen Meistern aufbewahrt wird. Über dem Ort thront das **Mausoleum** der Familie Račić aus der Hand des Bildhauers Ivan Meštrović.

Foto: Jitka Skupy - Pesek

Das moderne Cavtat lebt v. a. vom Tourismus. Das große Luxushotel **Croatia**, zehn Gehminuten außerhalb des Stadtzentrums, empfiehlt sich als komfortable Ferienanlage im Grünen. **Taucher** können hier unter Wasser römische Amphoren und Anker erkunden.

Nach 20 km kommt **Čilipi** ㉑, der internationale **Flughafen** von Dubrovnik, in Sicht. In diesem Städtchen tanzen jeden Sonntag nach dem Kirchgang Männer und Frauen in ihren schönsten Trachten zu traditionellen Weisen. Rund um den **Tanz** hat sich ein **Markt** entwickelt, auf dem kostbare Seidenstickereien verkauft werden. Letzter kroatischer Badeort ist **Molunat**, 16 km von Čilipi und kurz vor der Grenze zu Montenegro gelegen. Die touristische Entwicklung steckt hier noch in den Kinderschuhen; Campingplätze und Privatvermieter bieten Unterkunft. Die zerklüftete Felsküste ist ein ideales Revier für Taucher. Wenige Kilometer weiter erreicht man die Grenze zu Montenegro.

NERETVA-DELTA (☎ 020)

Villa Neretva, Aalspezialitäten im lauschigen Garten an einem Flussarm, das Lokal organisiert auch Bootstouren im Delta, zw. Metković u. Opuzen, Tel. 672200, www.hotel-villa-neretva.com.

Arheološki muzej Narona, Vid, Tel. 691596, www.a-m-narona.hr. Archäologisches Museum mit Funden aus der Römerstadt. Juni-Aug. Di-So 9-19, Sept.-Mai Di-Fr 9-16 Uhr, So 9-13 Uhr u. Mo geschl.

Sandstrand südlich der Neretva-Mündung beim **Auto-Kamp Rio**.

PELJEŠAC (☎ 020)

MALI STON

Bota, Kroz Polje 5, Mali Ston, Tel. 754482. Rustikale Taverne, Fisch- und Meeresfrüchte-Spezialitäten wie Austern, Muschel-*buzara* oder Fischeintöpfe.
Kapetanova kučka, Muschel-, Fischspezialitäten, Tintenfisch-Risotto, Tel. 754264.

OREBIĆ

TZO Orebić, Zrinsko Frankopanska 2, Tel. 713718, www.visitorebic-croatia.hr.

Taverna Mlinica, Obala pomoraca, Tel. 713886. Regionaltypische Fisch- und Fleischgerichte, in ehemaliger Ölmühle.
Konoba Babilon, beliebte, einfache Konoba hinter der Marienkirche, üppige Grillgerichte, Divovićeva 2, Tel. 713352.

Samostan Gospe od Anđela, Celestinov put 6. Franziskanerkloster, Mai-Okt. Mo-Sa 9-12, 17-19 Uhr.

Vinarija Skaramuča, Weinkeller, Dingać-Probe und Verkauf, Potomje.

Perna Surf- und Kite Center, Verleih von Wind- und Kite-Surf-Brettern, Viganj, Mobil-Tel. 098-395807. **Adriatic**, diese Tauchschule gehört zum gleichnamigen Hotel und organisiert auch Exkursionen zu schönen Tauchspots, Mokalo 6, Tel. 714328.

DUBROVNIK (☎ 020)

Tourist Info Center, Brsalje 5, Tel. 312 011, www.tzdubrovnik.hr.

Knežev dvor, Tel. 321 422. Rektorenpalast mit **Kulturhistorischem Museum**; tgl. 9-16, Sommer 9-18 Uhr. **Franziskanerkloster Mala brača** mit hist. Apotheke, tgl. Sommer 9-18, Winter 9-17 Uhr. **Dominikanerkloster**, tgl. 9-18 Uhr, **Ethnografisches Museum Rupe**, Mi-Mo 9-16 Uhr. **Tvrđava Sv. Ivan.** Festung Sv. Ivan mit **Aquarium** und **Schiffahrtsmuseummuseum**; Di-So 9-18, Winter nur bis 14 Uhr.
Gradske zidine. Stadtmauer, Eintritt; Sommer tgl. 9-19.30, Winter 10-15 Uhr

Atlas Club Nautika, *das* Gourmetrestaurant in Dubrovnik, Pile, Brsalje 3, Tel. 442526.
Kamenice, eine Institution in Dubrovnik, hier bestellt man frische Austern aus Ston, Gundulićeva poljana 8, Tel. 323682.
Sesame, junge frische Küche mit knackigen Salaten und köstlichen Gemüsegerichten – Fisch und Fleisch werden ebenfalls bestens zubereitet, Dante Alighieria bb, Tel. 412910.
Ragusa 2, renommiertes Lokal, Fisch-, Muschel-, Fleischspezialitäten, Zamanija 12, Tel. 321203.
Proto, eine exzellente, aber auch teure Adresse für frische und kreative Fischküche im romantischen Ambiente der Altstadt, Širokova 1, Tel. 323234.
Gradska Kavana, Kaffeehaus mit Terrasse zum Luža-Platz und Hafen, Pred Dvorom 1.
Domino, Steaks und Fisch in rustikalem Altstadthaus, Od Domina 6, Tel. 323103.
Eden, modernes Restaurant, Lapad, Kardinala Stepinca 54, Tel. 435133.
Defne, Edelrestaurant im 5-Sterne-Hotel The Pučic Palace, serviert orientalische Gerichte mit libanesischen und marokkanischen Wurzeln, Od Puča 1, Tel. 326200.

Buža, man betritt das In-Lokal, das aus ein paar Tischen und Bänken auf den Felsen über dem Meer vor der Stadtmauer besteht, durch ein Loch in eben dieser Mauer, ein Muss zum Aperitif; Ilje Sarake.

Revelin Club, unterhalb der Festung Revelin sitzt die Jugend unter schattigen Bäumen bei Kaffee oder Drinks und beobachtet das Treiben im Alten Hafen, Sv. Dominika, www.clubrevelin.com.

DISCOS: **Troubadour**, beliebte Jazz-Kneipe im Zentrum, Bunićeva poljana, Tel. 412154.
Lazareti, Kulturzentrum mit Folkloreshows, Rave-Events, Disco und Live-Konzerten, Fran Supila 8. **Exodus**, Open-Air-Disco, nur im Sommer, Babin Kuk, Lapad.

FESTIVAL: **Dubrovačkih ljetnih igara** (Dubrovnik-Sommerfestival): Juli-Aug., mit internationalen Künstlern aller Sparten. Filmfestspiele, Konzerte mit klassischer und moderner Musik, Theateraufführungen; www.dubrovnik-festival.hr.

Deša, der Laden entstand einst aus einer Initiative zur Unterstützung der vom Krieg traumatisierten Frauen, zu kaufen gibt es hier neben Souvenirs kostbare Seidenstickereien aus dem Konavle, Frana Supila 8, Tel. 420145.

MARINAS: **ACI Miho Pracat**, in geschützter Bucht, ACI-Standardausrüstung, 450 Liegeplätze, Mokosica, Tel. 455 020, Fax 455022. **Marina Gruž**, für Jachten bis 20 m Länge, Tel. 417999, Fax 417944.
BADEN: Größerer Kieselstrand beim Lazarett (Eintritt); Einheimische baden bei den Felsen von **Sv. Ivan**. Zwischen Pile und Lapad führt ein Weg am Lovrijenac vorbei zum Liebfrauenkloster, dahinter liegt der Strand **Danće**. Taxiboote verkehren zur Insel **Lokrum**. Der **East-West Beach-Club**, gleich im Anschluss an den Lazareti-Strand, ist mit eleganten Liegen und Sonnenschirmen (und hohem Eintritt) nobel und exklusiv; tagsüber unterhält Lounge-Musik, nachts Club-Parties.
AUSFLÜGE: Ganztägige Schiffsfahrten nach **Mljet** und den **Elaphiten-Inseln** Sipan, Lopud und Koločep.

In **Kajaks** um die Altstadt von Dubrovnik paddeln – Boote und Führer gibt's bei Adriatic Kayak Tours, Zrinsko Frankopanska 6, Mobil-Tel. 091-7220413, www.adriatickayaktours.com (auch Ausflüge zu den Elaphitischen Inseln)

FÄHREN: Juni-Sept. Rijeka – Split – Hvar – Korčula – Sobra – Dubrovnik – Bari (I) mehrmals wöchentlich.

ELAPHITISCHE INSELN (☎ 020)

Villa Vilina, zum eleganten Hotel gehört ein gutes Spezialitätenrestaurant, Obala Ivana Kuljevana 5, Lopud, Tel. 759333.
Kod Marka, der aus Zagreb stammende Besitzer sorgt für feinste Fischküche, Skipper finden einen eigenen Anlegeplatz, Šipanska Luka, Tel. 758007.

CAVTAT (☎ 020)

TZO Cavtat-Konavle, Titza 3, Tel. 479025, http://visit.cavtat-konavle.com.

Taverna Galjia, angenehme Terrasse am Meer, Spezialitäten, Vuličevićeva 1, Tel. 478566. **Kolona**, bekannt für delikaten Fisch und Spezialitäten wie Spaghetti buzzara, Put Tije 2, Tel. 478269.

Knežev dvor. Rektorenpalast; Mo-Sa 9-14 Uhr.
Račić-Mausoleum, Sv. Rok. Werk von Ivan Meštrović, auf dem Friedhofshügel; Sommer Mo-Sa 9-12, 16-20, Winter 9-16 Uhr.

TAUCHEN: **Epidaurum**, Tauchexkursionen, Ausbildung nach CMAS und Padi, Setalište Zat, Tel. 471386, www.epidaurum-cavtat-diving.hr.
AUSFLUG: Zu den Folklorevorführungen nach **Čilipi,** sonntags um 11.15 Uhr.
Eine beliebte Ausflugsgaststätte im Konavle ist das um eine Wassermühle in tiefem Wald errichtete Restaurant **Konavoski Dvori**, 19 km östlich von Cavtat, Spezialität der Gaststätte ist Lammbraten unter der Peka.

Klapa-Festival: Am ersten Wochenende im September treffen sich in Cavtat Männerchöre zum Wettstreit in der Kunst des vielstimmigen *klapa*-Gesangs. Genauer Termin unter www.klapa-ragusavecchia.com.

Foto: Dieter Ziegler (Mainbild)

MONTENEGRO

MONTENEGRO

Montenegro (650 000 Einwohner), vormals eine Teilrepublik von Serbien-Montenegro und seit 2006 unabhängig, erstreckt sich von Herceg-Novi an der kroatischen Grenze bis zur Bojana, dem Grenzfluss zu Albanien.

Der ursprüngliche Name *Crna gora* („Schwarzes Gebirge, schwarze Berge“) ist auch heute noch eine treffende Beschreibung für das recht unberührte Land, dessen weite Wälder und tiefe Schluchten jene raue Schönheit bieten, die Karl May als Kulisse seines Buchs *In den Schluchten des Balkan* wählte. Doch Montenegro hat auch ein zweites Gesicht: die relativ dicht besiedelte, 293 km lange Küste (davon 73 km Strände!) mit Naturhäfen und historischen Zentren des einstigen Fürstentums bzw. Königreichs wie Herceg-Novi, Kotor, Budva und Bar. Nicht von ungefähr hat die frühere Hauptstadt Cetinje diesen Gegensatz durch ihre geografische Lage in den Bergen und doch nahe der Küste auszugleichen versucht.

Die bedeutendsten kulturellen Impulse kamen von der Küste, die schon in der Antike von illyrischen Stämmen, Griechen und dann von den Römern besiedelt war. Montenegro blieb nach dem Untergang des Römischen Reiches und der slawischen Landnahme länger als Dalmatien unter byzantinischer Herrschaft. Im 10. Jh. fiel das Land an das unabhängige, aufstrebende serbische Fürstentum Zeta am Südwestrand des Balkan, das sich bis ins 12. Jh. halten konnte. Unter dem Begründer des Serbenreiches, Stefan Nemanja, wurde Kotor Ende des 12 Jh. zum bedeutendsten Seehandelsplatz und zur zweitwichtigsten Stadt. Auch der Einfluss Kotors am serbischen Königshof war erheblich. Nach dem Tod des letzten und mächtigsten serbischen Zaren Dušan (1355) stellte sich Kotor mit seinen umfassenden Ländereien im 14. Jh. unter den Schutz des ungarisch-kroatischen Königs Ljudevit.

Links: Sveti Stefan, die malerischste (Hotel-) Insel Montenegros.

Als die politischen Verhältnisse auf dem Balkan durch die Expansion des Osmanischen Reiches ins Wanken gerieten, kam die Küste unter venezianische Herrschaft. In Montenegro wurde der Dauerkonflikt zwischen den Türken und der Serenissima am heftigsten ausgefochten. Nur in wenigen Städten konnte sich Venedig dauerhaft behaupten, z. B. in Kotor und Perast. Den Türken gelang es dennoch, im 16. Jh. bei Herceg Novi, Bar und Ulcinj Zugänge zur Adria zu gewinnen.

Die ständig wechselnden Machtverhältnisse in Montenegro führten zu einer Apathie bei der Bevölkerung.

» Karte S. 226, Info S. 229

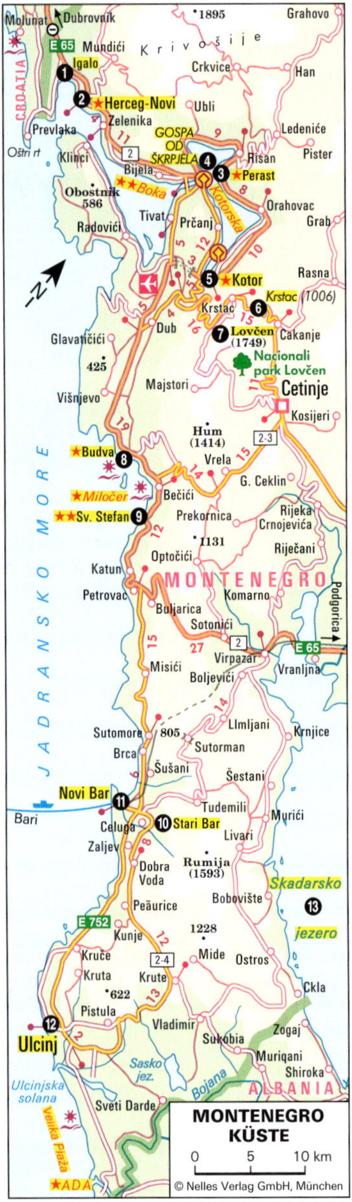

Um so erstaunlicher ist es, dass das slawische Erwachen und der Drang nach Unabhängigkeit ausgerechnet in Montenegro zuerst einsetzte. Im 19. Jh. gelang es den einflussreichen Fürstbischöfen mit russischer Hilfe erstmals, einen eigenen Staat zu gründen. Dieser wurde sogar auf dem Berliner Kongress 1878 bestätigt, und 1910 entstand unter Nikolaus I. das montenegrinische Königreich. Die beiden Weltkriege führten Montenegro dann wieder in eine Union mit Serbien; es wurde 1929 jugoslawisch, bildete 1992, nach dem Ende der sozialistischen Republik Jugoslawien, ein Bündnis mit Serbien und entschied sich 2006 schließlich für die Unabhängigkeit.

Der Tourismus war schon vor dem Jugoslawien-Konflikt die wichtigste Einnahmequelle des an Bodenschätzen und Industrie armen Landes; das abrupte Ende des Fremdenverkehrs 1991 bedeutete eine wirtschaftliche Katastrophe. 1998 flogen erstmals wieder Pauschalurlauber nach Montenegro, doch der Kosovo-Konflikt bremste den touristischen Aufwärtstrend. 2002 führte Montenegro – im Gegensatz zu Serbien – den Euro ein (ohne in der EU zu sein) und empfängt seitdem immer mehr Badetouristen aus der EU.

Küstenstädte, Bergstraßen und Sandstrände

Höhepunkte Montenegros sind die **Küstenstädte** mit mediterranem Flair und fast orientalischen Basaren, die **Passstraße** auf den Lovčen oberhalb von Kotor, die eine Ahnung gibt von der grandiosen Bergwelt des Landes, und kilometerlange sandige Strände. Die **Badestrände** bei Budva – Mogren und Slovenska plaža –, Miločer (frühere Sommerresidenz der Könige) bei Sveti Stefan und der 4 km lange Sandstrand der FKK-Insel Ada in der Mündung der Bojana (16 km südlich von Ulcinj) zählen zu den schönsten Europas.

» Karte S. 226, Info S. 229

Foto: Volkmar E. Janicke

In **Igalo** ❶ kurz vor Herceg Novi entstand nach dem Zweiten Weltkrieg ein Kurzentrum, in dem auch Tito sein Rheuma lindern ließ. Die Schlammbäder sollen Wunder wirken.

In ★**Herceg-Novi** ❷ spürt man zum ersten Mal, dass Montenegro zeitweise in türkischer Hand war; es gibt hier etliche orientalisch anmutende Häuser. Die Stadt war seit 1483 Sitz eines Sandschaks, eines Verwaltungsbezirks des Osmanischen Reiches, und ein wichtiger Hafen der Türken: Von hier konnte der Zugang zur Bucht von Kotor kontrolliert werden. Erst 1687 vermochte Venedig die Stadt zu erobern. Neben den Festungsanlagen ist der türkische **Salaat Kula** (Uhrturm) sehenswert. In dem nahegelegenen serbisch-orthodoxen **Kloster Savina** gibt es in einer der drei Kirchen Fresken aus dem 19. Jh. und eine wertvolle Bibliothek.

In der tief eingeschnittenen ★★**Bucht von Kotor** (UNESCO-Welterbe), an der eine traumhafte **Küstenstraße** entlangläuft, liegt ★**Perast** ❸. Dieser Ort erhielt von den Venezianern für seine unbedingte Treue, die er im Kampf gegen die Osmanen zeigte, besondere Privilegien. An den Hängen des Ilijino-Berges ließen sich in der Barockzeit Bürger der Stadt, darunter vor allem Reeder und Kapitäne, ihre prächtigen Paläste errichten. Im **Bujović-Palast** aus dem Jahr 1693 ist das **Stadtmuseum** untergebracht mit Dokumenten zur Geschichte, Navigationsakten, Schiffsmodellen, einer Trachten- und einer Waffensammlung. Interessant ist die Kriegsflagge der russischen Flotte. Zar Peter der Große hat sie einem Peraster Kapitän für dessen Verdienste in der Schlacht gegen die Schweden bei Gangut 1714 überreicht.

Oben: Budvas geschichtsträchtige Altstadt ist einen Besuch wert.

Auf der nahen **Insel Gospa od Škrpjela** ❹ lohnt der Besuch der **Barockkirche**. Ihr merkwürdiger Turm ist mit Schießscharten gespickt. Im Inneren der Kirche befinden sich 70 Ölgemälde des Peraster Barockmalers Tripo Kokolja (eines Schülers von Palma dem Jüngeren), außerdem etwa 2500 silberne Votivtafeln von Peraster

Seeleuten, die sie als Dank für ihre Rettung aus Seenot stifteten.

An die Felsen des Lovčen-Massivs, die fast senkrecht aufragenn, schmiegt sich die Hafenstadt ★**Kotor** ❺. Auf dem Höhepunkt ihrer mittelalterlichen Entwicklung begann man mit dem Bau der heute noch eindrucksvollen **Stadtmauern**. Der dreieckige Stadtkern und der 260 m hohe Hausberg **Sveti Ivan** werden von einer 5 km langen, 3 bis 15 m dicken und an manchen Stellen bis zu 20 m hohen Mauer umfasst. Auf dem Gipfel des Sv. Ivan thront eine **Festung**. Viele Erdbeben haben die Bucht von Kotor erschüttert, die Stadt wurde stets wieder aufgebaut.

In der malerischen ★**Altstadt**, die ihr mittelalterliches Aussehen bewahrt hat, ist die **Sv. Tripun** (Tryphonskathedrale) aus dem 12. Jh. die bedeutendste Sehenswürdigkeit. Den romanischen Baustil brachten einst die Benediktiner mit. Auch die **Sv. Marija** (Marienkirche), im 13. Jh. im byzantinisch-romanischen Mischstil errichtet, zählt zu den schönsten Bauten der ganzen Küste. Das **Marinemuseum** zeigt, dass Kotor auf die längste Seefahrertradition an der Küste zurückblickt (seit dem 9. Jh.).

Hinter Kotor beginnt eine überwältigende **Gebirgsstraße**, eine der schönsten in Europa. Über 25 Serpentinen steigt sie bis auf ca. 1000 m Höhe an, wo der **Krstac-Pass** ❻ erreicht wird. Auf der Passhöhe zweigt eine Makadamstraße zum 1749 m hohen **Lovčen** ❼ ab, auf dessen Spitze dem Dichter, Bischof und Herrscher Montenegros Petar Petrović Njegoš (1813-1851) in einem Mausoleum – von Ivan Meštrović geschaffen – gedacht wird.

Die Stadt ★**Budva** ❽ zählt – wie Kotor und Perast – zu den Juwelen an der montenegrinischen Küste, gesegnet mit guten Stränden (u. a. **Mogren** und **Slovenska Plaža**). Budvas Festung entstand auf den Resten einer Kirche und besitzt daher, was einmalig ist, eine freskierte Wand. Beim letzten Erdbeben in den 1980er Jahren wurde die Altstadt leider stark in Mitleidenschaft gezogen.

Südlich von Budva, auf einem Felsen im Meer, nur durch eine schmale Sandbank mit dem Festland verbunden, liegt malerisch das ehemalige Fischerdorf ★★**Sveti Stefan** ❾. Mit dem Tourismus verwandelte sich das Inseldorf quasi in ein einziges großes Hotel der Amani-Kette, zu dem nur Übernachtungsgäste freien Zugang haben, alle anderen müssen Eintritt zahlen. Sveti Stefan ist der luxuriöseste Ferienort Montenegros. Nahebei erstreckt sich der schöne grobsandige Strand ★**Miločer** (mit Amani-Hotel) und der von Zypressen und Oliven gesäumte ★**Strand der Königin**.

Mit **Stari Bar** ❿ besitzt Montenegro eine einzigartige Geisterstadt. Als die Türken 1878 aus Bar vertrieben wurden, zerstörten gewaltige Pulverexplosionen die Stadt. 4 km weiter gründete man an einer bewaldeten Bucht **Novi Bar** ⓫ und überließ die Ruinen sich selbst.

Die letzte montenegrinische Stadt vor der albanischen Grenze ist **Ulcinj** ⓬. Sie war einst ein berühmt-berüchtigter Stützpunkt des algerischen Piraten Uluć Ali. Der Piraterie konnte erst im frühen 19. Jh. ein Ende gemacht werden. In Ulcinj sind noch zahlreiche Gebäude aus der Osmanen-Zeit erhalten, so die Sinan-Pascha-Moschee, das Hamam (türkisches Bad), der Salaat Kula (Uhrturm) und mehrere Türbe (türkische Gräber). Die gesamte Altstadt strahlt eine orientalische Atmosphäre aus. Südostwärts erstreckt sich der 12 km lange Sandstrand **Velika Plaža** bis zur FKK-Sandinsel ★**Ada**.

Von Novi Bar und Ulcinj führen Passstraßen mit schöner Aussicht zu dem berühmten **Skadarsko jezero** ⓭ (Skutari-See). Der See, von dem zwei Drittel der Fläche auf montenegrinischer Seite liegen, ist mit 40 km Länge und 12 km Breite der größte Süßwassersee des südlichen Balkans und ein Refugium für Pelikane.

» Karte S. 226

MONTENEGRO

Deutsche Botschaft, Hercegovačka 10, 81000 Podgorica, Tel. 020-441000; **Österreichisches Honorarkonsulat**, Hotel „Mogren", Mediteranska 1, Budva, Tel. 033-403324; **Schweizer Generalkonsulat**, Bulevar Svetog Petra Cetinjskog 1a, Tel. 020-245100.

TOURISTENINFO IN DEUTSCHLAND: **Montenegro Tourismusbüro**, Friedensstr. 7, 60311 Frankfurt, Tel. 069/24246212, www.montenegro.travel.

TOURISTENINFO IN MONTENEGRO: **TOP Tourist Organization of Podgorica**, Slobode 47, Tel. 020-667535, www.podgorica.travel; **Tourismusverband Budva**, Mediteranska 8, Budva, Tel. 033-402814, www.budva.travel. **Fremdenverkehrsamt Ulcinj**, Maršala Tita, Tel. 030/412333, www.ulcinj.travel.

Die Landesvorwahl von Montenegro ist **00382**. Von Montenegro nach Deutschland wählt man 9949, nach Österreich 9943 und in die Schweiz 9941.

FLUG: Internat. Flughäfen: **Tivat** u. **Podgorica** (sowie **Dubrovnik**/Kroatien, nur 24 km von Herceg Novi, ev. Taxitransfer).

FÄHRE: Zwischen **Bari** (Italien) und **Kotor** sowie **Dubrovnik** (Kroatien) und **Bar** verkehren **Autofähren**.

KFZ: Der kroatisch-montenegrinische **Grenzübergang** ist **Debeli Brijeg,** auf der Adriamagistrale südöstlich von Cavtat. Bei der Einreise mit dem Kfz wird die Grüne Versicherungskarte anerkannt, wenn sie für Montenegro gültig geschrieben ist. Reisende ohne diesen Nachweis können an der Grenze eine Haftpflichtversicherung abschließen. Das **Unfallrisiko** ist hoch, und bei Unfällen mit Personenschaden droht Gefängnis!

EINREISE: Einreise nach Montenegro für einen Aufenthalt bis zu 90 Tagen ohne Visum mit Reisepass (EU-Bürger und Schweizer); bei einem Aufenthalt bis zu 30 Tagen oder für die Durchreise genügt der Personalausweis.

GELD: Zahlungsmittel in Montenegro ist der **Euro**. Geldautomaten akzeptieren EC-Karten mit Maestro-Symbol. Zum Bezahlen sollte man Bargeld parat haben, Kreditkarten werden nicht überall akzeptiert. Fremdwährung darf bei der Einreise zwar unbeschränkt eingeführt werden; die Deklaration von Beträgen über 10 000 € ist aber nötig, sonst droht Beschlagnahmung bei Ausreise.

GESUNDHEIT: Theoretisch hat man als Besitzer einer EHIC-Karte im Krankheitsfall Anspruch auf kostenlose Notfallbehandlung in einem staatlichen Krankenhaus; trotzdem empfiehlt sich eine Auslandskrankenversicherung (mit Rückholversicherung). Niedergelassene Ärzte erwarten Barzahlung.

SPRACHE: Amtssprache: Montenegrinisch (ähnl. wie Serbisch). Es wird heute statt Kyrillisch die Lateinische Schrift verwendet. In Urlaubsorten kann man sich meist auch auf Englisch oder Deutsch verständigen.

ORTSZEIT: Zeitunterschied zur mitteleuropäischen Sommerzeit: minus 1 Stunde.

KLIMA / REISEZEIT: Als beste Reisezeit gilt Mai bis September; die trockensten und wärmsten Monate sind Juni bis September; idealer Monat ist der September. Das Küstenklima ist meist angenehm, doch sind die Strände im Juli/August oft überfüllt. In der Ebene um Podgorica kann es schon im Mai heißer als 40 Grad werden, im Hochland schon Ende September wieder schneien.

AUSFLÜGE: Von den Strandurlaubsorten werden Ausflüge angeboten; u.a. in die **Kotorbucht** (UNESCO-Weltkulturerbe), die längste der Adria, oder in den Nationalpark **Lovcen**. Ein Naturerlebnis ist eine Bootsfahrt (oft in Kombination mit eienm Fischpicknick) auf dem **Skutari-See** (Skadarsko jezero), Lebensraum seltener Vogelarten wie Pelikane, Störche und Reiher.

ABENTEUER: **Rafting** im **Tara-Canyon**, im **Nationalpark Durmitor**, Tel. 069086106, www.tara-tour.com (Tara Tour – Grubac Danilo), bis zu 100 km durch einen der tiefsten Canyons der Welt, z. B. von Splaviste nach Šcepan Polje. Das **Wanderwegenetz** in den Bergen ist in den letzten Jahren stark verbessert und gut beschildert worden, es gibt auch einige bewirtschaftete Hütten. Vorsicht: Es gibt Giftschlangen in den Bergen.

MOUNTAINBIKE: Die montenegrinischen Berge sind ein fantastisches Bike-Revier. Das Fremdenverkehrsamt verschickt eine Broschüre mit Tourenvorschlägen (mit Karte).

Thomas Stankiewicz

Foto: Kai-Ulrich Müller

DER KARST

Der wildromantische Reiz der Küstenlandschaft Dalmatiens, die Sanftheit der Hügelregion Istriens und die einmaligen Naturschönheiten der Postojnska Jama, der Škocjanske Jame, der Krka-Wasserfälle und der Plitwitzer Seen beruhen allesamt auf ein und demselben geomorphologischen Phänomen: dem Karst. Der Name stammt von einem vegetationsarmen, von weißen Kalksteinblöcken übersäten Gebirgszug im Hinterland von Triest, den die Italiener *Carso*, die Slowenen und Kroaten *Kras* („dünner, steiniger Boden") nennen. Innerhalb dieses kleinen Gebiets sind die Naturphänomene und Merkmale dieses Landschaftstyps erstmals eingehend untersucht worden.

Der Dinarische Gebirgsblock und die Rücken der adriatischen Inseln bilden das größte zusammenhängende Karstgebiet Europas. An Regen mangelt es hier nicht, aber eigenartigerweise an Oberflächengewässern wie Flüssen, Bächen und Seen – ein typisches Karst-Phänomen, denn die Niederschläge versickern im Kalk-Untergrund, während die Verkarstung voranschreitet: Je reiner und spaltenreicher das Kalkgestein ist und je mehr Kohlendioxid das Regenwasser besitzt, desto intensiver läuft dieser Korrosionsprozess ab. Das Sickerwasser löst den Stein immer weiter auf und vergrößert dabei schon bestehende Klüfte. Im weiteren Verlauf bilden sich Vertiefungen, die sich bis zu Hohlformen auswachsen können. Verkarstung betrifft nur lösbare Gesteine, insbesondere den dinarischen Kalkstein.

Auffallend in einem Karstgebiet sind die *Dolinen*. Hierbei handelt es sich um trichter- oder schüsselartige Vertiefungen von 2 bis zu 1500 Metern im Durchmesser und bis zu 500 Metern Tiefe. Einsturzdolinen entstehen an Kreuzungspunkten von Klüften, an denen die Korrosion stärker um sich greift, bis letztendlich die in

Vorherige Seiten: Dalmatien – El Dorado für Wassersportler (Surfer bei Viganj, zwischen Pelješac und Korčula). Oben und rechts: Die Karsthöhlen von Postojna und Skočjan.

Foto: Kai-Ulrich Müller

Jahrmillionen entstandene Höhle zusammenbricht. Die großartigste Einsturzdoline ist die 1942 am Nordrand des Imotski-Polje (20 km nordöstlich von Makarska) entstandene, 400 m tiefe „Rote Doline“. Besonders in Istrien kann man entlang den Straßen immer wieder Trichterdolinen entdecken. Daneben gibt es auch eher flache Schüsseldolinen (*Uvalas*) und Schlucklöcher (*Ponore*). Weiten, länglichen Wannen ähneln dagegen die *Poljen*: scharf begrenzte Senken, die über 100 km^2 Fläche bedecken können.

Abfließendes Regenwasser modelliert in nacktes Kalkgestein rillenförmige, oft scharfkantige *Karren* und *Schratten*, die die Hochflächen der meisten dalmatinischen Inseln und Küstengebirge prägen. Insgesamt ist der kroatische Küstenstreifen zu mehr als 80% verkarstet.

Karsthöhlen

Der Korrosionsprozess hat nicht nur für die Oberfläche und damit für die Landschaft eine nachhaltige Wirkung, er ist auch verantwortlich für die Herausbildung von Höhlen innerhalb des Gesteins: Durch den Zersetzungsprozess entstanden nach und nach ganze Höhlensysteme. Die beeindruckendsten Beispiele hierfür sind die Höhlen von Škocjan und Postojna. In einem Jahrtausende dauernden Prozess hat sich das Wasser seinen Weg durch den Kalk gesucht. Interessanterweise hat es kein Oberflächensystem, sondern ein weit verzweigtes unterirdisches Entwässerungssystem geschaffen; der Wasserarmut an der Oberfläche steht ein überreiches Angebot im Untergrund gegenüber.

In Slowenien hat man im Bereich der Kras-Hochebene fast 6000 unterirdische Höhlen entdeckt, die zum Teil begehbar sind. Beeindruckend ist, was z. B. der Fluss Reka (*Timavo*) unterirdisch geleistet hat: Zum einen schuf er die Škocjan-Grotten; verschwindet aber am Höhlenende in einer Karströhre, um erst nach 40 km unterirdischen Verlaufs kurz, für nur 200 m, wieder aufzutauchen, bevor er sich bei Duino in die Adria ergießt.

Foto: Ingrid Heinzelmann (Freelance Press)

WASSERSPORT AN DER KROATISCHEN KÜSTE

Die kroatische Küste ist für Hobbysegler und Jachtfreunde ein wahres Eldorado. Die Küste und die vorgelagerten Inseln bieten unzählige Buchten, die sich bestens eignen, um auf Reede zu liegen.

Das Versorgungsnetz für Boote aller Klassen mit Brennstoff, Wasser, Ersatzteilen und Proviant ist sehr dicht.In fast allen Marinas kann man auch Schiffe unterschiedlichster Bootsklassen mit oder ohne Skipper mieten. Auf diese Weise ist es auch für „Normalverbraucher" erschwinglich, einmal Herr über eine 12-Meter-Jacht zu sein. Vereine und Seglergemeinschaften machen von diesem Service gerne Gebrauch.

Neben dem Verleih von Schiffen werden auch preiswerte Segeltörns angeboten. Es gibt Reiseveranstalter, die sich auf romantische Zwei- und Dreimaster spezialisiert haben. Auf diesen Reisen muss niemand den Komfort eines Hotels vermissen, an alles ist gedacht. Die Mannschaften sorgen nicht nur für Transport und Unterkunft, sondern bereiten auch schmackhafte Gerichte zu. Zum Baden legt man in einsamen, malerischen Buchten an, fern ab vom Massentourismus.

Oben: Erkundung der dalmatinischen Küste auf einem Segeltörn mit einem Zweimaster.

Für Sightseeing oder Shopping werden größere Häfen wie Zadar, Split oder Dubrovnik angesteuert – je nachdem, wie lange oder wie weit südlich der Törn gehen soll. Die meisten dieser Touren verlaufen in nur eine Richtung, an den Endpunkten wechseln die Gäste.

Für Segler ist der Frühsommer die beste Zeit. Von Mai bis Juni wehen die Winde günstig und beständig. Der Hochsommer bringt oft Flauten – allerdings kommt manchmal auch der gefürchtete Scirocco auf, der einen mitunter beachtlichen Seegang bewirkt.

Wer nur kurz ins Seemannsleben hineinschnuppern möchte, kann an einer der „Piratenfahrten" teilnehmen, die in jedem größeren Ort, der über eine eigene Marina verfügt, angeboten werden. Zumeist handelt es sich dabei um ein mondänes Abendessen mit unterschiedlichen Fischen, Langusten und allerlei Krebsgetier, das auf einem alten Segler stattfindet. Mit Piraterie hat das nichts zu tun.

Paradiesische Zustände offeriert die dalmatinische Küste auch dem Sporttaucher. Die Unterwasserwelt zeigt sich vor allem rund um die Inseln in gutem Zustand. Die allgemeinen Schifffahrtsrouten berühren sie nicht und so bleiben Fauna wie Flora des Meeres unangetastet. Es gibt ausreichend Stationen, an denen man Sauerstoffflaschen wieder auffüllen kann. Harpunieren ist strikt untersagt!

Schnorchler kommen ebenfalls auf ihre Kosten, denn die meisten Küstenabschnitte sind felsig. Daher finden sich auch hier viele Korallen und Fische, die sich in den verwinkelten, von Muscheln übersäten Klippen tummeln. Zum Schnorcheln sollte man allerdings die Strandgebiete meiden und lieber etwas abseits nach günstigen Einstiegsstellen suchen.

Auch für Schwimmer ist die dalmatinische Küste ideal: In die vielen Buchten finden hohe Wellen kaum Eingang, und das sehr klare Wasser bleibt glatt. Die bekanntesten Badegebiete sind Mali Lošinj, die Makarska-Riviera und Korčula.

Die Winde liefern günstige Bedingungen für das Surfen und Kite-Surfen. Es gibt aber auch windgeschützte Buchten für Anfänger. Bei den Könnern sind vor allem die Inseln Pag, Murter und Brač beliebt. In den meisten Hotels mit eigenem Strand und auf vielen Campingplätzen kann man Boards leihen. Wasserskifahren wird nur in den größeren touristischen Anlagen angeboten, in Poreć und Punat (Krk) gibt es einen Wasserskilift.

Über die Winde

Die typischen Winde der Adria sind: die Bora, der Scirocco (auch Jugo genannt), der Maestral und die Newera.

Die gefürchtete *Bora* entsteht meist, wenn hoher Luftdruck über dem Balkan herrscht. Dann kriecht sie über die Küstengebirge, um mit Wucht aufs Meer niederzufallen. Gefährdete Bora-Gebiete sind solche, die den Wind beim Abstieg bündeln, wie es Täler tun, und solche, in denen der Wind bei seinem Weg übers Gebirge große Temperaturunterschiede durchläuft. Dazu zählen der Golf von Triest, die Kvarner-Bucht, der Velebit-Kanal, Šibenik samt Umgebung, Split, die Halbinsel Pelješac und Dubrovnik. Die Bora ist tückisch und setzt überraschend ein. Erste Anzeichen sind von dunklen Wolkenwalzen eingehüllte Bergspitzen, obwohl sonst noch alles sonnig ist, oder die ersten Schaumkronen auf den von Nordosten kommenden Wellen. Kleine Schiffe geraten schnell in Bedrängnis. Je weiter man von der Küste entfernt ist, desto mehr lässt die Wirkung der Bora nach. Im Sommer dauert die Bora oft nur wenige Stunden, im Winter dagegen kann sie eine ganze Woche lang stürmen.

Der andere üble Windgenosse ist der *Scirocco* bzw. der *Jugo*, der aus dem Süden bläst. Ein stark bewölkter Himmel, feuchte Luftmassen und manchmal auch Wüstensand kommen mit einem beachtlichen Seegang einher, der schon so manchem Schiff das Einlaufen in die sichere Marina erschwert hat. Ein Scirocco dauert oft mehrere Tage, wobei es auch vorkommen kann, dass er sich mit der Bora abwechselt.

Aber es gibt auch freundliche Winde wie den *Maestral*. Er bringt meist schönes Wetter mit, bläst vor allem aus Nordwesten, beginnt damit um die Mittagszeit und schläft am Abend wieder ein, so dass die Spaziergänge an lauen Abenden nicht gefährdet sind.

Die *Newera* ist ein heftiger Westwind, der oft mit starken Gewittern einhergeht und meist im Sommer auftritt. Die Gewitter sind meist nur kurz und bringen willkommene Abkühlung. Allgemein gilt: tagsüber blasen meist Seewinde, am Abend Landwinde.

Foto: Jo Scholten

AUS KÜCHE UND KELLER

Die Gastronomie der Adriaküste ist so interessant wie ihre Geschichte. Da gab es die Fischer und Hirten, die einfache Gerichte auf Macchia-Holzfeuer zubereiteten, die Osmanen mit ihrem türkisch-orientalischen Einfluss, Venedig und später die k.u.k.-Monarchie. So bildete sich eine breite Palette an kulinarischen Genüssen heraus, die den fremden Gaumen immer wieder angenehm überrascht.

Die besonderen Lebensbedingungen auf den Inseln und die früher sehr eingeschränkten Möglichkeiten, Gemüse anzubauen, haben zu einer spezifischen Ernährung der Menschen an der Küste geführt. Mit der Verkarstung des Bodens sanken die Erträge auf den Feldern. Dennoch nahr- und schmackhafte Speisen auf den Tisch zu bringen, erforderte den ganzen Einfallsreichtum der Köchinnen.

Oben: Kräuterschnäpse – eine Augen- und Gaumenfreude. Rechts: Guten Appetit bei frischem Fisch!

Besonders auf den Inseln der Kvarner-Bucht, die vielerorts besonders karg sind, aß man wenig Fleisch. Für Großvieh gab es zu wenig saftige Wiesen, und der unebene, scharfkantige Karstboden mit seinen Karren und Schratten war als Gelände zudem zu gefährlich für Kühe.

Auf den Tisch kommt viel Gemüse – Mangold und frische Salate – und natürlich Fisch, etwas Hammelfleisch und Wein. Nur an Feiertagen, Hochzeiten und an Tagen schwerer physischer Arbeit gab es früher große Fleischportionen. Zubereitet wurden die Speisen mit Olivenöl, Weinessig und einheimischen Gewürzen.

Eines der typischen „Festlandgerichte“ Istriens ist eine kräftige Minestrone (*minestra*), oft mit Maiskörnern und Bohnen. Ein klassisches Inselgericht ist Gersteneintopf mit Lammrippchen, der zeigt, was die Inseln hergeben: Gerste, die genügsamer ist als Weizen; Schaffleisch, Zwiebeln, Knoblauch, Lorbeer, Petersilie und Salz. Lammbraten auf *peka*-Art, in einer Kasserolle mit Kartoffeln und Gemüse unter der

Eisenglocke in der Holzglut geschmort, oder vom Drehspieß ist noch heute das traditionelle Festessen entlang der kroatischen Küste. Die Oberfläche des Bratens wird mit Bier und Speck feucht gehalten. Berühmt sind die Lammbraten der Insel Plavnik (südlich von Krk) und der Insel Cres.

Die Menüfolge

Unter den Suppen (*juhe*) ist die (ursprünglich serbische) *čorba* mit Bohnen / Gemüse typisch, sie schmeckt leicht säuerlich. Hervorragend munden die kräftige Lammfleischsuppe (*janjeca juha*) und die delikate Fischsuppe (*riblja juha*). Nicht zu verwechseln ist die Fischsuppe mit dem würzig-deftigen *brodet*, einem Fischtopf, in den hauptsächlich kleinere blaue Fische kommen, die mit Olivenöl, Zwiebeln und Tomaten lange gegart und mit Wein, Petersilie und Knoblauch abgeschmeckt werden. Man isst Brodet mit Weißbrot oder Polenta.

Bei den Vorspeisen sind Wurst und Schinken die beliebtesten Appetitanreger; als Delikatesse gelten der istrische luftgetrocknete und dalmatinische geräuchert in hauchdünnen Scheiben servierte *pršut*, köstlicher Schweineschinken. Dazu reicht man Pepperoni, Pilze, Oliven und verschiedene Schafs- und Milchkäse.

Beim Käse nimmt der *paški sir*, ein aromatischer Schafskäse von der Insel Pag, eine besondere Stellung ein. Etwas wirklich Feines ist der für die montenegrinisch-serbische Küche typische *kajmak*, der Rahm gekochter Milch, gesalzen und in Holzfässern gelagert, der als Brotaufstrich und zum Backen verwendet wird. Auf den süddalmatinischen Inseln Brač, Hvar und Korčula werden marinierte Fische (Makrelen und Sardellen) gereicht. Eine Vorspeise sind gebratene, mit Knoblauch eingelegte Paprika.

Die Hauptgerichte der Küche an der Küste wurden schon immer von

Foto: Jo Scholten

Fisch bestimmt. Die meisten werden am Rost gebraten. Brassen – *zubatac* (Zahnbrasse) und *orada* (Goldbrasse) – und der *brancin* (Seebarsch) sind am delikatesten und deshalb auch etwas teurer. Preiswert und immer sehr gut zubereitet ist die Seezunge (*tabinja*). Der rote Drachenfisch (*škarpin*) im Sud ist ebenfalls unbedingt zu empfehlen. Delikatessen sind Austern auf Eis und mit Zitrone (in Limski Fjord und in Ston), *prstaci na buzaru* (Muscheln auf Buzara-Art) und *šcampi na buzaru* (Scampi im eigenen Sud, mit Olivenöl, Zwiebeln, kleingeschnittenen Tomaten, Semmelbröseln und Pfeffer gegart und mit Wein abgelöscht). In Inner- und Nordistrien sollte man leckere Nudeln oder Lammkoteletts mit Trüffeln probieren.

Von den Schalentieren steht der Hummer nicht so häufig auf den Speisekarten wie die Languste. Diese (*jastog*) wird gekocht und mit einer Paste aus Kräutern und Weißwein bestrichen (*kuhani jastog*). Für den kleineren Geldbeutel empfehlen sich Nudeln und Risotto (*rižoto*) mit Muscheln

Foto: Gerhard Bersick

oder Scampi (oder beidem) und *crni rižoto* (schwarzer Risotto) mit der Farbe des *sip* (Sepia / Tintenfisch).

Der Kalmar / Loligo (*lignje*) wird leider häufig einfallslos frittiert, obwohl er als *punjene lignje* (gefüllt) oder *lignje na zaru* (gegrillt) mit einem Dip aus Olivenöl, Knoblauch und Petersilie ein wahrer Genuss ist. Im Fischrestaurant wählt man oft erst den Fisch aus und bestimmt dann die Zubereitungsart. Man sollte sich nicht zieren, den Fisch genau unter die Lupe zu nehmen. Sind die Augen glasig, ist er keinesfalls frisch. Untrüglich ist ein Blick hinter die Kiemen, die ein gesundes Rot aufweisen müssen. Auch dürfen die Kiemenblätter nicht aneinander kleben. Ansonsten ist der Fisch entgegen allen Versicherungen nicht frisch. Wählen sie diskret einen anderen!

Was Fleischgerichte betrifft, so hat die Küstenregion hauptsächlich Speisen aus Lammfleisch (*janjetina*) und Ziegenfleisch hervorgebracht. Rind- oder Schweinefleischrezepte kommen aus dem Binnenland. Aus der Balkan-Küche stammen *čevapčiči*, *pljeskavica* und *ražnjići* (Fleischspieße). Oft gibt es gefüllte Paprika und *sarma* (Krautwickel).

Von Griechenland inspiriert ist das in Dalmatien beliebte *mousaka* (Musaka); aus dem Orient kommend, hat sich *pilav* (Reis mit Geflügel oder Fleisch) etabliert. Weitere Reisgerichte sind die verschiedensten, ursprünglich italienischen Risotti. *¡uveč*-Gemüsereis, mit Paprika gewürzt, wird häufig als Beilage serviert. Als pikante Würzbeilage auf Paprikabasis dient das scharfe rote Mus *ajvar*.

Der Nachtisch, das Dessert, steht ganz und gar unter dem Einfluss österreichischer Konditorkunst. Das gilt besonders in der Kvarner-Bucht. Blätterteiggebäck (z. B. Strudel) und Palatschinken (süßes Omelett) bestimmen das Bild. Sehr zu empfehlen sind *kremšnite*: Blätterteig, gefüllt mit Vanille- oder Cremepudding.

Oben: In großer Runde schmeckt es noch mal so gut. Rechts: Besonders Westistrien und Pelješac produzieren gute Weine.

Die Weine

Was nutzt das beste Gericht, wenn es am entsprechenden flüssigen Begleiter fehlt. Istrien wie Dalmatien bieten ein breites, doch übersichtliches Angebot an einheimischen Weinen. Wem die Wahl schwer fällt, der sollte auf die lokalen, offenen Weine zurückgreifen. Es gibt sehr gute Qualitätsweine (*čuveno* vino bzw. *vrhunsko vino*) und eine Klassifizierung nach Regionen, vergleichbar dem System der DOC-Weine. Die istrischen Weine sind eher fruchtig und besitzen nicht so hohe Oechslegrade wie die dalmatinischen, weshalb sie leichter munden.

Bei den dalmatinischen Rotweinen sind „schwere Kaliber" wie der *dingač* oder *postup* keine Seltenheit. Sie besitzen etwa 14 % Alkohol und liegen weit über der Norm deutscher, französischer und italienischer Weine. Die Kroaten trinken die Weine meist nur beim Essen pur. Mit Wasser (*bevanda*) oder Mineralwasser (*gemišt*) verdünnte Weine bieten sich in der Sommerhitze für Einheimische wie für Touristen als ideale Durstlöscher an.

Einheimische Weine werden normalerweise nicht verschnitten. Deswegen besitzen besonders die dalmatinischen Weine noch ihren reinen, unverfälschten Charakter. Die Rotweine sind sehr dunkel in der Farbe und vollmundig – bisweilen herb – im Geschmack. Bei den Weißweinen verhält es sich ähnlich, auch sie sind recht schwer.

Die besten Weine kommen aus Westistrien und von der Halbinsel Pelješac in Süddalmatien. Istrische Rotweine sind: *porečki merlot*, *porečki teran*, *teran* (Pazin) und *cabernet sauvignon porečki*. Zu den beliebten istrischen Weißweinen zählen *malvazija povinjska* und *pinot*.

Dalmatiens Rotweine heißen: *dingač*, *postup*, *plavac*, *vranac*. Zu den bekanntesten dalmatinischen Weißweinen gehören *grk*, *pošip*, *maraština* und *malvazija*

Foto: Gerhard Bersick

An der Küste trinkt man zum Abschluss eines opulenten Mahls einen Dessertwein; bekannt ist der *prošek*. Charakteristisch sind seine dunkelgelbe Farbe und sein Zuckergehalt von 100 g/Liter. Als *vinum sanctum* (heiliger Wein) war er schon bei den Römern beliebt. Die Trauben werden an der Sonne getrocknet, bevor man den sehr süßen Most (28 % Zucker) herstellt, der dann zu Alkohol vergärt. Gelagert wird der Wein in Flaschen, die man in Sand steckt. Mit zunehmendem Alter gewinnt der Prošek immer mehr an Qualität. Sehr verbreitet ist der *prošek dioklecijan* aus Split.

Aus den Resten der Weinproduktion stellt man *lozovača* (oder schlicht *loza*) her, einen Traubentresterschnaps, vergleichbar dem Grappa. *Travarica* heißt ein beliebter Kräuterschnaps.

Weithin bekannt und berühmt ist der *šljivovica*, der Pflaumenschnaps, der so manchem feuchtfröhlichen Kroatienurlauber ein böses Erwachen beschert. Der *maraskino* ist ein klarer Likör aus den Kernen der Weichselkirsche, der gerne zur Verdauung getrunken wird.

SLOWENIEN

REISEVORBEREITUNGEN

Information

Slowenisches Fremdenverkehrsamt, Maximiliansplatz 12a, D-80333 München, Tel. 089/29161202, Fax 29161273, info@slovenia.info. Opernring 1/R/4/447, A-1030 Wien, Tel. 01/ 7154010, Fax 7138177. Lerchenstrasse 16, CH-8027 Zürich, Tel. 043/3443232, Fax 3443233.
Internet: www.slovenia.info

Einreise

Für EU-Bürger genügt zur Einreise für einen Aufenthalt bis zu 3 Monaten der Personalausweis. Kinder benötigen einen Kinderausweis oder einen Eintrag im Pass eines Elternteils. Da man in den Hotels, Pensionen und Campingplätzen die Ausweise hinterlegen muss, empfiehlt sich die Mitnahme von Kopien der persönlichen Dokumente.

Will man mit Auto oder Motorrad einreisen, ist eine für Slowenien gültige „Grüne Versicherungskarte" nicht mehr vorgeschrieben, aber im Schadensfall hilfreich (ebenso wie eine Kurzzeit-Vollkasko).

Zoll

Der Warenverkehr innerhalb der EU ist für Reisende unbeschränkt, sofern die Waren für den persönlichen Bedarf bestimmt sind.

Folgende Artikel können (bei Einreise aus Nicht-EU-Ländern) zollfrei nach Slowenien eingeführt werden (Personen ab 17 J.): 200 Zigaretten oder 100 Zigarillos oder 50 Zigarren oder 250 g Tabak; 2 l alkoholische Getränke bis zu 22 % und 2 l Wein oder 1 l alkoholische Getränke über 22 % (Personen über 17 Jahre); 2 l Wein; 50 g Parfüm und 250 ml Eau de Toilette; 500 g Kaffee; 100 g Tee; Medikamente für den persönlichen Bedarf; andere Waren im Gesamtwert von 175 € pro Erwachsene (90 € pro Person unter 15 Jahren).

PRAKTISCHE TIPPS

Autofahren

Für die Autobahnbenutzung ist eine kostenpflichtige **Vignette** nötig.

Die **Geschwindigkeitsbegrenzungen** betragen in Ortschaften 50 km/h, außerorts 90 km/h, auf Schnellstraßen 100 km/h und auf Autobahnen 130 km/h. Autobahnen sind gebührenpflichtig, Tankstellen und Servicestationen entsprechen dem europäischen Standard. Es muss auch tagsüber mit **Abblendlicht** gefahren werden.

Übertretungen der Tempolimits werden streng kontrolliert und mit hohen Geldstrafen bzw. Führerscheinentzug geahndet. Auf Autobahnen gilt Vignettenpflicht; eine Monatsvignette kostet 30 €.

Eine unfreiwillige Aufenthaltsverlängerung droht, wenn man in Slowenien in einen **Unfall** verwickelt wird. Ausländer müssen – ob schuldig oder nicht – häufig ihren Pass abliefern, weil die Polizei auf jeden Fall ein Schnellgerichtsverfahren anstrengt. Man sollte bei Bagatellunfällen deshalb nicht unbedingt die Polizei rufen, sondern lieber mit dem Kontrahenten einen Europäischen Unfallbericht ausfüllen (Vordrucke gibt es beim ADAC). Ansonsten muss jeder Unfall der Polizei gemeldet werden.

Empfehlenswert ist ein Auslandschutzbrief, mit dem man sich im Falle einer Panne an den Slowenischen Automobilclub (**AMZS**, Dunajska 128, 1000 Ljubljana) wenden kann. Der Pannendienst ist rund um die Uhr unter der Nummer 1987 zu erreichen. Die Zusammenarbeit dieses Automobilclubs mit dem deutschen ADAC funktioniert sehr gut.

Der **ADAC** unterhält einen deutschsprachigen Notruf in Zagreb (Kroatien), Tel. 00385/1/2512000.

Autovermietung

Nationale und internationale Mietwagenfirmen unterhalten Büros in allen größeren Städten und Touristenzentren. Der Fahrzeugmieter muss mindestens 21 Jahre alt und seit zwei Jahren im Besitz eines Führerscheins sein. Ein internationaler Führerschein ist nicht vonnöten.

Diplomatische Vertretungen in Slowenien

Deutsche Botschaft, Prešernova Cesta 27, 1000 Ljubljana, Tel. 00386/1/4790300, Fax 4250899.

Österreichische Botschaft, Prešernova Cesta 23, 1000 Ljubljana, Tel. 01/4790700, Fax 2521717.

Schweizer Botschaft, Trg Republika 3/VI, 1000 Ljubljana, Tel. 00386/1/2008640, Fax 01/2008669.

Essen und Trinken

In Lokalen herrscht **Rauchverbot**.

Wer an der Küste gut Fisch essen möchte, zahlt für eine Mahlzeit zwischen 20 und 30 € (ohne Wein). Die Preise sind mit denen in Deutschland und Österreich vergleichbar. Die Palette an Speisen (siehe: „Aus Küche und Keller“, S. 236) lässt kaum Wünsche offen, die Küche Italiens, des Alpenraums und Balkans beeinflussten die slowenische Küche.

In den Restaurants der Touristenzentren gibt es normalerweise deutsche Speisekarten; zur Not hilft der kleine Kroatisch-Sprachführer auf S. 248 weiter.

Neben Restaurants (*Restavracija*) gibt es Gaststätten (*Gostišče, Gostilna*), meist Familienbetriebe, die – weil kleiner – eine heimelige Atmosphäre ausstrahlen.

Kavarna nennt man ein Wiener Café. *Bife* (Buffet) ist einer Imbissbude vergleichbar. Es gibt Selbstbedienungsrestaurants in größeren Orten, in denen man sehr preiswert essen kann (*Samopostrežna restavracija*).

Geldwechsel / Währung

In Slowenien gilt der **Euro**.

Die Banken in Slowenien sind Mo-Fr 8-12 und 14-17 Uhr und Sa 8-12 Uhr geöffnet. Mit der EC-Karte oder Kreditkarte plus Geheimnummer kann man an fast allen Automaten der Banken Bargeld abheben.

Kreditkarten der bekannten Anbieter werden in Slowenien fast überall akzeptiert. Man kann damit sowohl in Hotels, bei Autovermietungen, an Tankstellen und in Restaurants als auch in allen größeren Geschäften bezahlen.

Gesundheit

Im EU-Land Slowenien gilt das EG-Gemeinschaftsrecht, deshalb wird der Auslandskrankenschein bzw. die Europäische Krankenversicherungskarte der gesetzlichen Krankenkassen akzeptiert. Besonders in der Küstenregion findet man gute deutschsprachige Ärzte.

Die Apotheken bieten eine große Auswahl an gängigen Pharmazeutika zu günstigen Preisen. Alle Arzneimittel, die Sie regelmäßig einnehmen müssen, sollten Sie jedoch in ausreichender Menge nach Slowenien mitnehmen.

Notruf-Nummern

Polizei: 112 und 113
Feuerwehr: 112
Rettung: 112
Pannenhilfe des AMZS: 1987

Post / Telefon

Die Postämter sind montags bis freitags 8-18 Uhr geöffnet.

Vom Ausland **nach Slowenien** wählt man 00386, danach die Ortsvorwahl ohne die erste „0“ und dann den Teilnehmer. **Von Slowenien** nach: Deutschland 0049; Österreich 0043; Schweiz 0041.

Handys funktionieren problemlos, die Netzabdeckung ist sehr gut.

Haustiere

Wenn Sie Ihren Hund oder Ihre Katze nach Slowenien mitnehmen wollen, müssen Sie den EU-Heimtierpass mitführen, den Ihnen jede Tierarztpraxis ausstellt.

KROATIEN

REISEVORBEREITUNGEN

Information

Das Kroatische Fremdenverkehrsbüro stellt kostenlos Informationsmaterial zum jeweiligen Zielgebiet zur Verfügung und ist sehr hilfsbereit, wenn es um die Planung der Reise geht.

In den touristischen Zentren steht auch immer ein Büro des Fremdenverkehrsamtes zur Verfügung, das in allen Dingen gerne Hilfe bietet. Die Touristenbüros sind in der Hochsaison z. T. von 8-22 Uhr geöffnet (Adressen in den Infoboxen der Reisekapitel).

Kroatische Touristeninformation in Deutschland, Österreich und in der Schweiz

Kroatische Zentrale für Tourismus, Stephanstr. 13, 60313 Frankfurt/Main, Tel. 069/2385350, Fax 23853520.
Rumfordstr. 7, D-80469 München, Tel. 089/223344, Fax 223377.
Liechtensteinstr. 22a 1/1/7, 1090 Wien, Tel. 01/5853884, Fax 585388420.
Seestr. 160, 8002 Zürich. Tel. 043/3362030, Fax 3362039.
Im Internet: www.croatia.hr
Reiseportale: www.dalmatianet.com, www.croliday.com

Einreise

Für die Einreise zu einem Aufenthalt bis zu 90 Tagen benötigen EU-Bürger nur ihren Personalausweis. Für den Landweg nach Dubrovnik, d. h. die Durchquerung bosnischen Hoheitsgebiets bei Neum, genügt der Personalausweis.

Wer länger bleiben möchte, benötigt ein Visum. Dieses erhält man bei den Botschaften und konsularischen Vertretungen (s. S. 245). Kinder müssen einen eigenen Ausweis mit Lichtbild haben.

Da Anmeldepflicht herrscht und man in den Hotels und Pensionen die Ausweise hinterlegen muss, ist es ratsam, Kopien von den Reisedokumenten (Reisepass und Personalausweis) mitzuführen. Individualreisende, die nicht im Hotel, einer Pension oder auf einem Campingplatz wohnen, müssen sich selbst innerhalb von 24 Std. bei der Polizei oder einem Tourismusbüro anmelden.

Tiere müssen gegen Tollwut geimpft sein und dies muss im EU-Heimtierausweis bestätigt werden. Es darf nicht älter als 6 Monate und nicht jünger als 14 Tage sein.

Klima / Reisezeit

Im Prinzip kann man die slowenische und die kroatische Adriaküste das ganze Jahr hindurch bereisen. Bei Reisen im Winter sollte man trotz des mediterranen Klimas die warme Winterkleidung nicht vergessen. Selbst wenn Temperaturen unter dem Gefrierpunkt eher selten sind, können die frischen Winde, gepaart mit hoher Feuchtigkeit, ziemliches Unbehagen hervorrufen. Wenn die gefürchtete Bora weht, gibt es sogar Frost!

Die beste Reisezeit ist von April bis Oktober. Die Höchsttemperaturen im Sommer können bis zu 38 °C erreichen. Das Wasser hat dann an der Oberfläche bis zu 26 °C. Im Frühling, der sich im März ankündigt, muss man mit häufigen Regenschauern rechnen, wohingegen die Herbstmonate September und Oktober ideal zum Reisen sind. In der Nachsaison haben sich die Strände geleert und die Preise sind gefallen, das Wetter ist aber immer noch stabil und das Meer noch warm genug zum Baden.

Durchschnittliche Lufttemperatur in verschiedenen Orten und Höhenlagen:

Stadt	Jan. in°C	Juli in °C	Okt. in °C	Höhe in m
Pazin	4	21	20	291
Pula	5	24	22	30
Rijeka	5	24	23	104
Mali Lošinj	7	25	23	53

Plitvice	-3	17	14	650
Berg Zavižan	-5	13	10	1594
Zadar	6	24	20	1
Split	7	26	22	122
Hvar	8	25	23	20
Dubrovnik	8	24	20	49

Zoll

Seit Kroatiens Beitritt zur EU 2013 gelten für Ein- und Ausreise die in der EU geltenden Höchstmengen (siehe Slowenien).

REISEN NACH UND IN KROATIEN

Mit dem Flugzeug

Linienflüge aus dem Ausland verkehren nur über die Hauptstadt Zagreb, wo man umsteigen muss. *Croatia Airlines* (www.croatiaairlines.hr) und ausländische Gesellschaften bieten täglich Flüge dorthin an.

In der Hochsaison wird das Flugangebot entsprechend aufgestockt. Auch Charterflieger steuern dann die wichtigsten Destinationen der Küste direkt an: Rijeka, Pula, Zadar, Split, Brač und Dubrovnik.

Croatia Airlines, Town Office, Trg N.Š. Zrinskog 17, HR-10000 Zagreb, Tel. 01/4819633, Fax 4819632.

In Deutschland: Schillerstr. 42-44, D-60313 Frankfurt/M., Tel. 069/9200520, Fax 92005252, www.croatiaairlines.com.

Außerdem fliegen u.a. folgende Chartergesellschaften die Küstenorte an: TUIfly nach Pula, Rijeka, Zadar, Split und Dubrovnik (www.tuifly.com); Air Berlin nach Rijeka, Split und Dubrovnik (www.airberlin.com); Germanwings nach Pula, Zadar, Zagreb, Split und Dubrovnik (www.germanwings.com).

Mit der Bahn

Zur istrischen Halbinsel verkehren Züge über Ljubljana und von dort nach Koper oder Rijeka. Es gibt auch eine Euro-City-Verbindung München – Zagreb – Rijeka. Die Fahrt München – Rijeka dauert ca. 10 Std.

Wer mit der Bahn weiter nach Dalmatien möchte, hat eine lange Fahrt vor sich. Es gibt keine Bahnlinie entlang der Küste, Bahn-Verkehrsknotenpunkt ist immer Zagreb. Die Fahrt von der Hauptstadt weiter nach Dalmatien führt durch die landschaftlich äußerst reizvollen Regionen des Dinarischen Gebirges.

Der Euro-City München – Salzburg – Zagreb braucht für die Strecke z. B. 9 Stunden, etwa die gleiche Zeit benötigt der Zug Zagreb – Split. In Knin steigt man in den Bahnbus nach Zadar um, in Preković nach Šibenik.

Mit dem Schiff / der Fähre

Die Fähr- und Passagierschiffe der kroatischen Reederei *Jadrolinija* und italienischer Gesellschaften steuern von Ancona aus Zadar und Split, von Bari aus Dubrovnik an. In der Hochsaison verbinden schnelle Fährschiffe der SNAV Ancona mit Split und Pescara mit Hvar.

In der Hochsaison im Juli und August werden mindestens einmal pro Woche auch kleinere dalmatinische Inselhäfen wie Brbinj (Insel Dugi otok), Vis, Stari Grad (Insel Hvar) und Korčula bedient – ausschließlich von *Jadrolinija* von Zadar, Šibenik, Split und Dubrovnik aus.

Adria-Kreuzfahrtschiffe laufen meist Dubrovnik, Korčula und Split an. Diverse Veranstalter bieten entlang der „Küste der tausend Inseln" kleinere Kreuzfahrten auf nostalgischen Holzschiffen an.

Interessant für Autofahrer, die es nicht eilig haben, ist die Fähre, die von Rijeka an der reizvollen Küste entlang nach Dubrovnik fährt. Deren Zukunft ist allerdings wegen der Konkurrenz durch die Autobahn ungewiss. *Jadrolinija* (www.jadrolinija.hr) gibt jährlich eine deutschsprachige Broschüre mit Fahrplänen und Preislisten heraus, in der von Eil-Autofähren enlang der

Küste bis zu den lokalen Inselfähren alle Verbindungen aufgeführt sind.
Jadrolinija in Kroatien, Riva 16, HR-51000 Rijeka, Tel. 051/666111, Fax 051/213116.
Jadrolinija in Italien: *Capt. P. Amatori*, Stazione marittima, I-60121 Ancona, Tel 071/2072497.
P. Lorusso & Co., Via Piccinni 133, I-70122 Bari, Tel. 080/5217643, Fax 5218229.
Jadrolinija in Deutschland: *DER-TRAFFIC* (Generalagentur), 60424 D-Frankfurt/M., Tel. 069/9588-5800, Fax 069/9588-5822; hier keine Buchungen – ausschließlich über eines der zahlreichen Reisebüros!
SNAV in Italien: Ancona: Stazione Marittima, Tel. 071-2076116, Fax 071-54859; Pescara: Stazione Marittima, Banchina Sud, Tel. 085-65247, Fax 085-4510882, www.snav.it.

Mit dem Bus

Eine Busfahrt ist für die Anreise am preisgünstigsten. Die Firma Deutsche Touring unterhält Filialen in allen größeren Bahnhöfen Deutschlands, Tickets gibt es auch in Reisebüros und Verkaufsstellen der Bundesbahn.
Deutsche Touring-Gesellschaft, Am Römerhof 17, D-60486 Frankfurt/M., Tel. 069/7903501, Fax 7903219, www.eurolines.de.

Als Anreise-Busbahnhöfe für die kroatische Adriaküste eignen sich Rijeka und Zagreb. Innerhalb Kroatiens, speziell zwischen den Küstenstädten Dalmatiens ist das Routennetz gut.

Mit dem Auto / Motorrad

Die Nahziele in Istrien und der Kvarner-Bucht sind mit dem Auto von Süddeutschland, Österreich und der Schweiz aus oft schneller als mit der Bahn zu erreichen. In den Sommermonaten ist jedoch das Verkehrsaufkommen an den Grenzen sehr hoch und die Einreise kann sich verzögern.

Die Hauptstrecken für die Anreise mit dem eigenen Pkw sind die Tauernautobahn, die Tauernschleuse (Bahnverladung zwischen Böckstein und Mallnitz, frühzeitige Platzreservierung empfohlen) und die Felbertauern-Bundesstraße. Autobahnen und Schnellstraßen in Österreich sind vignettenpflichtig. Der Tauern- und Katschbergtunnel, die Tauernschleuse, der Felbertauern-Tunnel sowie der Karawankentunnel sind weiterhin gebührenpflichtig, jedoch ohne Vignette zu befahren. Informationen erteilt der ADAC, der auch Mitgliedern ein kostenloses *Kroatien-TourSet* anbietet.

Von Villach führen mehrere Reisewege nach Slowenien (dort Autobahnvignette nötig) und weiter nach Kroatien. Der Wurzenpass (1073 m) mit 18% Steigung (für Fahrzeuge mit Anhänger gesperrt) ist zwar landschaftlich reizvoll; sehr viel Zeit spart jedoch der gebührenpflichtige Karawanken-Autobahntunnel. Alternativen weiter östlich sind Loiblpass (1396 m, 17%) und Seebergsattel (1218 m, 12%). Alle münden in die Autobahn (Vignette) nach Ljubljana, von dort führt eine Autobahn in Richtung Postojna – Triest; wer nicht Westistrien, sondern direkt die Kvarner-Bucht oder Dalmatien ansteuert, nimmt ab der Ausfahrt Postojna die Landstraße nach Rijeka. Alternativ kann man von Ljubljana über Novo Mesto bis Zagreb und dann auf der bis kurz vor Ploče fertiggestellten **Autobahn** das südliche Dalmatien bequem erreichen. In Italien kann man die Autobahn bis Triest befahren (Gebühr), dann gibt es mehrere Grenzübergänge nach Slowenien; in Richtung istrische Westküste empfiehlt sich der Übergang bei Škofije; nach weiteren 40 km ist bei Dragonja-Kaštel die kroatische Grenze erreicht.

Alpine Serpentinen können Motorradfahrer bei der Anfahrt über die Großglockner-Hochalpenstraße (2577 m), Iselsberg- (1204 m), Kreuzberg- (1077 m), Nassfeld- (1530 m) und Predil-Pass (1156 m) oder den kurvenreichen Vršič-Pass (1611 m) bis Nova

Gorica in Slowenien genießen.

Zur Einreise ist die Grüne Versicherungskarte zwar nicht mehr zwingend vorgeschrieben, wird aber dringend empfohlen: Im Falle eines Unfalls vereinfacht sie die Abwicklung.

Die **Kraftstoffe** sind ca. 5-10% billiger als in Mitteleuropa. „Bleifrei" heißt in Kroatien *bezolovni*. Es darf kein Kraftstoff in Kanistern ein- oder ausgeführt werden.

Das **Fahren** ist **in Kroatien** wegen des Straßenzustands oft strapaziös. Die Küstenstraße ist inzwischen auf weiten Strecken zwar mit einem neuen Belag versehen, sodass bei Regen die Fahrt nicht mehr automatisch zur Rutschpartie wird, dennoch sollte man sich bei Regen vorsehen. Wenn die gefürchtete Bora bläst, sollte man eine Pause einlegen, da die heftigen Böen selbst Autos aus der Spur bringen können. Viele Straßen sind kurvenreich und unübersichtlich, was die Einheimischen aber nicht davon abhält, riskante Überholmanöver durchzuführen.

Die **zulässige Höchstgeschwindigkeit** in Ortschaften beträgt 50 km/h, außerorts 80 km/h, auf Schnellstraßen 100 km/h und auf Autobahnen 130 km/h. Die Straßenpolizei (*Policija*) macht oft **Radarkontrollen**; das Strafmaß legen die Beamten nach der Schwere des Vergehens fest. Es gilt eine Promillegrenze von 0,5, unter 24 Jahren 0 Promille.

Verkehrsunfälle müssen der Polizei gemeldet werden. Als Tourist sollte man bei größeren Schäden immer die Polizei rufen und ein Protokoll (*potvrda*) anfertigen lassen. Schwerer beschädigte Kfz werden bei der Ausreise ohne ein solches Protokoll nicht durchgelassen.

Besondere Verkehrsbestimmungen: Beim Überholen muss während des gesamten Vorgangs geblinkt werden, Kolonnenspringen ist nicht erlaubt. Schulbusse dürfen während des Anhaltens nicht passiert werden. **Tagfahrlicht** ist im Winter Pflicht. Beim Abschleppen muss sich an der Frontseite des Schleppfahrzeugs und am Heck des Abgeschleppten ein Warndreieck befinden.

Pannenhilfe in Kroatien: Der kroatische Automobilclub **HAK** (Hrvatski Autoklub) arbeitet eng mit dem ADAC zusammen. Adresse: Avenija Dubrovnik 44, 10010 Zagreb, Tel. 01/6611999, Fax 6623111, www.hak.hr. Bei Problemen werden die „Schecks" (Kreditbriefe des ADAC-Schutzbriefheftes) problemlos akzeptiert. Die Anfahrt bis zu 10 km ist für ADAC-Mitglieder kostenlos. Der deutschsprachige **ADAC**-Notrufdienst in Zagreb ist unter der Telefonnummer 01/3440650 eingerichtet. Das Büro in Zagreb ist ganzjährig geöffnet. Der Straßenhilfsdienst des kroatischen Automobilclubs ist rund um die Uhr unter der Telefonnummer 987 zu erreichen.

PRAKTISCHE TIPPS

Autovermietung

Einheimische und internationale Mietwagenfirmen unterhalten Büros in allen größeren Städten und Touristenzentren. Der Fahrzeugmieter muss mindestens 23 Jahre alt sein; der jeweilige nationale Führerschein genügt.

Diplomatische Vertretungen der Republik Kroatien

Botschaft in Deutschland, Ahornstr. 4, D-10787 Berlin, Tel. 030/21915514, Fax 23628965.

Botschaft in Österreich, Heubergerstr. 10, A-1170 Wien, Tel. 01/4853524, Fax 01/4802942.

Botschaft in der Schweiz, Thunstr. 45, 3005 Bern, Tel. 031/3520275, Fax 3520279.

... Deutschlands, Österreichs und der Schweiz in Kroatien

Deutsche Botschaft, Ulica Grada Vukovara 64, 10000 Zagreb, Tel. 01/6300100, Fax 01/6155536.

Österreichische Botschaft, Radnička

cesta 80, 10000 Zagreb, Tel. 01/4881050, Fax 01/4834461.
Schweizer Botschaft, Bogovičeva 3, 10000 Zagreb, Tel. 01/4878800, Fax 4810890.

Essen und Trinken

Über die kroatische Küche informiert ein ausführliches Feature ab Seite 236.

Feiertage

Feiertage in Kroatien, an denen Banken und Geschäfte geschlossen sind: 1. Januar, 6. Januar, Ostern, 1. Mai, Fronleichnam, 22. Juni (Tag des antifaschistischen Kampfes), 25. Juni (Staatsfeiertag), 5. August (Heimatdankfest), 15. August (Mariae Himmelfahrt), 8. Oktober (Unabhängigkeitstag), 1. November (Allerheiligen) und 25./26. Dezember.

Fotografieren

Markenfilme und gängige Speicherkarten gibt es überall zu kaufen, sie sind allerdings in Kroatien etwas teurer als in Deutschland. In Touristenorten findet man Fotoläden, die einen guten 24-Stunden Entwicklungsservice anbieten. Das Fotografieren von militärischen Anlagen ist streng verboten – ansonsten können Sie nach Lust und Laune auf Fotojagd gehen.

Bevor Sie Einheimische fotografieren, fragen Sie am besten höflich um Erlaubnis.

Geldwechsel / Währung

In Kroatien werden alle gängigen Zahlungsmittel akzeptiert. Der **Kroatische Kuna** (HRK) ist in 100 Lipa unterteilt. 1 Euro = ca. 7,65 HRK, 1 SFR = ca. 6 HRK.

Die Währung ist stabil. Es dürfen bis zu 15 000 HRK ein- oder ausgeführt werden. Die Ein- oder Ausfuhr von Fremdwährungen über 40 000 Kuna ist mündlich zu deklarieren.

In den großen Städten und Touristenzentren gibt es Geldautomaten, an denen man auch mit EC-Karte Bargeld abheben kann. Der Umtausch von Bargeld geht schnell und problemlos vonstatten; es wird Kommission berechnet. Oftmals wird auch der Euro als Zahlungsmittel akzeptiert, er hat schon fast den Rang einer Zweitwährung.

Travellerschecks sind ein sehr sicheres Zahlungsmittel und werden von Banken und Wechselstuben sowie auch manchen Hotels, Restaurants und Geschäften akzeptiert. Zumeist wird beim Umtausch eine zusätzliche Gebühr von ca. 2% berechnet.

Alle gängigen Kreditkarten (VISA, Eurocard/Mastercard, American Express, Diners) werden von Banken, Hotels, Jachtclubs, Autovermietungen sowie gehobeneren Restaurants und Geschäften akzeptiert.

Die Banken sind Mo-Fr von 8-19 Uhr, Samstag von 8-12 Uhr geöffnet, in den Sommermonaten Mo-Fr 7-19 Uhr und Samstag 7-13 Uhr.

Gesundheit

In fast allen größeren Städten gibt es Krankenhäuser (*Bolnica*), manche Hotels besitzen sogar eine eigene Krankenstation, Arztpraxen findet man in jedem größeren Ort. Auch die kleinen Inseln werden regelmäßig von Ärzten besucht. In allen Städten gibt es Apotheken mit breitem Sortiment (geöffnet von 9-19 Uhr).

Seit dem EU-Beitritt Kroatiens wird bei medizinischen Behandlungen die Europäische Krankenversicherungskarte akzeptiert; Behandlungskosten, die die im Herkunftsland geltenden Sätze übersteigen, muss der Patient aus eigener Tasche begleichen.

Notrufnummern

Polizei: 192
Feuerwehr: 93
Unfallrettung: 94
HAK-Pannenhilfe: 987, vom Handy 0038511987
ADAC-Notrufstation in Kroatien: 0038513440666

Post

Die Postämter sind durch ein blau-gelbes Schild mit der Aufschrift „HPT“ gekennzeichnet. Die Ämter in den touristischen Zentren sind Mo-Sa von 7-19 Uhr, So von 7-14 Uhr geöffnet. In den Postämtern kann man telefonieren (auch mit Telefonkarten), telegrafieren, faxen, Geld wechseln. Briefmarken sind auch in Hotels, Souvenirläden und Kiosken erhältlich.

Rauchen

Es herrscht Rauchverbot in größeren Lokalen und in allen öffentlichen Gebäuden.

Sicherheit

Landminen aus dem Bürgerkrierg sind stellenweise noch immer eine potenzielle Gefahr, so etwa östlich von Zadar, im Hinterland der Küste zwischen Senj und Split oder in den Bergen südöstlich von Dubrovnik (siehe www.hcr.hr).

Sport

Nicht nur zum Schwimmen ist die kroatische Küste ideal, mit schönen Buchten, herrlichen Stränden und zahlreichen Swimmingpools. Auch eine breite Palette an **Wassersportarten** wird angeboten (s. S. 234).

Die vielen Inseln mit ihren unzähligen Buchten sind ein Eldorado für Jachtkapitäne und es lassen sich traumhafte Segeltörns unternehmen. Die privat geführten Marinas (Jachthäfen) gestalten ihre Preise marktwirtschaftlich orientiert.

Die Marinas des **Adriatic Croatia International Club** (ACI) verfügen über einen guten Standard. Ein Zehn-Tonnen-Kran, Tankstelle, Werkstätten und ein Restaurant gehören dazu.

In Kroatien stehen über 50 Marinas zur Verfügung (die Anlegestellen der Campingplätze nicht eingerechnet). Die Liegeplätze der größeren Marinas verfügen über Strom- und Wasseranschlüsse.

Die Preise werden in den Jachthäfen auch in Euro aufgelistet. Sie sind für Dauerliegeplätze in den letzten Jahren gestiegen, besonders in den Luxus-Jachthäfen wie der ACI-Marina in Opatija, Kornati Marina in Biograd na moru oder Marina Frapa in Rogoznica. In der Hochsaison sind zwar auch die Liegeplätze in gut ausgestatteten und beliebten Jachthäfen nicht gerade billig, es gibt aber auch noch genug günstigere Ausweichmöglichkeiten in einfachere Marinas an der Küste und auf den Inseln.

Die Zentrale des **ACI** befindet sich in 51410 Opatija (Istrien/Kvarner), Maršala Tita 221, Tel. 00385/51/271288, www.aci-club.hr. Das Kroatische Fremdenverkehrsamt gibt ebenfalls eine Broschüre zu Wassersportangeboten heraus.

Zum Angeln und **Fischen** benötigt man eine Genehmigung. Festgelegt sind die Fangmittel (zum Beispiel sind Harpunen verboten) und die Fangmenge. An Flüssen und Seen darf man nur mit einer Anglerkarte angeln, die zum Teil recht teuer ist wie z. B. bei Plitvice (bis zu 40 €). In den Flüssen erzielt man angeblich gute Fangquoten, was die hohen Preise rechtfertigen würde. Im Meer soll es mehr als 300 Fischarten geben – eine Herausforderung für passionierte Sportfischer. In den Fremdenverkehrsämtern liegt eine Broschüre für Sportfischer kostenlos aus.

Tennis ist in Kroatien ein Volkssport, und es gibt viele gute Anlagen. Hotels der beiden höchsten Kategorien besitzen fast immer ein oder zwei Tennisplätze. Tenniskurse werden häufig angeboten, und die Lehrer verstehen ihr Handwerk. Man bedenke, dass Goran Ivanisevič und Iva Majoli aus Kroatien stammen und auch der frühere Trainer des deutschen Davis-Cup-Teams, Niki Pilič, ein Kroate ist.

Das Dinarische Gebirge bietet viele Möglichkeiten zum **Wandern**, auch anspruchsvolle Wanderungen lassen sich unternehmen. Es gibt markierte

Wege, die aber nicht so gut gekennzeichnet sind wie in den Alpen. Diese Art des Urlaubsvergnügens ist in Kroatien noch relativ neu. Für eigene Touren sollte man sich einen Kompass einstecken und auf gutes Schuhwerk achten. Gerade im Karst mit seinen scharfkantigen Verwitterungsformen passiert es leicht, dass man unverhofft in eine Spalte tritt. Sind die Schuhe nicht knöchelhoch, verletzt man sich möglicherweise ernsthaft. In manch abgelegenen Gebieten kann man auf Schlangen treffen, doch nicht alle sind giftig.

Wintersport: Langläufer kommen in den fast 2000 m hohen Dinarischen Gebirgszügen an der Küste, am Gorski kotor, Velebit und Biokovo auf ihre Kosten (www.kroatien-abc.de/wintersport.php)

Skigebiete: Das Skigebiet **Platak** liegt etwa 30 Minuten Autofahrt von der Hafenstadt Rijeka entfernt am Rand des Nationalparks Risnjak. Der höchste Berg, der Radesevo, ist 1363 m hoch. Es gibt acht Abfahrtspisten, eine davon wird am Dienstag- und Freitagabend mit Flutlicht beleuchtet.

Das Skigebiet **Sljeme,** groß und gut ausgestattet, liegt nur 20 Minuten von Zagreb entfernt an den Nordhängen des Medvednica-Massivs („Bärenberg"). Die mit 4 km längste Abfahrt beginnt am 1032 m hohen Sljeme-Gipfel. Im Heimatrevier des kroatischen Skistars Janica Kostelic finden alljährlich hochdotierte Weltcupslaloms der Damen und der Herren statt.

Das Skigebiet **Bjelolasica** (höchste Liftstation 1392 m ü.M.) liegt 50 km östlich von Novi Vinodolski und der Küste; der Hauptwintersportort ist **Vrelo** mit dem *Croatian Olympic Centre* (Sessellifte und Schlepplifte).

Strom

Die Netzspannung in Kroatien beträgt 230 Volt. Zweipolige Euro-Flachstecker können überall problemlos benutzt werden.

Telefonieren

Auslandsgespräche sind von Postämtern, Hotels und öffentlichen Telefonzellen möglich (die günstigsten Tarife gelten zwischen 22 und 6 Uhr).

Aus Telefonzellen kann man nur mit Telefonkarten telefonieren. Man erhält sie in Postämtern, Tabakläden und an Kiosken. Das D1- und D2-Netz ist fast flächendeckend.

Vom Ausland **nach Kroatien** wählt man 00385, danach die Ortsvorwahl ohne die erste „0" und dann den Teilnehmer.

Von Kroatien nach: Deutschland 0049; Österreich 0043; Schweiz 0041.

Trinkgeld

Der Bedienungszuschlag ist im Preis enthalten und wird vom Personal nicht grundsätzlich extra erwartet. Wo man sich aber gut bewirtet fühlt, sollte man gastfreundlichen Service und gute Küche dennoch mit einem angemessenen Trinkgeld belohnen. In den gehobenen Restaurants wird oft ein Aufpreis für das Gedeck berechnet. In als Familienbetrieb geführten Restaurants und in Cafébars ist der Service oft vorbildlich, ebenso in den Hotels der gehobenen Mittel- und Luxusklasse. Dem Personal in einigen nur während der Badesaison geöffneten Hotels haftet noch eine gewisse Trägheit an, u. a. da es oft schlecht bezahlt ist. Da hilft oft ein Trinkgeld im Voraus der Gastfreundlichkeit ein wenig auf die Sprünge.

SPRACHFÜHRER

In den touristischen Hochburgen sprechen die im Tourismus Arbeitenden meist Deutsch, Italienisch und Englisch (in den Städten ist Englisch die erste Fremdsprache). Trotzdem sind hier die wichtigsten kroatischen Begriffe aufgelistet. Bei manchen Wörtern fällt die Aussprache etwas schwer, da im Kroatischen stimmhafte Konsonanten oft direkt hintereinander folgen (z. B. in *Brdo = Berg).*

Aussprache

aj . . . . wie ai
c. . . . . wird wie z ausgesprochen
č. . . . . wie tsch
ć. . . . . hartes tsch
đ. . . . . wie dsch (weich)
e. . . . . wie ä
ej . . . . wie äj
h. . . . . wie ch
š. . . . . wie sch
v. . . . . wie w
z. . . . . weiches s
ž. . . . . sch

Allgemeine Begriffe

bitte . . . . *molim*
bitte!? . . . . *molim!?*
was kostet ...? . . . . *koliko štoji?*
danke. . . . . *hvala*
ich möchte, ich brauche . . . . *želio bih, trebam*
wann? . . . . *kada?*
wo ist...? . . . . *gdje je...?*
vor. . . . . *prije*
nach. . . . . *poslije*
wenig. . . . . *malo*
viel. . . . . *puno, mnogo*
schnell . . . . *brzo*
ja . . . . *da*
nein . . . . *ne*
was . . . . *što*
ich verstehe nicht . . . . . *ne razumijem*
wie spät ist es? . . . . *koliko je sati?*
am Morgen . . . . *ujutro*
am Abend . . . . *na večer*
Guten Morgen . . . . *dobro jutro*
Guten Tag . . . . *dobar dan*
Guten Abend . . . . *dobra veče*
Auf Wiedersehen. . . . . *doviđenja*
Gute Nacht . . . . *laku noč*
gestern. . . . . *jučer*
heute . . . . *danas*
morgen . . . . *sutra*
sofort. . . . . *odmah*
links. . . . . *lijevo*
rechts. . . . . *desno*
vorwärts. . . . . *naprijed*
rückwärts. . . . . *natrag*
Haltestelle . . . . *postaja*
Ausstellung . . . . *izložba*
männlich . . . . *muški*
weiblich. . . . . *ženski*
Kirche . . . . *ckrva*
Fahrt . . . . *vožnja*
Straße . . . . *ulica*

Im Restaurant

essen . . . . *jesti*
trinken . . . . *piti*
Frühstück. . . . . *doručak*
Mittagessen . . . . *ručak*
Abendessen . . . . *večera*
Tisch . . . . *stol*
Stuhl . . . . *stolica*
Löffel. . . . . *žlica*
Gabel. . . . . *viljuška*
Messer. . . . . *nož*
Glas . . . . *čaša*
Flasche . . . . *boca*
Kellner. . . . . *konobar*
Brot . . . . *kruh*
Butter. . . . . *maslac*
Honig. . . . . *med*
Milch. . . . . *mlijeko*
Kaffee . . . . *kava*
Tee. . . . . *čaj*
Wasser. . . . . *voda*
Mineralwasser . . . . . . *mineralna voda*
Fruchtsaft . . . . *voćni sok*
kalt. . . . . *hladno*
heiß . . . . *vruće*
Suppe. . . . . *juha*
Schinken / Rohschinken . *šunka / pršut*
Eier . . . . *jaja*
Fleisch. . . . . *meso*
Rindfleisch . . . . *govedina*
Kalbfleisch . . . . *teletina*
Schweinefleisch. . . . . *svinjetina*
Lammfleisch . . . . *janjetina*
Wild. . . . . *divljač*
Hühnchen . . . . *pile*
Ente. . . . . *patka*
Truthahn / -henne . . . . . . *tuka / purica*
Fisch . . . . *riba*
Kartoffel . . . . *krumpir*
Nudeln. . . . . *rezanci*
Reis . . . . *riža*
Salat. . . . . *salata*
Kopfsalat. . . . . *zelena salata*
Kuchen . . . . *kolač*
Käse. . . . . *sir*
Obst. . . . . *voće*

Eis . . . . *sladoled*
süß . . . . *slatko*
salzig . . . . *slano*
pikant . . . . *pikantno*
sauer . . . . *kiselo*
Wein . . . . *vino*
Bier . . . . *pivo*
Weinbrand . . . . *lozovača*
Slibowitz . . . . *šljivovica*
Zum Wohl! . . . . *živjeli*

Fisch und Meeresfrüchte

Miesmuscheln . . . . *dagnje*
Austern . . . . *oštrige*
Tintenfisch . . . . *lignje*
Tintenfischsalat . . *hobotnica na salatu*
Krebs . . . . *rak*
Garnelen . . . . *račići*
Steinbohrermuschel . . . . *prstaci*
Zahnbrasse . . . . *zubatac*
Drachenkopf . . . . *skarpin*
Stockfisch . . . . *bakalar*
Makrele . . . . *skuša*
Meeräsche . . . . *cipal*
Rotbrasse . . . . *arbun*
Thunfisch . . . . *tuna*
Goldbrasse . . . . *orada / komarča*

Einkaufen

Geschäft . . . . *prodavaonica*
Marktplatz . . . . *tržnica*
Konditorei . . . . *slastičarna*
kaufen . . . . *kupiti*
Hose . . . . *hlače*
Hemd . . . . *košulja*
Kleid . . . . *haljina*
Mantel . . . . *kaput*
T-Shirt . . . . *majica*
Baumwolle . . . . *pamuk*
Wolle . . . . *vuna*
Schuhe . . . . *cipele*
Leder . . . . *koža*
größer . . . . *veći*
kleiner . . . . *manje*
billig . . . . *jeftino*
teuer . . . . *skupo*
Silber . . . . *srebro*
Gold . . . . *zlato*
Handarbeit . . . . *ručni rad*
geöffnet . . . . *otvoreno*
geschlossen . . . . *zatvoreno*

gehen wir . . . . *idemo*

Zahlen

Zahl . . . . *broj*
eins . . . . *jedan*
zwei . . . . *dva*
drei . . . . *tri*
vier . . . . *četiri*
fünf . . . . *pet*
sechs . . . . *šest*
sieben . . . . *sedam*
acht . . . . *osam*
neun . . . . *devet*
zehn . . . . *deset*
zwanzig . . . . *dvadeset*
fünfzig . . . . *pedeset*
hundert . . . . *sto*
tausend . . . . *tisuča*

Zeitangaben

Stunde . . . . *sat*
Mittag . . . . *podne*
Vormittag . . . . *prijpodne*
Nachmittag . . . . *popodne*
Sonntag . . . . *nedijelja*
Montag . . . . *ponedjeljak*
Dienstag . . . . *utorak*
Mittwoch . . . . *srijeda*
Donnerstag . . . . *četvrtak*
Freitag . . . . *petak*
Samstag . . . . *subota*

Auto

Geben Sie mir bitte ... Liter bleifreies Benzin . . . . *dajte mi, molim vas, ... litara bezolovnog benzina*
Ich habe ein Problem . . . . *ja imam jedan problem*
Werkstatt . . . . *automehaničarska radionica*
Etwas stimmt nicht . . . *nešto nije uredu*
... mit dem Motor . . . . *s motorom*
... mit der Bremse . . . . . *s kočnicama*
... mit dem Anlasser . . . . *sa starterom*
Scheinwerfer . . . . *reflektor*
Scheibenwischer . . . . *brisač stakla*
Öl . . . . *ulje*
Batterie . . . . *baterija*
Kühler . . . . *hladnjak*
Reifen . . . . *autoguma*
Unfall . . . . *nezgoda*

AUTOR

Alexander Sabo hat Geschichte studiert und bereist seit vielen Jahren die Balkanländer – als Studienreiseleiter und aus privater Neigung. Istrien und Dalmatien gilt wegen der historischen Verbindung dieser Adriaregion mit Venedig sein besonderes Interesse.

AKTUALISIERUNG

Daniela Schetar, eine nicht nur in Bezug auf die Mittelmeerländer renommierte Reisebuchautorin, hat diese Ausgabe aktualisiert.

A

Adelsberger Grotte (Postojnska jama) 51, 233
Aleja glagoljaša (Glagoliterallee) 84
Aleši, Andrija 162
Augustus, Kaiser 18

B

Baćinska-Seen 203
Badanj, Burgruine 122
Badija, Klosterinsel 197
Bakar 104
Baldarin-Bucht 113
Bale 72
Barban 86
Baška 109
Baška Voda 179
Bast 180
Beli 111
Beram 24, 80
Berliner Kongress 39, 226
Biograd 150
Biokovo-Naturpark 181
Biranj, Berg 166
Biševo, Insel 191
Blato 198
Bojana, Fluss 225
Bol 189
Dominikanski samostan Sv. Marije Milosne (Dominikanerkloster) 189
Zlatni rat (Goldenes Horn) 189
Bora, Wind 97, 235
Bosnien-Herzegowina 203
Božava 148
Brač, Insel 187
Brela 179
Brestova-Bucht 87
Bribir 122
Brijuni-Inseln 72
Brijuni-Nationalpark 72
Brijuni, Ort 74
Brnobiči 84
Brseć 87
Budva 228
Buje 61
Byzanz 20, 29, 31, 33, 207

C

Carpaccio, Benedetto 47
Carpaccio, Vittore 35, 47
Časka 133
Cavtat 221
Čepićko polje 87
Cetina-Schlucht 179
Čikat-Bucht 114
Čilipi 221
Čiovo, Insel 164
Čiovo, Ort 164
Donji Okrug 164
Saldun-Bucht 164
Sveti Ante, Kloster 164
Sveti Križ, Kloster 164
Cres, Insel 97, 110
Cres, Ort 111
Gradski muzej (Stadtmuseum) 112
Loggia 112
Sveta Marija Snježna, Kirche 112
Crikvenica 122
Crveni otok, Insel 71

D

Dalmatinac, Juraj 132, 156
Dalmatinska Zagora, Hochebene 158
D'Annunzio, Gabriele 25, 98
Dayton, Friedensabkommen 41
Delmaten 27
Dinarisches Gebirge 26
Diokletian, Kaiser 19, 29, 172
Dobrinj 106
Draguć 24, 85
Drivenik 121
Drniš 158
Drvenik 182
Dubrovnik 36, 37, 207
Arsenal 215
Babin Kuk 219
Bijeli fratri (Dominikanerkloster) 218
Bischofspalais 217
Blasius-Statue 215
Collegium Ragusianum 217
Franjevačka crkva (Franziskuskirche) 209
Gradskavana (Stadtcafé) 215
Gruž 219
Gundulićeva poljana (Marktplatz) 213
Historijski muzej 216
Jezuitska crkva (Jesuitenkirche) 217
Knežev dvor (Rektorenpalast) 215
Lapad 219
Lazareti 218
Lovrijenac, Festung 209, 218
Luža 213
Mala braća (Franziskanerkloster) 211
Mala Onofrijeva česma (Kleiner Onofriobrunnen) 215
Minčeta-Turm 209, 218
Muzej Ikona (Ikonenmuseum) 213
Palača Sponza (Sponza-Palast) 213
Palast des großen Rates 215
Pile vrata (Pile-Tor) 209
Ploče 218
Prijeko 212
Revelin, Festung 209, 218
Rolandsäule 213
Rupe 217
Samostan Sveta Klara (Klarissinnenkloster) 211
Stadtmauer (Gradske zidine) 209
Stradun 211
Sv. Ivan, Hafenfestung 209
Sv. Nikola (Nikolauskirche) 218
Sv. Spas (Erlöserkirche) 209
Sv. Vlaho (Blasiuskirche) 215
Tvrđava Sv. Ivan (Johannes-Festung) 217
Ulica od Puča 212
Velika Gospa (Kathedrale Mariae Himmelfahrt) 216
Velika Onofrijeva česma (Großer Onofriobrunnen) 211
Vrata Ploče (Ploče-Tor) 209, 218
Vrh Srđ (Sergius-Berg) 218
Dugi Otok, Insel 147, 148, 149
Dvigrad 83

E

Elaphitische Inseln 220
Emo, Gabriele 76
Euphemia, hl. 70

F

Fažana 72
Fiorentinac, Nikola (Niccolò Fiorentino) 35, 156
Franken 21
Frankopani, Fürstengeschlecht 98, 105, 121, 125
Franz Ferdinand, Erzherzog 39
Franz Joseph I., Kaiser 39
Funtana 68

G

Gabavica-Wasserfall 179
Gaj, Ljudevit 38
Garcia, Gaetano 217

Glagolica-Schrift 24, 31, 33, 83, 121, 127
Glagoliterallee (Aleja glagoljaša) 84
Glavotok 106
Gnatya 17
Gornji Humac 189
Gornji Tučepi 181
Gospa od Škrpjela, Insel 227
Gozinka-Bucht 131
Gračišće 80
Gradac 182
Gradina-Kultur 17
Griechen 207
Gromovača, Felsen 129
Grožnjan 59, 82
Sveti Vid i Modesti, Kirche 82
Guiscard, Robert 33, 207

H

Habsburger 22, 25, 114
Herceg-Novi 227
Salaat Kula (Uhrturm) 227
Savina-Kloster 227
Hieronymus, hl. 82
Histrer 17, 27, 45, 74
Hrastovlje 24, 48
Sveta Trojica, Kirche 48
Hum 24, 59, 84
Stadttor 84
Sveti Jeronim, Kirche 85
Hvar, Insel 192
Hvar, Stadt 193
Bischofspalais 193
Franjevački samostan (Franziskanerkloster) 193
Hafen 193
Hektorović-Palais 193
Spanjola (Spanische Festung) 193
Sveti Stefan, Kathedrale 193

I

Ičići 89
Igalo 227
Igrane 181
Ika 89
Illyrer 17, 27, 86
Ilovik, Insel 114
Imotski-Polje 233
Istrien 17, 45, 59
Iž, Insel 147, 148
Mali Iž 148
Veli Iž 148
Izola 51
Besenghi-Palast 51
Marina 51
Rathaus 51
Sveti Mauro, Basilika 51

J

Jablanac 129
Jama Baredine, Grotte 64
Jelsa 195
Jugo, Wind 97, 235
Jurandvor 109
Justinian I., Kaiser 20, 30

K

Kačić-Miošić, Andrija 180
Kalifront, Halbinsel 131
Kamenjak-Massiv 129
Kamičac, Festung 178
Kaprije, Insel 160
Karst 232
Dolinen 232
Karren 233
Poljen 233
Ponore 233
Schratten 233
Uvalas 233
Kastav 103
Kaštel Gomilica 166
Kaštel Kambelovac 166
Kaštel Klis 177
Kaštel Novi 165
Kaštel Štafilić 165
Kaštel Stari 165
Kaštel Sućurac 166
Kažela 79
Klobučarič, Ivan 102
Klović, Julije 122
Klupca, Berg 195
Koločep 220
Konstantin I., Kaiser 29
Koper 19, 45, 46
Almarigogna-Palast 48
Belgramoni-Tacco-Palast, Stadtmuseum 47
Brolo-Platz 46
Fontik 46
Frančiškanski samostan, Kloster 46
Justinian-Säule 47
Loggia 47
Muda-Tor 47
Prätorenpalast 47
Sv. Ana, Kirche 47
Korčula, Insel 195
Korčula, Stadt 196
Arneri-Palast 197
Gabrielli-Palais 197
Marco Polo-Geburtshaus 196
Sveti Marko (St. Markus), Kathedrale 196
Svi Sveti (Allerheiligenkirche) 197
Kornaten, Inseln 149
Kornaten-Nationalpark 149
Košljun, Insel 109
Kotišina 181
Kotor 228
Marinemuseum 228
Sv. Marija (Marienkirche) 228
Sv. Tripun (Tryphonskathedrale) 228
Koversada 68
Kozjak, Berg 166
Kraljevica 104, 121
Krapanj, Insel 159
Kras-Hochebene 233
Krka, Fluss 157
Krka-Nationalpark 157
Prokljansko jezero, See 158
Skradinski buk, Wasserfall 157
Krk, Insel 97, 104, 105
Krk, Stadt 107
Sveta Marija, Dom 107
Sveti Kvirin, Kirche 107
Krstac-Pass 228
Kruzič, Petar 103
Kukovi, Felsen 129
Kuppelwieser, Paul 73
Kvarner-Bucht 87, 97

L

Labin 86
Matija Vlačič-Geburtshaus 86
Narodni muzej (Volksmuseum) 86
Palazzo Battiola-Lazzarini 86
Langobarden 21
Liburner 27, 139, 141
Lim-Fjord (Limski zaljev) 68
Lipica 49
Lokev 50
Lokrum, Insel 219
Lopar 131
Lopud 220
Lošinj, Insel 97, 110, 114
Lovčen, Berg 228
Lovran 88
Lovrečica-Bucht 63
Lubenice 112
Lucija 54
Salzgärten 54
Ludwig von Bayern 22
Lumbarda 197
Lun 133

M

Maestral, Wind 97, 235
Makar 180
Makarska 180
Donja Luka-Strand 180
Kačićev trg 180
Malakologisches Museum 180
Sveti Marko, Kirche 180
Mala Paklenica, Schlucht 139
Mali Drvenik, Insel 164
Mali Lošinj 114
Malinska 105
Mali Ston 205
Manita Peć, Tropfsteinhöhle 139
Marco Polo 196
Marina Lučica-Bucht 161
Marinus, hl. 132
Marjan, Berg 175
Martinšćica 113
Maslenica 139
Mašnjak-Kap 87
Matavun 49
Medulin 79
Medveja 88
Mesič, Stipe 41
Meštrović, Ivan 158, 176
Milna 188
Mirna, Fluss 81
Mljet, Insel 219
Babino Polje 220
Benediktinski samostan (Benediktinerkloster) 220
Nationalpark 220
Otok Sv. Marija (Marieninsel) 220
Polače 220
Pomena 220
Veliko Jezero, Salzsee 220
Mokro 124
Montenegro 39, 225
Morelli, Franco 103
Mošćenice 88
Etnografski muzej (Volkskundemuseum) 88
Mošćenička Draga 88
Mosor-Gebirge 177
Motovun 59, 81
Festungsstadt 81
Wald 81
Murter, Insel 155
Murter, Ort 155
Murvica 190
Mussolini, Benito 100

N

Nakovana 206
Napoleon I., Kaiser 37
Nazor, Vladimir 104
Nemanja, Stefan 225
Neretva-Delta 203
Nerezine 114
Nerežišća 187
Nesactium, archäologische Stätte 86
Neum 203
Newera, Wind 235
Nikolaus I., König 226
Nin 32, 33, 139
Sveti Anselmus, Kirche 140
Sveti Križ, Kirche 139
Njegoš, Petar Petrović 228
Njivice 105
Novalja 133
Nova Vas 64
Novi Bar 228
Novigrad 19, 21, 63
Altstadt 63
Palazzo Rigo 63
Sv. Pelagij, Kirche 63
Novigradsko-Meer, Golf 139
Novi Vinodolski 124
Kastell 125
Lopar, Strand 125
Modrus-Palais 125
Narodni muzej (Heimatmuseum) 125
Sv. Filip i Jakov 125

O

Oltari 128
Omiš 178
Sveti Petar, Kirche 179
Omišalj 105
Onofrio della Cava 215
Opatija 88
Lungomare 89
Villa Angiolina 88
Oprtalj 81
Loggia 81
Sveta Helena, Kirche 82
Sveta Marija (Bruderschaftskirche) 81
Sveti Juraj (Georgskirche) 81
Sveti Leonard, Kirche 81
Sveti Rok, Kirche 82
Orebić 205
Gospa od Anđela, Franziskanerkirche 206
Orlec 110
Orseolo, Pietro 33
Orsini, Giorgio 157
Osor 113
Österreich-Ungarn 25, 37, 39
Otavice 158

P

Pag, Insel 97, 132
Pag, Stadt 132
Spitzenklöppelschule 133
Sv. Marija, Basilika 132
Paklenica-Nationalpark 139
Pakleni otoci (Teufelsinseln) 193
Pakoštane 150
Pašman, Insel 147
Kuzma i Damjan, Kloster 148
Tkon 148
Pavelić, Ante 39
Pazin 79
Istarski etnografski muzej (Istrisches Ethnografische Museum) 79
Kaštel 79
Sveti Nikola, Pfarrkirche 79
Pelješac, Halbinsel 203
Perast 227
Pernat 112
Petar Svačić, König 33
Piran 52
Benečanka-Palazzo 53
Pomorski muzej (Marinemuseum) 52
Rathaus 53
Sv. Jurij (St. Georg), Barockkirche 53
Tartini-Geburtshaus 52
Tartinijev trg 52
Pirovac 155
Pivka jama, Grotte 51
Platak 104
Plitwitzer Seen (Plitvička jezera) 127
Ploče 182, 203
Plomin 87
Plominski zaljev (Plomin-Fjord) 87
Podgora 181
Polače 220
Polari 72
Polje 87
Pomer 79
Porat 106
Poreč 18, 19, 20, 64
Bazilika Eufrazijana (Euphrasius-Basilika) 65
Bischofspalais 67
Decumanus 67
Obala Maršala Tita 67
Palais Sinčić 67
Plava Laguna (Blaue Lagune) 64
Romanička kuća (Romanisches Bürgerhaus) 67

Trg Marafor (Marafor-Platz) 67
Zavičojni muzej (Regionalmuseum) 67
Zelena Laguna (Grüne Lagune) 64
Poreština 64
Portorož 53
Postira 189
Postojna 51, 233
Povlja 189
Prahulje 141
Predjamski grad 51
Premantura 79
Primošten 161
Prvić, Insel 159
Prvić Luka 159
Šepurine 159
Pučišća 189
Pula 18, 19, 37, 74, 76
Amfiteatar 76
Arheološki muzej (Archäologisches Museum) 78
Augustov hram 77
Dvojna vrata (Porta Gemina) 78
Gradska palača 77
Herkulova vrata 78
Kaštel 78
Katedrala (Dom) 77
Sergijevaca 77
Slavoluk obitelji Sergi (Sergiusbogen) 77
Sv. Marije Formoze, Kapelle 77
Trg Republike 77
Punat 108
Punta Križa 113
Pupnatska Luka-Bucht 198

R

Rabac 86
Rab, Insel 97, 129
Rab, Stadt 130
Glockenturm 130
Knežev dvor (Rektorenpalast) 131
Komrčar-Park 131
Museum für sakrale Kunst 131
Sv. Justinia, Kirche 131
Sv. Marija, Katedrala 130
Radmanove mlinice 179
Reka, Fluss 49, 233
Resnik 165
Rijeka 25, 37, 98, 100
Franjevački samostan (Franziskanerkloster) 103
Gradski toranj (Stadttor) 101
Historijski arhiv 103
Ivan Zajc-Nationaltheater 100
Kapuzinerkirche 100
Korzo 101
Modelo-Palais 100
Pomorski i povijesni muzej (Historisches und Schifffahrtsmuseum 102
Sveta Marija, Kirche 103
Sveti Jeronimo, Kirche 102
Sveti Nikola, Kirche 100
Sveti Vid, Kirche 102
Trsat, Kastell 103
Trsatske stube 103
Tržnica-Markt 100
Vladimir Nazora-Park 103
Risnjak-Nationalpark 104
Roč 24, 59, 83, 84
Sveti Antun, Kirche 83
Sveti Roč, Kirche 84
Römer 17, 27, 74, 141, 207
Rovinj 69
Baptisterium 71
Heimatmuseum 70
Sv. Eufemia, Kirche 70
Ulica Grisia 70
Rovinsko selo 72
Rt Kamenjak-Naturpark 79

S

Sakarun-Bucht 148
Sali 148
Šandalja-Höhle 17
Savudrija-Kap 62
Scarpa, Inginio 88
Sečovlje, Salzgärten 54
Selca 189
Selce 122
Senj 23, 125, 126
Čilnica 126
Kastell 126
Nehaj, Festung 127
Stadtmuseum 127
Sv. Marija, Kathedrale 127
Vukasovič-Palais 127
Sežana 52
Šibenik 155
Bischofspalast 155
Katrdrala Svetog Jakova 155
Loggia 157
Obala palih omladinaca (Hafenpromenade) 155
Orsini-Palast 157
Sveta Ana, Festung 157
Sveti Lovro, Kirche 157
Zagrebačka, Fußgängerzone 157
Sinj 177
Sinjsko polje 177
Šipan 221
Skadarsko jezero (Skutari-See) 228
Škocjanske jame (St. Kanzian-Höhlen) 49, 233
Škrip 188
Slano-Bucht 207
Slawen 20, 24, 25, 34, 121, 207
Soča, Fluss 20
Socerb, Burg 49
Soline 106
Šolta, Insel 191
Maslinica 191
Nečujam 191
Rogać 191
Stomorska 191
Split 171
Arheološki muzej (Archäologisches Museum) 175
Čindro-Palais 174
Dágubio-Palais 174
Dioklecijanova palača (Diokletian-Palast) 172
Etnografski muzej (Volkskundemuseum) 175
Galerija Meštrović 175
Markt 174
Meštrović-Kaštelet 175
Muzej hrvatskih arheoloških spomenika (Archäologisches Museum) 175
Papalić-Palais 174
Porta Aenea (Mjedena vrata, Bronzetor) 173
Porta Argentea (Srebrna vrata, Silbernes Tor) 174
Porta Aurea (Zlatna vrata, Goldenes Tor) 172
Salona, Ausgrabungsstätte 176
Sveti Duje, Kathedrale 173
Sveti Ivan, Kapelle 174
Splitska 188
Stara Baška-Buchten 109
Stari Bar 228
Stari Grad 194
Dominikanski samostan (Dominikanerkloster) 194
Tvrdalj-Schloss 194
Starigrad (Pag) 133
Starigrad (Paklenica) 139
Ston 204
Bischofspalast 205
Franjevački samostan (Franziskanerkloster) 205
Knežev dvor (Rektorenpalast) 205
Wehrmauern 205
Straža, Berg 131

Sućuraj 195
Suha Punta 131
Sumartin 189
Supetar 187
Supetarska Draga 131
Susak, Insel 114
Sutivan 187
Sveta Katarina, Insel 71
Sveti Ilija, Berg 206
Sveti Ivan, Berg 228
Sveti Juraj 128
Sveti Jure, Berg 180
Sveti Nikola, Berg 192
Sveti Nikola, Insel 67
Sveti Petar u šumi 83
Sveti Stefan 228
Svetvinčenat 83

T

Taljurič, Insel 150
Tartini, Giuseppe 52
Telašćica-Bucht 148
Tisno 155
Tito, Josip Broz 39, 73, 74
Topic 180
Tovarnele 133
Tribunj 155
Triest 37, 45
Trogir 161
Čipiko-Palais 163
Dvor (Rathaus) 163
Katedrala Svetog Lovre 162
Kopnena vrata (Landtor) 162
Morska vrata (Seetor) 163
Orsini-Kapelle 163
Samostan Sveti Nikola 163
Sveta Barbara, Kirche 163
Sveti Ivan Krštitelj, Kirche 163
Trg Ivana Pavla II. 162
Trpanj 207
Trsteno 207
Arboretum 207
Gučetič-Villa 207
Tučepi 181
Tudjman, Franjo 40, 41
Türken 23, 36, 225

U

Učka-Massiv 86, 87, 97
Ugljan, Insel 147
Preko 147
Sveti Mihovil (Michaelsfestung) 147
Ugljan, Ort 147
Ulcinj 228
Umag 61
Unije, Insel 114
Uskoken 23, 36, 125

V

Vaganski vrh, Berg 139
Valbiska 107
Valtura 86
Valun 112
Vela Luka 198
Velebit-Massiv 97, 125, 128, 129
Velebitski botanički vrt (Botanischer Garten) 128
Veli Brijun, Insel 72
Brijuni, Ort 74
Byzantinisches Castrum 74
Gospa-Bucht 74
Zaliv Verige, Bucht 74
Veli Drvenik, Insel 164
Velika Paklenica, Schlucht 139
Veliki Alan 129
Veliki Risnjak, Berg 104
Veli Lošinj 114
Antonskirche 114
Hafen 114
Veli Rat 148
Venedig 17, 22, 35, 52, 141, 207
Veruda 79
Verudela 78
Veštar, Camp 72
Via Flavia 18
Via Postumia 18
Vidova gora, Berg 190
Vinikova-Bucht 114
Vinodol-Tal 121
Vipava 52
Viševica, Berg 124
Vis, Insel 191
Komiža 191
Vis, Stadt 191
Vižinada 83
Vodice 155
Vodnjan 72
Vojak, Berg 86
Volosko 89
Vrana 150
Vransko jezero, See (Cres) 112
Vransko jezero, See (Norddalmatien) 150
Vratnik-Pass 125
Vrbnik 108
Vrboska 195
Sv. Lovro (Laurentiuskirche) 195
Sv. Marija, Festungskirche 195
Vrsar 68

W

Wiener Kongress 24, 37, 75

Z

Zadar 32, 33, 141, 142
Arheološki muzej 145
Arsenal 143
Bablja kula (Turm) 143
Dvor (Rathaus) 144
Etnografski muzej 143
Foša 142
Gradska loža (Loggia) 144
Kopnena vrata (Landtor) 142
Narodni trg (Platz der Nation) 144
Petra Zoranića trg 143
Porta Marina 146
Sveta Stošija, Dom 145
Sveti Donat, Kirche 144
Sveti Krševan, Kirche 145
Sveti Lovro, Kirche 144
Sveti Šimun, Kirche 143
Zeleni trg 145
Zagradski vrh, Berg 124
Zajc, Ivan 100
Zaostrog 182
Zavižan, Berg 128
Zavratnica-Fjord 129
Žirje, Insel 160
Živogošće 181
Zlarin, Insel 159
Zlatni rat (Goldenes Horn) 189
Zlatni rt 71
Zrenj 82

Foto: Archiv Gunda Amberg

Kroatische Adriaküste

Küste von Slowenien
Montenegro

Hotelverzeichnis

HOTELVERZEICHNIS

SLOWENIEN

Die Palette der **Hotels** in Slowenien umfasst Zwei- bis Fünf-Sterne-Häuser. Das Gros in Kur- und Badeorten sind renovierte Drei- bis Vier-Sterne-Hotels. In diesem Hotelverzeichnis sind die Unterkünfte wie folgt nach ungefähren Preiskategorien geordnet:

$$$ Vier und Fünf-Sterne-Hotels – ein Einzelzimmer mit Frühstück kostet je nach Lage, Ausstattung, Ort und Saison zwischen 95 und 170 €. Diese Hotels bieten in der Regel Satelliten-TV, Lift, Balkon, Klimaanlage, Restaurant, Garage, Schwimmbad, Sauna, bisweilen Kureinrichtungen und generell sehr guten Service.

$$ Drei-Sterne-Hotels – die Mittelklasse liegt mit Preisen ab 40 € für ein Einzelzimmer mit Frühstück qualitativ nur geringfügig unter der Luxusklasse.

$ Zwei-Sterne-Hotels – der Standard für Zimmer unter 40 € ist entsprechend niedriger, und der Unterschied zur Pension ist nur sehr gering.
Für Einzelzimmer in **Pensionen** zahlt man ab 25 € pro Nacht.

Wer besonders günstig übernachten möchte, kann auf **Privatzimmer** *(sobe)* zurückgreifen, die von Touristenagenturen vermittelt werden. Die Preise pro Person und Nacht fangen bei 15 € an, ein Preisaufschlag wird meist unter vier Übernachtungen verlangt
Jugendherbergen: In den letzten Jahren haben neben offiziellen, dem Internationalen Jugendherbergsverband angeschlossenen Jugendherbergen auch zahlreiche Hostels eröffnet, in denen junge Leute preiswert unterkommen. Informationen bekommt man bei den Info-Büros vor Ort.
Camping: Die Slowenische Fremdenverkehrszentrale bietet eine deutschsprachige Campingplatz-Broschüre an. Der ADAC gibt alljährlich einen Campingführer heraus, in dem die slowenischen und kroatischen Plätze detailliert verzeichnet sind.
Die meisten Campingplätze Sloweniens befinden sich im Binnenland und sind oft nur im Juli und August geöffnet; die wenigen Plätze an der Küste sind in der Saison oft überfüllt. Viele attraktive Campingplätze liegen aber an der nahen kroatischen Westküste Istriens. **Wildes Campen ist verboten**; Feuer darf man nur an dafür vorgesehenen Stellen machen.

KROATIEN

Die kroatische Adriaküste zählte in den 1980er-Jahren zu den meistbesuchten Reisezielen Europas. Das Angebot an allen Übernachtungsmöglichkeiten, von einfachen Apartmentanlagen bis zu Luxus-Strandhotels ist daher sehr groß.
Die meisten Hotels entlang der Küste und auf den Inseln wurden in den 1970er- und 1980er-Jahren errichtet und zumeist inzwischen privatisiert, renoviert und westeuropäischem Standard angepasst. Neu dazugekommen ist die Konkurrenz in Form von einigen kleineren, ebenso komfortablen Privathotels. Auch Hotels großer internationaler Ketten sind inzwischen – vor allem in Istrien, in Zagreb, Split und Dubrovnik – vertreten.
Zwischen den Hotels gleicher Kategorie kann der Preis je nach Lage und Saison sehr stark differieren. So sind schicke Ambientehotels in Opatija, Stadthotels in Dubrovnik oder Strandhotels in Bol deutlich teurer als Badehotels in Poreč und an der West- bzw. Südküste Istriens, wo die Konkurrenz sehr groß ist. In der Vor- und Nachsaison, also außer im Juli und August, kann man in den meisten Badehotels bis zu 50$ günstiger wohnen. Außerdem sind Pauschalarrangements über Reiseveranstalter oftmals deutlich günstiger als Individualbuchungen.
Im Zimmerpreis ist immer ein Frühstück eingeschlossen, in den Mittelklasse- und Luxushotel wird ein reichliches Frühstücksbuffet angeboten. Einige Badehotels haben auch all-inclusive-Angebot in familiärer Atmosphäre.
Die kroatischen **Hotels** werden inzwischen – ähnlich wie in Slowenien – vom Ministerium für Tourismus mit Sternen bewertet. Maßgeblich für diese Kategorisierung sind Ausstattung, Lage und Komfort des Hotels.

$$$ Vier und fünf Sterne – höchster Komfort, Strandnähe, Pools (auch Meerwasser),

oft Hallenbad und Sauna; Sporteinrichtungen und -geräteverleih, Restaurant, Bar und Diskothek. In großen Komplexen gibt es auch Geschäfte. Die Preise reichen je nach Ort, Lage und Saison für ein Doppelzimmer mit Frühstück bzw. mit Frühstücks- und Abendbuffet von 90 bis 200 €.

Drei/vier Sterne – ebenfalls meist mit Swimmingpool, seltener jedoch mit Hallenbad, das Sportangebot ist ebenfalls geringer. Die meisten Hotels an der Küste gehören dieser Kategorie an. Die Preise für ein Doppelzimmer liegen zwischen 50 und 90 €.

Zwei Sterne – meist Dependancen der o. a. Hotels mit etwas längerem Weg zu den Restaurants oder zum Strand, aber auch oft mehr Ruhe am Abend. Preise zwischen 30 und 50 € für ein Doppelzimmer.

Noch günstiger und bei Familien mit Kindern beliebt sind **Apartments** *(apartmanti)*, die auch große Hotelkomplexe anbieten. Die Räumlichkeiten sind in der Regel auf vier Personen zugeschnitten, wobei eine Küche, Bad/Dusche und WC sowie eventuell eine kleine Terrasse dazugehören. Auch hier gibt es eine Klassifizierung. In der ersten Kategorie liegen die Tagespreise für zwei Personen bei 45 € und darüber, in der zweiten bei 30-45 €.
Privatzimmer *(sobe, camere)* findet man in jedem Ort. Die Besitzer der oft malerisch gelegenen Villen und der zentralen Wohnungen in den Altstädten nutzen die Gelegenheit, ein bisschen Geld dazuzuverdienen. Wer beispielsweise mit dem Zug oder dem Bus am Bahnhof ankommt, wird oft schon dort von Frauen, die sich um die Zimmervermietung kümmern, angesprochen und zur Besichtigung eingeladen.
Außer der Tatsache, dass ein Privatzimmer bei ähnlicher Qualität wie im Hotel (manchmal sogar besser!) sehr viel günstiger ist, spielt auch der persönliche Kontakt zu den Gastgebern eine Rolle bei der Entscheidung, ob man das Zimmer nimmt oder nicht. Man wird oft in die Familie integriert, zum Kaffee eingeladen, nimmt an den alltäglichen Problemen Anteil. Die Verständigung ist selten ein Problem, die meisten Gastgeber können recht gut deutsch oder waren gar als Gastarbeiter im deutschsprachigen Ausland.
Alle privaten Vermieter sind registriert und damit abgabenpflichtig. Sie müssen auch die Pässe der Gäste einziehen – es sei denn, die Zimmer wurden von den Touristbüros vermittelt, dann übernimmt dies das Büro selbst. Außerhalb der Saison oder bei Langzeitaufenthalten lassen viele private Zimmervermieter über den Preis mit sich handeln.
Jugendherbergen *(omladinski hoteli)* gibt es in Zagreb, Dubrovnik, Veli Lošinj, Krk und Punat. Da die Kroaten in den Schulferien gerne Ausflüge organisieren, sind die Jugendherbergen zudem in den Ferienzeiten immer überfüllt. Immer mehr private **Hostels** bereichern das Angebot; www.hostels.com/croatia.
Camping: Kroatien ist ein Eldorado für Camper und Wohnmobilisten. Die meisten der ca. 160 offiziellen Campingplätze liegen direkt am Meer, einige sind reine FKK-Plätze (gerade in Istrien). Angebot und Ausstattung der Plätze entsprechen dem europäischen Standard. Die großen Anlagen liegen meist an schönen Buchten inmitten typisch mediterraner Vegetation. Sportanlagen und eigene Marinas sind keine Seltenheit, Restaurants und Einkaufsmöglichkeiten runden das Angebot ab. Die meisten Plätze haben von Mai bis Ende September geöffnet. Teilweise kann man auch Bungalows, Wohnwagen oder Zelte mieten. Frühzeitiges Vorausbuchen in der Hochsaison (Mitte Juni bis Ende August) ist ratsam.
Wildes Campen ist streng verboten (das gilt auch für Wohnmobilisten), auch aus Gründen des Brand- und Umweltschutzes. Das Fremdenverkehrsamt gibt alljährlich eine kostenlose Camping-Broschüre heraus.

2 SLOWENIEN

Koper (☎ 05)

Hotel Koper, Stadthotel mit komfortablem Interieur, Pristaniška 3, Tel. 6100500, Fax 6100594, www.terme-catez.si.

Škocjan (☎ 05)

Autokamp Kozina, nur im Sommer geöffnet, Tel. 6802611, Fax 6801395.

Lipica (☎ 05)

$$ **Hotel Maestoso**, 150 Betten, Hallenbad, Sauna, gehört zum Gestüt, Tel. 7391580, Fax 7346370; www.lipica.org.

Postojna (☎ 05)

$ **Hostel Sport**, einfache, nette Unterkunft mit großem Sportangebot, Kolodvorska ulica 1, Tel. 7202244, Fax 7202040, www.sporthostel.com.

Pivka Jama, Waldlage, Pool, Holzbungalows, 4 km von der Adelsberger Grotte entfernt, Tel. 7265382, Fax 7265348.

Izola (☎ 05)

$$$ **Talaso Strunjan**, Kurhotelkomplex mit gepflegtem Strand, Meerwasserpool, Sauna, Salzschlammkur, in Strunjan südlich von Izola, Tel. 6474100, Fax 6782036, www.terme-krka.si.

$$ **Haliaetum**, in der Badehotelanlage Simonov zaliv südlich von Izola, Tel. 6603100, Fax 6418402.

Hotel Marina, nahe dem Jachthafen, Tel. 6604100, Fax 6604499, www.hotelmarina.si.

Autocamp Jadranka, teils schattig, Shop, Restaurant, das Ufer ist betoniert, am Stadtrand, Tel. 6402300.

Piran (☎ 05)

$$$ **Hotel Tartini**, komforthotel, schöne Caféterrassen, Tartinijev trg 15, Tel. 6711000, Fax 6711665, www.hotel-tartini-piran.com.

Hotel Piran, *das* Badehotel in Piran, Stjenkova 1, im Stadtzentrum, Tel. 6762100, Fax 6762520, www.hoteli-piran.si.

$ **Pension-Restaurant Val**, günstiges Hotel mit 50 Betten, einheimische Küche, Richtung Portorož, hinter Bernardin gelegen, Gregorčičeva 38a, Tel. 6732555, Fax 6732556, www.hostel-val.com.

Portorož (☎ 05)

$$$ **Kempinski Palace**, das altehrwürdige Palace-Hotel und ein supermoderner Anbau verbinden sich zu einem fantastischen Luxushotel mit allem Komfort, Obala 45, Tel. 6927000, www.kempinski.com.

Grand Hotel Metropol, mit Casino und luxuriösem Wellnesscenter, Obala 77, Tel. 6907000, Fax 6907877, www.bernardingroup.si.

Hotel Slovenija, Tel. 6924020, Fax 6923180, www.lifeclass.net.

$$ **Hotel Marko**, sympathisches Privathotel mit Garten, Obala 28, Tel. 6174000, Fax 6174011, www.hotel-marko.si.

In **Lucija**, am Südende der Hafenpromenade, junges Publikum, viel Trubel.

3 ISTRIEN

WESTKÜSTE

Umag (☎ 052)

$$$ **Umag**, Istriens schönster und luxuriösester Wellness-Bereich schmückt dieses renovierte Strandhotel, Tel. 714000, Fax 714999, www.melia.com.

$$ **Sipar**, mit Meerespools, Restaurants und Bars, in Punta, 1 km westlich von Umag, Tel. 741233, Fax 742285.

Stella Maris, Apartments und Bungalows im Grünen, Kiesel- und Felsstrände, Tennis, Rad fahren, Reiten, Wassersport, Feriendorf 2 km westlich von Umag, Tel. 710000, Fax 710999, www.melia.com.

Stella Maris, Tel. 710000, Fax 710999.

Ladin Gaj, komfortable Anlage mit FKK, vor dem Ort Karigador, Tel. 756303, Fax 756230.

Finida, ruhige Anlage, Strand, 6 km vor Novigrad, Tel. 700700, Fax 719999.

Novigrad (☎ 052)

$$ **Cittar**, lauschiges Privathotel in einem Palazzo an der Stadtmauer, Venecijanski Prolaz 5, Tel. 757737, Fax 757340.

Makin, familiär geführtes Haus am Stadtrand, nur wenige Schritte vom Strand, Tel. 757497, Fax 757714.

Mareda, große Anlage nahe Dajla, Tel. 735291, Fax 735035.

Motovun (☎ 05)

$$ **Hotel Kaštel**, einzigartige Lage auf dem höchsten Punkt des historischen Bergstädtchens, Restaurantterrassen auf der Piazza und im Garten, Trüffelgerichte, Tel. 2681607, www.hotel-kastel-motovun.hr.

Poreč (☎ 052)

$$ Die **Zelena laguna** ist ein großer touristischer Komplex mit mehreren Hotels und

kompletter Versorgungsinfrastruktur. **Hotel Parentium**, eigener Strand, Restaurants, Casino, Sport, Marina, Zelena laguna, Tel. 411500, Fax 451536.
Laguna Gran Vista, schön gelegenes rundum renoviertes Haus oberhalb der Grünen Lagune, Pool, großes Sportangebot, Tel. 413500, Fax 413501, www.plavalaguna.hr.
Hotel Hostin, in einem Park, beim Jachthafen, Kies- u. Felsstrände 50 m, Altstadt 500 m, Hallenbad, Tel. 408800, Fax 408857, www.hostin.hr.
Zelena laguna, Tel. 410700, Fax 410601. **Ulika Naturist**, halbschattiger Platz mit eigenem Strand, Mietcaravans, Bootslipanlage, beliebt bei FKK-Freunden, Tel. 436325, Fax 436352. **Bijela Uvala**, Zelena laguna, Tel. 410551, Fax 410600.

Vrsar (☎ 052)

\$\$ **Hotel Pineta**, eigener Strand, umfangreiche Freizeitmöglichkeiten, Tel. 441131, Fax 441150, www.maistra.com.
FKK-Koversada, Apartments, Bungalows, Camping, Restaurants, Wassersport, Tel./Fax 441171.
Petalon, renovierte Häuschen über dem Meer, große Badelandschaft, Tel. 441198, Fax 441830.
Porto Sole, Winterstandplätze, Strand, Zeltvermietung, Bootsanlegeplatz, schöner, halbschattiger Platz mit sanitären Einrichtungen, Tel. 441198, Fax 441122. **Valkanella**, Tel. 445216, Fax 445394.

Rovinj (☎ 052)

\$\$\$ **Villa Tuttorotto**, nostalgisches Edel-Stadthotel, die oberen Zimmer mit Blick auf die Hafenbucht. Kostbar mit Antiquitäten eingerichtet, delikates Frühstück und sehr aufmerksamer Service. Dvor Massatto 4, Tel. 815181, Fax 815197, www.villatuttorotto.com.
Eden, Großhotel im Grünen mit eigenem Strand, am Zlatni rt südlich von Rovinj, Tel. 800400, Fax 811349, www.maistra.com.
Veštar, großer halbschattiger Platz, Sport, Tel. 829150, Fax 829151.
Valalta, riesiger FKK-Platz, eigener Strand und Bootshafen, Sport, Tel. 804800, Fax 811463.

PULA UND UMGEBUNG

Brijuni-Inseln (☎ 052)

\$\$\$ **Neptun-Istra**, einst nur für staatliche Kreise reserviert, bietet Wassersport, Golf und Tennis, Spezialitätenrestaurant, Veli Brijun, Tel. 525869, Fax 521367, www.brijuni.hr.

Pula (☎ 052)

\$\$\$ **Hotel-Restaurant Valsabbion**, kleines exklusives Privathotel am Meer, Spitzenrestaurant, Pješčana uvala, Tel. 218033.
\$\$ **Park Plaza Histria**, komfortabel, direkt am Meer, schön auf einer Landzunge gelegen, Felsstrand, Pool, Gesundheitszentrum, Punta Verudela, Tel. 590000, Fax 214175, www.parkplaza.cpm.
\$ **Hotel Riviera**, sehr einfaches k.u.k.-Hotel nahe Arena, Tel. 211166, Fax 219117, www.arenaturist.com.
Apartments Punta Verudela, eigener Strand, Pool, Sport, Tel. 590781.

Stoja (☎ 052)

Stoja, eigener Strand und Bootshafen, großes Sportangebot, Winterabstellplatz, Tel. 387144, Fax 387748, www.arenacamps.com.

Medulin (☎ 052)

\$\$\$ **Hotel Medulin**, komfortables Urlaubshotel am Strand, Sportanlagen, nur für Erwachsene, Tel. 572601, Fax 576017, www.arenaturist.hr.
\$\$ **Mutila**, schöner Pool mit Sonnenterrasse, neben dem Hotel Medulin, Tel. 572700, Fax 576836.
Kažela, Kies- und Felsstrand, Badeinsel, Apartments, Tennis, Restaurant und FKK-Bereich, Tel. 577460, Fax 576050.

OPATIJA UND UMGEBUNG

Rabac (☎ 052)

\$\$\$ **Lanterna**, renoviert, mit breitem Sportangebot und hervorragendem Buffet-Restaurant, Tel/Fax 862230, www.valamar.com.
\$\$ **Marina**, das jüngst renovierte Hotel in der Nähe der Marina ist beliebt bei jungen Leuten und Familien, Tel. 465000, Fax 451440, www.valamar.com.
Camp Oliva, kein Schatten, Strand,

Bootsanlegestelle, Mai-Sept., Tel. 872258.
Camp Marina, halbschattig, auf einer Landzunge, Anlegestelle, Tauchflaschenfüllstation, Felsstrand, Tel. 465010, Fax 451440.

Lovran (☎ 051)

ⓈⓈⓈ **Hotel Excelsior**, komfortable Zimmer, mehrere Pools, Strand, sehr guter Service, umfangreiches Sportangebot, Tel. 292233, Fax 291989, www.remisens.com.
Villa Astra, eine restaurierte Jugendstilvilla der Super-Luxuskategorie im dichten Grün, elegantes Interieur, Pool, Meditationsraum, Viktora Cara Emina 11, Tel./Fax 294400, www.hotelvillaastra.com.

Opatija (☎ 051)

ⓈⓈⓈ **Hotel Miramar**, stilvolles Relax-Hotel am Meer mit Wellness-Bereich und Beauty-Farm unter österreichischer Leitung, hoteleigener kleiner Felsstrand, Tel. 280152, www.hotel-miramar.info.
Hotel Mozart, kleines, stimmungsvolles Hotel in Strandnähe, Tel. 271260, Fax 271739.
Hotel Millenium, viel Flair, perfekter Service und Komfort, am Hauptstrand, Tel. 202000, Fax 202020, www.milenijhoteli.hr.
ⓈⓈ **Hotel Palace-Bellevue**, eines der ersten Hotels in Opatija, Tel. 271811, Fax 271964.
Hotel-Restaurant Ika, kleines Privathotel direkt am Meer, preisgünstig, im Fischerort Ika, Tel. 291777, Fax 292044.
Hotel Kvarner Amalia, traditionsreiches Hotel am Park Angiolina, eigener Strand, Pool, Hallenbad, abends Tanz, Tel. 271233, Fax 271202.

4 RIJEKA UND DIE KVARNER-BUCHT

Rijeka (☎ 051)

ⓈⓈⓈ **Grand Bonavia**, zentral gelegen, Vier-Sterne-Luxus, hauptsächlich von Geschäftsleuten genutzt, Dolac 4, Tel. 357100, Fax 335969, www.bonavia.hr.
Best Western Hotel Jadran, renoviert, modern ausgestattet und direkt am Meer gelegen, Šetalište XIII divizije 46, Tel. 216600, Fax 216458, www.jadran-hoteli.hr.
Hotel Kontinental, ebenfalls jüngst runderneuert, an der Rijecina-Promenade, Šetalište Kačića Miošića 1, Tel. 372008, Fax 370009.

INSEL KRK (☎ 051)

Baška

ⓈⓈ **Hotelanlage Corinthia (I-III)**, großer Komplex von Hotels unterschiedlicher Kategorien mit Shops, Strand, Reiten, 15 Tennisplätzen, Windsurfen, Tanz, außerhalb des Ortskerns, Tel. 656111, Fax 856584, www.hotelibaska.hr.
Bunculuka, FKK-Autocamp, Sport, Tel. 856806, Fax 856595.

Krk (Stadt)

ⓈⓈⓈ **Marina**, luxuriöses Stadthotel an der Hafenmole, Obala Hrv. Mornarice, Tel. 221357, Fax 221128, http://hotelmarina.hr.
ⓈⓈ **Hotel Koralj**, Strand, Restaurant, Shop, Sauna, Solarium, V. Tomašiča, Tel. 465000, Fax 451440.
Hotel Dražica, Strand, Pool, Ružmarinska, Tel. 655755, Fax 221022.

Malinska

ⓈⓈ **Vila Rova**, hübsches, intimes Ferienhotel mit nur 30 Betten, Tel. 866100, Fax 866202.
Hotel Malin, schön renovierter Hotelkomplex mit Pool, Strand und breitem Sportangebot, Tel. 850234, Fax 850259, www.hotelmalin.com.
Ferienwohnungen Ribarsko selo, Strand, Sportmöglichkeiten, Haludovo, Tel. 859771, Fax 859330, www.villa-anda.hr.
Glavotok, ganzjährig geöffnet, in Waldlage, Tel. 862117.

Punat

ⓈⓈ **Kanajt**, komfortables, familiäres Hotel an der Marina, Kanajt 5, Tel. 654340, Fax 654341, www.kanajt.hr.
Pila, Sport, Tel. 854020, Fax 854101.

INSEL CRES (☎ 051)

Beli

Ⓢ **Pansion Tramontana**, eine freundliche, einfache Unterkunft unweit des Dorfes, auch Restaurant. Beli, Tel. 840519, www.beli-tramontana.com

Autokamp Brajdi, einfach ausgestattet, aber schattig und an idyllischem Kiesstrand gelegen, Tel. 840522.

Cres (Stadt)

$$ **Hotel Kimen**, am Strand, Freizeitangebot, preiswert, Tel. 571322, Fax 573002.

Kovačine, auf einer Landzunge, Halbschatten, Sport, Apr.-Okt. geöffnet, Tel. 573150.

Martinšćica

Autokamp Slatina, schattiger Platz am Meer, Tel. 574127, Fax 574167.

Punta Križa

Baldarin, mit FKK-Bereich, Pinien, Felsbuchten, Tel./Fax 235646.

Valun

Privatzimmer vermittelt das Touristenbüro.

Zdovica, kleiner Zeltplatz mit schönem Kiesstrand, sehr einfach; nicht mit dem Auto erreichbar, Gepäcktransport mit Handwagen, Tel. 571161, Fax 571163.

INSEL LOŠINJ (☎ 051)

Mali Lošinj

$$$ **Villa Diana**, hübsche klassizistische Villa an der Čikat-Bucht, nur acht komfortable Gästezimmer, rechtzeitig reservieren, Tel. 232055, Fax 231268, www.losinj-hotels.com.

Apoksiomen, modernes und sehr geschmackvolles Stadthotel an der Riva, Riva lošinjskih kapetana 1, Tel. 520820, Fax 520830, www.vi-hotels.com.

$$ **Hotel Alhambra**, Strand, Restaurant, Čikat, Tel. 232022, Fax 231904.

Čikat, einfacher schattiger Platz mit vielfältigem Sport- und Freizeitangebot, Mitte Apr.-Okt. geöffnet, Tel. 232125, Fax 231708.

Veli Lošinj

$$ **Hotel Punta**, mitten im Pinienwald auf einem Kap gelegen, Fischrestaurant mit Terrasse, Bar, Pool, Tennis, Animation für Kinder, Tel. 661100, Fax 236301, http://vitality-losinj-hotels.com.

5 VINODOL, VELEBIT, RAB UND PAG

Crikvenica (☎ 051)

$$$ **Hotel Therapia**, Pool, Hallenbad, Restaurant mit vegetarischer Kost, bestes und traditionsreichstes Haus am Ort, Tel. 209700, Fax 785072, www.falkensteiner.com.

$$ **Vila Ružica**, hübsche Zimmer in historischer Villa, Bana jelačica 1, Tel. 781600, Fax 784378, www.vila-ruzica.hr.

Hotel Esplanade, gepflegtes Haus an der Strandpromenade am Ortsrand, preiswert, im Sommer Tanzmusik auf der Terrasse, Tel. 785006, Fax 785090, www.jadran-crikvenica.hr.

$ **Hotel Ad Turres**, Swimmingpool, preiswert, Tel. 785003, Fax 785009.

Hotel Crikvenica, mit Restaurant, Tel. 241199, Fax 241129.

Hotel Omorika, an bewaldetem Hang, eigener Strand, kinderfreundlich, Tel. 785023, Fax 785015.

$ **Privatzimmer** über die Touristeninformation.

Camping Kačjak, mit Marina, Mai-Aug. geöffnet, Tel. 786250, Fax 786262.

Novi Vinodolski (☎ 051)

$$$ **Novi Resort**, großer, renovierter Ferienkomplex am Strand mit breitem Sportangebot, Zagori bb, Tel. 668400, Fax 668499, www.novi.hr.

Zagori, direkt an der Adria-Magistrale, Vermietung von Wohnwagen, Zelten u. Häuschen, Sport, Mai-Sept., Tel. 244644, Fax 244622.

Plitwitzer Seen (☎ 053)

$$ **Hotel Jezero**, 1999 komplett renoviert, Sportmöglichkeiten, Hallenbad, Sauna, ganzjährig geöffnet, etwa 300 m oberhalb der Seen im Nationalpark, Tel. 751015, Fax 751013.

Hotel Plitvice, im Nationalpark, Tel. 751015, Fax 751013.

Motel Grabovac, an der Bundesstraße, beim Campingplatz, relativ preiswert, Tel. 751015, Fax 751013. Gemeinsame Internetadresse: www.np-plitvicka-jezera.hr

INSEL RAB (☎ 051)

Rab (Stadt)

$$$ **Hotel Imperial**, das älteste Hotel Rabs, im Park Komčar gelegen, neu renoviert, schönes Panorama, Tennis, Tel. 724008, Fax 724126, www.imperial.hr.

$$ **Hotel Padova**, komfortabel, gegenüber der Altstadt, Tel. 724544, Fax 724418, www.imperial.hr.

Hotel Istra, nette Atmosphäre, Restaurantterrasse, am Hafen, Tel. 724134, Fax 724050, www.hotel-istra.hr.

Lopar

$$ **Epario**, kleines modernes Haus, ein Stück vom Strand entfernt, ruhig gelegen, Lopar 456, Tel. 777490, Fax 777510, www.epario.net.

Suha Punta

$$ **Hotel Carolina**, modernes, jüngst renoviertes Haus, Restaurant, Meerwasser-Pool mit Sonnenterrasse, Sportangebot, eigener Bootshafen, hübsche Badebuchten, Tel./Fax 724133. www.imperial.hr.

$ **Hotel Eva**, die renovierten „Villen" des Hotelkomplexes sind eine angenehme Alternative für Familien, Kies-Badebucht und FKK-Strand in der Nähe; Restaurant, Bar und Pool vom Hotel Carolina können mitbenutzt werden, Tel. 724233, Fax 668518, www.imperial.hr.

INSEL PAG(☎ 053)

$$ **Pagus**, komfortables Hotel am Strand, A. Starčevića 1, Tel. 611310, Fax 611101.

Simuni, Luxuscamp mit Spezialitäten-Restaurant und z. T. sandigem Strand, Tel. 697441, Fax 697442.

6 ZADAR

Starigrad-Paklenica (☎ 023)

$$ **Hotel Alan**, am Strand von Paklenica, Restaurant, Shops, Sport (4 Tennisplätze), Kinderspielplatz, Tel. 209051, Fax 209073.

$ **Rajna**, kleines Familienhotel, beliebt bei den Freeclimbern, Dr. Franje Tudmana 105, Tel. 359121, Fax 369888, www.hotel-rajna.com.

Bluesun Camp Paklenica, am Meer, Tel. 209062, Fax 209073.

Zadar (☎ 023)

$$$ **President**, klein und intim, bestes Hotel der Stadt im Viertel Puntamika, Vladana Desnice 16, Tel. 333464, Fax 333595, www.hotel-president.hr.

$$ **Falkensteiner Family Hotel Diadora**, komfortables, modernes Hotel mit Kinderbetreuung, zahllosen Freizeit- und Sportangeboten, schön gelegen. Punta Skala Petrčane, Tel. 555911, www.falkensteiner.com. Die Hotelgruppe unterhält bei Zadar außerdem das **Hotel & Spa Ladera** und den **Club Funimation Borik**.

JUGENDHERBERGE: Obala kneza Trpimira 76, Tel. 331145, Fax 331190, www.hfhs.hr.

Borik, schattig, eigener Strand, Mai-Okt., Tel. 332274, Fax 332065.

Zaton, mit allem Campkomfort, Feriensiedlung angeschlossen, Tel. 280280, Fax 264225.

NORDDALMATINISCHE INSELN

Ugljan (☎ 023)

$ **Pension Stivon**, Familienpension, direkt am Wasser, Muline, Tel./Fax 288388.

Pašman (☎ 023)

Lučina, kleiner, schattiger Platz, Hebekran für kleine Boote, Mai-Mitte Sept., Tel. 260173.

Sovinje, Tennis, FKK, Mietcaravans, Tkon, Tel. 285542, Fax 285304.

Dugi Otok (☎ 023)

$$ **Lavanda**, drei Hotels am Felsstrand, mit Tauchbasis, Božava, Tel. 291291, Fax 377682, www.hoteli-bozava.hr.

$ **Hotel Sali**, sehr einfach ausgestattet, aber angenehm, am Strand, Sali, Tel. 377048.

BIOGRAD (☎ 023)

$$$ **Hotel Ilirija**, in Strandnähe von Dražica (Soline-Bucht 1,5 km), Tel. 396555, Fax 383008, www.ilirijabiograd.com.

$$ **Hotel Adriatic**, modernes Haus mit

Pool, Tina Ujevica 5, Tel. 290700, Fax 383556.
Camp Soline, schattiger, komfortabler Platz mit Sportangebot und WLAN, Put Solina 17, Tel. 383351, Fax 384823.

Murter (☎ 022)

$$ **Colentum**, in der beliebten Badebucht, mit Meerwasserpool, Slanica, Tel. 431100, Fax 435255, www.hotel-colentum.com.
Jažina, halbschattig, Tennis, Marina, Tisno, Tel. 48241, Fax 48920.
Koširina, Betina, Tel./Fax 435268.
Plitka Vala, Strand, Tennis, halbschattig, Betina, Tel./Fax 435268.
Ferienhäuser auf den Kornaten vermitteln verschiedene Reiseagenturen wie z. B. Coronata, www.murter-cornati.com; auch Pauschalreiseveranstalter bieten die einsam gelegenen und oft nur mit einem Boot erreichbaren Ferienhäuser für den Robinson-Urlaub an.

Vodice (☎ 022)

$$ **Kristina**, familiär und sehr aufmerksam geführtes Privathotel mit Strand, Tel. 444173, Fax 440473, www.hotelkristina.net.
Pension Bilan, gute Küche, Blata 1, Tel./Fax 443064.

7 ŠIBENIK UND TROGIR

Šibenik (☎ 022)

$$ - $$$ Der große frisch renovierte **Hotelkomplex Solaris** besteht aus den vier 3- bzw. 4-Sterne-Hotels **Andrija**, **Ivan**, **Jure** und **Niko**, eigener Strand, Pools, großes Sportangebot, Restaurants, Bars, Geschäfte, südwestl. von Šibenik, Tel. 364000, Fax 363945, www.solarisbeachresort.de.
$$ **Jadran**, gute Adresse am Lungomare, mit Terrassenrestaurant, Tel. 224000, Fax 212480, www.rivijera.hr.
Lipa Dalmacija, modernes Apartmenthaus am Meer, mit Fischrestaurant, in Brodarica-Krapanj, südl. von Šibenik, Tel. 350550, Fax 350953.
JUGENDHERBERGE: Put Luguša 1, Tel. 216410.
Solaris, halbschattiger Platz, eigene Marina, FKK-Bereich, Mai bis Oktober geöffnet, Tennis, Mietcaravans, Bungalows, Tel. 364000, Fax 364450. **Zablaće**, Tennis, Mietcaravans, Bungalows. **Martinska**, Tel. 28460, Fax 29160, Tennis, Mietbungalows und -caravans, Tel. 354015, Fax 361800.

Primošten (☎ 022)

$$ **Hotel Zora**, auf der Landzunge mit Pinien und herrlichen Fels- und Kiesstränden, Raduća, Tel. 581111, Fax 581001, www.hotel-zora-adriatiq.com.
Adriatic, kleiner Platz, Tennis, Mai bis Oktober geöffnet, Tel. 571223, Fax 571360.

Trogir (☎ 021)

$$ **Bavaria**, privates Drei-Sterne-Hotel, Stadtteil Seget, Tel. 880601, Fax 880553.
Hotel Medena, moderne, große Appartement-Anlage, eigene Marina, Strand, Sport, 2 km westlich von Trogir, Tel. 880588, Fax 880019.
Hotel Concordia, kleines, komfortables Haus, schön an der Palmenpromenade gelegen, Obala bana Berislavića 22, Tel. 885400, Fax 885401.
Rožac, der Platz ist hübsch auf einer Landzunge im Halbschatten eines kleinen Wäldchens gelegen, Tel. 881105. **Vranjica-Belvedere**, Tennis, Wassersport, Trogir-Seget Vranjica, Tel. 894141, Fax 894142.

Kaštel Stari (☎ 021)

Das ehrwürdige Palace-Hotel wird renoviert, Termin der Neueröffnung ungewiss.
$$ **Vagabundo**, einfache Zimmer und ein sehr gutes Restaurant direkt am Strand, Obala kralja Tomislava 36, Kaštel Kambelovac, Tel. 220125, www.vagabundo.biz.
Bilus Marica, Mietcaravans, Bungalows, schattiger Platz, Juni bis Oktober geöffnet, Tel. 230543. **Bilus Josip**, Mietcaravans, Bungalows, für Zwischenstopp gut geeignet, Tel. 230543, www.campsplit.hr.

8 VON SPLIT ZUR MAKARSKA-RIVIERA

Split (☎ 021)

$$$ **Park**, Luxushotel unter privater Leitung, Hatzeov perivoj 3, Tel. 406400, Fax 406401, http://hotelpark-split.hr.

Vestibul Palace, luxuriöses Hotel im Diokletianspalast, Iza Vestibula 4, Tel. 329329, Fax 329333, www.vestibulpalace.com.
$$ **Hotel Bellevue**, Neorenaissancebau, gute Adresse direkt im Zentrum, Ulica Bana Josipa Jelačića 2, Tel. 345644, Fax 362383, www.hotel-bellevue-split.hr.
Villa Ana, einfache, aber gemütliche Zimmer in einem alten Steinhaus zwischen Altstadt und Hafen, Vrh Lučac 16, Tel. 482715, www.villaana-split.hr.
PRIVATZIMMER: über die Touristeninformation.

Omiš (☎ 021)

$$ **Villa Dvor**, am Hang mit Blick über die Altstadt und modernen Zimmern, Mosorska 13, Tel. 863444, Fax 863452, www.hotel-villadvor.hr.
⛺ **Lisičina**, einfach, Tel. 886536.

MAKARSKA-RIVIERA (☎ 021)

Brela

$$$ **Hotel Soline**, komfortables Haus am Feinkiesstrand, Hallenbad, Tel. 603207, Fax 603208, www.hotelsolinebrela.com.
$$ **Hotel Maestral**, gepflegt, Pool mit Sonnenterrasse, Tel. 603671, Fax 603688.
Hotel Marina, mit schönem Kiesstrand, neben Maestral, Tel. 603688, Fax 603688.

Baška Voda

$$$ **Horizont**, bestes Strandhotel, großes Sportangebot, Restaurants, am Ortsrand, Tel. 604555, Fax 620699, www.hoteli-baskavoda.hr.
$$ **Slavija**, renoviert, hübsch an der Strandpromenade gelegen, mit Konoba und Café, Tel. 604888, Fax 620701.
Pension Tonči, Apartments und Zimmer im Zentrum.

Makarska

$$$ **Hotel Meteor**, bestes Haus am Ort, am beliebten, 1,5 km langen Dunja-luka-Strand, Hallenbad, Pool, Nightclub, Tel. 602600, Fax 611419, www.hoteli-makarska.hr.
$$ **Hotel Dalmacija**, oberhalb Dunja luka-Strand, Pool, Nightclub, Tel. 615777, Fax 612211.
Hotel Biokovo, komfortabel, an Palmenpromenade, Tel. 615244, Fax 615081.

Tučepi

$$$ **Laurentum**, vorzügliches Privathotel, 4 km östl. von Makarska, Kraj 43, Tel. 605900, Fax 605902, www.hotellaurentum.com.
$$ **Hotel Neptun**, renoviertes Strandhotel, Tel. 605500, Fax 605700.

Podgora

$$$ **Vila Mozart**, modernes, vorbildlich renoviertes Apartmenthaus am Strand, Tel. 679916, Fax 679915, www.villamozart.net.
$$ **Aparthotel Primordia**, am Strand, mit Restaurant, Tel. 625144, Fax 625311.
⛺ **Dole**, wohl schönster Campingplatz an der Makarska-Riviera, FKK-Bereich, in Živogoše, südl. von Podgora, Tel. 628749, Fax 628750.

9 MITTELDALMATINISCHE INSELN

BRAČ (☎ 021)

Supetar

$$ **Hotel-Restaurant Villa Britanida**, Tel./Fax 631038.
Hotel Kaktus, Strand, Sportanlagen, renoviert, Tel. 631133, Fax 631130.
⛺ **Supetar**, Sportmöglichkeiten, FKK, Tel. 630088, Fax 630044.

Bol

$$$ **Hotel Borak**, Strand Pool, Surfschule, Tennis, all-inclusive, Tel. 306202, Fax 306215.
$$ **Elaphusa**, modernisiertes luxuriöses Wellness-Hotel, Tel. 306200, Fax 635477.
Villa Giardino, kleine Villa, herrlicher Garten, Tel. 635900, Fax 635566.
$$ **Hotel Bretanide**, 3-stöckige Pavillons, Pool, großzügige Anlage am Zlatni rat, Tel. 740140, Fax 740141, www.bretanide.at.

ŠOLTA (☎ 021)

$$ **Apartments Necujam**, Setalište M. Marulića 1, Tel. 650149, Fax 650153.
⛺ **Mido**, klein und einfach, Halbschatten, Stomorska, Tel. 658011.

VIS (☎ 021)

$$ **Hotel Issa**, großes Sportangebot, nahe dem Stadtzentrum, Tel. 711124, Fax 711740.

HVAR (☎ 021)

Hvar-Stadt

$$$ **Hotel Amfora**, Hallenbad, Strand, 1 km vom Zentrum, Tel. 750300, Fax 750301, www.suncanihvar.com.
Hotel Palace, in einem schönen, klassizistischen Bau mit hübscher Restaurantterrasse, am Hafen, Tel. 741966, Fax 742420, www.suncanihvar.com.
Hotel Adriana, Strand, Pool (Meerwasser), Spa und auf dem Dach ein elegantes Hallenbad, Tel. 750200, Fax 750201, www.suncanihvar.com.
$$ **Hotel Croatia**, 80 Betten, renovierungsbedürftig, Tel. 742400, Fax 741707.

Jelsa

$$ **Hvar**, große Drei-Sterne-Anlage mit Außen- und Innenpool, Tel. 761182, Fax 761122.
$ **Pension Murvica**, Familienpension mit gutem Restaurant, Tel. 761405, www.murvica.net.

Stari Grad

$ **Hvareno**, zauberhafte, individuelle Pension in einem traditionellen Steinhaus außerhalb von Stari Grad, geschmackvoll eingerichtet; Joga-Unterricht. Dužev dvor 7, Dol Sv. Marije, Tel. 765635, www.hvareno.com.

KORČULA (☎ 020)

Korčula-Stadt

$$ **Hotel Liburna**, bestes Hotel der Stadt, Felsstrand, Pool, Tennis, Tel. 726006, Fax 711746, www.korcula-hotels.com.
Hotel Marko Polo, gepflegtes Strandhotel, Gartenrestaurant, Tel. 726131, Fax 711746, www.korcula-hotels.com.
Hotel Korčula, Traditionshaus, 48 Betten, Westhafen, Tel. 711078, Fax 726336, www.korcula-hotels.com.
$ **Ferienanlage Bon Repos**, Apartments, Fels-, Feinkies- und Sandstrand, Tel. 726880, Fax 726699, www.korcula-hotels.com.
Vrbovica, halbschattig, Bootsanleger, Mai-Okt., Tel. 721311.

Vela Luka

$$ **Hotel Adria**, Hallenbad, Tauchstation, Tel. 812700, Fax 812720. **Hotel Poseidon**, Tel. 812 226, Fax 812206.
Mindel, breites Sportangebot, kaum Schatten, nur im Sommerhalbjahr, Tel. 813600.

10 SÜDDALMATIEN

Dubrovnik (☎ 020)

$$$ **The Pučic Palace**, luxuriöses Traumhotel im Herzen der Altstadt mit einem exzellenten Orient-Restaurant, Od Puča 1, Tel. 326200, Fax 326223, www.thepucicpalace.com.
Hotel Argentina, traditionsreiches Hotel, eigener Felsstrand, Pools, in einem kleinen Park, Blick auf die Altstadt und Lokrum, Ploče, Tel. 440555, Fax 432524, www.adriaticluxuryhotels.com.
Hotel Villa Orsula, luxuriöses Haus, herrlicher Garten mit Terrassen und empfehlenswertem *Restaurant Victoria*, neben Argentina, Tel. 440555, Fax 432524, www.adriaticluxuryhotels.com.
Hotel Excelsior, renoviert, 18 Suiten, Caféterrasse mit Altstadtblick, neben Orsula, Tel. 353353, Fax 414214.
President, Luxus-Strandhotel am Babin Kuk, Iva Dulcica 34, Tel. 465000, Fax 451440, www.valamar.com.
$$ **Hotel Lapad**, Palasthotel in der Nähe des Fährhafens Gruž, Pool, Bootstransfer zur Altstadt, Lapadska obala 37, Tel. 432922, Fax 424782, www.hotel-lapad.hr.
Hotel Kommodor, kleines Hotel in der Badebucht Uvala Lapad, Kiesstrand, Masarykov put 5, Tel. 433500, Fax 414187.
Hotel Vis, einfaches Strandhotel, Lapad, Tel. 433555, Fax 433550.
Hotel Zagreb, schöne 36-Betten-Villa in der Fußgängerzone von Lapad, Šetalište Kralja Zvonimira 27, Tel. 438930, Fax 436006, www.hotels-sumratin.com.
Hotel Sumratin, Villenstil, einfache Zimmer, zentral in Lapad, Šetalište Kralja Zvonimira

31, Tel. 436333, Fax 436006, www.hotels-sumratin.com.
Bokun, ruhig gelegene Familienpension in Hafennähe, Obala Stjepana Radića 7, Tel. 357290, www.bokun-guesthouse.com.
JUGENDHERBERGE: ab 1.4, beim Hafen Gruž, V. Sagrestana 3, Tel. 423241, Tel./Fax 412592.
Camping Solitudo, auf der Halbinsel Babin Kuk mit Strand, Restaurant und Disco, 10 Busminuten in die Altstadt, Vatroslava Limskog 17, Tel. 448686, Fax 448688.

Cavtat (☎ 020)

$$$ **Croatia**, Luxushotel auf Pinien-Kap, Felsstrand, Kiesbadebucht mit Restaurants, Liegestühlen und Sonnenschirmen, Tel. 475555, Fax 478213, www.adriaticluxuryhotels.com.
Albatros, westlich am Kiesstrand Tiha, schön renoviert, Pool, Tel. 481550, Fax 481552, www.iberostar.com.
$$ **Supetar**, familiär, am Fischerhafen, Tel. 479833, Fax 479858, www.adriaticluxuryhotels.com.
Die Zeltplätze **Adriatic I** (Tel. 796585), **Adriatic II** (Tel. 794450) und **Marinero** (Tel. 794425) befinden sich alle bei Molunat.

PELJEŠAC (☎ 020)

Mali Ston

$$ **Hotel Ostrea**, Komforthotel im Muschelfischerhafen, Tel. 754210, Fax 754436, www.ostrea.hr.
Prapratno, in Bucht mit Olivenbäumen und Sandstrand, Laden, 1.5.-10.10., 8 km südwestlich Ston, Tel. 754000, Fax 754344.

Orebić

$$ **Hotel Orsan**, schöner Strand, Surf- und Tauchschule, Boots- und Fahrradverleih, Tel. 797800, Fax 713026, www.orebic-htp.hr.
Glavna plaža, am Hauptstrand, Tennis, Tel. 713399, Fax 713390, www.glavnaplaza.com.

11 MONTENEGRO

Montenegro

Die Landesvorwahl von Montenegro ist **00382**.
$$$ **Sveti Stefan**, die in eine Hotelanlage umfunktionierte Fischerdorfinsel bietet luxuriöse Unterkünfte, grobsandige Strände, Restaurant mit Terrasse zum Meer, kleiner Swimmingpool, Geschäfte, schicke, gepflegte Zimmer, Tel. 086/465539, Fax 452145, www.amanresorts.com.
Top-Luxus bietet die **Villa Montenegro**, Vukice Mitrovic 2, 86315 Sveti Stefan, Tel. 086-468800, Fax 086-468809 www.villa-montenegro.com.
$$ **Avala**, Badehotel am Altstadtrand, Frühstücksbuffet, Geschäfte, Arzt, Pool über dem Meer, 5 Min. bis Mogren-Strand, Wassersport, in Budva, Tel. 086/441000, Fax 402659, www.avalaresort.com.
Otrant, Mittelklassehotel am Strand, Pool, Tennis, Zimmer und Apartments, Tel. 085/401648.
FKK-ANLAGE: **Bojana**, Insel Ada, Zimmer, Appartements und Bungalows auf der Naturschutzinsel, weitläufig und ruhig, herrlicher Sandstrand, glasklares Wasser, jodhaltige Luft, Restaurants, Tennisplätze, Beach-Volleyball, Reiten, Windsurfen, Tel. 085/411351, www.ulcinjska-rivijera.com.